## 김 경 집

서강대학교 영문과와 동 대학원 철학과를 졸업하고 가톨릭대학교 인간학교육원에서 교수를 지냈다.

서른 살 무렵에 25년은 배우고 25년은 가르치며 25년은 마음껏 책 읽고 글 쓰며 문화운동에 뜻을 두고 살겠다고 마음먹었고, 두 번째 25년을 마친 뒤 미련없이 학교를 떠나 지금은 충청남도 해미에 있는 작업실 수연재(樹然齋)에서 '나무처럼 사는' 바람을 품고 살고 있다.

지금까지 《마흔 이후, 이제야 알게 된 것들》(2012년 문화체육관광부 우수 교양도서) 《나이듦의 즐거움》 《생각의 인프라에 투자하라》(2008년 문화체육관광부 우수 교양도서) 《책탐》(2010년 한국출판평론상 수상) 《생각의 프레임》 《완보완심》 《위로가 필요한 시간》 《지금은 행복을 복습하는 시간》 《눈먼 종교를 위한 인문학》 《거북이는 왜 달리기 경주를 했을까》(공저) 《생각하는 십대를 위한 철학교과서, 나》(공저) 등의 책을 썼고 《어린왕자, 그 두 번째 이야기》 등을 우리말로 옮겼다. 이 밖에도 신문과 잡지 등 다양한 매체에 세상과 교감하는 글을 쓰고 있다.

'자유로운 개인'이라는 가치가 실현되는 세상을 위해 나름의 역할을 하고 싶었던 오래전부터의 염원을 담아 이 책 《인문학은 밥이다》를 집필했다.

디자인 ° 알에이치코리아 디자인팀 김미성 김여진

인문학은 밥이다

매일 힘이 되는 진짜 공부

# 인문학은 밥이다

김경집 지음

RHK
알에이치코리아

# 인간성의 회복과 인격의 완성을 위하여

사뭇 인문학 열풍이다. 여기저기서 인문학 강좌가 개설되고 있다. 특히 대학에서 최고경영자들을 대상으로 여는 인문학 강좌는 수강료가 기백만 원이 넘는데도 수강신청이 빠르게 마감될 정도로 인기가 높다. 최고경영자, 이른바 CEO는 전체적인 흐름을 파악하고 총제적인 결정을 내려야 하는 결정권자이자 다양한 인간 군상을 이끌어야 하는 조직의 리더다. 그들이 인문학에 목말라하는 건 자신의 역할에 인문학적 통찰이 필요하다는 인식 때문이다. 또 한편으로는 경제적 판단도 자리할 것이다. 비슷한 경제력을 가진 사람들끼리 모여 짐짓 교양을 주제 삼아 친목을 도모하면, 그것 자체가 이미 하나의 큰 자산일 수 있다는 계산 말이다. CEO 대상 강좌만 그런 건 아닐 것 같아 자못 씁쓸하다.

인문학자로서 나는 공부하는 즐거움이 인문학 열풍의 한가운데 놓이기를 희망한다. 지금의 인문학 열풍이 인문학의 진짜 매력을 발견하고, 인문학을 제대로 활용하는 데 하나의 터닝포인트가 될 수 있었으면 좋겠다. 이 책은 그 바람을 안고 떠나는 탐사와 고민의 긴 여정이라고 할 수 있다.

## 인문학은 무엇인가

...

인문학은 영어로 humanities로, 로마의 정치가 키케로Marcus Tullius Cicero, 기원전 106~43가 교육 프로그램을 짤 때 원칙으로 삼았던 후마니타스HUMANITAS에서 유래했다. 이 말이 교양교육의 의미로 확장된 건 2세기 무렵, 로마의 수필가 겔리우스Aulus Gellius, ?~?에 와서다. 이 말은 일반적으로 미국 대학의 교양과정을 일컫는 리버럴 아츠Liberal Arts와도 상통하는데, 중세에 리버럴 아츠는 자유학문liberal arts을 의미하는 말이었다. 중세에는 트리비움trivium(3학=문법, 수사학, 논리학)과 쿼드리비움quadrivium(4학=산술, 기하, 음악, 천문학)을 묶어 자유학문이라 했고, 르네상스 시대에는 정신과 신체의 통합적인 완성을 꾀한다는 명목으로 기존 7과목에 고어와 고문예를 더했다.

동양에서 인문학은 인문人文, 즉 천문天文과 구분되는 개념으로, 사상과 문화, 인간의 조건을 탐구하는 학문이다. 그런데 과연 인간의 조건에 관해 탐구하지 않는 영역이 있을까? 그래서 일반적으로 인문학 하면 자연과학에 대립하는 영역이며 가치 탐구와 표현 활동을 대상으로 삼는다고 분류한다. 그보다 더 시야를 좁혀 문文, 사史, 철哲이라고 간략하게 분류하는 경우도 있다.

그런데 나는 인문학을 간략하게 분류하는 경향에 반대한다. 지금처럼 학문이 분화되어 있지 않던 시대에는 문사철 안에 우리가 지금 인문학이라고 부르는 범위가 모두 포괄되었지만 이제 그런 단순한 구분은 무의미하다. 자칫 문사철을 인문학 영역의 전부라고 오해할 수 있고, 이는 인문학의 영역을 축소할 뿐 아니라 인문학이 여타 학문의 흐름에 무관심하고 무지해도 된다는 면죄부가 된다. 물론 학문을 자연과학, 사회과학, 인문과학이라고 세분화할 때 인문학이 좁은 의미로서 인문과학의 영역을 의미한다고 할 수는 있다. 그러나 이 책에서 내가 말하는 인문학은 넓은 의미의 인문학, 즉 사회과학과 자연과학을 포함하는 인문학이다. 왜냐하면 사회과학과 자연과학도 결국은 인간에 의한, 인간을 위한, 인간에 관한 학문이기 때문이다. 그리하여 이 책은 철학, 종교, 심리학, 역사, 과학, 문학, 미술, 음악, 정치, 경제, 환경, 젠더를 순서대로 다룬다. 이 학문들은 모두 '목적도, 주체도, 대상도 인간'이라는 명제로 수렴된다. 다만 이 학문들을 그동안의 낡은 프레임으로 다루지는 않을 것이다.

최근의 인문학 열풍의 시작이 1997년 IMF 외환위기와 맞닿아 있다는 점은 매우 시사적이다. 자신의 삶을 버리면서까지 일에 매달리고 조직에 충성했지만 돌아온 것은 매정하고 가혹한 현실이었다. '과연 나는 무엇인가?' '나는 세상에서 어떻게 살아가야 하는가?' 등의 회의와 성찰이 인문학에 대한 관심으로 이어졌다.

지식은 많으나 거기에 인간이 빠지고 인격이 매몰된 현실에 대한 반성이 지금 우리 인문학 열기의 바탕이다. 따라서 인간과 인격을 회복하지 못하고 단순히 지식의 축적에만 매달리는 것은 인문학의 본질에서 벗어난 것임을 재확인해야 할 것이다.

## 인문학은 밥도 되고 떡도 준다

. . .

인문학은 지하수와 같다. 지하수는 지표에서 보이지 않는다. 하지만 지하수가 없으면 수많은 생물의 생존이 위협받는다. 인문학에 대한 투자도 지하수의 수맥을 관리하고 개발하듯 해야 한다. 당장 눈앞의 이익만 생각하고 투기 대상으로 바라본다면, 인문학이라는 지하수는 말라버리고 만다.

인문학이 위축된 것은 사회가 오로지 효율과 생산성 등 '당장의' 실용성만을 요구해왔기 때문이다. 지금까지는 그게 통했다. 부지런히 선진 기술을 습득하고 응용해 상대적으로 낮은 임금으로 제품을 생산할 수 있었고 그만큼의 가격 경쟁력을 갖고 수출하며 살 수 있었다. 그러나 이제 더 이상 그런 복제 방식과 지식으로는 발전할 수 없다. 독창적 기술과 지식을 생산할 수 없다면 지금까지와는 완전히 다른 방식을 시도해봐야 한다. 지식을 세분화해 하나의 영역만 파고들던 프레임을 바꿔야 한다. 그 열쇠를 인문학이 쥐고 있다. 사고의 확장과 발상의 대전환! 인문학이 아니면 어떤 학문이 이 역할을 하겠는가. 그런데도 여전히 사람들은 낡은 질문을 던진다. 인문학이 밥이 되냐고, 떡을 주냐고.

그 물음에 대해 인문학은 어떻게 대답해왔는가. 그동안은 "사람이 어떻게 밥만 먹고 사냐"고 반문했다. 틀린 말은 아니지만 만족스러운 답도 아니다. 단순 제조업과 저임금의 시대를 통과한 지금, 인문학의 대답은 달라질 것이다. 달라져야 한다. "인문학은 더 맛있는 밥, 더 몸에 좋은 떡을 준다"로. "더 맛있는 밥, 더 몸에 좋은 떡"을 만들어내기 위해서는 반드시 인문학적 사고를 갖춰야 한다는 점을 구체적으로 알아야 한다.

스티브 잡스의 애플이 대성공을 거두자 그를 배우자고 난리 쳤던 게 불과 몇 해 전이며 아직도 유효하다. 2011년 그의 죽음은 애플과 잡스 열풍에 기름을 부었다. 기업마다 직원들에게 '잡스 마인드'를 요구했다. 우물에서 숭늉 찾는 격이었다. 정작 그의 자유정신은 발견하지 못하면서 말이다. 잡스의 히피 정신을 우리 사회와 분위기가 수용할 수 있을까? 과감하게 직원들에게 6개월이나 1년의 안식년을 주는 기업들이 과연 있을까?

인문학의 역할이 여기에 있다. 인문학을 통해 정신적 자유와 인고의 시간을 충분히 겪어낼 여유가 있어야 양질의 성과가 나온다는 상관관계를 체감할 수 있어야 한다. 그게 인문학 재등장의 핵심이다. 그리고 그 역할과 책임은 인문학자들의 몫이다. 더불어, 인문학이 왜 필요한지, 어떻게 활용될지, 얼마나 중요한지에 대한 사회 전체의 각성이 필요하다. 그게 수용되면 학계도, 학교 현장도 근본적으로 바뀐다. 제도만 탓할 게 아니다. 순서를 바꾸면 된다. 교육의 제도와 방식이 바뀌어서 인문학이 융성하고 사회가 발전하는 방법이 아니라, 오히려 인문학의 발흥이 사회적 반성과 텍스트 추종에 대한 비판을 불러오고 교육 제도와 방식을 바꿀 수 있다.

인문학은 밥도 되고 떡도 준다! 끼니 때우는 일에 급급해서 인문학적 다양성이 만들어내는 고부가가치를 누리지 못했을 뿐이다.

또 한 가지! 이 책의 제목을 '인문학은 밥이다'로 정한 까닭은 그것이 앞서 말한 웅숭깊은 효용과 가치를 지닌다는 의미지만, 인문학은 그저 잠깐의 열풍과 관심으로 적당한 지식을 얻는 게 아니라 우리가 매일 밥을 먹어야 살듯 언제나 꾸준히 공부하고 자신의 삶으로 내재화하는 과정을 지속해야 한다는 의미이기도 하다. 그런 의미에서 인문학은 평생의 공부이고 삶이다. 밥 먹지 않고 살 수 없는 것처럼 말이다.

## 질문은 힘이 세다!

• • •

인문학은 답을 가르쳐주는 학문이 아니다. '텍스트로서의 답'은 하나밖에 없겠지만, 인문학이 말하는 답은 하나가 아니다. 답만 죽으라고 외우고 똑같은 방식의 훈련만 반복해서는 지식의 축적만 가능할 뿐이다. 이제 그런 지식은 더 이상 쓸모없다. 컴퓨터 클릭 한 번이면 그깟 지식들 정도는 우르르 쏟아진다.

텍스트를 추종하는 것은, 답만 던져주고 따라오라는 독재적 발상이다. 텍스트 추종은 인간의 무한한 가능성과 다양성 그리고 자유를 제약한다. 텍스트를 쥐고 있는 자들이 자기 뜻대로 사회를 휘두를 수 있다. 결국 텍스트 추종은 기존 체제나 권위에 순응하는 태도를 만들어낸다. 그것은 타율이고, 그로 말미암아 개인은 비주체성을 내면화한다. 그래서 텍스트는 자칫 독이 되기 쉽다. 그런데도 텍스트는 여전히 우리 사회에 힘을 발휘하고 있다.

문제를 해결하는 방법은 단 하나의 정답을 찾고 그걸 텍스트로 삼아 추종하는 데 있지 않다. 해결책은 바로 질문하는 힘을 기르는 데에서 온다. 인문학은 질문하는 힘을 길러주는 바탕이며 텍스트 추종을 깰 수 있는 밑거름이다.

무엇부터 시작해야 할까? 막상 시작하려니 막막하다. 나는 내가 생각하는 인문학의 목표를 북극성 삼아 출발점에 서려 한다. 그것은 바로 인간성의 회복과 인격의 완성이다. 이는 생각하는 힘으로 구현되며, 구체적으로는 학제적 성격과 융합적 지식의 발현을 수반한다. 학제적 훈련과 경험도 없고 지식을 어떻게 융합할 것인가에 대해 구체적인 방안이 없다면, 몇 가지 메뉴를 통해 그 맛이라도 제대로 느끼고 난 뒤에 다양한 인문학에 접근하고 연마하는 것이 순서일 것이다. 이 책이 소박하게나마 그 메뉴판 역할을 자처하고자 한다.

**2부  　진보하는 인류와 인문학**

**1장 역사**
∙∙∙

## 2장 과학

· · ·



# 3부　　감성을 깨우는 인문학

## 1장 문학

· · ·

1부
/
# 마음의
# 깊이를
# 더하는
# 인문학

철학

종교

심리학

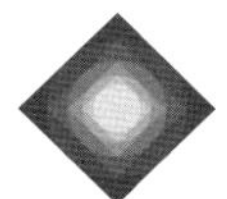

1부에서는 나와 세상에 대한 물음을 따라가보고자 한다. '어떻게 살 것인가'에서 시작해, '죽음 다음에 무엇이 있을 것인가' '인간은 무엇인가'로 이어지는 이 여정의 첫 번째 행선지는 철학이다. 철학자의 이름과 그들이 내세운 명제를 암기하는 데만 급급했던 우리 철학 교육의 현실은 철학이 일상생활로 스며드는 데 걸림돌이 되었지만, 이는 교육자들의 잘못만은 아니다. 철학의 진면모를 대중에게 제대로 소개하지 못한 철학자들의 책임도 크다.

인생의 중요한 문턱마다 우리를 불러세우는 절체절명의 고민들, 지금 그 앞에 직면해 있다면, 철학자들을 소환하라! 고대부터 지금까지 우리와 같은 고민에 사로잡혔던 무수히 많은 사람들이 있었고, 그들 중 번뜩이는 혜안을 발휘한 인물들이 바로 철학자다. 그들이 자신의 온 생애에 걸쳐 치열하게 달려들었던 바로 그 고민이 지금 여러분의 문제와 다르지 않다는 걸 확인할 수 있을 것이다.

'악법도 법이다'라는 말을 남기고 사형을 당한 소크라테스, 그의 죽음 이면에 지금까지 우리가 알고 있던 것보다 훨씬 더 복잡하고 다면적인 문제들이 존재했음을 이해한다면, 소크라테스, 플라톤, 아리스토텔레스의 철학적 행보를 납득할 수 있을 것이다. 그리고 17세기 데카르트를 비롯한 대륙의 합리론과 영국의 경험론이 어떻게 시민사회를 결집시키고 현실에 대한 불만족을 해소시켰는지를 들여다보면 철학이 얼마나 힘이 센지 실감할 수 있을 것이다.

종교는 인간이 알지 못하는 세계를 전제로 하는 비논리적이고 비과학적인 영역이다. 그러나 우리가 알지 못하는 무수히 많은 별들이 밤하늘을 밝히듯, 인간이 알지 못하고, 아주 많은 시간이 지나도 알 수 없을 존재들이 수없이 많다.

종교에서 우리는 겸손을 배운다. 그러나 종교 간의 분쟁이 사회적인 문제로 떠오를 정도로 심각한 것도 사실이다. 그리하여 기독교 근본주의에 대한 역사적 고찰을 통해 평화와 구원을 이야기하는 종교가 편협함에 사로잡힌 이유를 추적해 보았다. 한편, 《문명의 충돌》의 새뮤얼 헌팅턴, 《문명의 공존》의 하랄트 뮐러의 주장을 비교해보았다. 인문학적 시각에 입각해 종교의 문제를 냉정하게 인식해보는 일이 편협함, 배타성, 공격성으로 얼룩진 현대사회의 인간상을 바로 세우는 데 조금이라도 보탬이 되기를 바란다.

심리학은 19세기 후반에 탄생한 역사가 비교적 짧은 과학이다. 3장에서는 다른 학문과의 학제적 교류는 물론, 기술공학의 적극적인 수용을 통해 가장 빠른 속도로 새로운 영역을 개척하고 있는 심리학의 최신 연구 따라잡기를 시도한다. 프로이트, 융, 진화심리학, 인지심리학, 뇌과학을 다루는 것은 물론이다. 한편, 끊임없는 변화와 확장 속에서 악용될 소지는 물론 기계론으로 흐를 가능성이 높은 심리학이 북두칠성처럼 좌표로 삼아야 할 근원적 물음은 무엇인지에 대해 제언했다.

# 1장

# 철학

철학이 없다면 우리는 그저
인생이라는 시간 속으로 떠밀린 방관자에 지나지 않는다.

# 왜 철학인가

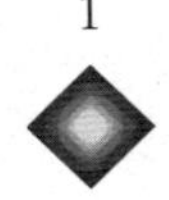

우리는 흔히 대수롭지도 않은 생각을 대단하고 심오한 것처럼 내세울 때, '개똥철학'이라며 간단하게 일축한다. 엄밀히 그건 '철학'도 아니고 그저 자신의 인생 신조쯤 되는 것이지만, 어쨌거나 개똥이란 말과 어울려서 좋은 뜻을 가진 낱말은 없다. 그런데 왜 '개똥문학'이나 '개똥법학'은 없는데 하필이면 '개똥철학'은 사전에까지 나오는 일반명사가 되었을까? 개똥은 그나마 "개똥도 약에 쓰려면 없다"는 경우 빼고는 아무 쓸모도 없고 귀찮고 더러울 뿐이다. 그에 반해 철학은 '인간과 세계에 대한 근본 원리와 삶의 본질 따위를 연구하는 학문'이라거나 '자신의 경험에서 얻은 인생관, 세계관, 신조 따위를 이르는 말'이라는 사전적 정의처럼 아주 고상하고 우아하다. 그러니까 가장 정반대의 뜻을 가진 낱말들이 만난 셈이다.

인간은 합리적 동물이다. 합리성은 논리나 이성의 적합성을 뜻한다. 그런 점에서 합리성은 철학적 사유를 통한 궁극성과 상통한다. 철학은 모든 학문이나 사유의 최종적 목적에 부합하는 것이다. 그런데도 여전히 철학이 소외되는 까닭은 자꾸만 '개똥' 같은 소리만 지껄이는 것처럼 여겨지기 때문이다. 아마도 '개똥철학'은 철학이 생활에 직접적인 보탬이 되지 못하면서 난해한 말들을 나열하며 고담준론의 뜬구름만 잡는다는 빈정거림일 것이다. 우리 시대에 철학은 정말 개똥철학에 불과한가.

## 논리학 아내와 형이상학 남편의 이야기

. . .

철학Philosophy이라는 말의 어원은 사랑Philos과 진리Sophia, 즉 '진리를 사랑하는' 것에서 유래했는데, 사실 진리를 다루지 않는 학문이 없다는 면에서 근현대 들어서는 그 면목이 위축될 수밖에 없었다. 게다가 철학의 수많은 분야가 개별 학문의 영역으로 떨어져 나가면서 식솔들 다 분가시킨 호젓한 부부처럼 철학의 영역에 논리학, 형이상학쯤만 남았다. 아마도 우리가 철학에 대해 느끼는 감정이 다음 이야기쯤 되지 않을까?

논리학: 남편에게 꼬치꼬치 따지면서 간섭하기 바쁜 아내

형이상학: 현실감각이라곤 눈 씻고 찾아봐도 없으면서 하늘이 어떻고 세상이 어쩌고 하는 허황된 이야기를 떠벌리는 남편

형이상학과 논리학은 철학이라는 울타리 안에 오직 둘만 남았다는 깨

달음에 서로 등도 긁어주고 옛날 호시절 이야기로 밤을 새우기도 한다. 이 부부에 특별히 관심을 갖고 있는 이웃이 많지는 않지만 그렇다고 이들을 좋아하는 이웃이 없는 건 아니다. 약간의 존경심을 보이는 이들도 있다. 동네방네 가가호호 사사건건 찾아다니고 간섭하며 이러쿵저러쿵 참견하는 이 부부가 예전 습관 못 버리고 실속 없이 지분거리는 줄만 알았는데, 들어보니 그들이 하는 이야기가 영 틀린 말은 아니더라는 바탕에서다. 노부부는 일의 앞뒤를 잘 따져 헛품 팔지 않게 해줄 뿐만 아니라, 큰 그림을 볼 줄 아는 능력이 있기도 하다. 게다가 어떤 고상함이 엿보이기도 한다.

사람들에게 철학은 일상적으로 챙기거나 업으로 삼기에는 내키지 않지만, 삶을 돌아보게 하고 일의 의미와 가치에 대해서 고민하게 하는 것이다. 없느니보다는 낫다고 여기는 것. 맞다. 사실 그대로 그것이 철학이다. 철학은 삶과 세상에 대해서, 일과 사람에 대해서 의미와 존재가치를 따지고 또 따진다. 당장의 실용적인 편의를 제공하는 건 아니지만, 철학이 없다면 우리는 그저 인생이라는 시간 속으로 떠밀린 방관자에 지나지 않는다.

철학을 전공한 사람에 대해 느끼는 감정은 어떤가? 대부분 사람들이 다음 세 가지를 생각하는 것 같다.

첫째, '손금이나 봐달라고 할까(미아리 고개 넘다 보면 쌔고 쌘 게 철학관이더라)', 둘째, '걱정이다. 뭐 먹고 살래(그런데 광고회사나 방송국에 의외로 철학과 출신들이 많더라)', 셋째, '참 고상하다. 혹시 이슬만 먹고 사는 거 아닌지(진짜 이슬은 몰라도 '참이슬'은 잘 마시더라)'. 빈정거림과 거리 두기, 딱 그 정도다. 어쩌다 이렇게 되었을까?

철학이야말로 자신을 주체적으로 만드는 지적 통찰이고 반성이다. 철학이 없는 대통령, 철학이 없는 대기업 총수에 우리는 얼마나 절망했던가. 그러나 철학이 빈곤하면, 사람도 삶도 개똥이 된다는 것을 사람들은 자주 잊는다.


## 철학은 질문에서 시작된다

...

실용주의적 지식이란 현실에 순응해서 돈벌이하는 데에 도움이 되는 지식을 말하는 게 아니라, 인간이 처한 한계에 도전하면서 인간의 가능성을 확장하는 창조적 지식이다. 진정한 실용은 돈 몇 푼으로 가늠하는 것이 아니라 삶 전체에 대한 자기 가치의 인식과 창조로 이어지는 것이어야 한다. 이 내용에 동의한다면 철학이 지닌 실용적인 측면을 이해할 수 있다. 철학이야말로 자기 가치의 인식과 창조를 이루는 데 중요한 역할을 하는 학문이기 때문이다.

일상에서 가볍게 여기고 넘기는 일에도 현대철학자들은 날카롭게 메스를 가한다. 그 예리함과 독창성에 끌려 다가갔지만 영 어렵고 복잡하다고 느껴 머뭇거리게 될 수도 있다. 그러나 라캉, 레비나스, 푸코, 들뢰즈, 리오타르, 데리다, 지젝 등 요즘 한창 우리 사회에 회자되는 철학자들 모른다고 주눅들 것도 없다. 그건 전공하는 철학자들의 몫으로 남겨둬도 된다. 그러나 칸트Immanuel Kant, 1724~1804가 말한 '코페르니쿠스적 대전환'은 위대한 철학자만의 몫이 아니라는 사실을 기억하자.

내가 먼저 질문을 던질 수 있어야 한다. 지금 우리에게 필요한 것은 사고의 대전환이다. 내가 먼저 생각하고 고민하고 따지면서 그에 맞는 답을 누가 알맞게 제시하고 있는지 검토하면 된다. 그들을 똑같이 따라가야 하는 건 아니다. 오히려 나에게 그들이 따라오게 해야 한다. 그러니 굳이 한 사람의 이론에만 집중할 것도 없다. 이 문제는 라캉에게, 저 문제는 데리다에게 해법을 얻으면 된다. 플라톤을 소환할 수도 있고 칸트에게 따져 물을 수도 있다. 철학자들이 그냥 폼으로 존재하는 게 아니고, 철학사가 양념이나 구색으로 있는 것도 아니다. 자신이 먼저 의문을 두지 않거나 질문을 던지지 못했기에 남의 이야기에 빨려들어간다. 그러면서 이해하지 못하면 절망하고 자신을 탓하거나 그 철학자를 저주하며 등을 돌린다. 반대로 우연히 자신의 기질에 맞거나 그의 지식을 이해하면 교조처럼 섬긴다. 그건 참다운 철학의 태도가 아니다.

철학은 질문에서 시작된다. 그리고 질문 속에 이미 답의 반은 들어 있다. 데카르트의 《방법서설》을 읽으면서도 스스로는 '방법론적 회의'조차도 하지 못한다면 그게 무슨 소용이 있겠는가? 데카르트의 위대함은 바로 질문 그 자체에서 나온 것이다! 무엇보다 질문은 누가 대신하는 것이 아니라 자기 자신이 하는 것이고 따라서 질문 자체가 이미 주체적이다. 철학은 사유를 통해 주체적 자아를 발견하고 실현하는 것이다. 그러므로 질문은 철학의 핵심 요소다.

그럼 무슨 질문을 던져야 하는가? 여러 물음이 있을 수 있겠지만 철학의 역사에서 자주 만날 수 있는 질문은 크게 서너 가지로 정리할 수 있다. 첫째는 나는 누구인가, 어떻게 존재하는가이다. 둘째는 세상은 어떻게 만들어졌고 어디로 흘러가는가이다. 그리고 셋째는 나의 도덕적 자아를 어떻게 실현할 것인가이다. 넷째는 어떻게 인식할 것인가이다. 결국 압축하면 나와 세상의 관계에 대한 끊임없고 치열한 문제제기들이다.

고대 그리스 철학자들의 명제들은 단순히 그냥 내뱉는 말이 아니라 세계에 대한 합리적 해명이었다. 그들은 신화적 서사를 세계에 대한 합리적 논리로 대체했다. 진정한 실용은 바로 이런 것이다.

마차를 끄는 것은 말이다. 마차가 말을 끌고 가는 걸 막는 게 철학 본연의 역할이다. 철학을 하면서 그런 주체성을 마련하지 못하면 사물의 종이 되거나 객체가 되어 수동적으로 살아간다. 아무리 돈이 많아도 돈을 끌고 가는 것이 사람이어야 한다. 돈이 사람을 끌고 가는 것을 막는 게 철학인 것이다.

철학이 어떠한 구체적 해법을 제시하지는 않는다. 구체적 해법은 근대 이후 철학에서 분가한 제반 학문들의 몫이 되었다. 하지만 구체적 학문이 시간과 공간의 변화에 따라 금세 '올드 패션'이 되는 반면 철학은 앞서 말한 본연의 역할 때문에 예나 지금이나 특별하게 시효가 끝난 것들이 없다. 가장 오래된 철학과 문학이 여전히 고전의 중심에 위치하고 있는 것도 그 이유다.


## 철학이 어려운 건 철학 때문이 아니다

...

1981년 웨스트팔의 《어떻게 철학을 할 것인가》(프레드 A. 웨스트팔, 까치출판사)라는 책이 출간되었을 때 충격받았던 기억이 지금도 선명하다. 내용이 대단해서 그랬던 게 아니라 '아, 이런 철학책도 있구나!' 하는 신선함 때문이었다. 현재 시각으로 보면 사실 별스러울 것도 없다. 그러나 당시로서는 주제별로 철학 이야기를 풀어내는 것이 아주 낯설었다. 왜냐하면 당시 철학책들은 거의 철학사의 나열이거나 독립적으로 철학가의 사상을 다룬 것이 주류였기 때문이다.

이 책이 나온 이후부터 철학적 주제를 다룬 철학책이 본격적으로 출간되기 시작했다. 그때까지 우리나라 대학의 철학 수업은 지루하고 따분했다. 간혹 눈이 번쩍 뜨이게 만드는 혜안을 가진 철학자와 교수가 없던 건 아니었다. 하지만 대부분 철학자들은 여전히 철학사를 훑거나 자기 전공 철학자에 대해 어렵기만 한 개념어들을 총동원해서 그나마 철학에 대한 존경심을 가지고 과목을 선택했던 학생들마저 절망하게 만들었다. 철학은 철학과 교수와 철학과 학생들만을 위한 쓸쓸한 심포지엄으로 박제되고 말았다. 심포지엄이라는 향연이 벌어졌는데 손님은 아무도 없고 주인장들만 불콰하게 취한 꼴이었다. 인문학의 위기 운운할 때 가장 절박했던 당사자들이 바로 철학과 교수들이었다. 많은 대학에서 철학과가 폐과되거나 축소되고 혹은 이런저런 이름으로 무늬만 바뀐 학부로 적당히 해산되기도 했다.

철학 용어, 인문학 개념어 등을 다룬 책들이 제법 판매부수를 높일 수 있었던 이유도 따지고 보면 우리의 일상이 철학적 사유의 용어들과 떨어져 있기 때문이다. 이런 책들은 시의적절하게 논술 수험생들의 필요성에 '어필'했고 따로 사전으로 정리해 공부해야 할 만큼 우리의 일상언어에서 개념어와 관념어 수준이 얼마나 얕은지, 철학적 용어들이 보통사람들과 어느 정도로 괴리되었는지 역설적으로 보여주었다.

우리말에는 감각어와 관념어가 있다. 그중에서도 우리말은 감각어가 풍성하다. 색깔만 해도 노랗다, 누렇다, 누리끼리하다, 노르스름하다 등 다채롭다. 반면에 관념을 다루는 말은 제한적이다. '생각하다'에 해당하는 우리말은 많지 않다. 사고하다, 사유하다, 사색하다, 숙고하다 등의 관념어는 대부분 한자말에서 빌려온 말들이다. 우리가 일상에서 사용하는 말을 유심히 살펴보면 관념어는 별로 없다. 그러니까 관념어는 책에서나 만나는 말이다.

철학책은 어떤가? 대부분이 개념을 다루고 있기 때문에 관념어 일색이다. 이런 상황에서 철학책은 이해도 어렵고 느낌도 잘 전달되지 않고 내용도 재미없다. 철학을 재미로 하느냐고 따지지 말라. 철학도 잘 만들면 진짜 재미있을 수 있다. 아니, 재미있어야 한다!

아마도 비일상적 관념어를 가장 많이 사용하는 분야가 바로 철학일 것이다. 그런데도 철학자들은 자기들끼리 주고받는 언어에만 갇혀서 대중들로 하여금 철학적 사유를 삶으로 연결하도록 하는 작업에 소홀했다. 물론 표의문자表意文字라는 게 매우 경제적이고 포괄적인 동시에 직접적으로 핵심을 겨냥하는 문자라서 쉽게 생활언어로 바꾸기 힘들다는 점은 인정할 수 있다. 하지만 그것을 일상의 언어로 풀어내지 못한 것은 철학자들의 직무유기라고 감히 말할 수 있다.

용어 문제 말고도 철학이 우리 생활의 밑바탕이 되지 못하는 이유는 또 있다. 사회적 관심과 이해 부족이다. 그런데, 철학이 일상적일 수 있는 거냐고?

1808년 나폴레옹 시대부터 시작된 유서 깊은 시험인 프랑스의 대학입학자격시험 바칼로레아Baccalauréat는 대학의 전공 분야에 따라 계열별로 시행되지만, 계열과 상관없이 불어, 외국어, 역사와 지리, 수학, 철학은 공통 필수 과목이다. 그런데 그 시험 가운데 유독 철학 과목에 프랑스 국민 전체의 관심이 쏠린다고 한다. 국민 전체가 철학 문제를 각자 한 번씩 생각해보는 사유의 화두라고 여기기 때문이다.

바칼로레아에서 철학은 비중이 가장 높은 과목 중 하나다. 4시간 동안 3개 주제 중 1개를 선택해서 논문 형태로 작성해야 하는 철학시험의 논제는 프랑스의 지성을 가늠하는 잣대로 인식될 정도다. 시험이 끝나면 모든 언론에서 중요한 뉴스로 다룰 뿐 아니라 사회단체들에서는 유명인사와 일반 시민을 모아놓고 다양한 토론회를 개최한다. 프랑스의 지성과 문화를 떠받치는 힘은 바로 이러한 철학적 사유의 일반화에 기인한다. 프랑스에서 철학적 문제는 주요 관심사 범위 안에 들어온 일상의 고민이다.

반드시 그런 것도 아니고 바람직한 것도 아니지만, 오늘날 프랑스를, 특히 그들의 문화적 정치적 수준을 부러워하는 사람들이 많다. 프랑스에선 철학적 사유가 교육과 사회의 중요한 문제의식으로 자리 잡고 있다는 점을 함께 읽어낼 수 있다면 우리의 문화적 정치적 수준도 달라질 수 있지 않을까? 철학은 공허한 관념적 담론이 아니다.

# 소크라테스, 플라톤,
# 아리스토텔레스 그리고 칼 포퍼

2

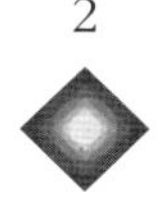

학교에서 철학을 배우면서 역사적 상황이나 시대적 배경에 대해 거의 관심도 없었고, 들어보지도 못했을 것이다. 시험 때문에 주로 격언과 철학자 이름을 암기했던 기억은 있겠지만 정작 철학의 역사 그 자체에는 무관심했을 것이다. 우리 철학교육에 시대적 배경과 전후 맥락이 부재했던 탓이다.

학교에서는 소크라테스Socrates, 기원전 470?~399가 왜 "너 자신을 알라"고 했는지 그 배경과 맥락은 알려주지 않고, 그밖의 격언 명제들과 더불어 사상에 대해서만 압축 설명하고 곧바로 플라톤Platon, 기원전 428/427~348/347으로 넘어간다. 그러고는 이데아를 설명한다. 진리의 이데아가 어떻고 선의 이데아는 어떻다고 줄줄이 꿴다. 하지만 정작 왜 플라톤이 이데아를 주장하는지는 따지지 않는다. 플라톤을 제대로 알기 위해서는 불가피하게 소크라테스를 알아야 하고, 소크라테스를 이해하기 위해서는 그리스의 문화와 역사를 먼저 알아야 한다. 특히 그리스-페르시아 전쟁기원전 492~479을 먼저 짚어봐야 한다. 그 전쟁을 모르고서는 왜 소크라테스가 그런 말을 했고, 대화를 이끌어갔는지 알 수 없다.

## 세상은 어떻게 만들어졌는가에서 나는 어떻게 살 것인가로

· · ·

일단 서양철학의 시조라는 탈레스Thales, 기원전 624?~545?부터 시작해보자. '만물의 근원은 물水'이라고 말한 탈레스를 철학사에서는 밀레토스학파의 시조라고도 하는데, 엄밀히 말해 '학파'는 아니다. 학파가 성립되려면 스승과 제자가 있어야 하고, 학교가 있어야 하며, 체계적 학문과 전승된 이론이 있어야 하기 때문이다.

고대 그리스의 도시 밀레토스에서는 물질에 대한 관심이 높았고, 엘레아에서는 형상과 존재에 대한 관심이 컸다. 어쨌거나 모두가 근원성arche에 대해 천착했다는 점은 동일하다. 이 점은 그리스 문명의 특징이라 할 수 있다. 이런 배경에서 탈레스를 봐야 한다.

탈레스가 만물의 근원을 물水이라고 한 데에서, 이론적으로 설명하기 어려운 문제를 물활론物活論: 물질 그 자체에 생명과 활력이 있다고 보는 견해에 의존해 설명하려고 했음을 알 수 있다. 이때의 물활론은 훗날의 유물론처럼 이론적 틀을 가지고 있지 않으며, 일종의 환유법 혹은 대유법적 설명이라고 보는 것이 타당하다. 이론 체계가 미비하고 사실적 논거가 부족하니 그렇게 비유적으로 설명할 수밖에 없었을 것이다.

당시 철학자들은 사물의 본질 혹은 존재의 근원이 무엇인가라는 물음에 답함으로써, 철학의 '제1원리'를 획득하고자 했다. 최고의 원리란, 그 원리 하나로 하위에 속한 모든 문제가 저절로 풀리는 것을 말한다. 효율성의 극대화를 이룰 수 있는 원리인 것이다. 그런데 세상은 끊임없이 변한다. 그러면서도 본질을 품고 있다.

예를 들어 계절은 변하지만 시간의 흐름이라는 법칙은 불변하고 확실하다. 상황에 따라 존재 방식은 변하지만 본질은 변하지 않는 대표적 사물을 찾게 된다. 그게 바로 물이었던 것이다. 물은 액체 상태지만 얼면 고체가 되고 끓이면 기체가 된다. 물은 형태는 변해도 속성은 변하지 않는다.

물질의 근원적 속성을 찾고자 하는 노력은 계속되었다. '만물은 유전流轉한다'고 말한 헤라클레이토스Herakleitos, 기원전 540?~480?는 '만물은 불火'이라고 했다. 탈레스와 마찬가지로 일원론이다. 엠페도클레스Empedocles, 기원전 490?~430?는 '만물은 물, 불, 흙, 공기 등 4원소로 되어 있다'고 했다. 다원론이다.

세상 모든 것을 하나의 물질로 환원하거나 그 속성으로 설명하려 했던 일원론은 경제적이기는 하지만 도저히 그것만으로 설명할 수 없는 경우가 너무나 많다. 그래서 다른 하나를 끌어들인다. 이원론의 등장이다. 물론 이원론으로도 세상이 어떻게 존재하며 구성되고 작동하는지에 대한 난제는 남지만 일원론보다 현상을 더 다양하게 설명할 수 있는 장점이 있다. 둘이 셋 되고 넷이 다섯 된다. 결국 자연스럽게 다원론으로 넘어간다. 그런데 다원론으로 나아가다 보니 처음의 질문, 즉 세상의 근원적 원리가 무엇인가에 대한 경제적이고 합리적인 발견은 오리무중이 된다. 그러면서 특정한 구성 요소를 따질 게 아니라 본질은 '모든 것이 변화한다'는 명제에 있다며 물길을 바꾼다. 사실 이것은 불가피한 일이다. 현대과학의 놀라운 발전에도 불구하고 우리가 세상에 대해 모르는 것이 얼마나 많은가? 하물며 고대 사회에서 그 불가피성은 당연한 일이다. 이른바 자연철학으로서는 피할 수 없는 막다른 골목길이다.

고대 그리스에서 자연철학이 마감된 건 도대체 그게 무슨 쓸모가 있느냐는 회의 때문이었을 것이다. 근사하기는 하지만 허무에 빠지기 쉬운 논쟁에 사람들은 마음을 빼앗기지 않았다. 사람들에게 중요한 것은 어떻게 살아갈 것이냐의 문제였다. 여러 차례의 전쟁도 철학의 주제를 세상은 어떻게 이루어졌는가에서 어떻게 살 것인가로 옮기는 데 한몫했을 것이다. 프로타고라스<sup>Protagoras, 기원전 485?~410?</sup>가 '인간이 만물의 척도다'라고 주장한 것은 그런 발로였다. 노예나 여성을 제외한 전체의 3분의 1에 해당하는 일반시민들이 직접 참여하는 고대 그리스의 정치체제도 관심의 대상을 자연에서 인간으로 끌어오는 데 한몫했다. 이후 그리스 사회는 철학의 시대에서 정치의 시대로 넘어갔다.

정치적으로 성공하기 위해서는 뛰어난 언변과 수사법이 필요했다. 자연스럽게 논리학이 발전했다. 논리학이라고 해서 모두 온전하고 건강한 논리학만 있었던 것은 아니었다. 궤변에 가까운 억지 논리도 많았다. 귀족주의자 플라톤은 그런 면이 못마땅해서 억지 논리를 일삼는 정치인들과 철학자들을 소피스트, 즉 '궤변론자'라고 불렀다. 원래 소피스트라는 말은 '현자'라는 뜻이다.

기존의 자연철학이 제1원리에 천착한다는 점에서 일종의 절대론에 가깝다면 소피스트의 철학은 철저하게 상대주의에 충실했다. 절대론은 플라톤의 경우에서 고스란히 드러나는 것처럼, 대부분 기존의 권력자들이 선호한다. 절대성에는 보편성과 필연성이 포함된다. 권력자들은 자신의 결정과 판단을 모든 다른 사람들이 따르기를 원한다. 그래서 절대성의 유혹에 흔들린다. 독재의 싹은 거기에서 시작된다. 이때 개인의 독립성은 무시된다. 그러나 근대의 '자유로운 개인'에 미치지는 못하지만 고대 그리스의 민주주의 사회는 개인의 가치에 대해 눈을 뜨고 있었다. 따라서 '나에게' 어떤 의미와 가치를 가지는가가 중요했다.

상대주의는 인식과 가치의 상대성을 인정하는 것이다. 그것은 절대적 권위에 대한 무조건적인 복종을 거부하는 단초이기도 하다. 그러나 지나친 상대주의는 불가피하게 부정적 태도를 갖게 되기 쉽다. 바로 회의주의나 무책임으로 빠질 수 있다는 점이다. 어떠한 객관적 판단의 근거도 거부하는 상대주의는 도덕적 타락을 불러올 수 있다. 소피스트들의 폐해가 바로 그런 것이었다. 이런 도덕적 무정부 상태에 분노한 사람이 바로 소크라테스였다.


## 위대한 철학자 소크라테스는 왜 죽었는가

· · ·

소크라테스는 아테네를 구하기 위해 두 차례나 전쟁에 참가했던 인물이다. 그는 목숨을 걸고 싸운 조국 아테네가 얼치기 철학자와 사악한 정치인의 야합으로 망가지고 있다고 느꼈다. 소크라테스 입장에서 아테네 타락의 주범은 상대주의였다. 당시는 공포정치를 자행하던 과

두정치가 끝나고 민주정이 들어섰을 때였다. 민중파 인사들을 엄청나게 살육한, 공포정치의 주범인 크리티아스Kritias, 기원전 460~403는 소크라테스의 제자였고, 플라톤의 숙부였다. 그뿐 아니라 아테네의 장군으로서 조국을 배반하고 스파르타를 도와서 펠레폰네소스 전쟁기원전 431~404을 스파르타의 승리로 이끈 부역자 알키비아데스Alcibiades, 기원전 450?~404도 소크라테스의 제자이자 페리클레스Pericles, 기원전 495?~429의 조카였다. 알키비아데스는 '페리클레스에게서 모든 것을 물려받았으나 그 정직성은 물려받지 못했고, 소크라테스로부터 모든 것을 배웠지만 그 도덕성은 배우지 못했다'는 조롱을 받았다고 전해지는 인물이다.

그런 배경으로 소크라테스는 아테네 정치의 중심인물일 수밖에 없었다는 점을 놓치지 말아야 한다. 그러니까 소크라테스와 그의 제자 플라톤 두 사람은 전체주의 혹은 귀족정치를 지지했던 셈이었다. 그가 법정에 고발된 것도 그런 관계 때문이었다. 소크라테스와 동시대를 살았던 희극작가 아리스토파네스Aristophanes, 기원전 450?~388의 〈구름Nephelai〉은 바로 이 점을 분명하게 드러내며 소크라테스를 풍자하고 있다. 우리가 죽음을 앞둔 소크라테스를 '악법도 법이다'라는 신념의 인물로 기억하고 있는 것은 플라톤의 일방적인 해석에 기인한다.

그런데 소크라테스는 상대주의의 폐해나 도덕적 타락을 직설적으로 비판하거나 절대주의를 노골적으로 주장하지는 않았다. 그가 선택한 방법은 스스로 깨닫게 하는 것이었다. 이는 대단히 중요한 지점이다. 강요하거나 가르치려 드는 것이 아니라 스스로 문제를 자각하게 하는 것, 이것이 바로 철학의 힘이다. 철학의 본질은 나와 세상의 문제를 '스스로' 깨닫는 것이다. 소크라테스는 바로 철학의 힘을 제대로 보여준 최초의 철학자였다. 그리고 그 힘과 가치는 지금도 유효하다. 그가 반 민주주의자였는지 아닌지는 차치하고.

델포이 신전에 쓰였던 '너 자신을 알라'라는 말을 자신의 격언 명제로 삼은 소크라테스는 소피스트들과 논쟁했다. 그는 자타가 공인하는 명망가들에게 물음을 던지고 그의 대답에 거듭 질문을 던지는 과정을 통해 상대가 자신의 무지를 고백하게 만들었다. 이른바 '대화' 혹은 '산파술'이다.

상상해보라. 자신의 해박함에 자부심이 컸던 사람이 아고라Agora, 시장, 집회장에서 못생겼으나 사람들의 존경을 받는 늙은이를 만났는데, 그가 별거 아니다 싶은 물음을 던진다. 그런 것쯤 누워 떡 먹기라고 여기고 자신의 지성도 자랑할 겸 쉽게 대답한다. 그런데 상대는 계속해서 꼬리에 꼬리를 물며 묻는다. 그리고 결국은 자신의 지식이 잘못되었음을 인정한다. 그것도 수많은 사람들이 지켜보는 가운데서. 얼마나 치욕적이었을까. 광장의 사람들은 허위와 무지를 숱하게 목격했다. 소크라테스의 상대 중에는 권력자들도 있었다. 권력자의 무력함이 만천하에 드러났던 셈이다. 그것이 대중으로 하여금 권력자에 대한 비판을 불러일으켰을 수도 있다. 그렇게 소크라테스는 당시의 지배세력들에게 공공의 적이 되었을 수 있다. 우리가 익히 알고 있던 것보다 더 다면적인 요소들이 소크라테스를 죽음으로 몰고 갔다. 한편, 소크라테스를 비판하는 학자들은 그의 사형이 배심원들을 무시하고 모독해서 자초한 판결이었다고 지적하기도 한다.

소크라테스의 대화들은 분명 매력적이다. 그러나 엄밀하게 따져보면 속이 빤히 들여다보이는 내용들이다. 베르나르-앙리 레비Bernard–

Henri Lévy, 1948~ 는 소크라테스의 대화를 아예 속임수라고 단정하기도 했다. 언제나 미리 예고된 한 가지 말뿐, 두 가지 관점이라고 부를 만한 것은 없기 때문이다. 잘 짜인 각본과도 같다고 할까. 소피스트가 어느 정도 고집을 부리다가 마음을 바꿔 소크라테스의 말에 찬동하고 소크라테스가 승리한다는 예고된 결말이다. 그래서 소크라테스는 플라톤에 의해 정정되고 수정되고 거세되었으며 진짜 소크라테스, 유일한 소크라테스는 희석되고 말았다고 주장하는 이들도 있다. 반면 플라톤이 결코 그런 일을 할 사람이 아니었다고 단정하는 이들도 있다. 이런 이야기를 덧붙이는 까닭은 플라톤과 소크라테스에 대한 맹목적인 추종을 걷어내야 하기 때문이다.


## 가장 오랫동안 가장 절대적으로 숭배된 철학자

· · ·

플라톤 이야기로 넘어가보자. 우리는 플라톤 하면 곧바로 이데아를 떠올린다. 그리고 이데아가 어떤 것인지도 대충은 안다. 그러나 이데아의 개념이 왜, 어디에서 나온 것인지에 대해서는 별 관심이 없다. 그러니 본질을 제대로 파악하지 못한다.

귀족 출신의 플라톤은 소크라테스에 매료되었다. 그런데 스승이 엉뚱하게 죽었다. 아테네 법에 위배되는 사상 활동을 벌였다는 죄목이었다. 플라톤이 보기에 소크라테스를 죽음으로 몰고 간 권력은 상대주의로 무장한 자들이었다. 따라서 자신의 사명은 상대주의와의 대결이라고 생각했다. 그렇다면 상대주의를 압도할 수 있는 것을 찾아야 한다. 바로 절대주의다. 그리고 절대주의의 알파요 오메가가 바로 이데아다. 플라톤에게 진리란 변하지 않고 보편적이며 객관적이고 필연적인 것이어야 했다. 그것을 이데아로 그려냈다. 따라서 이데아는 결코 물질 속에 있거나 물질의 속성을 가져서는 안 된다. 왜냐하면 물질은 필연적으로 변화하고 궁극에는 소멸하는 것이기 때문이다. 그래서 이데아는 물질을 초월하면서 동시에 그 물질의 본질을 형성하며 지배하는 것이어야 했으며, 감각으로 알 수 없는 것이어야 했다. 감각은 형상에 대해 신체가 반응하는 메커니즘이다. 감각은 늘 가변적이다. 그러니 감각으로는 이데아를 알 수 없다. 따라서 이데아를 인식하는 것은 감각이 아닌 이성일 수밖에 없다.

플라톤의 이데아론은 매력적이다. 우선 인식론적 측면에서는 복잡다단한 지엽들에서 벗어나 그 전체의 핵심을 꿰뚫을 수 있으니 경제적이다. 존재론적 측면에서도 일원론의 단순성으로 수렴되기 때문에 간결하다. 그뿐인가? 윤리적 측면에서도 상대주의의 속성인 책임회피에서 벗어나 절대적 가치와 그에 따른 책임을 수반하기 때문에 유리하다.

플라톤이 무조건 다짜고짜 이데아를 들이대고 이성적이고 초월적인 직관으로 시작한 건 아니었다. 플라톤은 절대적 이데아를 최대한 논리적으로, 기계론적으로 설명한다. 그리고 한계에 봉착했을 때 직관과 유추나 비유를 사용한다. 무엇보다 그는 스승 소크라테스를 부활시켰고 그와의 대화를 되살려내 자신의 사상을 구축했다. 소크라테스의 대화를 담은 플라톤의 《대화편》은 그 소산이다. 아마도 이런 초월적 일원론은 플라톤의 귀족주의적 성향에 부합되었을 것이다. 플라톤은 고대 그리스 사상의 위대한 스승으로서도 중요하지만 훗날 그의 사상이 유럽 문화의 기반을 이루게 되었다는 점에도 주목해야 한다. 그 까닭은 무엇이었을까?

고대 그리스 시대의 유럽은 다신교 문화였다. 로마는 피정복민들의 신앙에 대해서도 관대했다. 판테온Pantheon 신전이 그 대표적 사례다. 판테온이란 말 그대로 모든pan 신theon의 집이다. 모든 신들을 로마에 모아놓은 것은 로마가 관대하다는 것을 입증하는 동시에 그 신들을 자신들이 장악하고(?) 있다는 무언의 과시였다. 그러나 4세기에 그리스도교를 국교로 받아들이면서 상황은 바뀌었다.

그리스도교는 대표적인 유일신 종교다. 313년에 종교로 공인되기 전까지 그리스도교는 핍박을 견뎌내야 했다. 그리스도교가 로마의 탄압을 받을 때 죄목은 '무신론'이었다. 이때의 무신론이란 로마의 신들을 부정한다는 의미였다. 당시만 해도 신학을 정립할 경황이 없었을 것이다. 하지만 국교가 된 이후에는 신학적 정립이 필수적이었다. 국교가 되었다는 사실이 이미 종교가 정치적 산물이 되었음을 드러낸다. 따라서 종교에 대한 정치적 해석은 필수적이다.

로마제국은 군사와 법률로마법의 통치보다 훨씬 근원적인 통합을 이뤄낼 수 있는 종교적 통일성에 큰 매력을 느꼈다. 325년에 니케아에서 열린 최초의 공의회를 소집한 주체는 교황이나 교회 지도자가 아니라 바로 로마 황제 콘스탄티누스 1세Constantinus I, 280?~337였다. 거대하고 다양한 피정복국가와 그 민족을 통치해야 하는 황제에게 사해동포주의를 내세우는 그리스도교는 정치적으로 매우 매력적이었을 것이다. 게다가 그리스도교는 기존 유럽 다른 민족의 특정 종교도 아니고 완전히 외부에서 새로 들어온 '독립적인' 종교였다. 고트족의 신을 로마의 신으로 선택하면 게르만족이 반대할 수 있고, 그 반대 역시 마찬가지다. 그러나 '내 것도 네 것도 아닌' 제3의 것은 중립적이다. 그런 점도 고려했을 것이다.

문제는 다신교 문화에서 어떻게 유일신 신학을 정립할 수 있느냐 하는 것이었다. 이런 상황에서 플라톤은 구세주와도 같았다. 최고의 이데아에 유일신을 대입해 신학의 이론적 바탕을 마련할 수 있었다. 하물며 이데아는 절대적이며 초월적이다. 신의 속성을 완벽하게 구현하고 있지 않은가! 그러니 아우구스티누스Aurelius Augustinus, 354~430를 비롯한 교부들에게 플라톤은 철학적으로뿐 아니라 신학적으로 은인이었던 것이다. 그뿐인가? 플라톤은 물질적 요소를 하위로 취급한 반면 정신적 요소는 불멸의 것으로 설정했다. 그것을 육체와 영혼으로 대입하면 그리스도교의 가르침과 일치했다.

## 플라톤과 그 적들

• • •

그리스도교에서는 오로지 플라톤만을 정통한 철학과 신학의 바탕으로 삼았다. 이게 플라톤이 서양문화를 오랫동안 지배할 수 있었던 힘의 실체였다.

상대적으로 플라톤의 제자였고, 이데아론에 맞서 개체론을 주장한 아리스토텔레스Aristoteles, 기원전 384~322는 초기 교회에 의해 '이방인의 철학자'라는 낙인이 찍혀, 13세기에 알베르투스Saint Albertus Magnus, 1200?~1280와 그의 제자 성 토마스 아퀴나스St. Thomas Aquinas, 1224/1225~1274에 의해 부활할 때까지 철저하게 억압받았다. 움베르토 에코Umberto Eco, 1932~ 의 《장미의 이름》에서 금서로 제한되어 몰래 읽다가 죽음에 이르게 되는 문제의 책이 바로 아리스토텔레스의 《시학Poetica》이었다. 오직 플라톤만이 유럽의 중세를 장악한 '유일한' 철학자였다.

플라톤이 단순히 교회에 의해서만 숭배된 것은 아니었다. 어떠한 권력자든 자신의 힘에 대한 절대적이고 불변한 권위를 인정받고 싶어 한다. 그런 욕망을 채워줄 수 있는 사상으로 플라톤의 철학만 한 것이 없다.

현대철학자 칼 포퍼Karl Popper, 1902~1994는 《열린사회와 그 적들》에서 플라톤의 절대주의를 신랄하게 비판한다. 포퍼는 올바른 학문이란 그것의 절대성이 아니라 반박 가능성이라고 보았다. 실증적으로 반박 가능함에도 불구하고 반박되고 있지 않을 때 그 이론은 한시적으로 존중받는 것이며 바로 이런 이론들의 역사가 과학사와 사상사를 이룬다고 본 포퍼에게 플라톤은 위험한 사상가일 수밖에 없다. 물론 플라톤이 고대 그리스의 인물이라는 점을 비춰본다면 포퍼의 비판이 가혹한 측면이 있지만, 포퍼가 플라톤을 비판한 것은 그만큼 플라톤이 유럽의 철학과 문화 등 전방위에 걸쳐 오랫동안 영향을 미쳤기 때문이다. 플라톤의 이데아나 그리스도교의 신처럼 경험적으로 반박 불가능한 것은 사회와 공유할 수 있는 객관적 이론으로서의 지위를 누릴 수 없으며 단지 개인의 주관적인 '믿음'에 지나지 않는다는 것이 포퍼의 생각이다. 포퍼는 무작정 절대주의나 이데아 이론을 들이대는 것이 얼마나 무모하고 답답한 것인지에 대한 답을 들려주고 있다.

플라톤의 사상뿐 아니라 그에 대한 역사적 배경과 그의 사상이 미친 후대의 영향을 조망하면 '지금 우리에게' 플라톤이 어떤 존재인지 더 넓게 이해할 수 있다. '태양 아래 다른 것은 없다'는 식으로 고대의 철학자들을 의무적으로 존경할 필요도, 공부할 의무도 없다. 우리에게 중요한 건 우리 삶을 성찰하는 데 도움을 줄 수 있는 '살아 있는' 철학자 플라톤이다.

# 대륙의 합리론과
# 영국의 경험론

플라톤 하면 반사적으로 이데아가 떠오르듯, 데카르트<sup>René Decartes, 1596~1650</sup> 하면 '나는 생각한다, 고로 나는 존재한다<sup>Cogito ergo sum</sup>'라는 명제가 떠오른다. 그런데 문제는 '거기까지'라는 것이다. 조금 나은 경우라고 해봤자 대륙의 합리주의 사상을 익힌 정도다. 그러나 데카르트의 이 명제는 이것만 알면 그만인 문장이 아니다. 하나의 혁명이다. 왜 그런가?

중세 유럽은 철저하게 교회가 지배했다. 그렇다고 그 천 년 동안 오롯하게 교회가 무소불위의 권력을 휘두르기만 한 것은 아니다. 어떤 의미에서는 그나마 교회였으니, 그리고 상속해줄 자녀를 두지 않는 성직자였으니 다행이었다. 완전하게 성직자 독신제도가 정립된 것은 교회의 타락이 주교좌성당의 세습 때문이라는 판단에 의해 성직자 독신주의를 명문화했던 11세기말 교황 그레고리우스 7세<sup>Gregorius VII,</sup>

1020~1085의 교황칙령부터다. 때로 교회는 세속의 정치가 뺨칠 정도로 탐욕에 물든 성직자들의 암투와 타락으로 스스로 제 목에 밧줄을 걸기도 했고, 세속의 정치와 대결하고 또는 타협하면서 교묘하게 권력을 유지하기도 했다. 그런 가운데 부패 세력과 반부패 세력의 갈등과 긴장이 교차하면서 교회는 점진적 변화와 발전을 이루었다.

정치와 달리 지식의 경우는 완전히 교회의 독점 체제였다. 모든 책은 수도원에 보관되고 검열되었다. 조금이라도 입맛에 맞지 않으면 '빨간 딱지'를 붙였다. 이른바 금서목록이다. 흔히 색인으로 사용되는 index는 금서목록을 의미했다. 원문은 Index Librorum Prohibitorum이다. 교회는 1559년 자신들이 금지한 책을 빠짐없이 적은 〈금서목록〉을 펴내기도 했다.

중세의 신학과 철학에서는 피조물인 인간이 완전한 속성의 진리를 스스로 알 수는 없다고 천명했다. 완전성이란 창조주인 신의 영역이지 피조물인 인간의 영역이 아니라고 여겼기 때문이다. 그런 상황에서 진리를 알거나 가깝게 다가설 수 있는 유일한 방법은 완전자인 신의 은총을 입는 것뿐이었다. 이른바 은총설이나 조명설이다. 인간의 자유는 궁극적으로 제한적일 수밖에 없는 상황이었다. 진리는 오직 교회의 전유물이었다. 중세에 교회가 누린 무한 권력의 근원은 바로 이 지점에 있다고 볼 수 있다.

지식의 독점에 반기를 든 게 데카르트였다. '나는 생각한다, 고로 나는 존재한다'라는 그의 대표적 명제는 인식의 전제조건으로 의심을 선택했다는 점에서도 위험했다. 그 의심이 성서나 스콜라 철학을 통해 해소되는 성질이 아니었기 때문이다.

## 데카르트, 그럼에도 불구하고 의심하다

・・・

데카르트 자신도 교회에 맞서는 것을 두려워했다. 그는 가톨릭 신자였다. 네덜란드에 머물고 있던 데카르트는 1633년 자신의 첫 작품을 완성했는데 그즈음에 갈릴레이<sub>Galileo Galilei, 1564~1642</sub>가 종교재판에서 유죄 판결을 받았다는 소식을 듣고 두려워서 출간을 포기했고, 상당 부분을 폐기했다. 4년 뒤 《방법서설》을 익명으로 출간한 것도 혹시 모를 위험에 대한 대비책이었다.

데카르트는 조심성이 많았고 갈릴레이와 브루노<sub>Giordano Bruno, 1548~1600</sub>에게 어떤 일이 있었는지 똑똑히 알고 있었다. 그래서 곧바로 신이 존재한다는 명제의 증명을 꾀했다. 그는 신 존재 증명을 통해 자신의 견해가 교회의 가르침이나 태도와 어긋나지 않는다는 점을 보여주고자 했지만, 다른 이론에 비해 초라할 만큼 빈약했던 증명으로는 교회를 안심시킬 수 없었다. 교회는 데카르트를 이단으로 여겼으며, 그가 죽은 뒤 13년 후 그의 저서들을 금서목록에 올렸다. 18세기에 이르기까지 공식적으로 거론하기에는 매우 위험한 인물로 취급되기도 했다.

교회에 대한 두려움에도 불구하고 데카르트는 자신의 생각을 포기하지 않았다. 아니 오히려 그는 깃발을 들었다. 정공법은 아니었다. '의심'이라는 우회적 공략 전술을 택했다. 더 이상 의심할 수 없는, 명백하고 확실한<sub>clara et distincta</sub> 것에 도달하는 것이 학문의 시작이고 바탕이어야 한다는 믿음이었다. 흔히 '방법론적 회의'라는 데카르트의 의심은 이미 그 자체가 혁명의 씨앗이라고 봐야 한다.

이전까지는 교회라는 가장 강력한 권위가 모든 지식의 위계를 결정하는 순간 그것은 결코 의심의 대상이 될 수 없었다. 그런데 데카르트는 그것을 의심하겠다고 나섰다. 이미 그 자체가 도전이었다. 이런 사실을 제쳐두고 방법론적 회의에서 '방법'에만 방점을 찍으면 철학이 시대의 큰 물줄기를 어떻게 바꿔놓는지 깨닫지 못한다.

의심에 의심을 거듭한 결과, 데카르트가 얻은 건 아주 사소한(?) 결론이었다. 모든 것을 의심하고 있다는 사실과 그 의심의 주체가 바로 나라는 사실에는 어떠한 의심도 허용되지 않았다. '나는 생각한다. 고로 나는 존재한다'는 짧은 문장 하나는 그렇게 '중세를 상대로 한 결별통보'가 되었다. 기도로 얻은 것도, 은총에 의한 것도 아니었다. 이것은 바로 '생각하는 나res cogitans'에 의해 얻어진 진실이다. 교회의 권위가 개입할 수 없는 인식의 출발이었다. 그게 바로 확실성certainty이다.

이렇게 데카르트에 의해 근대의 싹이 텄다. 근대정신의 독립선언과 같은 이 선언으로 '자유로운 개인'이라는 근대 및 현대 정신의 바탕이 마련되었다. 이 사유의 혁명은 외부로부터 주어진 것이 아니라 바로 나 자신이 이끈 것이기 때문이다. 현대철학자 레비나스Emmanuel Lévinas, 1905~1995는 데카르트의 지나친 자아 주체성이 타자의 존재성을 무시하는 결과를 초래했다고 비판했지만, 그것은 한참 나중의 일이다.


## 영국의 경험론이 이뤄낸 것

· · ·

생각의 혁명은 현실의 혁명으로 이어진다. 이전까지 눈치보며 묵묵히 순응해야만 했던 권위에 대해 사람들은 의심하기 시작했다. 비로소

'자아'의 의미와 가치를 획득한 사람들이 현실을 깨우치고 여전히 권력의 절대성에만 집착하는 기득 세력에 대해 온몸으로 저항하게 된 것이 프랑스혁명이다. 물론 당시의 여러 정치적, 경제적 상황들이 작동되었지만 데카르트의 합리론에서 발아되고 계몽주의로 각성된 시민의 사유가 혁명의 간과할 수 없는 동인이다. 그러니 철학이 부재한 시대와 민중은 결코 역사를 만들어내지 못한다.

영국의 경험론은 어땠는가. 아마도 영국의 경험론을 배운 사람들은 대륙의 합리론과 비교되는 대비적 특징을 먼저 그려보며, 로크John Locke, 1632~1704의 '제1성질'이니 '제2성질'이니 하는 것, 그리고 버클리George Berkeley, 1685~1753의 '관념의 다발'이니 흄David Hume, 1711~1776의 '회의론'이니 하는 개념을 떠올릴 것이다. 그러나 그보다 먼저 봐야 하는 것이 있다.

경험론은 합리론의 생득관념innate idea이라는 걸 인정하지 않는다. 모든 사태에는 반드시 그 원인이 있다고 생각하는 경험론으로서는 합리론의 생득관념을 그대로 받아들이기 어려웠다. 그래서 나온 것이 '백지설또는 '빈 서판', theory of tabura rasa'이다. 흔히 로크의 백지설로 알려져 있는데, 이 용어를 주요하게 사용한 사람은 로크가 아니라 라이프니츠Gottfried Wilhelm Leibniz, 1646~1716였다. 백지설은 대륙의 합리론에 대한 정면 비판이기도 했고, 영국 특유의 발생론적 시각과 인과론적 사유의 발로이기도 했다.

라이프니츠는 로크의 《인간오성론》을 풍자하는 《인간오성신론》에서 이 용어를 사용했다. 그러나 현재는 경험론을 상징적으로 나타내는 말로 쓰이고 있다. 백지설에 따르면 모든 관념은 후천적 경험을 통해 이루어진다. 태어날 때는 아무런 지식도 없는 백지 상태다. 경험한 것이 없기 때문이다. 지식은 그 위에 경험한 것이 쌓여서 자연스럽게 만들어진다는 게 백지설의 골자다.

경험은 감각을 통해 수용된다. 물론 오성에 의한 범주가 작동되기는 하지만 그 시원은 분명 감각을 통한 경험이다. 경험의 주체는 감각기관이고 감각의 주체는 나 자신이다. 경험론은 합리론과 완전히 다른 철학적 사유의 방법과 태도였지만, '보편적 이성'을 지닌 '보편적 자아'가 아니라 구체적이고 개별적인 나 자신이 사유의 주체라는 점에서는 일치한다. 그게 바로 시대정신이고 근대사상의 핵심이다. 모든 인식의 중심은 바로 나다! 이 얼마나 놀랍고 도발적인가.

자아가 사유의 주체라는 점은 동일하지만 합리론과 경험론 사이에는 분명한 차이가 있다. 합리론은 이성에 의한 보편적 인식을 도출한다. 그것은 강자에게 매우 매력적이다. 플라톤의 이데아론이 그랬던 것처럼. 나의 인식은 보편적이기 때문에 마땅히 나의 견해에 동의해야 한다는 권력의지가 작동되는 경우 자칫 획일성과 독재로 흐르기 쉽다. 그러나 경험론은 그런 보편적 인식을 거부한다. 심지어 흄은 인식과 주체에 대해 회의적일 수밖에 없음을 고백하면서도 그 본질은 포기하지 않았다. 인식의 출발은 보편적 인간이 아니라 구체적이고 독립적 존재인 나 자신이다. 영국에서 입헌군주제가 먼저 싹튼 것은 여러 요인들의 결과물이지만 무엇보다 경험론적 인식의 바탕에서 비롯되었다는 점을 놓쳐서는 안 된다.

# 최대 다수의 최대 행복보다
# 누구나 행복할 권리가 먼저다

· · ·

경험론은 공리주의를 낳았다. 보통 공리주의 하면 먼저 '최대 다수의 최대 행복'이라는 명제를 기억하고 효용성을 떠올린다. 물론 맞다. 공리주의가 영국의 산업혁명과 자본주의라는 새로운 프레임과 딱 맞아떨어진 사회윤리라는 점도 맞다. 그래서 자칫 공리주의는 오로지 효용성만 강조하는 것으로 여기기 쉽다. 실제로 그렇게 이해된 공리주의는 강자와 부자의 욕망 실현에 충실한 것이 되고 말았다. 최대 다수의 최대 행복을 위해서는 '불가피하게' 소수 약자의 희생은 따라야 한다고 오용되는 경우가 많았다. 존 롤스가 《정의론》에서 공리주의의 폐해를 지적한 핵심이 바로 그 지점이었다.

현대 산업사회에서 효용을 무시할 수는 없다. 그러나 공리주의에서 먼저 주목할 것은 '누구나 행복을 추구할 권리가 있다'라는 선언이다. 19세기의 상황을 대입해보자. 귀족들만 행복을 추구할 권리를 가진 것은 아니다. 쾌락을 느끼는 것은 감각기관인데 누구나 똑같은 감각기관을 갖고 있지 않은가? 귀족이나 부자라고 단맛을 느끼는 혀가 있고, 보통사람은 그런 혀가 없는 것이 아니다. 이것이 일찍이 경험론이 이끌어낸 결론이었다. 공리주의의 모토인 '최대 다수의 최대 행복'이 정치학자인 허치슨Francis Hutcheson, 1694~1746의 구호였다는 점은 의미심장하다. 그 맥락이 바로 보통선거권General Suffrage의 요구였기 때문이다. 보통선거권은 지금은 당연한 것이라 여기지만 당시로서는 경천동지할 주장이었다. 공리주의는 이런 사상들의 결합이고 호응이다.

생각이, 철학이 혁명을 이끌어낸다는 것은 그저 선언적 구호가 아니다! 어떤 사상과 철학을 갖느냐 하는 것은 그래서 매우 중요하다. 모든 철학은 명제와 반명제 혹은 액션과 리액션의 관계로 이어진다. 합리론에 대한 반명제가 경험론이었고, 이 둘에 대한 종합적 리액션이 칸트의 비판철학이었다. 또한 헤겔의 변증론은 아리스토텔레스와 밀을 중심으로 한 기존의 논리체계를 뒤엎는 혁명이었다. 토마스 쿤은 과학 또한 그런 혁명의 연속 과정이라고 주장했다.

현대철학에서 다양한 사상이 출몰하면서 때로 우리는 혼란에 빠진다. 이른바 주류main stream의 부재가 주는 혼란이다. 얼마 전까지만 해도 대학에서 가르치는 철학개론 혹은 철학사 수업은 대부분 칸트쯤에서 혹은 기껏해야 헤겔쯤에서 멈췄다. 진도 나갈 시간이 부족하다는 핑계도 있었겠지만 이유는 다른 데 있었다. 소크라테스(더 멀리는 탈레스까지)에서 칸트까지는 큰 흐름이 일정하게 유지되었다. 그러니 순차적으로만 가르치면 될 일이었다. 하지만 칸트나 헤겔 이후에는 갑자기 갈래가 수없이 많아졌고 갈피를 잡기가 어려워졌다. 가르치는 사람이 그것을 모두 파악하지 못하니 슬그머니 그쯤에서 마감을 했다. 그러니 그 수업을 통해 철학을 배운 사람들이 현대철학의 다양성을 따라가지 못하는 것은 어쩌면 당연할지도 모른다. 현대철학이 다양해진 것은 그만큼 인간의 지성이 발달했기 때문이기도 하고 사회가 빠른 속도로 다변화되었기 때문이기도 하다. 더 이상 주류적 사상이란 무의미해졌기 때문이다. 혹은 하나의 사상으로 세상을 읽어내는 것이 불가능해졌기 때문이다. 하지만 그 다양한 사상의 진화가 결국은 다양한 세상의 독법讀法이다.

# 왜 동양철학인가

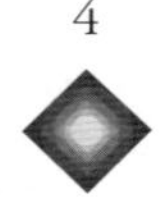

최근 동양철학의 인기가 가히 열풍이라 할 만하다. 《논어》에 관한 책만 해도 꼬리를 물고 쏟아진다. 김용옥의 《중용》 강의가 공중파에서 여러 차례 이어졌고, 높은 시청률을 기록하기도 했다. 공자와 맹자뿐 아니라 이제는 그 어렵다는 노자와 장자까지 백화점과 방송국의 문화센터나 지방자치단체 문화강연에서도 인기를 얻으며 동양철학 강좌가 속속 개설되고 있다.

이 열풍은 왜 불어왔을까? 크게 두 가지 이유라고 생각한다. 하나는 서양문화와 서양철학의 한계를 인식했기 때문이다. 한국 사회는 산업화되면서 불가피하게 서양문화와 사상에 경도되었다. 이른바 선진문화요, 선진사상이라고 여겼기 때문이다. 서구적 사고와 문화를 따르지 않으면 도태되는 상황이었으니 어쩔 수 없었다고 하자. 그런데 이제 그 한계가 보이는 것이다.

그리고 서양철학의 갈래가 너무 많아지고 내용도 복잡해지니 따라가기에도 숨 가쁘다. 그뿐인가? 이젠 포스트모던 운운하면서 기존의 지식에 대한 회의까지 겹쳤다. 아무리 따라가도 늘 한 템포쯤은 뒤떨어질 수밖에 없다. 후발자의 한계라고나 할까? 배경과 환경에 대해서 무관심하고 그저 이론과 논리로만 접근해왔기 때문이다. 더 이상 서양문명을 이전처럼 동경이나 모범의 대상으로 여기지 않는다. 일방적인 서구 지향적 태도에 제동이 걸린 것이다. 그만큼 우리의 삶이 나아졌고, 산업의 측면에서도 저들을 능가하는 분야가 속출했다. 자부심도 생겼다. 무엇보다 지적으로 성장했다.

또 다른 하나는 중국의 부상이다. 우리는 이미 대국굴기大國堀起의 용트림을 보고 있다. 공산화 시대의 중국은 문화와 철학의 공백기였을 뿐이다. 마오이즘을 중국의 근대정신을 사상적으로 정립한 것이라고 보는 견해도 있다. 그러나 엄밀한 의미에서 마오이즘이 철학적 사유에 천착한 것인지에 대해서는 이론의 여지가 다분하다.

그런 중국이 본디 모습을 되찾아가고 있다. 이제는 중국과 부지런히 교류해야 하는 시대다. 더 이상 서구 일변도는 통하지 않는다. 그래서 자연스럽게 중국의 문화와 고전에 대한 관심이 증가하고 있는 것이다.


## 춘추전국 시대의 철학

...

요즘의 동양철학, 엄밀히 말해 중국철학에 대한 관심을 보며 솔직히 걱정스러운 점도 있다. 중국철학을 전공하는 학자들은 나의 이런 우려를 기우라고 일축할지 모르겠지만, 자칫 복고주의에 머물 수 있지 않을까 하는 걱정이다. 우선, 동양철학의 원전 자체가 춘추전국 시대의 산물이라는, 시간적 제한성을 지닌다. 이후에도 많은 사상가들이 출현했지만, 관심은 여전히 공자와 맹자, 노자와 장자에 머물고 있다. 근현대의 뛰어난 철학자와 저작물이 다루어지지 않고 있다는 말이다. 공맹과 노장에만 머무는 동양철학은 마치 플라톤과 아리스토텔레스에만 천착하는 서양철학과도 같다. 거기에만 갇혀 있는 서양철학을 상상할 수 있는가? 어쩌면 많은 사람들이 동양철학에 매료되는 것도 현대서양철학처럼 복잡하고 난해하며 다양한 갈래로 나뉘어서 혼란스럽게 하지 않는 고전의 정체성正體性이 주는 안정감 때문인지도 모른다. 만약 그런 성향 때문이라면 지금의 동양철학 열풍은 자칫 정체성停滯性의 늪에 빠질지도 모른다. 그 위험성을 감지하고 극복하기 위한 노력이 있어야 한다.

우리가 흔히 말하는 제자백가諸子百家는 기원전 8세기에서 기원전 3세기에 이르는 춘추전국 시대에 활동했던 인물들이다. 동양철학이 이 시대에 머무는 데는 두 가지 원인이 있다.

첫째로, 싸움에만 몰두하던 서양의 군주들과는 달리 동양의 군주들은 싸움이 한창일 때도 꾸준히 공부했다. 물론 모든 제후들이 다 공부에 열중한 건 아니다. 그러나 그들은 지식과 지혜를 지닌 자들을 구하고 모았다. 수많은 책사들이 여러 나라와 군주를 찾아다녔다. 그들은 자신의 사상을 전파하기 위해 실용적으로 학문을 대하면서도 인간의 가치, 국가의 운용 등 본질에 대한 탐구도 소홀히 하지 않았다.

둘째로, 춘추전국 시대가 막을 내리고 통일왕국이 세워지면서 단일한 학설을 선택해야 하는 상황이 닥쳤다. 통일왕국의 통치철학으로 잡다한(?) 이설理說을 택할 수는 없었다. 한나라는 유가와 묵가 가운데 하나를 선택하는 것으로 압축했고 유가를 최종 선택하였다. 사상과 정치가 일체되었다는 점은 분명 서양과 다른, 뛰어난 문화의 결과물이다. 유럽은 종교로 통합되었지만 중국에서는 사상이 그런 역할을 했다. 그러나 하나의 학설로 통일되었다는 것은 필연적으로 다른 학설에 대한 불관용 혹은 탄압으로 이어졌다는 사실을 직시하자.

한나라 이후 중국의 역대 왕조는 유가의 가르침을 따랐다. 심지어 이민족이 세운 왕조들조차 그랬다. 따라서 유가에 대한 전통적 해석은 부동의 가치였고 조금만 벗어나도 제재를 받아야 했다. 이른바 사문난적斯文亂賊의 오명을 뒤집어쓸 학자는 그리 많지 않았고, 설령 그들이 소신껏 자신의 사상을 개진했다 해도 뒤따르는 사람들이 적었다. 그러므로 중국은 공자가 지배했다고 해도 과언이 아니다.

춘추전국 시대의 제자백가를 능가하는 어떠한 사상도 통일왕국 이후 출현하지 않았다는 사실은 사상의 통제가 작동하고 있었다는 점을 말해준다. 서양철학과 서양사상의 발전 양상과 다른 점이다. 특히 근대 이후 사상 통제의 정도는 서로 확연하게 비교된다.

주희朱熹, 1130~1200는 남송 시대의 학자였다. 송나라는 무武보다 문文을 노골적으로 강조한 왕조였다. 그래서 문화적으로는 성숙했지만, 결국엔 이민족의 침입으로 황제가 잡혀가고 양쯔강 남쪽으로 도망치듯 수도를 옮겨 반쪽짜리 왕조를 겨우 유지했다. 현실의 힘은 없지만 이민족보다 자신들의 문화가 훨씬 낫다고 자위하는 것이 유일하게 남은 자존심이었다.

곳간에서 인심난다고, 학문 또한 마찬가지다. 공자의 유연한 철학은 주희에 와서 엄격하고 치밀한 논리와 학설로 강화되었다. 조금이라도 자신들의 해석에서 벗어나면 용납하지 못하는 편협함을 지워내지 못했다. 그리고 그런 태도가 중국 유학의 전통으로 자리 잡았다. 이후 양명학조차 허용되지 않았고, 18, 19세기 잠깐 발흥했던 실학조차도 그 맥을 이어가지 못했다.

## 공자를 죽여야 공자가 산다

· · ·

우리나라의 경우는 공자에 대한 해석들 가운데서도 가장 엄격하고 정밀한 주자의 해석을 거의 유일한 텍스트로 삼았기에 그 틀에서 조금이라도 벗어나면 화를 당했다. 중화주의에 물든 경직되고 폐쇄된 사고와 문화는 바깥세상의 흐름을 읽는 시야를 둔감하게 만들었다. 이는 우리나라보다 먼저 개방했던 일본에 강제로 나라를 빼앗기는 수모를 겪은 것과 무관하지 않다.

불행히도 이런 한계는 여전히 유효하다. 아무리 공자와 맹자, 노자와 장자에서 배울 게 많다 해도, 이를 현대적으로 해석한다 해도 그 한계는 뚜렷하다. 김경일은 "공자가 죽어야 나라가 산다"고 했지만 그 말을 조금 더 확대하면 "공자를 죽여야 공자가 산다"고 할 수 있지 않을까?

20세기 동안 유학의 본고장인 중국에서는 줄곧 공자를 죽여왔다

(?). 5·4운동 기간 중의 "공자의 사상을 파는 상점을 거꾸러뜨리자打倒孔家店"던 구호도 그렇고 문화운동 때 "임표와 공자를 비판하자批林批孔"던 운동이 그렇다. 개방 이후 서양의 다양한 사상을 접한 많은 지식인들이 마르크스와 레닌주의를 추종하는 동시에 마오이즘을 마르크스주의의 탈을 쓴 유교적 봉건사상이라고 맹렬하게 비판했던 속내를 읽어보면 역설적으로 중국의 사상과 문화에 공자의 사상이 얼마나 뿌리 깊게 작동되고 있는지 알 수 있다.

중국철학이 근대적 시각으로 조명되기 시작한 것은 1930년대 펑유란馮友蘭, 1895~1990의 《중국철학사》부터다. 하지만 중국철학은 그 엄청난 지적 축적에도 불구하고 새로운 사상과의 대립, 수용 등의 역동적인 변화과정을 거치지 않았고 그래서 정체되었다는 비판이 여전히 남아 있다. 중국의 현대철학자 리쩌허우李澤厚, 1930~가 중국철학은 반철학半哲學이라고 언급하는 것도 그런 아쉬움의 속내를 담고 있다.

늘 공자와 맹자를 해석하고 노자와 장자를 우려먹는다는 비판에 대해 대안을 마련하지 못한다면 기껏 물오른 동양철학의 열풍은 그리 오래가지 못할 것이다. 무엇보다 근현대 철학자들의 사상을 찾아내야 한다. 아무리 통일국가에서 완고하게 억압했다 해도 유가에 맞서거나 새로운 사상을 배태하려는 학자들이 있었을 것이다. 공맹과 노장의 가르침이 아무리 위대하다 하더라도 그 틀을 깨뜨리고 나올 생각을 해야 한다.

기억해야 할 것이 더 있다. 현재의 동양철학 열풍이 복고주의는 물론 반서양적 성향, 혹은 자문화중심주의로 기울지 않도록 경계해야 한다는 점이다. 그리고 동양 고전을 자기계발의 측면에서만 지나치게 활용하는 표피적 접근은 지양해야 한다.

맹목적인 서양 지향성에서 벗어나 자기 문화 정체성의 뿌리를 되찾는 것은 바람직한 일이다. 그 이유가 무엇이든 다행스러운 결과다. 동양철학과 문화에 대해 관심을 갖고 연구하는 일은 결국 더 나은 자기 문화를 창달할 수 있는 바탕이 된다는 점에서 더더욱 그렇다. 이를 이루기 위해 방법적인 고민이 필요하다면, 가라타니 고진柄谷行人, 1941~을 소개하고 싶다. 비서구인이 가진 주변부적 문제의식을 서양의 근현대 사상으로 풀어냄으로써 세계적인 보편성을 획득한 철학자다.

1978년 가라타니 고진은 마르크스의 《자본론》을 재해석해, 현대에서는 노동운동을 소비자운동으로 바꿔야 한다는 주장을 피력했다. 당시에는 낯선 주장이었지만, 지금에 이르러 소비자 불매운동은 자본의 횡포에 맞서는 중요한 사회 변화 방식으로 공감을 얻고 있다.

노동자에서 소비자로의 입장 전환이 그런 주장을 가능케 했다는 점은, 공산주의가 무너졌다고 마르크스의 《자본론》을 무턱대고 덮어버렸던 우리의 오류를 반성하게 한다. 단순한 것 같은 입장 전환이 오히려 적극적으로 서양사상을 극복하는 과정이었으며, 동양정신을 내재화하는 여정이었다는 것을 곰곰이 음미해봐야 한다.

# 철학하라!

익스트림 스포츠Extreme Sports는 신체 부상은 물론이고 심지어 죽음까지 각오해야 하는 위험한 스포츠다. 자전거로 눈밭을 가르고, 험난한 산을 오르내리며, 하늘을 날고, 파도를 헤쳐 나아가며 극한에 도전한다. 인라인 스케이팅과 스케이트 보딩 그리고 바이시클 스턴트가 3대 익스트림 스포츠로 분류되는데, 최근에는 스노보드, 빙벽 등반, 스노모빌, 번지점프, 패러글라이딩과 수상스키 등을 아울러 말하고 있다.

익스트림 스포츠의 매력은 무엇일까? 남들이 보기에는 아찔하고 위험천만한데, 당사자는 아무렇지도 않은 듯 깎아지른 절벽을 맨손으로 오른다. 생명의 위험을 무릅쓸 만큼의 가치가 있을까? 익스트림 스포츠를 즐기는 사람들은 그 순간만큼은 전적으로 자신이 이 세상의 유일한 존재가 된다고 고백한다. 자연에 정면으로 맞서기도 하고 자연을 껴안기도 하면서 목적지를 향해 전진하는 주체적 자아를 만끽한다고 한다.

　누구나 쉽고 편한 걸 원한다. 그러나 그 편안함과 편리함은 자신이 전적으로 주체가 되는 것을 막기도 한다. 익스트림 스포츠의 매력은 편안함을 거부함으로써 얻는 주체성이다. 그 짜릿함을 맛보기 위해 무모하고 힘겹게 도전하고 싸운다.

　철학은 정신적 측면에서의 익스트림 스포츠라고 할 수 있다. 철학은 끊임없이 물음을 던지고 스스로 그 답을 찾아 나선다. 정답도 없고, 스승도 없다. 임제선사臨濟禪師, ?~866/867의 말처럼 '부처를 만나면 부처를, 나한을 만나면 나한을, 조사를 만나면 조사를 죽여야 하는' 엄중한 승부다. 위대한 사상가가 암벽일 수 있고, 심오한 철학자가 태풍일 수 있으며, 해박한 스승이 무서운 파도일 수 있다. 철학은 그런 치열함을 통해 성장한다. 세상과 삶에 대한 탐구와 천착은 결국은 자아를 발견하고, 자아와 세상의 관계를 찾아내기 위함이다. 그러나 당장의 실익은 가져오지 않는다. 평생의 시간이 걸릴 수도 있다. 도대체 그런 무모한 일이 또 있을까. 그런데도 아주 오래전부터 사람들은 철학의 문제를 회피하거나 거부하지 않았다.

　공자는 일찍이 《논어》 〈가인〉편에서 '아침에 도를 만나면 저녁에 죽어도 좋다朝聞道夕死可矣'고 확언했다. 흔히 도道에 방점을 찍지만 정말 중요한 것은 '내가' 만난다는 사실이다. 나를 대신해서 다른 사람이 만나주는 게 아니다. 그래서 기꺼이 목숨을 내놓는 일도 마다하지 않겠다는 확신을 다잡는다. 공자도, 맹자도, 데카르트도, 칸트도 철학에 자신의 온 생애를 바쳤다. 남들은 문제를 단순하고 실용적으로 해결하며 쉽고 편하게 사는데, 철학자는 치열하게 매달리고 생각에 생각을 거듭한다. 선승의 장좌불와長坐不臥의 용맹정진도 그러하다.

나는 이 장에서 철학의 이론들이나 철학자들의 사상을 다양하게 소개하지 않았다. 이 책이 철학책이 아니라서 그렇기도 하거니와 우리가 철학을 어떻게 대해야 하는가를 우선 생각해보고 싶었기 때문이다.

프랑스의 바칼로레아는 그저 대입제도의 한 방편으로 시도해보고자 만든 것이 아니다. 철학 시험을 통해 깊은 통찰의 지성을 가진 시민을 육성해야 국가의 힘과 문화가 발전한다는 사회적 전제가 바탕이 됐다. 그런 창문을 가진 프랑스와 작은 창문 하나조차 마련하지 않고 무심하게 살아가는 대한민국을 비교해보면 애석하면서도 난감하다. 무조건적인 찬양이 아니다. 대학입학자격시험 문제에 철학을 다룬다는 것도 그렇지만, 그 문제에 대해 수많은 시민들이 관심을 기울인다는 사실은 그들이 자신의 삶과 사회에 대한 성숙한 사고를 일상화하고 있음을 의미한다. 철학의 있고 없음은 단순히 개인뿐 아니라 사회와 국가의 격을 나눈다. 그게 진정한 '국격'이다. 그러니 국격을 갖추려면 철학을 먼저 세워야 할 것이다. 기업 또한 기업철학부터 분명하게 정립해야 한다. 그래야 성공했을 때 길 헤매는 일 없이 경영자와 노동자가 모두 공생하는 발전모델을 이어나갈 수 있다.

철학은 관념이 아니라 실천적 삶의 방식이다. 또한 철학적 사유는 자아를 사회와 세계와 연대시킴으로써 이기적 자아에 스스로 갇히지 않고 보편적 존재로서 세계시민 의식을 실현하게 한다.

우리는 지금 무엇을 하고 있는가? 이대로 만족스러운가? 아니라면 철학을 하라!

**《일반 언어학 강의》** 페르디낭 드 소쉬르, 최승언 옮김, 민음사, 2006

현대사상을 이해하기 위해 통과해야 할 주요 관문을 꼽으라면 소쉬르, 하이데거, 니체, 마르크스, 비트겐슈타인을 들 수 있다. 특히 현대프랑스철학을 이해하기 위해서 소쉬르는 필수적이다. 언어철학에 속하는 분석철학을 이해하기 위해서도 마찬가지다. 소쉬르의 언어학 강의는 언어학, 기호학뿐 아니라 철학과 정신분석학에 영향을 주었다. 소쉬르는 생전에 학위논문 외의 책을 남기지 않았다. 그래서 제자인 바이와 세슈에가 소쉬르의 만년에 주네브대학에서 강의한 내용들을 편집해서 펴낸 것이 바로 이 책이다. 세 차례의 강의로 구성되었는데, 각각의 강의에서 다룬 주제들이 독립적이면서도 서로 유기적으로 연관되어 있다. 모든 언어의 요소들이 언어기호라는 틀 속에서 유기적인 관계를 맺고 있다는 명제는 평범한 듯하지만 지금까지는 보지 못했던 구조에 대한 새로운 시각을 열어주었다. 모든 언어가 구조를 형성하고 있다는 집약된 견해는 구조주의에 강력한 영향을 미쳤다. 이 책은 읽기가 그리 녹녹치는 않다. 그러나 일단 읽어보면 소쉬르가 얼마나 대단한 인물인지 금세 알게 될 것이다. 본디 이 번역서는 1991년 대우학술총서로 출간되었던 것이다. 시공로고스총서 시리즈로 나온 《소쉬르》(조너선 컬러, 이종인 옮김, 시공사, 1998)는 소쉬르에 대한 좋은 길라잡이다.

### 《플라톤의 국가·政體》 박종현 역주, 서광사, 2005(1997년 초판)

경제학자 갤브레이스가 10대 인류문화유산 목록을 제시하면서 첫째로 손꼽았다는 《국가》를 제대로 된 우리말 번역과 친절한 주석으로 만난다는 건 정말 다행스러운 일이다. 이 책은 안심하고 그대로 인용할 수 있는 친절한 원전 번역서다. 방대한 자료를 바탕으로 일단 원문에 충실한 번역을 마친 후에, 번역원고가 우리 어법에 맞는지 다시 검토하면서 원문과 대조하는 것을 무려 세 차례 거듭했다니, 번역가의 공력을 엿볼 수 있다. 《국가》라는 제목 옆에 '政體'라는 한자를 병기한 이유를 밝힌 부분을 비롯해서 한 분야에서 일가를 이룬 번역가의 자신감과 식견이 곳곳에 녹아 있다. 플라톤의 저서들은 지금 읽어도 생동감을 느낄 수 있을 만큼 재미있다. 내용도 방대하고, 형이상학, 인식론, 윤리학, 정치학, 심리학, 교육론, 예술론 등 거의 전방위적 문제를 다루고 있어서 플라톤 철학의 진수를 경험할 수 있다.

### 《아테네의 변명》 베터니 휴즈, 강경이 옮김, 옥당, 2012

이 책은 두 가지 점에서 주목할 가치가 있다. 하나는 지은이가 세계적인 다큐멘터리 제작자이며 역사가답게 소크라테스의 죽음을 둘러싼 미스터리를 집요하게 추적하면서 놀라울 만큼 세밀하게 당시 아테네의 요모조모를 재현하고 있다는 점이다. 마치 타임머신을 타고 그 시간으로 돌아가 직접 보는 것 같은 실감나는 묘사는 정말 탁월하다. 전기나 평전이 주인공 중심의 주관적 해석으로 흐르기 쉬운 데 반해, 이 책은 냉정하면서도 다양한 시각을 유지하고 있다. 마치 카메라를 그대로 들이대는 느낌으로 다가온다. 둘째는 철학을 전공하는 이들이 그냥 도식적으로 이해해온 소크라테스에 대한 시각을 교정하고 균형을 잡아준다는 점이다. 시대적 상황과의 관련성을 염두에 두지 않고 소크라테스의 죽음을 논하는 것이 얼마나 위험한지 깨달을 수 있다. 왜 철학자들이 철학사를 제대로 이해해야 하는지 자성하게 될 것이다.

## 《103인의 현대사상》 김우창 외 엮음, 민음사, 1996

민음사가 창립 30주년을 기념해서 출판한 야심적 프로젝트다. '20세기를 움직인 사상의 모험가들'이라는 부제로 20세기의 다양한 철학과 사상을 추적한다. 이 책의 가장 큰 특징이자 장점은 무려 103명이나 되는 현대사상가들을 다루면서도 도식적 해설에 그치지 않고 저마다 겪고 살아온 그 시대와 연관한 해석을 달았다는 점이다. 21세기의 진로를 예감할 수 있는 단서도 담겨 있다. 무엇보다 국내 학자들이 이러한 프로젝트를 함께 꾸려냈다는 사실과 집필자들이 대체로 신진 학자군에 속한다는 점이 눈에 띈다. 덕분에 현대사상을 역사적으로 접근하기보다는 현재적 관점에서 보려는 기획의도에 충실하다. 한국 출판계를 이끈 출판사가 창립 30주년을 기념해서 우리 지성계의 향방에 일종의 청신호로 자신 있게 내세웠다는 점도 이 책이 주는 객관적 힘의 바탕이다.

## 《지식》 피터 버크, 박광식 옮김, 현실문화연구, 2006

이 책은 단순한 인식론 책이 아니다. '지식, 그 탄생과 유통에 대한 모든 지식'이라는 부제처럼 지식의 역사에 관한 내밀하고 농밀한 이야기를 다루고 있다. 지식인들이 어떤 사람들인지, 지식 혁명을 촉진하거나 가로막았던 제도에는 무엇이 있는지, 지식의 탄생과 흐름이 어떠했으며 앞으로 어떻게 전개될지에 대한 해답을 모색하고 있다. 특히 독자나 소비자의 입장에서 지식의 의미를 분석하는 마지막 두 장은 기존의 방식과 다른 의미 있는 서술이다. 무엇보다 다양한 종류의 지식에 주목하고 있다는 점에서 이 책은 독특하고 유익하다. 심지어 인쇄술의 발명과 그에 따른 지식의 폭발이나 남성 지식과 여성 지식, 이론적 지식과 실용적 지식, 권력자나 귀족의 지식과 보통사람들의 지식, 유럽인과 비유럽인의 지식 등 새로운 시각과 꼼꼼한 내용이 가득하다. 한 인문학자가 40년 동안 천착한 결실을 재구성해냈기에, 읽는 내내 놀라움을 느끼게 된다.

### 《감시와 처벌》 미셸 푸코, 오생근 옮김, 나남, 2011

푸코를 모르고 현대사상을 언급하기는 어렵다. 그만큼 푸코의 유산은 방대하다. 푸코의 여러 저서들 가운데 반드시 읽어야 할 책을 꼽는다면 나는 이 책을 선택하겠다. 《광기의 역사》나 《성의 역사》가 이성 중심의 서구 문화가 배제했던 현실을 고발하는 것이라면, 이 책은 그러한 왜곡을 현실화했던 제도와 구조에 대한 분석과 비판이다. 푸코는 그 제도적 배제의 핵심이며 상징으로 정신병원을 지적한다. 그가 보는 정신병원은 질병을 고치는 장치가 아니라 독선과 권력의 지배를 공고화하려는 억압적 수단일 뿐이다. 그가 지적하는 정신병원은 결국 우리가 지닌 다양한 형벌제도를 상징한다. 권력의 자기 보호책으로서의 이러한 구조는 과연 어떻게 볼 것인가. 문제는 그러한 구조가 단순히 과거에 그치지 않는다는 점이다. 그래서 우리의 현실을 짚어보면서 비판적 안목으로 읽어야 할 책이다.

### 《비트겐슈타인》 박병철, 이룸, 2003

비트겐슈타인의 삶과 철학을 일목요연하게 정리하여 풀어낸 친절한 안내서. '누구나철학총서' 시리즈답게 간결하다. 책은 2부로 구성되어 1부는 비트겐슈타인의 전기를, 2부는 그의 철학을 다뤘다. 그리고 다시 2부는 비트겐슈타인의 전기, 중기, 후기 철학을 시간의 흐름에 따라 서술하여 비트겐슈타인의 철학과 한 개인에게서 좀처럼 보기 드문 사유의 대전환을 쉽게 파악할 수 있게 했다. 마지막에는 비트겐슈타인의 사상이 20세기에 어떠한 영향을 끼쳤는지도 간단하게 살펴볼 수 있다. 국내 저자들이 저술한 이 시리즈 기획 자체가 참신하다.

그밖에도 비트겐슈타인에 관한 책은 매우 많지만 그중에서도 조지 핏처가 쓴 《비트겐슈타인의 철학》(박영식 옮김, 서광사, 1990)과 앤서니 케니의 《비트겐슈타인》(김보현 옮김, 철학과현실사, 2001)이 두루 좋은 평을 얻은 책들이다.

## 《철학 VS 철학》 강신주, 그린비, 2010

강신주는 일찌감치 강단보다 현장에서 일반 독자들과 호흡하고 책을 써왔다. 철학책으로 베스트셀러 작가가 된 그의 본디 전공은 동양철학이지만 한쪽의 프레임에만 갇히지 않고, 균형을 갖추려고 부단히 노력을 기울인 결과물이 바로 이 책이다. '동서양 철학의 모든 것'이라는 야심찬 부제처럼 그는 동양철학과 서양철학을 함께 아울러서 지적 편중을 스스로 극복하고 있다.

강신주의 가장 큰 매력은 어려운 철학을 쉽게 풀어낸다는 점이다. 특히 주제별로 라이벌을 설정하여 마치 지식의 빅매치를 보는 듯한 즐거움을 만끽할 수 있다. 약간 산만한 나열에 그치는 부분도 가끔 눈에 띄지만 크게 허물될 만한 것은 아니다. 무려 900쪽이 넘는 엄청난 분량에 질릴지도 모르겠지만, 읽다 보면 분량에 대한 공포는 금세 사라진다. 일종의 철학의 카탈로그와도 같다고 할까? 하지만 상품 나열에만 그치지 않고 간결하면서도 날카로운 품평이 만만치 않아서 철학이라는 거목과 씨름하고 싶은 독자들에게는 유용할 책이다.

## 《책으로 만나는 사상가들》 최성일, 한국출판마케팅연구소, 2011

도서평론가 최성일에게 책은 신앙이자 삶이었다. 이 책은 만 6년 동안 무려 218명의 사상가들을 '섭렵'한 결과물이다. 딱딱하고 어렵다는 사상가들의 책을 촘촘히 읽고 생각하고 해석한다는 것은 쉽지 않은데, 무려 200명이 넘는 이들을 가로세로로 두루 훑어낸 데다가 그냥 요약하거나 소개하는 데 그치지 않고 연관된 책들을 두루 끌어낸다. 그리고 나름대로 해석하고 경험담까지 곁들여서 읽는 사람에게 친근하게 다가간다. 그가 위대한 인물이나 사상에 끌려다니지 않고 자신의 잣대를 분명하게 지니고 있던 사람이라는 건 소개된 사상가들의 면면을 봐도 얼추 짐작할 수 있다. 철학자만 담은 게 아니다. 체 게바라를, 고종석이나 김기협 그리고 백무산 등을 등장시킨다. 흔히 '사상가＝철학자'라는 어설픈 도식적 이해에 익숙한 우리들에게 던지는 견제구와도 같다. 자신의 개성과 신념이 뚜렷하면서도 독선이나 자의적 해석은 최대한 억제하는 글쓰기는 생각처럼 쉽지 않다. 최성일에게는 그런 미덕이 단단하게 박혀 있다.


## 《동양철학 에세이》 김교빈·이현구, 동녘, 2006(2판, 1993년 초판)

동양철학은 어렵고 고루하다는 생각을 가진 사람이라면 이 책을 읽어보라고 권하고 싶다. 어렵지 않으면서도 바탕을 놓치지 않는 균형과 현대적 해석의 넉넉한 여유를 담고 있다. 《동양철학 에세이》라는 '너무나 평범한' 제목의 책이 지금까지 50쇄 넘게 꾸준히 사랑받는 데에는 그럴 만한 까닭이 있다. 철학책이, 그것도 동양철학에 관한 책이 이만큼 팔린 걸 찾기도 쉽지 않을 것이다. 지은이 두 사람은 동양철학이 얼마나 다양하고 역동적인지를 현실적으로 느끼게 해준다. 그게 바로 이 책의 매력이고 맛이다. 압권은 순자에 대한 오해와 편견을 말끔하게 털어주는 대목이다. 순자야말로 공자의 사상을 구체화시킨 주역이며, 논리적이고 체계적 사유를 통해 유가의 본질인 인본주의의 진면목을 드러낸 사상가라고 평가한 대목은 우리의 도식적 이해의 수준을 깨놓는다. 소장학자에서 중견학자로 넘어가는 동양철학자인 지은이들이 동양철학을 전공하면서 나름대로 느낀 반성과 본질적 의미를 잘 곰삭혔고, 특히 현실인식을 바탕으로 한 동양철학의 다양한 재해석은 오늘 우리에게 왜 동양정신을 회복해야 하는가의 명제를 분명하게 되새겨준다.

## 《노자의 목소리로 듣는 도덕경》 최진석, 소나무, 2001

노자 하면 도식적으로 무위자연을 떠올리는 우리의 생각은 틀린 것은 아니지만 자연주의적 관점으로만 해석한 편협한 사고의 결과일 뿐이라는 지적은 따끔하다. 1973년과 1993년에 각각 발굴된 백서본과 죽간본의 출현은 판본에 대한 논의를 불러일으켰다. 지은이는 바로 이 점에서부터 노자를 근본적으로 다시 이해해야 한다고 주장한다. 기존의 노자 해석은 정작 그가 살았던 시대가 아니라 600~700년 뒤에 왕필의 《노자주》에 의존했다는 '엄연한' 사실을 환기시키면서, 그가 살았던 시대를 살펴야만 노자의 사상을 제대로 이해할 수 있다고 주장한다. 그러기 위해서는 당시의 정치, 경제, 사회적 상황에 대한 이해는 필수적이다. 인간 중심적 사고에서 벗어나 진정으로 추구해야 할 삶의 방향성이 무엇인지에 대해 진지하게 생각해볼 수 있는 책이다. 노자를, 그것도 500쪽이 훨씬 넘는 두툼한 양으로 읽는다는 것이 부담스럽지 않을까 싶지만, 읽다 보면 오히려 푹 빠져 좀처럼 손에서 놓지 못할 것이다. 그리고 자연스럽게 지금 우리의 현실을 반성하게 된다.

## 《우파니샤드》 이재숙 옮김, 풀빛, 2005

고대 인도의 철학서인 《우파니샤드》는 '비밀스러운 지혜'라는 뜻이다. 옮긴이 이재숙은 인도의 산스크리트학과에서 박사학위를 받았으며, 지속적으로 산스크리트 원전 번역과 연구에 매진하고 있는 번역자다. 《우파니샤드》에서 10개의 주제를 뽑아 원문과 해석, 그리고 그에 대한 해설을 수록해서 내용도 단단하다. '청소년 철학창고' 기획의 일환으로 펴낸 책이라서 누구나 쉽게 인도의 고대철학을 이해할 수 있다는 점도 매력이다. 단순히 청소년용이라고 가볍게 여길 게 아니다. 서양의 많은 사상가들이나 예술가들에게 깊은 영향을 주었다는 점에서도 이 책은 충분히 읽을 가치가 넘친다.

### 《실천윤리학》 피터 싱어, 황경식 옮김, 철학과현실사, 1993

피터 싱어는 '실용윤리' 혹은 '응용윤리'의 대표적 윤리학자로 선호공리주의와 무신론의 관점에서 윤리적 문제에 접근한다. 《동물해방》 등 그의 윤리적 주제는 최근에 생명윤리의 문제로 귀결된다. 그는 20세기의 철학적 논쟁들이 공공문제나 사회문제를 등한시했다며 철학자들이 '본업'으로 돌아가야 한다고 주장한다. 세계를 변혁하거나 개혁하는 힘을 가져야 한다는 것이다. 그런 점에서 그는 수정주의적 성향을 가졌다고 할 수 있다. 논리실증주의와 언어론적 철학이 지배한 20세기 중반의 성향은 철학적 장점을 어느 정도 가졌지만 현실의 철학적 문제들을 해결하거나 해소하는 데에 실패했다고 규정한 싱어는, 구체적 실천으로서 개인의 행위만이 세상을 변화시킬 수 있다는 행동주의적 가정에서 출발한다. 그래서 소수민족, 남녀평등, 동물학대, 환경, 임신중절, 안락사, 빈민구제 등의 구체적 문제에 윤리와 도덕의 적용을 고민해야 한다고 말한다.

### 《천 개의 고원》 질 들뢰즈·펠릭스 가타리, 김재인 옮김, 새물결, 2001

솔직히 말하자면 이 책을 끝까지 읽는 데에 2년은 걸렸던 것 같다. 방대한 양도 그렇지만 내용의 복잡함도 버거웠다. 그러다가 다시 읽으면서 두 사람이 엮어내는 '욕망의 형이상학'이 우리 시대에 던지는 화두의 면목을 조금씩 이해할 수 있었다. 물론 여전히 난해한 것은 나의 이해와 기질의 편협함 때문이겠지만. 그래도 현대성의 본질을 이해할 수 있는 눈을 열어준 것은 엄청난 선물이다. 유목론으로 압축할 수 있는 두 사람의 사유의 핵심은 복잡하게 얽혀서 우리의 삶을 억압하는 다양한 형태의 코드들을 분석하고 비판하는 것이다. 리좀, 노마디즘, 탈영토화 등 새로운 개념들을 만날 때마다 그 기발하고 예리함과 심층성에 놀라게 된다. 기존의 틀을 깨고 지적, 현실적 억압 구조를 스스로 걷어내 새로운 형태와 사유의 틀을 고민하게 만든다. 현대사상의 진면목을 한꺼번에, 그리고 통섭적으로 파악하고 싶다면 도전해볼 만한 책이다. 틀에 맞춰 살아온, 생각해온 것들을 행복한 통증으로 느끼고 싶다면 꼭 읽어볼 가치가 있다.

브라이언 마수미의 《천개의 고원 사용자 가이드》(조현일 옮김, 접힘펼침, 2005)는 《천 개의 고원》에 대한 실용적이고 재치있는 해설서다.

# 2장

# 종교

결국 종교는 죽음에 대한 의문을 해소할 수 있는
유일한 창구다.

# 새뮤얼 헌팅턴과 비판자들

1

정치학자인 새뮤얼 헌팅턴 Samuel Huntington, 1927~2008 은 《문명의 충돌》에서, 프란시스 후쿠야마 Francis Fukuyama, 1952~ 가 《역사의 종말》에서 체제와 이념의 대결로 공산주의는 패배할 것이라고 단언한 것을 비판하면서, 체제의 대결보다 문명, 특히 종교의 대결 국면을 직시해야 한다고 주장했다. 체제보다 더 근본적이고 더 오랜 갈등과 투쟁의 역사를 지닌 것은 바로 종교라고 지적한 것이다. 그래서 문명 충돌이 세계의 정세를 지배할 것이며, 문명 간의 '단층선'이 미래의 전선이 될 것이라고 말했다. 그리고 헌팅턴은 서구 대 비서구 문명들 간의 충돌을 예견했다. 유교와 이슬람의 비서구문명이 서구문명에 도전할 것이라고 주장한 것이다. 이들 문명이 근대화의 과정을 겪으면서 자신들의 전통문화와 종교를 근대 성격에 맞게 부활시키고, 이를 바탕으로 서구에 도전할 것이라는 의미였다.

헌팅턴에 대한 비판도 이어졌다. 헌팅턴이 문명권을 자의적으로 서구권, 중화권, 인도권, 일본권, 이슬람권, 그리스도교권, 남미권, 아프리카권으로 나눈 점, 다분히 미국적 종교관에 기대 기독교와 이슬람교의 충돌을 필연적이라고 판단한 점은 분명 비판받을 일이다.

에드워드 사이드 Edward Said, 1935~2003는 서구와 이슬람에 경계선을 그은 헌팅턴의 이분법적 사고를 공박하며, 미국의 아프가니스탄 공격이 서구문명이 가장 야만적인 관행으로 타락한 경우라고 경고했다. 사이드는 결론적으로 '대립하는 것으로 보이는 문명 사이에는 우리들 대부분이 믿고 싶어 하는 것보다 훨씬 더 밀접한 유대 관계가 있다'며, '문명충돌론은 일종의 방어적 자존심을 강화하기 위한 술수'라고 지적하기도 했다.

헌팅턴의 주장이 세계적인 센세이션을 일으키기는 했지만, 국제정치의 본질을 교묘하게 왜곡시켰으며, 자기실현적 예언 self-fulfilling prophecy의 성격을 가진 상당히 위험한 발상이었다는 문제제기도 있었다. 헌팅턴의 《문명의 충돌》이 책으로 출간되기 전, 미국의 외교전문 잡지인 〈포린 어페어즈 Foreign Affairs〉에 논문으로 먼저 실렸다는 사실도 비판을 뒷받침한다.

새뮤얼 헌팅턴이 《문명의 충돌》에서 이슬람문명권에 대한 오해를 부추겼다는 견해도 있다. 이슬람문명권에서 폭력적 갈등이 자주 발생한다는 사실을 들어 이슬람문명의 호전성만을 부각시킨다는 지적이다. 그것은 이미 낡아버린 냉전 논리의 변형이고, 마치 소련과 공산주의의 몰락으로 타도의 대상, 즉 공공의 적을 만들지 못한 '람보'가 새로운 시리즈의 적으로 이슬람을 끌어들인 것과 똑같은 논리다. 그러면서도 미국이 상당한 양의 무기를 이슬람문명권에 팔고 있는 현실은 외면한다. 그곳에서 일어나는 폭력의 근원이 미국의 패권주의라는 사실을 생략한다. 헌팅턴이 정치학자라는 사실이 변명이 될 수는 없다. 어떤 면에서 그는 근본주의 색채가 농후한 사람이다.

하랄트 밀러 Harald Müller, 1949~ 는 《문명의 공존》에서 헌팅턴의 편견을 날카롭게 비판한다. 헌팅턴의 논리는 기독교와 이슬람교의 이분법적 도식에 억지로 끼워 맞춘 조야한 퍼즐에 불과하며, 패권주의 야욕에 사로잡힌 미국 정부의 논리를 대변하는 궤변에 지나지 않으며, 또한 그것은 복잡한 현실세계를 지나치게 단순화했다고 일축한다.

밀러는 세계적 차원의 커뮤니케이션, 원거리 이동통신을 매개로 한 전지구화의 추세에 주목할 것을 권하며 낯선 것에 대응하는 적절한 방법은 폐쇄가 아니라 개방이라고 강조한다. 또한 강자는 약자에게 다가갈 때 생존의 위협을 느끼지 않으므로 강자가 먼저 약자에게 손을 내밀고 다가가야 한다고 역설한다. 상생의 원리로 세계를 봐야 한다는 주장이다.

밀러 역시 문명공존의 주도권을 여전히 서구가 쥐고 있다고 본다는 점에서 오리엔탈리즘에서 벗어나지 못했으며 헌팅턴을 온전히 극복한 대안이 되기에는 역부족이라는 평가를 받는다. 그러나 편견과 무지로 인한 갈등과 대립을 해체하고, 상호 이해와 공존의 방식을 모색해야 한다는 주장만큼은 단호하다.

헌팅턴 역시 그 핵심적 주장, 즉 문명의 속살에 종교가 깔려 있다는 이야기는 곱씹어볼 가치가 있다. 그리고 헌팅턴의 주장대로 종교가 가장 오래된 갈등의 씨앗이라는 것은 분명해 보인다.

# 편협함은 어디에서 오는가

2

종교는 인간의 가장 오래된 문명 중 하나다. 종교는 인간의 내적 생활에 많은 영향을 미쳤다. 때로는 논리와 합리성에서 벗어났다는 이유로 철학으로부터는 멸시를, 시대착오적으로 간섭했다는 까닭에 과학으로부터는 모순이라는 비판을 감수해야 했다. 현대인은 종교적인 것과 거리가 멀 것 같지만, 현실은 그 반대다. 서양에서 그리스도교 신자들이 감소하고 있지만 전 세계적으로 전체 종교의 신도들은 꾸준히 증가하고 있다.

인간은 유한한 존재다. 아무리 만물의 영장이니 어쩌니 해도 생명을 가진 존재로서 그 생명이 마감되는 때는 필연적으로 온다. 그래서 인간은 무한성에 대한 원초적 희원을 지니고 있다. 초인간적인 신을 숭배하는 이유다. 신의 초인간적 행동이 신화로 전해지고 숭배의 형식인 의례가 행해진다. 종교는 또한 모든 지식과 경험을 초월적 존재와 연결지어 의미를 부여하고 도덕적 가치를 구축한다. 그리고 인간으로서는 도저히 인식할 수 없거나 해결할 수 없는 죽음과 그 이후의 문제 등을 신을 동원해 해결하려 한다. 죽음에 대해 아는 게 없기에 누구나 죽음은 두렵다. 그 공포를 떨쳐내기 어렵다. 근원적 공포로부터 벗어나고 싶은 인간은 사후 세계에 대한 호기심 역시 떨칠 수 없다. 결국 종교는 죽음에 대한 의문을 해소할 수 있는 유일한 창구다.

## 종교가 사회를 걱정하지 않고, 사회가 종교를 걱정하는 세상

· · ·

종교에 대한 접근은 논리적 분석을 통해 이루어지는 것이 아니라, '믿고 안 믿고'의 선택의 문제로 귀결된다. 그런데, 일단 선택을 하게 되면 더 이상의 대화와 소통이 불가능해진다. 종교를 선택한 쪽에서는 다른 쪽을 불쌍하다며 폄하하고, 선택하지 않은 쪽은 다른 쪽을 비논리적이라고 깎아내린다.

지금 우리 사회는 종교가 사회를 걱정하는 게 아니라 사회가 종교를 걱정하고 있는 형국이다. 어떤 종교를 막론하고 부패, 타락, 오만, 편협, 공격성 등의 허물을 다채로운 '막장 시리즈'로 보여주고 있다. 본디 종교는 자유와 인간성 함양이라는 가장 궁극적인 가치를 실현하는 숭고한 것임에도 불구하고 현실의 종교는 오히려 그와는 정반대로 나아가고 있다. 속에서부터 썩어가고 있는 이 문제는 어디에서 비롯됐으며, 어떻게 풀어야 할까?

우리나라는 누구나 각자의 신념과 신앙에 따라 종교를 자유롭게 선택할 수 있다. 헌법에서 보장하고 있는 종교의 자유다. 악을 행하라고 부추기는 종교는 본 적이 없다. 사람들이 종교의 가르침에 따라 산다면 이 사회는 유토피아가 될 것이 분명하다.

그러나 현실은 그렇지 않다. 종교가 개입된 다툼과 갈등의 특징은 집요하고 비이성적이라는 데 있다. 맹목적 열정을 부추겨서 살인까지 불사하도록 만든다. 그러고는 성전이니 순교니 하는 허상으로 미화시킨다. 대화나 타협도 끼어들 틈이 없다. 그저 종교인들만의 문제라고 치부할 수준을 뛰어넘어 사회적 파장을 일으키기도 한다.

종교란, 신성하고 거룩하고 영적이며 신적인 것과 인간과의 관계를 말한다. 많은 학자들조차 종교라는 낱말의 어원이나 유래만 갖고 종교의 실체를 파악할 수 없기 때문에 종교의 핵심 내용을 중심으로 해서 정의를 내리는 경향이 많다. 캐나다의 저명한 비교종교학자 윌프레드 캔트웰 스미스Wilfred Cantwell Smith, 1916~2000에 따르면, 서양에서 종교religion는 이론적인 신학 체계, 역사와 사회적 현상으로서의 종교, 즉 제도화된 전통으로서의 종교, 그리고 제도적 문화의 하나로 이해되는 종교 일반을 지칭한다. 즉, 서구의 시선에서 종교는 어떤 특정한 예배 행위와 연관되거나, 신과 인간의 관계를 가리키는 용어에 제한된다. 본디 종교宗敎는 불교 용어다. '가장 높은宗 가르침敎', 즉 부처의 가르침을 의미한다.

종교에는 교리를 중심으로 발전한 종교와 예배 의식을 중심으로 한 종교가 있다. 강력한 교리를 중심으로 발전한 종교는 창시자가 있고 기원이 선명하여 세계적 보편성을 얻은 종교로, 말하자면 기독교나 불교, 이슬람교 등이 그렇다. 예배 의식을 중심으로 한 종교는 부족 종교다. 부족의 정체성과 일치감을 준다는 점에서 내부적으로 매우 강력한 힘을 갖는다. 한편, 신비주의를 강조하는 종교도 있다. 이 종교는 의식이나 교리 대신 명상이나 황홀경을 통한 영적인 체험을 중시한다. 최근에는 신비주의와 과학주의가 결합된 종교도 등장했다. 중요한 건, 기독교, 불교, 이슬람교처럼 세계적 보편성을 얻은 종교 말고도 여러 형태의 종교가 있다는 것이다.

종교인들은 각자가 자신의 종교를 우주적 시간과 공간을 관통하는 최고의 종교라고 믿고 있다. 문제는 다른 종교에 대한 적대적 시선이다. 종교는 눈에 보이지 않고 실증적으로 논증하거나 설득할 수 있는 성질의 것이 아니기에, 서로 각자의 교리로 자기주장만 내세우기 쉽다. 이런 상황에서 종교인들은 자신의 종교적 신념에 도전하는 것을 결코 용납하지 않는다. 그래서 종교적 갈등은 한 번 심화되기 시작하면 회복하기 매우 어렵다. 이런 간극으로 말미암아 갈등과 반목이 지속되고, 편견과 아집이 꾸준히 재생산되어온 것이다. 자신의 종교적 신념의 근원에 대해 진지하게 성찰하지 않으면, 자신의 자유뿐 아니라 상대의 자유와 신념에 상처를 입히기 쉽다.

## 유일신 종교는 과연 우월한가

• • •

유일신 종교가 고등 종교라고 말하는 경우가 있다. 유일신이 종교적 우월성의 근거인 것처럼 말하기도 한다. 그러나 이는 하등 종교에서 고등 종교로 진화된다는 진화사회학적 종교 연구가 만들어낸 허상이다. 유일신 종교라는 게 그리 많지 않다. 유대교, 조로아스터교, 그리스도교, 이슬람교 정도다. 우선 이 종교들의 공통점을 따져보자.

모두 발원지가 유사하다. 메소포타미아 문명권을 중심으로 발생한 종교라는 공간적 공통점이 있다. 이유가 있을까? 그 지역 사람들이 종교적으로 뛰어났기 때문일까, 아니면 신이 세상을 창조하고 인간을 머물게 한 에덴이 그쪽에 있어서일까, 혹시 유일한 하느님은 거기에만 존재했던 것일까?

이유는 의외로 간단할 수 있다. 서남아시아 지역은 사막이 넓게 분포한 곳이다. 기후는 아열대성이고 토양은 척박하다. 높은 산, 울창한 숲, 뚜렷한 계절의 변화와는 무관한 곳이다. 죽음과 불모의 땅 사막 또는 광야와 생명과 번영의 오아시스로 크게 나뉠 수 있는 지리적, 기후적 조건의 땅이다.

삶의 형태는 자연 환경과 밀접한 관계를 맺는다. 이런 환경에서는 굳이 신이 여럿일 까닭이 없을 것이다. 복잡다단한 환경의 문화 또는 문명이라면 유일신 종교를 발견하기 어려웠을 것이다. 물론 구약성서를 보면 이들이 모두 유일신 종교를 신봉한 것은 아니다. 유태인들조차 이집트에서 탈출할 때 다양한 신을 섬기고 있었다. 그러나 결과적으로 유일신 종교로 수렴되었다.

그에 반해 아마존 강 유역 부족의 종교를 살펴보자. 다양한 기후와 토양, 자연 조건, 종족 등 복잡한 요소들이 산재한다. 그 다양한 삶과 세상을 재고 따질 때 단 하나의 신으로 설명하고 이해하는 게 가능할까? 아마존의 밀림에서는 거의 고립된 상태의 각 종족들이 각기 다른 신들을 섬기며 사는 것이 자연스러웠을 것이다. 같은 이유로, 메소포타미아 일대에서는 삶과 죽음을 주관하는 초월적 존재인 절대자는 하나면 족했다.

그렇다면 알래스카처럼 생존 환경이 빙원인 곳은 오히려 유일신 종교가 더 보편적이어야 하지 않을까? 그러나 다른 문화와 교류가 거의 없는 곳에서는 아주 소박한 신앙 행위만 있을 뿐이다. 체계화된 종교로 성장한 경우는 드물다. 다른 종족과 어울려 살며 복합적인 사회를 구성하지 않은 이상 체계화된 종교 자체에 대한 필요나 매력을 느끼지 못하였기 때문일 것이다. 메소포타미아에서 종교가 확산됐던 것은 세계 4대 문명 발생지로 동양과 서양의 가교 역할을 하던 지역이었으며, 알래스카 등지와는 비교할 수 없을 정도의 인구와 정치체제가 존재했기 때문이다.

유일신 종교가 태동하는 또 하나의 요소는 정치적 권력이나 민족적 정체성과도 밀접한 연관이 있다. 인도의 힌두교의 경우, 하나의 종교 안에서도 아주 다양한 신들과 복잡한 층위가 존재한다. 수많은 신들이 각자의 역할을 수행한다. 이는 지형과 종족의 다양성과도 관련 있을 것이다.

기원전 1370년 이집트의 파라오 아멘호테프 4세Amenhotep, son of Hapu, 기원전 1379?~1336는 '신은 단 하나다'라고 선언했다. 당시로서는 매우 충격적인 발언이었다. 이집트에서는 본디 매우 많은 신을 섬겼다. 그런데 아멘호테프는 태양이 유일무이한 신이라고 선언했고 그 태양신을 아톤Aton이라고 지칭하고는 자기 이름도 아케나텐Akhenaten이라고 천명했다. 자신을 유일신인 태양신의 아들이라고 선언한 셈이다. 그는 기존의 신전을 폐쇄하고 아톤을 기리기 위해 아케트아톤Akhetaton이라는 새로운 수도를 세웠다. 그러나 아멘호테프의 정치적 의도는 오히려 정반대의 결과를 초래했다. 이집트 사람들의 반발을 사 제국이 사분오열된 것이다.

유일신 종교가 발전하는 또 하나의 이유는 통일성과 체계성을 갖출 수 있다는 장점에 있다. 유일신 종교가 태동한 지역의 고대사회에서도 유일신 종교를 철저하게 지향한 건 지배계층이었고 일반 대중은 다양한 신을 섬겼다. 이스라엘조차 초기에는 마치 일본의 가마다나神棚처럼 집집마다 자신들의 작은 신전을 마련하고 숭배했다.

종교는 문명의 발달과도 매우 유기적인 관계가 있다. 통일된 제국일수록 하나의 가치로 통합할 필요가 있다. 그래서 대부분 왕국이나 제국은 나라를 세운 뒤 항상 법전을 만들고 도량형을 통일하며 하나의 통치 이념을 마련한다. 통일적인 틀 안에서 모든 역량을 집결할 때 국가가 강력해지는 것은 자명한 일이다. 다원적 신을 숭배하는 나라는 화학적으로 융합하기 어렵지만 일원적 신을 섬기는 나라는 그게 용이하다. 인류사를 돌아보면 이렇게 강력한 유기체를 형성한 제국들이 지배세력이 된 경우가 많았다.

근현대 이후 서양의 종교는 서양의 문명과 함께 세계로 퍼져나갔다. 유럽의 그리스도교가 국외로 전파되었다. 유일신 종교를 '종교의 제국주의'라고 정의한 제임스 H. 브레스티드James H. Breasted, 1865~1935의 지적은 핵심을 찌른다.

유일신 종교는 이미 거대한 집단이고 문화적 세력이다. 체계적인 신학이 갖춰져 있고, 계통의 질서가 잡혀 있으며 재정적으로도 풍족하다. 흩어진 여러 갈래의 종교들이 당해내기 어렵다. 큰 물방울이 작은 물방울을 끌어당기듯. 이런 종교에 속한 사람들이 작은 갈래의 종교로 넘어가는 일은 거의 없다. 이는 자신의 정체성에 있어서 기득권을 포기하는 것에 버금간다. 이런 종교는 갈수록 커질 수밖에 없다. 유대교는 유일신 종교임에도 불구하고 자민족 중심적이었으니 팽창할 필요가 없었을 뿐이고, 조로아스터교는 페르시아의 몰락과 함께 이슬람교에 흡수되면서 이제는 소수의 신자들만 남았을 뿐이다. 제국의 종교는 이미 그 자체가 거대한 권력이다. 거기에서 벗어나려면 목숨을 담보하거나 엄청난 불이익을 감수해야 한다.

유일신 종교가 계몽적 사고에 토대를 둔다는 점에서 문명사적으로 비교적 논리적이라는 주장은 타당할 수 있다. 그러나 종교 자체가 우월하다는 자만은 타당하지 않다. 적어도 그리스도교의 역사에서 본다면, 그들이 유일신 사상을 엄격하게 고수했다고 말할 수 없을 것이다. 중세의 성인숭배사상이 한 예다. 순교자나 성인의 무덤을 순례하거나 유골과 유품에 경배하면 병이 낫고 죄를 덜 수 있다는 단순한 생각은 성인의 유골 쟁탈전을 야기했고, 그 소유가 곧 권력으로 이어지기도 했다. 실제로 성 토마스 아퀴나스가 죽자 그 제자들이 서로 뼈를 나눠 갖기 위해 그 시신을 삶았다. 또한 교회의 많은 기념일들도 기존의 다신교 문화권에서 따르던 것들의 변형적 수용이다. 오직 자신들만 옳다고 우기며 다른 문화와 종교를 폄훼하는 게 얼마나 자가당착적인 것인지 냉정하게 반성해야 한다.

# 신화를 어떻게 읽을 것인가

우리는 단군신화의 내용을 다 알고 있다. 그런데 정말 단군신화처럼 '호랑이'와 '곰'이 100일 동안 '마늘'과 '쑥'을 먹고 견디면 사람이 될 수 있을까? 허황된 질문이라서 그저 그러려니 하고 넘길 뿐이다. 그런데 신화는 정말 허황된 이야기일 뿐일까? 적어도 신화에는 그 신화를 배태한 민족의 문화가 서려 있다.

단군신화의 배경이 아프리카였다면, 호랑이 대신 사자가 나올 것이고, 곰 대신 하이에나가 나올지 모른다. 마늘과 쑥도 마찬가지다. 만약에 배경이 멕시코라면 고추를 먹었을 것이다. 우리에게도 고추가 있지 않느냐고? 고추가 우리나라에 전해진 건 임진왜란 이후다. 그러니까 맵고 쓴 음식의 대표가 마늘과 쑥인 것이다. 그냥 몽땅 헛된 이야기는 아니다. 신화도 최소한 공간적 배경과 사물에 대한 사실성을 담지하고 있다는 점을 눈여겨봐야 한다.

## 왜 호랑이와 곰이었을까?

. . .

왜 하필 호랑이와 곰이었을까? 우리나라에서 가장 흔히 볼 수 있었던 맹수 중 가장 대표적인 게 바로 호랑이와 곰이다. 용맹하고 힘센 존재에 대한 동경은 자연스러운 일이다. 호랑이와 곰의 등장은 그런 바람과 희망이 투사된 것이다. 우리 민족의 뿌리는 강한 존재에서 비롯되었다는 자부심이 표현된 것이다. 하지만 호랑이는 걸핏하면 사람을 잡아먹는 등 피해를 많이 주기 때문에 민족의 모범으로 삼는 건 좀 께름칙하다. 그에 비해 곰은 얼핏 우직하고 순박하면서 지혜롭고 인내심이 강해 보인다. 그러니까 주인공을 곰으로 삼았을 것이다. 이른바 곰 토템이다. 아주 먼 옛날 호랑이 부족과 곰 부족, 달리 말해, 호랑이를 토템으로 삼는 부족과 곰을 토템으로 삼는 부족이 천신족과의 연합에서 주도권 경쟁을 벌였는데 호랑이 부족이 패배했다는 추론도 가능하다. 신화에는 매우 다양하고 복합적인 내용들이 얽히고설킨 경우가 많다.

예로부터 마늘과 쑥은 삿된 것을 물리치는 힘을 지녔다고 여겨졌다. 이른바 벽사辟邪, 나쁜 귀신을 물리치는 것 또는 재앙을 예방하거나 물리치는 것의 주술적 도구로 많이 쓰였다. 아마도 마늘의 강한 매운 맛이 그런 연상을 자연스럽게 이끌어내지 않았을까 싶다. 쑥도 쓴 맛 때문에 그런 역할을 했을 것이다. 맵고 쓴 마늘과 쑥을 무려 100일 동안 먹었다는 건 대단한 인내를 요구한다. 곰은 오직 사람이 되고 싶다는 일념으로 맵고 쓴 마늘과 쑥을 먹으며 아주 오랫동안 버티고 견뎠다.

얼마나 사람이 되고 싶으면 그렇게 견뎠을까, 또 그렇게 힘든 과정을 거쳐서 마침내 사람이 되었을 때 곰은 과연 어떤 인간이 되고 싶었을까? 남을 못살게 굴고 남의 것을 빼앗는 나쁜 사람이 되고 싶지는 않았을 것이다. 그토록 어려운 일을 겪으면서 바라던 사람이 되었으니 정말 좋은 사람이 되고 싶었을 것이다.

남을 돕고 더불어 모두 유익한 세상을 위해 살고 싶다는 바람이 바로 홍익인간弘益人間의 가치다. 앞에서 말한 호랑이 부족과 곰 부족으로 보자면, 천신을 섬기는 부족과 곰을 토템으로 삼는 부족이 연합해서 (고)조선을 건국했다는 것을 의미할 수도 있다.

단군신화는 고려 때 국사 일연1206~1289이 쓴《삼국유사》에 등장한다. 여기에 게재된 단군신화는 일연이 지어낸 게 아니라 오랫동안 구전된 건국신화였다. 왜 일연은 단군신화를 기록에 남겼을까?

어느 민족이나 나라와 겨레의 뿌리가 있어야 흔들리지 않고 하나로 묶일 수 있다. 민족정체성이 없으면 위기에 처했을 때, 당해내기 어렵다. 언제든지 상황에 따라, 자신의 이해에 따라 이합집산 할 수 있기 때문이다. 우리 민족은 늘 주변으로부터 시달림을 당하면서도 이를 슬기롭게 그리고 용맹하게 이겨냈다. 하나의 겨레, 하나의 국가라는 일체감이 있었기에 가능한 일이기도 했다.

《삼국유사》가 쓰인 시기는 13세기 후반, 즉 고려 충렬왕1236~1308 때다. 이 시기는 원나라의 침략 이후 고려의 자존심과 독립성이 크게 훼손된 때였다. 충렬왕은 원나라의 황제, 즉 칭기즈칸Chingiz/ Genghis Khan, 1162~1227의 손자인 원 세조 쿠빌라이의 사위였다. 무신정권에 의해 정치, 경제, 문화가 무너진 상황에서 몽골 즉, 원나라의 침략을 받은 고려는 그들의 노골적인 개입으로 독립적인 나라로서의 체면을 크게 훼손당한 처지였다. 그런 형편에서 보각국사 일연은 신라, 고구려, 백제와 가야의 역사를 쓰면서 단군신화를 중요한 꼭지로 다루었던 것이다. 우리 민족의 정체성에 대한 새로운 각성과 자칫 잃어버릴지도 모를 민족의 일체감을 회복하기 위해서였다.

《삼국유사》가 역사적 기록이 아니라는 것은 이미 알려진 바다. 하지만 그 이야기들 속에는 사실 이전에 진실, 오랜 세월 우리 민족이 겪고 이해해온 역사의 맥락이 담겨 있다. 그래서 '우리 역사를 지식인의 역사에서 민중의 역사로, 사대의 역사에서 자주의 역사로 바꿔 놓은 책'이라는 평가를 받는다.


## 신화의 의미와 역할에 대하여

...

사전적 의미로 정의된 신화는 다음과 같다. 첫째, 고대인의 사유나 표상이 반영된 '신성한 이야기'로, 우주의 기원, 신이나 영웅의 위대함, 민족의 기원과 역사, 설화 등을 다룬다. 예를 들어 단군신화나 그리스 신화 등이 여기에 속한다. 둘째, 신비스러운 이야기다. 기상천외한 인물들의 행적이나 신비로운 초자연 현상을 다룬 경우다. 셋째, 절대적이고 획기적인 업적을 비유적으로 이르는 말이기도 하다. 우리가 주목해야 할 신화의 정의는 앞의 두 가지, 즉 신성한 이야기와 신비스러운 이야기다.

실증이 가능한 과학적 사고로만 보자면, 신화를 미신적이거나 비논리적인 것으로 여길 수 있다. 혹은 유일신 종교만이 제대로 된 신앙이라 여기는 입장에서는, 황당무계한 전설이나 옛날이야기쯤으로 치부할 수도 있다. 그러나 앞뒤 맥락을 살피고 당시의 상황을 고려해서 읽으면 역사와 사회, 인간관계가 총망라되어 있는 지혜의 보고다. 신화에는 사람들의 공통된 경험이 상징적인 의미로 담겨 있다. 이 경험은 인간의 근원적인 경험이기 때문에 상징을 걷어내고 신화를 읽으면 바로 우리 자신의 이야기가 된다.

신화를 '비과학적인 이야기'로 규정하려는 과학적 합리론의 태도에 반기를 들고 신화의 큰 틀을 새롭게 해석한 대표적인 사람으로 제임스 프레이저 Sir James George Frazer, 1854~1941 와 조지프 캠벨 Joseph John Campbell, 1904~1987 같은 학자를 들 수 있다. 신화의 오류 과정을 설명했다는 점에서 신화를 긍정적으로만 해석하지는 않았던 프레이저와 달리, 조지프 캠벨은 '신화는 거짓말이 아니다. 신화는 은유일 뿐이다'라며 현대적 해석의 길을 마련했다.

대부분의 신화는 '낯익은 기이함'을 통해 인간의 '공통적 경험'을 드러낸다. 현재의 우리와 신화 속 주인공들이 놀랍게도 닮았다는 것을 비일상적인 인물과 풍경을 통해 깨닫게 한다. 또한 신화에는 인간과 세계의 원형으로서의 본질이 담겨 있다. 그렇기에 신화에는 시간과 공간을 뛰어넘어 현대인도 크게 공감할 수 있는 보편성이 내재되어 있다. 신화는 인간의 원초적이며 생물학적인 욕구를 충족하고, 자아를 실현하며, 나아가 죽음에 대한 공포를 넘어서는 초월성을 추구하는 이야기라는 점에서 현대인에게 놀랍도록 매력적이다.

신화는 후세 작가들에게 상상력과 영감을 선사한다. 《반지의 제왕》 J.R.R. 톨킨 이나 《해리포터》 조앤 K. 롤링 도 바로 신화의 산물이다. 옥스퍼드

대학교의 영문과 교수였던 톨킨은 북유럽의 신화에서 인간의 거대한 로망을 찾아냈다. 그는 이것이 '이성과 논리'라는 서양문화의 한계를 벗어날 수 있는 탈출구라고 생각했다고 한다. 과학과 환상의 이 부자연스러운 조화는 신화의 재발견에서 시작되었던 것이다.

《삼국유사》처럼 신화를 통해 나의 정체성을 이루는 '유전자'를 느낄 뿐 아니라, 인간의 보편적 가치를 확인하기도 한다. 그것들은 다양한 상징으로 나타난다. 캠벨이 '은유'라고 했던 것들 말이다.

무엇보다도 신화는 이야기다. 그 주인공들은 낯선 이들이다. 이들은 평범한 인간이 아니라 거의 신에 가까울 정도로 초월적인 능력을 가진 인물이기도 하다. 그들에게 우리의 모습이 투사되어 있다. 그게 수많은 사람들에 의해 아주 오랜 시간 전해지고 말해진 이야기, 신화의 힘이다. 신화는 낯설고 기이하면서도 '권위 있는' 이야기다. 하지만 신화가 그냥 옛날의 기록으로만 닫혀 있었다면 지금처럼 재생되지 않았을 것이다. 신화의 권위는 사람들이 그것을 통해 자신의 삶을 돌아보려는 태도를 지닐 때에야 비로소 가능하다.

# 종교의 문제는
# 곧 현대사회의 문제다

4

조작된 신화는 인간을 왜곡시키고 폭력마저 정당화한다. 이른바 고등 종교는 신화를 미신적 이야기로 폄하하지만, 스스로 근본주의에 빠져 오히려 새로운 신화를 조작하고 있는 것은 아닌지 의문이다. 조작된 신화는 반문명적이고 비인간적인 이데올로기에 불과할 뿐이다. 이데올로기는 정치적인 신념의 문제에 국한할 게 아니다. 역사는 가장 오래되고 가장 폭력적인 이데올로기는 바로 종교라는 사실을 보여준다.

근본주의 또는 원리주의란 종교의 교리에 충실하려는 경향이다. 경전을 문자 그대로 지키려 하며, 경전 그 자체를 절대적으로 신봉하는 태도를 지향한다. 종교의 근본주의는 완고하며 절대적이어서 다른 종교나 가치관과 충돌하는 경우가 많다.

대표적으로는 이슬람교와 기독교 근본주의를 꼽을 수 있고 인도에서 힌두교 민족주의가 그렇다. 배타적 종교로 손꼽히는 유대교 또한

대표적 근본주의에 속하고, 최근에는 불교에서조차 이른바 정통주의
가 고개를 드는 등 근본주의는 대부분의 종교에 해당되는 문제다. 우
리나라에서 근본주의는 물리적인 폭력성을 띄지는 않지만, 그 편협성
과 독선이 물의를 빚은 경우는 있었다.


## 기독교 근본주의의 경향

• • •

기독교 근본주의는 1870~1910년대에 열린 일련의 성경회의에서 태
동한 신학적 경향이었다. 1920년대 미국 개신교 내에서 벌어진 보수
적 신학운동에서 구체화되었다. 1910~1915년에 걸쳐 12권으로 구
성된 《The Fundamentals》라는 소책자가 출간되었고 1920년경 근
본주의라는 용어가 본격적으로 사용되었다. 미국에서 천년왕국운동
이나 신앙부흥운동이 기승을 부릴 때였다.

　근본주의는 미국의 복음주의 기독교도들 사이에 일어난 종교운동
으로 성경의 영감설靈感設과 무오설無誤設을 강조했다. 이들은 성경 이외
의 권위를 절대로 인정하지 않았고, 전천년왕국주의Premillenialism를 신
봉했다.

　당시 미국 사회는 근대에 따른 합리주의, 세속주의, 그리고 다원화
의 물결 속에 있었고 기독교에서는 자유주의 신학이 수용되었다. 19세
기말부터 유럽 이민자들이 대거 미국으로 유입되었는데, 이들 중 아
일랜드와 이탈리아에서 온 이민자들은 대부분 가톨릭이었고, 유대교
신자들도 상당했다. 또한 미국 곳곳에서 유사 기독교들이 생겨났다.

미국은 새로운 종교양식, 특히 기존의 기독교를 변형한 유사종교의 낙원이었다. 그런 상황에서 기존의 미국 기독교는 위기의식을 느끼고 있었다.

개방적인 입장인 자유주의 신학은 이전의 폐쇄적이고 시대착오적인 성서 해석을 비판하고, 기술문명의 발전과 사회 전반의 근대화에 따라 성서를 새롭게 해석해야 한다고 주장했다. 이에 대해 근본주의는 그런 해석은 교회의 존립 근거를 무너뜨리고, 신앙의 정체성을 위협한다고 판단하여 자유주의 신학을 최대의 적으로 삼았다. 이 과정에서 근본주의는 반 세속적, 반 과학적, 반 근대적 성향을 더욱 짙게 드러냈다. 대표적인 사례가 '스코프스 재판Scopes trial'으로 알려진 1925년 테네시 주 데이턴의 한 공립학교 교사에 대한 재판이었다.

그는 학교에서 진화론을 가르쳤다는 이유로 고소당했고 법원에서 유죄 판결을 받았다. 근본주의는 승리감을 만끽했으나 일반 대중에게는 오히려 독선적인 종교에 대한 혐오와 반감을 야기했다. 이후로 근본주의는 배타적이고 공격적인 태도를 대변하는 말이 되었다.

근본주의자들의 태도가 사회적으로 문제가 된 것은 제1차 세계대전 이후 미국에 공산주의, 노동문제, 인종문제, 폭력 등이 불거지면서부터다. 본디 근대화에 따른 합리주의와 세속주의가 기독교 신앙의 근본요소를 위태롭게 한다는 입장이었던 근본주의는 자유주의 신학, 진화론, 사회주의를 이러한 문제들의 원인으로 규정하며 미국과 기독교를 위협하는 적으로 간주했다. 그리고 미국인들의 애국심에 호소했다. 전쟁이 끝나 투쟁의 대상을 잃어버린 상황에서 근본주의는 미국 사회에 빠른 속도로 퍼져나갔다.

근본주의의 호전성과 배타적인 태도는 애국주의로 변형되기도 했다. 근본주의자들은 미국은 새로운 에덴이고 따라서 미국의 성공은 신의 축복이며, 백인 기독교 혹은 복음의 승리라는 등식을 강조했다. 이런 성향을 가장 짙게 강조한 것이 복음주의 교회였다.

이들은 열정적으로 선교에 나섰다. 실제로 20세기 중엽 이후 미국 종교에서 활력을 유지해온 곳은 주류 교파가 아니라 남침례교회, 하나님의 성회, 나사렛교회 등 새롭게 등장한 보수적 개신교 교단이었다. 그들은 새로운 선교 매체로 TV를 선택했고 미국의 정체성과 성장을 강조하면서 정치에 관여하며 세력을 확장했다. 해외선교에도 공을 들여 중남미에 오순절교회가 눈부시게 성장하도록 지원했다.

지나치게 세속화되어 종교의 본성을 상실한 교회나 교인들의 반성을 촉구하고, 교회의 순결한 경건성을 지켜내며, 공동체운동과 자선사업 및 구제활동에 적극적이고, 선교활동과 결속력에 있어서는 여전히 대단한 위력을 발휘하고 있지만, 근본주의는 분명 배타적이고 공격적이다.

근본주의는 극단적인 이원론, 즉 나천사와 타자악마의 극단적 대립을 토대로 한 세계관을 보인다. 그러면서 자신들이 공격했던 '세속화'에 스스로 앞장서며 개인의 건강과 부, 국가의 부와 국력을 신의 은총으로 여기는 모습을 보이기도 했다. 그리고 미국은 신자유주의 확산에 걸림돌이었던 남미에 자국의 이데올로기를 이식시키기 위해 오순절교회를 활용했다. 근본주의가 반 근대주의를 표방했음에도 불구하고 번창했던 이유로, 이념적 공백 상황에서 소련 붕괴 이후 급속히 약화된 좌파의 자리를 대신했기 때문이라고 보는 견해도 있다.

한국 교회의 상당수는 근본주의 또는 복음주의적 성격이 짙다. 1960년대 이후 한국 교회의 성장모델이 바로 미국 교회, 특히 근본주의로 무장한 복음주의 교회였기 때문이다. 그로 인한 폐해가 다양한 형태로 속출돼 사건사고들을 양산하고 있는 것 같아 안타깝다. 한편, 근본주의가 안고 있는 편협함, 배타성, 공격성은 우리 사회 전반의 문제점이기도 하다. 근본주의에 대한 냉정한 인식과 통찰은 사회적 문제 해결의 단초를 마련하기 위해서도 반드시 필요한 작업이다. 근본주의 중에서도 특히 기독교 근본주의에 초점을 맞춘 것은 기독교의 교리와 선교 성향이 비종교인들에게도 비교적 널리 알려져 있기 때문이다. 이해를 돕기 위한 선택이었음을 양해 바란다.

## 종교는 또 하나의 기회다

· · ·

오늘날, 종교는 신앙의 문제를 떠나 중요한 문화적 요인으로 작용한다. 자신의 종교에 대해 상대방이 존중해줄 때 누구나 고마움과 친근함을 느낀다. 아무리 자신이 옳다고 여긴다고 해서 상대방에게 자신의 종교적 신념을 강요하거나 상대의 종교적 신념을 폄하한다면 그것은 이미 하나의 폭력이 된다.

생각을 바꿔보자. 종교적 신념을 내세우는 게 아니라 상대의 종교를 존중해보자. 이는 종교 이전에 인간에 대한 예의다. 예를 들어 나는 그리스도교 신자이고 상대가 불교 신자라고 해보자. 믿음이 큰 종교인이라고 하더라도 내 종교의 어떤 교리나 교의는 이해하기 어렵거나 실천하기 힘든 경우가 있을 것이다. 그런 경우 상대에게 정중하게 물어보라.

"저는 기독교에서 이러저런 점이 이해하기도, 실천하기도 어려운데, 불교에서는 어떻게 가르치는지요?"

이런 물음을 불쾌하게 여길 사람은 없을 것이다. 오히려 상대가 자신과 자신의 종교나 신념을 존중해주는 것이 고마울 것이다. 그리고 기독교인이 부처님 오신 날에 불교도인 친구에게 카드를 보내 축하의 말을 건넬 수도 있다.

'부처님 오신 날을 함께 축하합니다. 성불하십시오. 합장.'

나와 사업관계에 있는 사람이 무슬림이라면 호텔에서 함께 아침 식사를 할 때 크로와상이나 베이글을 피하는 것도 예의다. 크로와상은 유럽인들이 무슬림 전사를 물리친 것을 기념해 자신들의 상징인 초승달을 빵으로 빚은 것이고, 베이글은 유태인들의 누룩 없는 빵에서 유래했기 때문이다. 라마단 같은 중요한 날을 기억했다가 메일로 간단하게 안부를 전하는 것도 나쁘지 않을 것이다. 유대교나 힌두교에 대해서도 마찬가지다.

종교는 개인의 신앙과 신념의 문제를 떠나 이미 오랫동안 형성되어온 사회적 삶이자 사고방식이다. 이미 하나의 문화고 환경이다. 종교는 모든 문화의 기저에 깔린 본질적인 문양으로 작용한다. 우리가 어떤 문화권에 대해 관심을 갖거나 지식을 탐구할 때 종교에 대한 이해는 필수다.

종교는 사람들로 하여금 인간 본연의 가치를 인식하고 실천하게 한다. 종교는 인간의 교만을 타이르고 근원적인 가치를 실현하도록 돕는다. 또한 다른 사람들에 대한 관심과 배려를 자발적으로 수행하도록 이끈다.

종교는 인간이 스스로의 한계를 넘어설 수 있도록 내적 초월의 힘을 보여준다. 그래서 사소한 욕망이나 집착에서 벗어나 자유로워질 수 있다. 종교가 자유로 나타나느냐 편견과 억압의 구속으로 발현하느냐 하는 것은 전적으로 개개인의 문제이지만 그 결과는 사회적으로 확장되기 마련이다.

개인의 종교 유무와 관계없이 종교는 이미 거대한 사회적 구성체다. 중요한 것은 종교 안에서 인간의 가치를 어떻게 추구하고 구현하느냐 하는 점이다.

**《신의 역사》** 카렌 암스트롱, 배국원 옮김, 동연, 1999, 전 2권

전직 수녀였던 지은이는 인간이 초월을 경험한다는 것은 삶의 진리이지만, 모든 종교가 이 초월성을 일반 언어 개념으로 표현하는 것은 어렵다고 말한다. 그녀의 연구는 기존의 닫힌 사고에 신선한 충격을 주었다. 예를 들어 아브라함과 모세, 그리고 이후의 예언자들의 신과 예수의 신은 모두 다른 신이었다는 주장 등이다. 고대의 창세 신화부터 시작해서 유대교, 기독교, 이슬람교의 신의 개념이 어떻게 형성되고 변화해왔는지를 다양하게 소개한다. 무신론은 신 관념에 대한 거부일 뿐이라는 지적도 경청할 가치가 있다. 종교에 관심이 있는 사람이라면 꼭 읽어둘 책이다.

**《축의 시대》** 카렌 암스트롱, 정영목 옮김, 교양인, 2010

'축의 시대(Age of Axis)'라는 개념은 야스퍼스에게서 영감을 얻은 말이다. 기원전 900년부터 기원전 200년에 이르기까지 놀랍게도 서로 다른 문화권에서 세계의 주요한 종교와 철학이 발흥했다는 점에 주목했다. 중국의 제자백가, 인도의 우파니샤드와 싯다르타, 이스라엘의 여러 예언자, 그리고 그

리스의 소포클레스, 소크라테스, 플라톤 등이 쏟아져나왔다. 그래서 지은이는 이 시대가 인류의 정신적 발달사에서 가장 핵심적인 축을 이룬다고 서술한다. 특히 서로 다른 문화권에서 구체적 교류가 없었음에도 비슷한 시기에 그렇게 출현했다는 것은 놀라운 일이다. 카렌 암스트롱의 날카로운 혜안과 뛰어난 분석이 돋보인다.

## 《종교문화의 논리》 정진홍, 서울대학교출판부, 2000

한국의 대표적 종교학자인 지은이가 종교문화의 성숙을 위해 무엇을 알고 행해야 하는지를 밝힌 책이다. 종교가 아니라 종교문화에 대해 묻지 않으면 안 된다는 그의 주장은 종교에 대한 물음이 각 개별 종교의 차원에 머물면 인간의 종교적 경험을 제대로 파악할 수도 실천할 수도 없다는 것이다. 지은이는 인간의 다양한 경험을 모두 아우르려는 자세를 잃지 않으면서도 때로는 매서운 질문을 통해 우리의 굳은 종교관을 무너뜨린다. 그는 상상력을 잃어버리면 종교에 대한 올바른 이해는 불가능하다고 지적한다.

## 《삶과 죽음을 바라보는 티베트의 지혜》

소걀 린포체, 오진탁 옮김, 민음사, 1999

소걀 린포체는 티베트에서 태어난 이 시대의 가장 존경받는 영적 스승 가운데 한 사람이다. 영국 케임브리지대학에서 비교종교학을 연구했다. '붓다 비전'의 핵심을 제시함으로써 종교, 심리, 문화 등 다양한 분야에서 맞닥뜨리는 장벽을 넘나들며 많은 사람들에게 영감을 일으켰다. 늙음과 죽음을 두려워하는 현대인들에게 던지는 그의 가르침은 우리를 정화된 성찰로 이끈다. 삶에서 진짜 중요한 일은 사소한 모습으로 찾아온다는 그의 메시지는 그대로 생활철학으로 받아들일 수 있다. 내용뿐 아니라 문체가 아름다워 읽는 내내 맑은 향기를 느낄 수 있다.

**《종교학의 이해》** 김승혜, 분도출판사, 1986

'사랑의시튼수녀회' 수녀인 지은이는 열린 시각으로 세계의 종교를 차분하게 서술한다. 어떤 편견이나 재단도 없다. 학창시절 김승혜 교수에게 들었던 수업 노트를 들춰보니 이 책과 많이 겹쳐서 읽는 내내 반가웠다. 특히 2부를 자세히 읽어보면 도움이 될 것이다. 종교대화강좌 시리즈의 하나인 《선불교와 그리스도교》(바오로딸, 1996)도 읽어보면 좋을 것이다.

**《세상에서 가장 아름다운 대화》** 종교인대화모임, 운주사, 2010

'종교대화시튼연구원' 주최로 종교간 소통을 위한 종교인 모임에서 진행된 대화를 발제와 토론의 기록으로 담았다. 6년 동안 여러 종교의 종교인과 학자들이 서로의 다름을 인정하되 유사점이라는 접점을 통해 진정한 종교라면 무엇을 어떻게 해야 하는가, 우리의 종교적 성향을 어떻게 이해할 것인가 등에 대해 비판적 안목과 객관성을 유지하면서 나눈 대화는 종교의 차이나 유무에 상관없이 경청할 가치가 충분하다. 다른 종교가 아니라 이웃 종교로 이해하는 종교다원주의의 참모습을 목격하는 느낌이다. 종교간 조화와 공존은 자기 종교뿐 아니라 다른 종교에 대한 정확한 이해를 요구한다. 무지, 맹신, 배타성으로 앞뒤 꽉 막힌 신앙인이라면 꼭 읽어볼 책이다.

**《현대종교학 담론》** 월터 캡스, 김종서 옮김, 까치, 1999

마치 강의록을 읽는 듯한 느낌이 드는 이 책은 종교학에 관한 가장 좋은 책 가운데 하나라고 단언할 수 있다. 역사적 접근과 주제적 접근의 균형을 잃지 않고 종교학의 기초적 이해를 튼실하게 마련해준다. 1장 종교의 본질에서 6장 비교종교학에 이르기까지 종교에 대한 거의 모든 핵심 사항들을 꼼꼼하게 다루고 있다. 종교학을 구성해주는 다양한 주제, 방법, 의도 그리고 통찰이 하위 분야들과 연구 분야들 간에 효과적인 협력을 이루어, 종교사가 아니라 종교학을 해야 한다는 지은이의 주장을 그대로 보여준다.

### 《불교, 이웃 종교로 읽다》 오강남, 현암사, 2006

《예수는 없다》로 한국 교회를 강타한 비교종교학자인 지은이가 쓴 일종의 불교 개론서다. 그러나 일반적 불교 개론서와 다른 것은 세계 종교 안에서 불교의 가르침을 다루고 있다는 점이다. 불교철학을 가르쳤던 경험을 통해 쉽게 불교와 비불교의 시선으로 골고루 이끌기 때문에 누구나 쉽게 읽을 수 있다는 게 장점이다. 불교 신자들에게도 큰 도움이 되겠고, 무엇보다 불교에 대해 무지하면서 반감이 강한 기독교인들이라면 꼭 읽어볼 책이다.

### 《이슬람문명》 정수일, 창작과비평사, 2002

한때 '무하마드 깐수'로 알려졌던 정수일 교수는 국내에서는 드문 이슬람문명 전문가다. 다양하고 복잡한 이력만큼이나 그는 시야가 넓다. 항상 동아시아와 서아시아를 잇는 축에 시선이 닿아 있다. 이슬람문명권에서 유학하고 모로코 주재 중국대사관에서 근무하기도 했으며 평양과 튀니지에서 교수 생활을 했던 지은이만큼 이슬람문명을 속속들이 아는 사람도 흔치 않을 것이다. 무엇보다 그의 힘은 문명사에 대한 깊은 통찰과 예리한 분석력이다. 한국과 이슬람의 관계를 검토하면서 오랜 역사까지 거슬러가는 13장은 도식적인 서술이 아니라 인물과 문화에 대한 새롭고 생생한 발견과 소개이며, 우리의 시선마저 저절로 이슬람에 닿게 하는 힘을 지녔다.

이슬람 세계를 안내하는 책 몇 권을 더 소개한다. 라루스 세계지식사전 시리즈 《이슬람 세계》(파스칼 뷔르지, 윤인숙 옮김, 현실문화연구, 2011)는 간결하면서도 핵심이 잘 정리되어 있다. 《한스 큉의 이슬람》(손성현 옮김, 시와진실, 2012)은 그의 《유대교》, 《그리스도교》를 잇는 시리즈의 대미를 이루는 책으로 그리스도교에 대한 대담한 해석이 제시되어 있다.

## 《신과학과 영성의 시대》

프리초프 카프라 · 데이비드 슈타인들—라스트, 김재희 옮김, 범양사출판부, 1997

카프라는 양자물리학자이고 슈타인들—라스트는 베네딕트회 수사이자 시인이다. 과학과 종교의 중요한 패러다임 전환의 특징 다섯 가지를 주제로 나눈 대담이다. 전통과학에서 신과학으로 전환하는 과학, 전통신학에서 현대신학으로 바뀌는 신학의 움직임들에 대한 진단과 전망은 각각 독립적으로 의미를 갖는다. 새로운 패러다임을 통해 과학과 종교가 어떻게 소통할 수 있는지 조망할 수 있다. 얼핏 뜬금없어 보이는 말미의 부록으로 첨부된 고르바초프의 연설문은 그가 새로운 문명을 예감하고 변혁을 시도한 중요한 인물이었기 때문이다. 그가 신과학에 대한 상당한 지식을 가졌던 것은 러시아 잡지 〈프라우다〉의 편집진들 덕택이다.

## 《과학적 경험의 다양성》 칼 세이건, 박중서 옮김, 사이언스북스, 2010

20세기 최고의 천체물리학자 가운데 한 사람이었던 칼 세이건이 1985년 글래스고대학에서 행한 아홉 차례의 '자연신학에 관한 기퍼드 강연'을 정리한 것이다. 여기서 말하는 자연신학은 기적이 아니라 과학의 뒷받침을 받는 신학을 의미한다. 강연 뒤에 이어진 질문과 답변이 책 뒷부분에 실려 있어 눈길을 끈다. 우주의 경이로움을 통해 과학과 종교가 조우한다는 그의 고백은 겸손하고 소박하지만, 종교가 과학 등에 대해 호기심을 억누르려 하는 것은 어리석은 일이라고 반박할 땐 예리함도 느껴진다. 6강을 읽다 보면 칼 세이건이 아리스토텔레스와 힌두교에서 근대 기독교 신학자들에 이르기까지 종교에 상당한 지식을 갖고 있음을 발견하게 된다.

## 《예루살렘 전기》 사이먼 시백 몬티피오리, 유달승 옮김, 시공사, 2012

950쪽이 넘는 방대한 분량을 지루하지 않게 읽을 수 있다는 것만으로도 이 책은 매력적이다. 신의 축복과 인간의 탐욕이 공존하는 도시인 예루살렘에 대한 거의 완벽한 내용들을 담고 있다. 유대교, 그리스도교, 이슬람교에서 시작해서 시온주의에 이르기까지 예루살렘이라는 한 도시의 역사, 종교, 문화 전부를 섭렵한다. 특히 각기 다른 종교가 어떻게 예루살렘에서 공존하는지 상세히 서술하고 있다. 고대부터 현대에 이르기까지 연대기적으로 서술하되 단순히 시간의 순서만 따르지 않는다. 왜 지은이가 제목(Jerusalem the Biography)으로 한 도시를 '전기'의 주인으로 삼았는지 실감하게 해준다. 매력적이다.

**《위도 10도》** 엘리자 그리즈월드, 유지훈 옮김, 시공사, 2012

위도 10도의 아프리카와 아시아 지역은 이슬람과 기독교 인구 전체의 거의 절반이 살고 있다. 그곳의 여섯 나라에서 벌어지는 분쟁과 전쟁은 예외 없이 종교가 개입되어 있다. 그래서 그곳은 '종교가 전쟁이 되는 곳'이다. 헌팅턴의 《문명의 충돌》의 압축판이라고나 할까? 이 책의 미덕은 지은이가 7년 동안 직접 현장을 찾아 목격한 취재와 분석에 있다. 르포의 전범이라고 할 이 책은 특히 이 지역에 많은 선교사를 파견하는 한국 교회가 꼭 읽어야 할 것이다. 그들의 선교가 자칫 신의 이름으로 살해하고 살해되는 악순환의 고리를 강화시키는 것은 아닌지 먼저 숙고해야 할 것이다.

**《신의 발명》** 나카자와 신이치, 김옥희 옮김, 동아시아, 2005

이 책의 부제는 '인류의 지와 종교의 기원'이다. 이 책은 특히 인간의 지적 오만이 낳은 유일신 종교의 폐해에 대해 날카롭게 분석하고 비판한다. 다신교 사회에는 다종다양한 신들이 존재하지만 그중 어느 하나도 세계를 지배하거나 군림하는 법이 없었음에 반해, 유일신 종교는 국가와 왕과 같은 정치사회적 질서, 자본주의의 탄생 등의 사회적 변화와 더불어 성장했다는 분석은 생각해볼 여지를 제공한다. 저자는 신을 발명한 것은 인간의 마음이라는 점을 부인하지 않으면서도 인류의 마음속에 영성이 있다는 것은 인정한다. 유신론자나 무신론자 모두에게 유익할 책이다.

### 《눈먼 종교를 위한 인문학》 김경집, 시공사, 2013

'성경은 그렇게 말하지 않았다'라는 주제로 신약성서 가운데 복음서를 교조와 신학의 틀이 아니라 실천적 자각으로 읽어내려고 시도한 책이다. 한국 교회가 안고 있는 근본주의, 교조주의, 성직자 중심주의, 오리엔탈리즘의 경직성과 배타성에서 벗어나 참된 자유와 복음의 실천을 고민해야 한다고 강조하며 "예수가 금지한 것을 예수의 이름을 팔아서 하지 말라"는 반성을 촉구한다. 뒷부분에 한국 교회에 대한 서술과 제언을 붙였다.

# 3장

# 심리학

다시, 인간이란 무엇인가

# 데카르트와 분트, 그리고 프로이트

심리학은 인간의 심리와 행동을 설명하고 예측하며 통제할 수 있다는 점에서 실용적이다. 인간 행동의 법칙을 발견하고 행동의 구조를 합리적으로 규명한다는 점에서 심리학은 행동에 영향을 미치는 여러 가지 심리적 요인들을 적절하게 관리해서 원하는 방향으로 행동을 이끌어낼 수 있다는 가능성을 품고 있다.

'마음의 문제'에 대한 논의는 고대 그리스에서 어느 정도 대두되었지만 중세에 들어서면서는 그리스도교의 영향으로 사위어갔다. 교회는 인간의 마음과 행동이 모두 신의 지배를 받는다고 단언했기 때문에 각 개인이 자신의 사유와 행동의 주체가 될 수 없었으며, 당연히 '마음의 문제' 또는 '심리'라는 주제는 관심의 대상이 아니었다. 또한 인간의 심리 가운데 중요한 요인인 욕망을 백안시하던 종교적 태도로서는 이 문제를 억압하는 것이 더 자연스러운 선택이었을 것이다.

종교의 시대를 지나 17세기 이후부터 로크, 흄 등 철학자에 의해서 연상 심리학, 경험주의 심리학 등으로 일컬어지는 초기 심리학이 고개를 들기 시작했다. 하지만 철학의 한 방편으로서 인식과정을 다루는 고찰이었지 오늘날의 심리학처럼 본격적으로 심리의 내면 구조나 원인을 합리적이고 객관적으로 연구한 것은 아니었다.

이 주제를 중요한 이슈로 꺼내든 사람은 데카르트였다. 그는 인간을 몸과 정신의 결합체로 보았고 그 속성을 연장과 사유로 규정했다. 그의 심신이원론은 본격적으로 마음의 문제를 철학적으로 이해한 근대심리학의 신호탄이라 할 수 있다. 마음과 몸이 별개의 실체라는 데카르트의 주장은 경험과학적 탐구를 중심으로 한 현대심리학의 입장과는 다르지만 심리학의 기초를 세우는 데 기여한 바가 크다.

심리에 대한 본격적인 연구는 빌헬름 분트Wilhelm Maximilian Wundt, 1832~1920가 1879년 라이프치히 대학교에 심리학 실험실을 세우면서 시작되었다는 게 정설이다. 데카르트가 중세라는 어두운 지하실에서 심리학의 단초를 건져 올린 이후 200여 년 만에 이뤄진 일이다. 이후 심리학 연구는 1899년 지그문트 프로이트Sigmund Freud, 1856~1939의 《꿈의 해석Die Traumdeutung》을 통해서 현대 심리학의 지평으로 확장되었다.

프로이트가 이 책을 출간한 것은 1899년이지만, 책에 출간연도를 1900년으로 적은 것은 아마도 20세기의 문을 여는 회심의 책이라는 걸 알리고자 하는 의도였는지 모른다. 결과적으로 그의 의도는 어김없이 맞아떨어졌다.

오스트리아의 정신과 의사였던 그는 많은 환자를 치료하면서, 의식의 틀 속에서는 해결할 수 없는 불가사의한 심리 현상을 탐구했다.

마침내 인간의 의식 너머 무의식의 영역이 있다는 발견을 했고 무의식을 의식의 영역으로 끌어올렸다. 그는 무의식 속에 내재되어 있는 억압된 감정이나 욕구야말로 인간을 움직이는 원동력이라고 해석하며 그동안 굴레에 갇혀 있던 욕구를 해방시켰다. 그는 《꿈의 해석》에서 꿈이란 바로 그런 무의식 속에 감춰진 또 하나의 자신에게서 오는 메시지라고 주장했다. '또 하나의 자신'은 그동안 비논리적이고 비합리적인 것으로 이해되던 대상에서 당당하게 주체적 자아의 한 축으로 부상했다. 프로이트는 환자의 무의식 속에 억압되어 있는 것들을 수면 위로 드러냄으로써 환자의 불안과 신경증을 해소할 수 있었다.

프로이트는 의식의 자유연상 기법을 통해 꿈에 숨어 있는 욕망과 불안을 발견했다. 꿈은 잠을 잘 때 의식 활동이 잦아들면서 깨어 있을 때 억압되었던 욕망이나 불안이 변형된 의식의 모습으로 떠오르는 것이라고 해석했다. 《꿈의 해석》에는 특히 성적인 문제에 대한 깊은 탐구가 담겨 있다. 꿈의 성적 특성, 오이디푸스 콤플렉스, 성욕<sup>리비도</sup>, 소원충족 이론, 억압 이론 등을 통해 인간의 욕망은 각 개인의 도덕적 결핍에서 오는 것이 아니라 건강하고 자연스러운 의식의 심층에서 비롯된다고 밝혀냈다. 그래서 더 이상 음산하거나 억압된 형태가 아니라, 자연스럽고 건강한 욕망으로서 성을 논의할 수 있는 성 담론의 기반이 마련되었다.

오늘날 프로이트의 이론은 많은 비판을 받고 있지만, 그가 20세기 인간에게 주었던 선물의 가치는 결코 깎아내릴 수 없다. 만약 프로이트가 없었다면 성해방이나 성의식의 혁명, 더 나아가 인간의 해방이 가능했을까?

# 새롭게 세상보기, 칼 융

프로이트가 '무의식Unconsciousness'을 개인적 차원에서 다뤘다면, 칼 구스타프 융Carl Gustav Jung, 1875~1961은 무의식을 인류 보편의 문화적 속성으로 확장했다. 그는 세계 곳곳의 신화, 종교, 민담 등에서 공통적으로 나타나는 관념들에 대한 연구를 통해 개인이 아닌 인류에 보편적인 무의식이 존재함을 밝혀냈다. 이를 '집단무의식Collective Unconsciousness' 혹은 '보편적 무의식(이하 집단무의식)'이라 명명했다. 특히 융은 무의식의 긍정적이고 창조적인 면을 강조했다는 점에서 프로이트와 분명히 다른 입장이었다. 융은 보편적인 무의식을 통해 내면의 신비한 세계를 밝혀낸다면, 종교가 지향하는 영적인 세계를 설명할 수 있을 거라고 여겼다.

## 집단무의식과 원형은 무엇인가

...

꿈에 대해서도 융은 프로이트와 다른 견해를 전개했다. 프로이트는 꿈을 개인의 무의식이 억압된 결과로 해석하고 과거 행위에서 비롯한 것으로 한정한 반면, 융은 꿈의 예시적 기능을 강조했다. 프로이트는 의식과 무의식이 상호 작용하는 관계라는 관점에 머물렀지만, 융은 의식과 무의식이 합일하는 삶을 자기실현의 과정으로 삼아야 한다고 주장했다. 융은, 의식이 인식하지 못하는 삶의 진실이 집단무의식에 있고, 그것이 꿈을 통해 삶의 목표를 일러준다고 말한다.

종교를 바라보는 관점에서 두 사람의 차이는 더 극명하다. 프로이트는 종교를 콤플렉스에 의한 일종의 강박관념으로 해석하지만 융은 종교를 집단무의식에서 발현했다고 보았다. 융은 종교적 심성이 자아의 분열을 막고 자아를 실현하는 데 도움을 주는 것으로 판단했다.

프로이트는 심리성적발달이론에서 성의 발달과정을 다섯 단계로 나눈 바 있다. 구강기, 항문기를 거쳐 제3기인 남근기에 도달하면, 아이들은 성의 기초가 되는 오이디푸스 콤플렉스와 엘렉트라 콤플렉스를 경험한다고 했다. 융은 콤플렉스를 심리적인 생명의 핵이자 인간의 감정, 지각의 원형이라고 보았다.

융이 프로이트의 개인적 무의식을 부정한 것은 아니었다. 무의식을 중요하게 여긴다는 점은 두 사람이 일치했다. 그러나 융은 무의식을 프로이트와 달리 '개인적 무의식'과 '집단무의식'으로 갈래지음으로써 프로이트를 극복하려 했다. 그는 집단무의식은 인류가 공통적으로 지닌 유전된 무의식으로 작동된다는 것을 밝혀냈다. 융의 입장은 문학을 위시한 다양한 예술에서 사고와 분석을 확장시키는 데 공헌했다. 특히 신화에 관한 그의 해석은 이후 신화에 대한 재조명을 이끌어내는 중요한 역할을 했다. 그는 세계의 여러 신화들을 조사해서 줄거리나 등장인물에 유사성이 대단히 많다는 것을 발견했는데, 그것이 유전적으로 계승되어 인류가 공통적으로 갖고 있는 무의식의 영역을 형성했다고 주장했다. 프로이트가 무의식을 억압하려는 것과 무의식을 겉으로 표현하려는 것 사이의 갈등을 해결하기 위해 생겨난 것이 신화, 전설, 문학, 연극과 같은 예술이라고 설명한 것과 대조적이다.

융을 이해하기 위해서는 '원형 archetype'이라는 개념을 이해해야 한다. 원형은 집단무의식과 긴밀하게 연결된 개념으로, 집단무의식이 이미지나 상징 등을 통해 구체적으로 발현된 상태를 의미한다. 이 원형 혹은 원형성이라는 개념은 융의 심리학이 만들어낸 가장 특징적인 가설이다. 예를 들어 모성성에 대한 잠재적 이미지는 시간과 공간을 초월하여 거의 전 인류에 존재하는 원형이다. 모성성은 또한 생명의 탄생이라는 근원적 문제와 연관된다.

제우스의 아버지는, 대지의 여신인 가이아와 그녀의 아들이자 남편인 우라노스 사이에서 태어난 티탄의 열두 신 가운데 막내인 크로노스였다. 그는 장차 자식들에 의해 내쫓길 운명이라는 예언을 듣고 자식들이 태어나자마자 통째로 삼켜버렸다. 크로노스의 아내 레아는 여섯 번째 아이인 제우스가 태어나자 산기슭의 동굴에 숨기고 강보로 싼 돌덩이를 남편에게 주었다. 크레타 섬 이다 산에 사는 님프들이 염소의 젖을 먹여 키운 제우스는 장성하여 지혜의 여신 메티스가 준 약을 크로노스에게 먹여 형과 누이들을 토해내게 했다. 이들은 아버지를 폐위시키고 유폐시켰다. 어머니 레아는 남편보다 아들의 생명을 살리는 것을 선택했다. 모든 자식을 남편이 잡아먹은 데 대한 분노와 원망도 있었지만 그것은 모성성의 발현이었다. 이 신화는 어미로서 생명에 대한 근원적 선택을 상징한다. 크로노스의 폐위와 유폐는 존재의 상실을 상징한다. 그러나 그의 빈자리는 제우스가 채운다. 이렇듯 대부분의 신화에서 생명의 상실은 또 다른 생명의 탄생으로 보충되고 이로써 거대한 근원적 역사성 또한 이어진다.

예언이 원인이 되는 자식 살해 혹은 추방은 오이디푸스에서도 나타나고, 신화는 아니지만 중국 춘추전국 시대의 맹상군(그의 아버지 전영은 아이가 성장하여 문설주에 닿을 정도가 되면 아비를 해칠 것이라는 예언을 듣고 자식을 쫓아내라 명령했으나 어미가 몰래 키운 아들 문文은 후에 큰 정치가가 된다) 이야기와도 흡사하다.

이런 예는 실존주의 소설의 대표작인 알베르 카뮈Albert Camus, 1913~1960의《이방인》에서도 나타난다. 주인공 뫼르소는 살인 혐의로 구속되어 재판을 받는다. 검사는 뫼르소가 패륜적 인물이며 따라서 어떠한 도덕성도 없기 때문에 영원히 사회에서 격리시켜야 한다고 주장한다. 뫼르소가 얼마나 비윤리적인 인간인지를 설명하는 핵심 부분에 어머니의 장례식을 마치고 돌아와 정부와 정사를 나눴다는 사실이 거론된다. 과연 그 사례는 정말 뫼르소가 비도덕적인 인간임을 확실하게 보여주는 사례일까?

융의 집단무의식과 원형성의 개념으로 접근해보면, 어머니의 죽음은 자신의 존재 근거에 대한 상실을 의미한다. 그 부재를 채울 것은 어느 것도 없다. 유일한 가능성은 새로운 생명의 잉태다. 섹스는 생명

잉태의 구체적인 행위이며 이것은 뫼르소의 의지와 상관없이 집단무의식이 발동된 것이고 생명에 대한 원천적 갈망이라는 원형성의 생생한 사례다.

융이 말한 집단무의식과 원형성은 과거와 현재를 잇는 중요한 요인이 된다. 죽음과 잉태 혹은 새로운 시작의 대표적 예는 '우로보로스Ouroboros'에서도 발견할 수 있다. 우로보로스는 '꼬리를 삼키는 자'라는 뜻으로 머리가 제 꼬리를 문 뱀의 모습으로 그려진다. 원의 형상인 우로보로스는 영원히 자신을 삼켜서 성장을 반복하는 순환을 상징한다. '시작이 곧 끝'이라는 의미를 지니기 때문에 때론 윤회를 상징하고 때론 영원성을 상징한다. 통합과 분할, 재통합, 진화와 퇴화, 성장과 퇴행, 생과 사의 과정 등 영원한 시간의 상징이기도 하다.

고대 그리스에서는 우로보로스가 탄생과 죽음, 혹은 죽음과 새로운 생명의 잉태를 상징한다고 여겼다. 카뮈의 《이방인》에서 뫼르소의 정사는 바로 어머니의 죽음과 새로운 생명의 잉태를 이어주는 상징이다. 따라서 우로보로스의 연속선상에 놓인다. 융은 이런 것들이 모두 집단무의식과 원형에 바탕에 둔다고 생각했다. 수많은 신화와 종교에서 죽음과 잉태의 관계가 나타나는 것은 결코 우연이 아니다.


## 페르소나, 아니마, 아니무스, 그림자……

· · ·

융은 집단무의식에서 비롯한 원형의 핵심을 신화와 꿈에서 나타나는 상징으로 표현하기도 하는데, 페르소나Persona, 아니마Anima와 아니무스Animus, 그림자The Shadow, 대지의 어머니The Mother, 현명한 노인The Wise Old Man, 장난꾸러기Trickster 등이 그것이다.

페르소나는 고대 그리스 연극에서 배우가 쓰는 가면을 뜻하는 말이다. 어느 민족이든 가면과 가면이 지닌 상징이 존재한다. 그것은 세상을 향해 쓰고 있는 가면으로 나약한 존재인 개인이 사회에 적응하기 위해 쓰고 있는 원형이다. 페르소나가 의식과 다른 것은 성격과는 전혀 관계없이 무의식의 요구를 반영하고 있다는 점이다. 페르소나는 내 안에 있는 또 다른 나다. 동시에 사람의 외적 성격을 결정한다. 원시 부족들의 가면이나 우리나라의 전통 탈도 이런 특성을 공유한다.

남성 속의 여성성인 아니마, 여성 속의 남성성인 아니무스는 이전까지 철저하게 닫힌 채로 억압된 성 역할이 가져온 산물이다. 그러나 누구나 반대 성의 본질을 조금씩은 갖고 있기 때문에 이 점을 명확하게 규정한 융의 이론은 인간을 이해하는 데 유용한 또 하나의 도구가 되었다. 자신의 원래 성과 감춰져 있는 또 하나의 성 사이의 충돌과 화해의 과정을 통해 우리는 생명력이나 창조적인 활동 에너지를 발현할 수 있다. 물론 그 둘이 충돌하기만 하여 비생산적이며 비사회적인 성향을 노출할 수 있다는 점도 기억해야 한다.

그림자는 억압된 단점, 약점, 본능 등으로 이루어진, 그러나 숨겨져서 표면으로 드러나지 않은 측면이다. 그림자는 페르소나 깊숙한 곳에 숨겨둔, 인간이 사회에 원활하게 적응하고 사람들과 협조하며 살아가는 데 방해가 되는, 어두운 측면이나 열등감 같은 것이다.

그림자는 상대방과의 관계를 통해서만 발현될 수 있고, 아니마와 아니무스는 이성 파트너와의 관계를 통해서만 발현될 수 있다. 투사가 작동하기 때문이다. 융은 여성성과 남성성의 신성한 짝을 인간 정신의 원형이라 강조하면서 남자와 여자를 서로 이끄는 것은 섹스 이상의 것, 즉 이런 원형성에 있다고 분석한다.

자기self는 현명한 노인남성 또는 대지의 어머니여성의 원형이 활성화된, 높은 수준의 개성화 과정이다. 장난꾸러기는 내면에 감춰진 해방자의 기질 또는 사기꾼의 기질을 뜻한다. 남 잘 되는 꼴을 못 보고 어린아이처럼 천방지축 뛰어다니며 훼방하는 성격이다. 흔히 예술가들이 가진 중요한 성격으로 파악하기도 한다.

융은 인간의 인격 전체를 정신이라고 부른다. 자아가 인정하지 않은 경험이 머무는 곳은 개인 무의식이고, 개인 무의식은 의식적인 개성화 과정과 조화되지 않는 정신적 활동과 내용을 저장한다. 그리고 그 특징은 콤플렉스로 발현된다.

융이 말한 집단무의식은 인류가 축적해온 상징과 이미지의 잠재적인 저장고다. 그것의 내용인 원형성은 인류의 보편적인 개성이다. 개인과 종족에 따라 조금씩 변형될 수는 있으나 출생, 재생, 죽음, 마법, 영웅, 신, 악마, 어머니, 대지, 자연물 등의 다양한 원형성은 인간이 전 인격적인 정신적 완성체로 성장하는 데 질서와 통일성을 부여한다. 자아는 다양한 원형성과 콤플렉스 등을 자기 안으로 끌어들여 조화시킴으로써 인격을 통일하고 일체성과 불변성의 감각을 유지한다.

융은 프로이트를 전적으로 반대한 것이 아니라 개별자인 개인을 보편적 개인으로 확장시켰다. 또한 콤플렉스나 억압기제 등에 긍정성과 창조성을 부여함으로써 인간이 자신의 영역을 능동적이고 주체적으로 확립할 수 있는 가능성을 마련했다.

# 부분이 아닌 전체를 보라,
# 게슈탈트 심리학

심리학은 마음의 과학이다. 하지만 마음의 상태를 어떻게 눈으로 볼 수 있겠는가? 그래서 언어뿐 아니라 표정이나 몸짓, 태도 등 비언어적 요인들을 통해 심리와 행동을 짐작한다. 언행은 마음의 상태에 따라 변하는 것이고 심리학은 그 변화를 연구하면서 인간의 심리와 행동을 설명하고 예측하며 통제할 수 있다는 전제를 향해 나아간다.

앞서 본 프로이트나 융의 정신분석학 혹은 심리 연구들은 심리학의 기초를 확고하게 다져놓았다. 그러나 심리학이 지나치게 개별적이고 미시적인 것들에 매몰되어서 전체를 보지 못한다는 비판을 불러오기도 했다. 융은 프로이트와는 달리 고립적 개별성을 벗어난 보편성을 추구했기에 협소한 관점을 비교적 탈피했다고 할 수 있지만 근본적으로 요소주의적 측면이 있다는 점까지 부인하기는 어렵다. 인간의 행동을 어느 한 요소가 아니라 전체적으로 통합된 반응으로 보는 심리학, 바로 '게슈탈트 심리학'이 생겨난 것은 이런 이유에서다.

게슈탈트Gestalt란 형태 혹은 형상을 뜻하는 독일어로 형태심리학의 핵심적 개념인데 홀로 잘 쓰이지 않고 '게슈탈트 심리학'이나 '형태주의적 접근'과 같은 말 앞에 붙여 쓰는 경우가 일반적이다. 형태주의는 부분 혹은 요소의 의미가 고정적이지 않고 부분들이 모여 이룬 전체에 따라 달라진다고 보는 입장이다. 전체는 또한 부분에 따라 달라진다고 보기 때문에 형태주의는 전체와 부분의 통합성을 강조한다. 게슈탈트 심리학은 심리 현상을 몇 개의 구성요소로 분석하고 그 요소들의 결합으로 모든 심리 현상이 구성된다는 요소주의 심리학 혹은 구성주의 심리학에 반대한다. 그리고 형태주의의 명제인 '전체는 부분의 합과 다르다'라는 입장에서 지각적 조직화의 원리를 찾아내는 데 초점을 둔다. 심리 현상이 여러 요소들을 합친 결과가 아니라 전체성을 갖는 동시에 구조화되어 있다는 것이다.

게슈탈트 심리학을 창시한 사람은 M. 베르트하이머Max Wertheimer, 1880~1943이다. 그는 프라하에서 태어난 독일의 심리학자로 미국에서 왓슨이 행동주의 심리학을 제창할 무렵 그와 정반대로 통합적 형태주의를 주장했다. 게슈탈트 심리학은 1910년에서 1912년 사이, 일상적 지각 현상에 대한 새로운 시각을 제시한 베르트하이머의 논문 〈운동지각에 관한 실험연구〉에서 시작되었다. 여기서 주목할 것은 게슈탈트 개념이 과학자, 철학자, 수학자들의 이론과 밀접한 관련을 맺고 있다는 점이다. 게슈탈트 심리학의 창립 무렵 물리학자이며 철학자인 에른스트 마흐Ernst Mach, 1838~1916는 특정한 공간과 형태는 더 기본적인 요소로 환원될 수 없으며, 공간과 형태 그 자체여야 한다고 주장했다.

분석을 거듭하여 더 분화된 요소를 찾아내 그것에서 본질을 찾으려 하는 태도를 비판한 셈이다. 철학자 에렌펠스 Christian Freiherr von Ehrenfels, 1859~1932 와 카를 슈툼프 Carl Stumpf, 1848~1936 도 특정한 경험의 질은 개별적 감각요소 이상임을 강력하게 주장하며 게슈탈트 개념을 확립시켰다. 훗날 코프카 Kurt Koffka, 1886~1941 와 콜러 Kaufmann Kohler, 1843~1926 는 게슈탈트 이론의 보급에 노력을 기울여 게슈탈트 현상이 어떤 원리로 조직되는지 연구했다. 그게 바로 '게슈탈트 체제화 원리 Gestalt organizing principles'였다. 이 원리는 근접성, 유사성, 연속성, 폐쇄성으로 이루어져 있다.

게슈탈트 이론을 설명할 때 흔히 쓰이는 예가 바로 일렬로 나란히 서 있는 전구의 점멸이다. 여러 전구를 연결하면 빛이 일정한 방향으로 움직이고 있는 것처럼 보인다. 하나의 전구가 켜지고 꺼지는 것은 독립적인 현상이지만 우리는 그것을 따로 독립된 전구로 보는 것이 아니라 한꺼번에 본다. 서로 가까이 있는 것은 하나의 덩어리로 보이기 때문이다. 이것을 근접의 원리라고 한다.

비슷한 무리는 하나의 덩어리처럼 보이고 연속적으로 이어져 있는 것도 하나의 덩어리로 보인다. 폐쇄성과 연속성에 대한 이야기다. 예를 들어 별자리를 보는 방식을 보자. 우리가 북두칠성을 볼 때 그냥 7개의 별을 보는 것이 아니라 하나의 무리로 파악해서 국자 모양으로 인식한다. 그와 마찬가지로 우리의 지각은 여러 개의 독립적인 자극들을 따로 떼어 인식하고 수용하는 것이 아니라 서로 연결되고 통합된, 즉 하나의 덩어리 전체로 받아들인다. 그러니까 게슈탈트 심리학은 인간의 행동을 단순한 요소의 집합체가 아니라 전체를 통합적으로 받아들이는 반응이라고 보기 때문에 행동의 각 요소들을 분석하는 것은 결코 인간의 행동을 제대로 해명할 수 없다고 주장한다. 베르트하이머는 모든 심적 현상은 결코 그 요소로 환원되지 못하고 전체성을 띤다고 본 것이다.

사회심리학의 창시자인 레빈Kurt Lewin, 1890~1947은 '장이론Field Theory'을 통해 생활공간이라는 개념을 거론하며, 행동에 영향을 주는 것은 환경과 사람 모두라고 주장했다. 그는 위상기하학을 차용하여 자신의 개념을 시각적으로 표현하곤 했다.

게슈탈트 이론 혹은 게슈탈트 심리학은 전통적인 주류 심리학에 대한 반발의 의미에 그치지 않는다. 구체적인 관찰과 실험을 통해 전체관全體觀의 우수성을 분명하게 보여주었고 그만큼 설득력을 확보했다. 예를 들어 한 그림 속에 두 여자의 모습이 보이는 경우를 보자. 여러분도 아마 이 그림을 많이 보았을 것이다. 매부리코 할머니의 모습이기도 하고 고개를 뒤로 돌린 아름다운 부인의 모습이기도 하다. 그런데 이 그림을 판단할 때 하나하나 뜯어서 지각하면 결코 그 둘을 제대로 파악하지 못한다. 전체를 하나의 모습으로 보아야만 지각할 수 있다. 게슈탈트 심리학은 개별적 심리현상으로 설명할 수 없는 것들을 전체적으로 파악하도록 할 뿐 아니라, 인간과 사회를, 그리고 그 관계들을 통합적으로 이해할 수 있도록 돕는 학문이다.

# '어? 내가 왜 이러지?'
# 억압과 방어기제

4

사람은 누구나 실수하거나 잘못을 저지른다. 비난을 받기도 한다. 게다가 그런 나쁜 기억은 쉽게 지워지지 않는다. 틈만 나면 불쑥 튀어나오는 통에 곤혹스러울 때가 많다. 좋은 기억보다 나쁜 기억이 더 강하게 작용한다. 나쁜 기억을 어떻게 덜어내거나 감추고 살 수 있을까? 그래서 나름대로 해법을 찾는다. 살아야 하기 때문이다. 바로 '방어기제 Defense Mechanism'가 그것이다.

방어기제란 자신을 위협으로부터 방어하기 위해 무의식적으로 스스로를 속이며 심리적 상처를 회피하려는 심리다. 자신의 과실에 대한 악몽뿐 아니라 무의식적인 공격성이나 성적인 욕망이 의식으로 올라오면, 의식은 견디기 어렵다. 어떤 때는 누가 나를 무시하면 화가 울컥 치밀어 오르면서 복수해야겠다는 걷잡을 수 없는 충동을 느끼기도 한다. 만약 옆에 칼이라도 있으면 순식간에 위험한 일이 벌어지지 않을까 두렵기도 하다. 그런 감정은 우리에게 죄의식을 유발한다. 물론 전혀 행동으로 옮기지 않았어도 말이다. 그럴 때마다 죄의식을 느끼면 살기 힘들 것이다. 프로이트는 끔찍한 충동이나 죄의식을 의 식하지 않고 지낼 수 있게끔 방어기제가 작용한다고 보았다.

방어기제는 자아가 불안에 합리적인 방법으로 대처하지 못할 때 현실에서 도피하기 위해 차용되는 방법이다. 기제機制란 원래 '기계 장 치'라는 뜻으로 사물의 작용 원리 또는 구조라는 의미로 쓰이지만 심 리학 용어로는 인간의 행동에 영향을 미치는 심리의 작용이나 원리 를 뜻한다.

방어기제에는 억압, 승화, 동일시, 투사, 반동형성, 합리화, 백일몽 등이 있다. 두려움과 공포 혹은 그것을 일으키는 욕구나 기억을 무의 식 속으로 떠밀어넣고 의식의 문으로 닫아버리는 억압은 대부분의 사람들이 지닌 방어기제다. 억압과 억제는 다르다. 억압은 무의식적 인 작용이고 억제는 의식적인 작용이다. 억압을 통해 우리는 위험한 욕구나 생각, 기억 등을 의식하지 않고 살아갈 수 있다. 그러나 완전 히 사라지게 할 수는 없다. 무의식 속에 고스란히 존재한다. 그래서 꿈으로 나타나거나 신경증 현상으로 드러나기도 한다.

청소년들이 유명 배우나 아이돌 가수에게 환호하는 것을 넘어 자 신과 동일시하거나 자신의 상대로 설정하는 것은 불안을 해소하기 위해서이기도 하고, 나에게는 없는 혹은 앞으로도 불가능할 것 같은 욕망을 대체 실현하려는 동일시의 방어기제가 작동하기 때문이기도 하다. 어떤 사람은 결코 자신의 잘못을 인정하지 않고 늘 다른 사람 혹은 다른 일 때문이었다고 스스로를 세뇌시키는 투사라는 방어기제를 사용하기도 한다. 이런 기제들은 따로 하나씩 존재하지 않고 대개는 여러 방어기제들이 동시에 작동되기 때문에 고치기 어렵다.

방어기제에는 부정적인 측면도 있다. 왜곡된 방어기제는 자신을 제대로 인식하는 것을 방해해 자아실현의 가능성을 스스로 차단시킨다는 점에서 위험하다. 현실을 왜곡, 변형하거나 기만하는 상황에 빠질 수도 있다. 또한 방어기제의 지나친 사용은 새로운 스트레스 요인으로 작용하여 심각한 현실 부적응의 원인이 되는 경우가 많다.

인간은 어떻게든 평상심을 유지하려 애써 노력하며, 그 과정에서 방어기제가 작동한다. 이때 무의식의 충동이 의식 표면으로 올라오는 것은 막을 수 있겠지만, 그 충동은 다양한 증상으로 변형되어 표출될 수 있다. 갈등을 겪거나 스트레스를 받을 때 미성숙하거나 신경증적인 방어기제를 주로 동원하면, 대인관계에서 심각한 갈등이나 충돌을 야기할 수 있다.

방어기제를 이해하면 상대방이 주로 어떤 방어기제를 사용하는지 파악할 수 있고 그에 대해 적절한 대응을 할 수 있다. 방어기제를 사용하지 않는 사람은 없으며, 누구나 매일 다양한 방어 기제를 활용한다. 방어기제를 파악하고 평가하는 능력은 한 사람의 전체적인 모습을 파악하고 행동을 예측하는 데 도움이 된다. 결국 방어기제를 명확하게 인식하고 적절하게 활용한다면 크고 작은 일상의 사건들에 충실히 대응할 수 있다.

# 왓슨과 스키너의 행동주의 심리학

5

행동주의 심리학은 심리학의 원조인 분트의 방식과 정면으로 맞서고, 게슈탈트 이론과도 대척점에 서 있다. 행동주의 심리학 이론을 주창한 사람은 J. 왓슨John Broadus Watson, 1878~1958으로, 심리학에 자연과학의 객관적이며 합리적인 실험 방법을 도입했다.

행동주의 심리학이란 자극이 주어졌을 때 어떤 반응 혹은 결과가 나타날 것인지를 예측하고 그 반응에 유효한 자극이 무엇이었는지를 찾아내는 방식의 심리학이다. 왓슨은 심리학의 목적이 마음이 아니라 행동이라고 보았다. 여기에는 중요한 전제가 있다. 그것은 바로 사람이나 동물의 행동이 '관찰 가능한' 것이라는 점이다. 그리고 인간의 행동과 동물의 행동은 기본적으로 차이가 없고 따라서 연구 방법에도 차이가 없다고 보는 것이다. 그래서 쥐의 행동을 오래 관찰했다(이 부분이 행동주의가 비판받는 지점이기도 하다).

의식의 적극적인 기능인 행동을 파악해 의식을 유추하는 것이 가능하다고 보는 입장은 훨씬 많은 것을 실용적으로 그리고 구체적으로 드러내 보여준다. 왓슨은 과학적 측정과 실험의 결과치에 토대를 두고 이론을 전개해야 보편적 사고에도 맞는다고 보았다. 그래서 과학적 측정에 의한 행동 분석이면 족하다고 여겼다. 그는 심리학이 과학이 되려면 과학적인 연구를 해야 한다고 주장했다. 왓슨의 이런 성향은 전형적인 미국의 실용주의적 태도와 매우 가깝다고 할 수 있다.

행동주의 심리학 연구자는 개인과 환경 가운데 환경 조건에 대한 관심이 더 크다. 그런 점에서 행동주의 심리학은 프로이트의 정신분석과 가장 대조적이라고 할 수 있다. 최근 들어 자기조종, 자기통제, 자기지도, 자기지시 등의 용어가 많이 사용되고 있는데, 이는 행동주의 심리학에 인지적인 면이 강조되어 나타난 양상으로, 인간 스스로가 자신의 무의식적인 행동을 바꿀 수 있다는 전제를 바탕에 둔다. 이런 개념들은 일상에서 특히 마케팅 분야에서 빈번히 활용되고 있다.

행동주의 심리학에서는 인간을 자극에 따라 반응하는 존재로 보고, 학습이란 인간의 행동에 바람직한 변화를 일으키기 위해 적절한 자극과 그 반응을 강화시키는 것으로 이해한다. 파블로프의 조건화 반응에 대한 실험이 대표적인 경우다. 그래서 행동주의 심리학은 행동은 모두 생득적인 반사와 습득적인 조건반사의 복합이라고 해석한다. 이런 태도는 심리학을 과학적 심리학으로 발전시키는 데에 큰 공을 세웠지만 극단적이라는 평가와 더불어 곧 수정되었다.

스키너Burrhus F Skinner, 1904~1991는 모든 행동은 예측할 수 있다는 점을 입증하려 했던 심리학자다. 미국의 대표적 행동주의자인 스키너는 일명

스키너상자Skinner Box를 고안했다. 스키너는 이를 '실험공간'이라고 불렀는데, 상자 안쪽 벽에 지렛대가 있고 통 안에 있는 동물이 지렛대를 누르면 저절로 먹이가 나오게 되어 있다. 그 원리를 학습하게 된 동물은 지렛대를 반복적으로 누른다. 동물의 행동이 먹이에 의해 강화되는 구체적인 사례다. 유기체가 어떤 행동을 하면 유기체가 원하는 것을 제공하는 이런 강화Reinforcement는 조작적 조건화 과정에서 부여하는 보상 방식이다.

행동주의 심리학은 과학적으로 분석할 수 있어야 사실로 명확하게 드러난다는 과학주의를 바탕에 깔고 있다. 스키너는 과학주의에 입각한 심리학의 가능성을 확실하게 보여주었다.

스키너는 인간을 환경과 상호작용하는 동물로 인식하고 분석해야 한다고 주장했으며, 또한 인간은 단순한 반사기계가 아닌, 행동의 결과로 자신의 행동까지도 바꿀 수 있는 존재로 보아야 한다고 말했다. 그래서 가설의 구성이나 설명보다도 조작주의적 분석을 통해 선행조건과 귀결과의 관계만을 기술해야 한다고 주장했다. 행동에 대한 스키너의 입장은 일반 심리학뿐만 아니라, 생리심리학, 약리심리학, 교육심리학, 임상심리학에도 널리 이용되며 심리학의 영향력을 크게 높였다는 평가를 받고 있다.

자신감이 넘쳤던 스키너는 자기에게 맡긴다면 그 어떤 바보도 천재로 만들 수 있다고 큰소리쳤고 자신의 원리를 그대로 교육에 적용할 수 있다고 주장했다. 비둘기를 훈련시켜 탁구를 치게 했을 정도였으니 큰소리칠 만도 했다. 분명 그에게는 '행동공학'으로 인간을 탈바꿈시키는 재주가 있었다. 그는 티칭머신을 만들기도 했고, 교육이론에도 많은 영향을 미쳤다.

스키너는 우리나라 교육이론에도 상당한 영향을 미쳤으며 미국에서 교육학을 공부하고 돌아온 교육학자들이 특히 스키너의 방식을 차용했다. 무엇보다 간결하게 이해할 수 있고 직접 실행할 수 있으며 구체적인 결과를 이끌어낼 수 있기 때문이다. 하지만 인간을 기계적으로만 작동하는 행동인으로 본다는 점에서 지나친 단순화의 오류에 빠지거나 기능주의적 혹은 도구주의적 입장에 갇히기 쉽다.

인간사에는 스키너의 원리로 설명할 수 없는 현상이 존재한다. 스키너의 행동주의 심리학에 토대를 두어서는 자칫 기능주의적 교육이라는 함정에 빠질 수 있다. 그런 교육으로는 개성, 잠재성, 상상력, 창의력이 부재한, 오로지 잘 훈련된 지식 수용자만 양산할 뿐이다. 인문학의 부흥과 더불어 우리 교육계가 뒤늦게 반성하고 있는 교육의 비인격성과 즉물성의 원인 가운데 상당 부분은 기능주의적 태도에 기인한다 해도 지나치지 않을 것이다.

또 한 가지 반드시 지적할 것은 행동주의 심리학이 교육 이외에 경영에도 많이 응용되고 있다는 점이다. 행동주의 심리학 모델은 최소의 투자로 이윤을 극대화하고자 하는 기업 경영 방식에 매우 충실한 도구로 사용될 수 있다. 실제로 많은 기업에서 행동주의 심리학에 토대를 둔 노동관리, 시장 촉진, 인사관리 등을 활용하고 있다. 그러나 조작주의로 흐르기 쉬운 강화 이론 등 행동주의의 부정적 측면이 만연할 수 있다는 점은 부인할 수 없다.

# 심리학에 대한 오해와 진실

요즘 베스트셀러와 스테디셀러에 심리학과 관련된 책들이 다수 등장하는 이유는 무엇일까? 세 가지 정도를 들 수 있겠다.

첫째, 심리에 관한 문제들은 마케팅 등 실용적 목적에 부합하는 경우가 많다는 점이다. 이전의 심리학은 주로 프로이트, 융, 스키너, 매슬로우 등 대표적인 학자들의 이론을 중심으로 전개되었는데 일반인들로서는 어려웠던 게 사실이다. 현대의 심리학은 누구나 자기 분야에 응용할 수 있다는 실용성에 매력이 있다.

둘째, 사람은 누구나 자신의 정체성에 대해 관심을 가질 수밖에 없고, 그에 대한 고민도 많다. 이에 심리학은 형이상학적 이론을 전혀 다루지 않고 자신의 내면에서 일어나는 일을 쉽고 자연스럽게 깨우치게 해주었다.

셋째, 관계성에 대한 불안감이 크게 늘었기 때문일 것이다. 현대인의 삶은 매우 복잡하다. 그에 따라 맺어야 하는 관계도 복잡하다. 더불어 상처를 받거나 힘들어하는 일들이 많다. 심리학은 그런 문제에 대한 적절한 처방을 스스로 인식하게 해준다. 자신뿐 아니라 타인의 심리과정을 이해함으로써 불필요하게 상처받을 일도 줄어들고 관계가 좋아질 수 있다는 점에서 사람들의 호응을 얻는다. 정신적으로 피폐하거나 힘든 삶을 살아야 하는 현대인들이 갈수록 더 예민하게 느끼는 부분에 대한 해결책을 세심하게 제공해준다는 점은 심리학의 큰 미덕이다. 그래서인가? 심리학 관련 서적들 가운데 특히 인기를 끄는 것이 성격심리학이다.

그리고 '잠재력의 계발'에 대한 열망 또한 심리학과 관련한 저술들이 꾸준히 팔리고 있는 원인에 덧붙일 수 있다. 누구나 자신의 능력을 최대한 발휘하고 싶어 한다. 그래야 성공하고 행복한 삶을 누릴 수 있다고 여긴다. 누구든 지금까지 자신이 성취한 결과를 통해 자신의 능력을 파악하고 이해한다. 결과물로만 자신을 판단하는 경우다. 그런데 심리학은 자신도 모르는 잠재적 능력을 알려주고 이를 극대화할 수 있는 방안을 일러준다. 이로써 더 나은 삶을 실현할 수 있다고 추동한다. 교육이나 경영 분야에서 심리학이 이룩해온 성취들은 그 객관적 증거로서 인정받는다.

그러나 심리학은 20세기에 출현해 지금까지 매우 활발하게 성장한 학문이다. 급격한 성장으로 인해 보지 못했던 중요한 문제를 놓치고 있지 않은지 살필 필요가 있다.

우선 지나치게 실증주의적인 태도를 취한다는 점이 우려스럽다. 심리학이 과학이 되기 위해서 어쩔 수 없지만 근본적으로 심리학은 정신을 다루는 과학이다. 그 대상이 물리적 현상이 아니라 정신적 현상이다. 그럼에도 불구하고 물리학이나 화학과 같은 수준의 실증적 결과를 도출하려는 경향은 다양한 결과 중에서 결론이 맞는 것들만 추린 후 주장을 합리화하려는 경향으로 이어질 수 있다.

외적 현상에 대한 데이터만을 토대로 심리 현상을 설명하는 경우는 심리학의 영역을 오히려 축소하거나 건조하게 만들기도 한다. 20세기 후반 들어 심리학은 인지과학의 발달과 유물론적 심리철학 등의 영향으로 인간의 내적 의지, 감정, 일반적 사유에 관한 심층적 연구를 간과하고 외적 상황을 단순하게 관찰하고 자료를 수집하여 분석하는 면이 강해졌다. 그러면서도 정작 정합적 체계를 갖춘 정신과학 혹은 정신의학의 방식에 대해서는 냉소적인 태도를 보이는 모순도 드러냈다. 현상을 관찰하여 얻은 결과를 나열하는 게 전부인 학문으로 머문다면 마음을 다루는 학문이라는 본연의 의미는 퇴색되기 마련이다. 물론 최근의 연구가 이에 대한 반성과 대안으로 이어진다는 점은 다행스럽다.

심리학이 빠지기 쉬운 또 하나의 위험성은 지나치게 인간을 도식화하거나 왜곡된 형태로 단순화하는 유혹에 빠지기 쉽다는 점이다. 그런 예 중에 하나가 혈액형에 대한 집착이 아닌가 생각한다. 우리나라와 일본만 유독 혈액형을 통한 심리 분석에 집착한다고 한다. 처음에는 재미 삼아 따져보면서 그 일치감에 묘한 쾌감을 느낄 수 있다. 그러나 이 재미에 빠져 사람을 만날 때마다 혈액형부터 따져보며 속단하는 위험을 저지를 수 있다. 그것은 일종의 바넘효과Barnum effect 즉, 사람들이 보편적으로 가지고 있는 성격이나 심리적 특징을 자신만의 특징으로 여기는 심리적 경향에 불과할 뿐이다. 이는 점술 긍정 현상과 다르지 않다. 여러 현상 가운데 일부분이 들어맞아도 마치 전체가 맞은 것처럼 과장된 공감을 하는 것이다. 인간의 심리는 자연계의 물리적 현상처럼 단순성으로 환원될 수 없는 매우 복잡하고 다양하고 미묘한 것이다. 몇몇 유사한 심리현상을 근거로 사람을 유형화시키거나 단순화하는 것은 매우 위험하다. 어떤 분야든 그런 단순화와 유형화가 어느 정도 불가피한 것은 사실이지만 인간에 대한 단순화와 유형화는 특히 경계해야 한다. 더불어 유사한 심리 현상을 근거로 인간을 고정화된 존재로 간주하는 경향도 경계해야 한다. 자칫 인간을 물리적 운동을 반복하는 기계적인 존재로 간주하기 쉽기 때문이다.

프로이트는 인간의 자아는 결코 행복해질 수 없는 운명에 놓여 있다고 전제했다. 정신분석이 자아를 완전히 해방시킬 수 없으며 다만 불행한 삶의 조건을 어느 정도 버티고 견뎌내는 데 도움을 줄 뿐이라고 보았다. 그러나 미국의 자아심리학은 심리학이 인간을 바꿔놓을 수 있다는 낙관주의와 실용주의에 젖었다. 라캉Jacques Marie Emile Lacan, 1901~1981이 미국 심리학을 비판하면서 프로이트로 돌아가라고 말한 맥락이 여기에 있다.

시중에 있는 심리학을 응용한 실용 서적들 중 일부는 독자의 입맛에 맞추기 위해 심리학을 편의대로 해석한 경우도 있다. 저자나 독자 모두 심리학을 단지 마케팅을 위한 도구로 삼는 것에 대해 경계하고 주의해야 한다.

# 새로운 심리학의 탄생

최근 들어 심리학에서 두각을 나타내고 있는 분야가 바로 인지심리학과 진화심리학이다. 인지심리학은 감각정보를 변형하고 단순화하며 저장하고 인출하고 활용하는 등 모든 정신과정을 연구한다. 진화심리학은 인간을 포함한 동물의 심리를 진화론적 관점에서 이해하고 분석하려는 심리학의 새로운 영역이다.

인간의 행동은 단순한 논리로 설명하기 어려운 때가 많다. 예를 들어 왜 이모가 고모보다 조카들을 더 아끼고 사랑하는지, 왜 남자들은 긴 머리의 여자를 좋아하는지, 왜 배불리 먹고 난 뒤에도 달콤한 디저트를 먹는지 등 합리적으로 설명하기 어려운 현상들이 많다. 진화심리학은 이런 현상들에 대해 심리학과 진화생물학의 현대적인 원리들을 종합하여 과학적으로 설명한다.

# 진화심리학의 한계

...

진화심리학의 주된 연구 대상은 인간이지만, 그 바탕에는 신경계를 갖고 있는 모든 동물에 적용할 수 있다는 범용성을 깔고 있다. 진화심리학에서 가장 중요하게 여기는 것은 바로 뇌의 기능적 메커니즘이다. 이 메커니즘이 자연선택에 의해 진화된 심리학적 적응 혹은 '진화된 심리학적 기작evolved psychological mechanism'이다. 진화심리학은 합리성이 이상적인 견해라는 전제에 대해 의문을 제시한다. 합리 선택론의 이상대로 진화하는 동물은 현실에서는 진화의 경쟁에서 패하여 도태된다는 연구 결과도 있다.

마이클 폴란Michael Pollan, 1955~ 은《잡식동물의 딜레마》에서 큰 소화관과 큰 두뇌 사이에는 일종의 진화적 교환이 이루어진 것 같다고 진단한다. 이 둘은 음식 선택의 문제를 다루는 서로 다른 두 가지 전략이다. 유칼립투스 잎만 먹는 코알라는 한정된 먹이만을 먹도록 진화하면서 뇌의 크기가 작아졌지만, 인간 같은 영장류는 훨씬 더 다양하고 질 높은 음식을 먹도록 진화하면서 소화관은 점차 짧아지고 다양한 음식에 대한 데이터를 저장해야 하는 뇌는 커졌다는 것이다. 무엇을 먹어야 하고 어떤 것을 먹어서는 안 되는지를 알아야 하기 때문에 감각 수단과 인식 수단이 진화할 수밖에 없다. 즉 우리의 머리가 그토록 커야 했던 이유는 생각을 깊이 혹은 많이 해서가 아니라 다양한 음식을 섭취하기 위해 진화한 결과다. 진화심리학의 연구가 음식과의 관계를 살펴보는 데서 출발하는 경우가 많은 것은 어쩌면 당연한지 모른다.

진화 인류학자 리처드 랭엄 Richard Wrangham, 1948~ 은 《요리 본능》에서, 인간이 채식이든 육식이든 불에 익힌 음식을 먹도록 진화했다는 사실을 통해 진화심리학의 입장을 지지한다. 음식을 불에 익혀 먹는 행위는 인간의 생리적, 심리적, 사회적 변화로 이어져 인간이라는 종 전체를 진화시키는 원동력으로 작용했다는 것이다.

진화심리학은 진화론의 파생적 학문이다. 그래서 진화론에서 적용하는 몇 가지 전제를 공유하고 있다. 우선, 인간은 동물이며 인간의 뇌라고 해서 특별한 것은 아니라는 점이다. 즉, 인간의 뇌는 인간이 성공적으로 살아남아 번식하도록 돕기 위해 적응의 문제를 해결하는 방향으로 진화했고, 이는 동물의 뇌와 특별히 다르지 않다는 입장이다. 또 다른 전제는 인간의 본성은 타고나는 것이며, 인간의 행동은 타고난 본성과 환경의 산물이라는 점이다. 진화론을 전제하고 있다는 사실 자체만으로 논쟁의 씨앗이 되기도 한다.

진화심리학에 맞서는 주장들을 소개하면, 다음과 같다. 첫째, 진화심리학은 경험적으로 반증 불가능하다는 주장이다. 시간을 되돌려서 그 원형을 설명하기 어렵다는 게 문화인류학적 입장에서 제기하는 반론이다. 둘째, 진화심리학이 유전자 결정론에 토대를 둔 것 아니냐는 오해다. 에드워드 윌슨 Edward Osborne Wilson, 1929~ 이나 리처드 도킨스 Clinton Richard Dawkins, 1941~ 등의 유전자 결정론과 진화심리학의 이론적 토대가 일치하는 점이 많은 것은 사실이다. 셋째, 인간의 행동은 생물학적 진화보다는 학습에 의해 더 잘 설명될 수 있다는 반박이다. 이 점은 뇌과학에서 강조하는 부분이다. 뇌의 물리적 현상으로 심리의 변화를 설명하는 뇌과학은 물리적 환원에 빠질 우려가 있지만 대다수 뇌과학자들은 이에 단호하게 반대하며 후천적 학습과 훈련에 의해 뇌의 기능과 작용이 변화한다는 사실을 입증하고 있다.

마지막으로 집단 간의 차이는 생물학이 아니라 문화로 설명된다는 반론이다. 이 점은 선천적 요인보다는 환경적 요인이 인간 심리에 더 중요한 요소로 작동된다는 문화론자 혹은 환경론자 등 후천적 요인을 강조하는 입장에서 주로 제기되는 반론이다. 이런 오해와 반론에 대해 진화심리학자들은 진화적 시각이 단편적인 사실들을 매끄럽게 통합해서 설명할 수 있다고 반박한다. 그뿐 아니라 진화심리학은 아직 모르는 사실들에 대해서도 믿을 만한 예측을 제공해주기 때문에 유용한 도구라고 강조한다.

진화심리학이 생물학적 현상과 연관된 심리 현상을 완벽하게 설명한다고 단언할 수는 없다. 예를 들어 남성들이 중년의 위기를 겪는 이유가 나이 든 중년이 되었기 때문이 아니라 나이 든 아내, 즉 더 이상 자녀를 출산할 수 있는 생물학적 매력을 지니지 못하게 된 아내 때문이라는 어느 진화심리학자의 주장은 신선(?)할지는 모르지만 온당하다고 볼 수는 없다. 미약하게나마 그런 이유가 작용할 수도 있겠지만, 문제의 실체를 설명하는 데에는 만족스럽지 않다.

진화심리학자들은 범주의 오류에 유의해야 한다. 즉 '~이다'라는 사실 판단을 곧바로 '~해야 한다'는 윤리 판단으로 이끌어내서는 안 된다. 당위에서 사실을 도출하려는 반대의 경우도 마찬가지다.

진화심리학은 기존의 심리학에 대해 배타적인 태도나 입장을 견지하지 않는다. 오히려 생물학적 방법을 통해서 인간 심리에 대한 근원적 질문에 대답하고자 하는 노력이다. 진화심리학은 사회생물학, 인류학, 인지과학, 심리학이 한데 모여 인간의 본성에 대해 성찰하는 과정에서 탄생한 일종의 통섭형 과학이다. 진화심리학은 지금도 현재 진행 중인 학문이다.

## 인지심리학의 행보

· · ·

진화심리학과 더불어 각광을 받는 심리학의 분야로 인지심리학을 꼽을 수 있다. 인지심리학은 인간이 정보를 어떻게 받아들이고, 처리하며, 산출하는지의 과정을 연구하는 학문이다.

일반적으로 인지심리학은 톨먼Edward Chace Tolman, 1886~1959이 기틀을 마련한 기호학습이론에서 출발하여 1960년대에 그 세력이 확대된 것으로 본다. 특히 미국을 중심으로 발달했다. 1920년대 이후 행동주의 심리학이 발달하면서 기존의 실험심리학은 정신적인 면에서 발생하는 여러 현상을 외면하는 경향을 띠었다. 그러나 1950년대로 접어들어 정보 개념이 도입되고 이에 따라 통신공학, 정보처리공학, 언어학 등이 발달하면서 마음의 내부 구조와 과정을 직접 논하려는 인지과학cognitive science이 태동했다. 인간의 뇌와 마음이 컴퓨터와 같은 정보처리 체계를 갖고 있다는 생각에서 출발한 인지과학의 핵심은 다름 아닌 심리학이었다. 심리학과 인지과학이 서로 상생한 셈이다. 이후 철학, 언어학, 인류학, 신경과학, 인공지능 등이 합세했고 사이버네틱스, 정보학, 컴퓨터공학 분야에서의 다양한 발전이 인지 분야의 혁명으로 이어졌다. 그래서 인간 능력 향상을 목표로 하는 미래의 융합과학기술에 기반을 둔 인지과학의 발달에 따라 인지심리학의 미래가 좌우될 것이라는 예측이 지배적이다.

인지cognition는 사물을 알아보고 기억하며 추리하여 결론을 얻어냄으로써 문제를 해결하려는 일련의 정신적 과정이다. 주로 철학의 인식론에서 탐구하는 영역이었으며, 의학에서는 인지에 관여하는 뇌의 변화와 반응 물질들에 대한 탐구를 통해 과학적으로 인지과정을 밝히고자 노력해왔다. 그런 바탕 위에 인지심리학은 인간의 여러 가지 고차원적 정신과정의 성질과 작용 방식의 해명을 목표로 하는 과학적, 기초적 심리학의 한 분야로 자리 잡았다. 지식을 획득하는 방법, 획득한 지식을 구조화하여 축적하는 메커니즘을 주된 연구 대상으로 삼으면서 인공지능공학, 언어학과 함께 학제적 성격의 최신 기초과학인 인지과학의 한 축을 이루고 있다.

인지심리학은 실험 심리학의 전통을 계승한다. 가설을 세우고 실험을 실시하여 거기에서 얻은 결론을 토대로 예상 가능한 모델을 만드는 과정을 거친다. 최근에는 신경과학을 비롯해, 기억과 정서에서의 인지과정, 외국어 습득에서의 인지과정 등 새로운 주제에 대한 연구가 진행되고 있으며, 나아가 선천적인 능력에 대한 연구, 주체성과 능동성, 창조성, 경험의 축적 등에 대한 연구에까지 인지심리학의 관심은 넓어지고 있다. 특히 인공지능 연구 등의 도움을 받아 기호 조작 과정을 통해 인간의 인지과정을 기호화하려는 움직임도 있다. 인공지능, 컴퓨터공학 등의 발달에 크게 도움을 받으면서 자연스럽게 뇌과학이나 신경생리학과도 밀접한 관계를 맺으며 확장하고 있다.

# 심리학,
변신의 끝은 어디인가

8

2002년 노벨상 수상자 발표에서 기이한 일이 벌어졌다. 경제학 부문에서 엉뚱하게도 비경제학자가 선정된 것이다. 주인공은 심리학자 대니얼 카너먼Daniel Kahneman, 1934~ 이었다. 심리학자이면서 행동경제학의 선구자로 여겨지는 카머넌은 300년 전통의 경제학 프레임을 완전히 뒤엎었다는 평가를 받았다.

카너먼 이후 경영학은 심리학의 영향권 안에 들어왔다. 특히 미국에서 두드러졌다. 미국의 경영학이 크게 각광을 받고 있는 것은 미국의 국력 특히 경제력 때문이기도 하지만, 심리학을 응용해 현장에서 공감하고 응용할 수 있는 콘텐츠를 갖췄기 때문이기도 하다. 그러니까 미국의 경영학은 심리학에 제법 빚이 많은 셈이다.

어쨌거나 이제는 심리학이 끼어들지 않는 분야가 거의 없는 것 같다. 요즘 인문대학에서 가장 인기 있는 학과가 심리학과라는 데 토를

다는 사람은 별로 없을 것이다. 가히 심리학 전성시대다. 개인심리, 경제심리, 교육심리, 인지심리, 교정심리, 기능심리, 내용심리, 뉴룩심리, 능력심리, 발달심리, 비교심리, 사고심리, 사회심리, 산업심리, 색채심리, 생리학적 심리, 생태학적 심리, 수리심리, 실험심리, 아동심리, 응용심리, 의식심리, 임상심리, 종교심리, 자아심리, 행동심리, 형태심리, 긍정심리, 죽음의 심리 등 분야만 해도 매우 다양하다.

다른 학문과의 융합이라는 점에서도 심리학은 가장 활발하고 모범적이다. 의학, 공학, 사회학, 철학, 역사학, 언어학, 통계학, 민속학, 예술 등을 자양분 삼아 경영학, 교육학 등 다른 학문들과 도움을 주고받으며 발전했다.

심리학이 다른 학문과 교류하는 까닭은, 인간의 마음과 행동은 한 학문으로 규정하는 것이 불가능할 정도로 복잡해, 다른 학문과 연계하지 않고서는 그 기능이나 행동을 설명할 수 없기 때문이다. 이런 인식을 가장 정확하게 반영하는 것이 과학 분야와의 연계일 것이다. 뇌과학과 신경과학은 물론, 생리학, 화학, 정보공학 등 의학과 과학 분야의 발전은 심리학의 양상을 크게 바꿔나갈 것이다. 대뇌생리학이나 신경과학과 같은 생명과학이나 의학과의 연계는 무엇보다 인간의 뇌세포 작용에 대한 이해를 위해 필수적이다. 최근 의학은 뇌의 심리적 메커니즘과 마음의 움직임을 해명하고 있다.

컴퓨터공학, 전자공학 등 정보과학 분야와의 연계 연구도 매우 중요했다. 뇌와 컴퓨터의 유사성과 상이성에 대한 연구가 활발하게 진행되었다. 인공지능 개발에 과학자, 언어학자, 철학자와 더불어 심리학자가 참여하고 있는 것은 마음의 움직임이나 행동을 일련의 정보

처리 과정으로 설명하는 데 심리학이 가장 적합한 학문이기 때문이다. 시뮬레이션 작업에도 컴퓨터공학의 힘이 필요하며, 각종 실험과 조사의 자료를 통계적으로 분석할 때도 마찬가지다.

학문적 교류는 실증적이고 과학적인 분야에만 국한되지 않는다. 의학이나 공학과의 연계가 미시적이라면, 정치, 경제, 문화와의 조우는 거시적이다. 그중 경영학, 특히 마케팅 분야에서의 협력이 눈에 띈다. 경제학에서도 대니얼 카너먼의 행동경제학과 인지심리학의 영향이 크게 작용한다.

오지랖 넓은 심리학의 행보를 좀 더 살펴보자. 먼저 문학에서는 셰익스피어William Shakespeare, 1564~1616의 《햄릿》이나 버지니아 울프Adeline Virginia Woolf, 1882~1941의 《댈러웨이 부인》, 《자기만의 방》 등을 심리학적으로 재조명하는 시도가 다양하게 이뤄지고 있다. 특히 의식의 흐름Stream of Consciousness을 다룬 소설은 심리학적 분석을 통해 기존의 해석과는 다른 이해로 접근할 수 있다.

일찍이 에드바르트 뭉크Edvard Munch, 1863~1944는 회화적 표현에서 인간의 내면을 그려냈다. 뭉크의 그림은 프로이트가 《꿈의 해석》을 출판하기 이전에 완성된 것들이다. 그러나 이미 그는 외적 묘사에서 탈피해 인간의 심리를 회화적으로 탁월하게 묘사했다. 뭉크의 이런 시도는 이후 칸딘스키 등이 추상미술을 통해 정신적 가치와 심리를 색채와 새로운 구성으로 더 깊이 파고들 수 있는 가능성을 제시하였다.

분명히 20세기의 예술은 가시적인 대상에서 벗어나 인간의 심리를 표현하는 확장성을 보여주었다. 그런 점에서 심리는 단순히 심리학의 영역에 제한되는 것이 아니라 다양한 장르에서 다양한 형식으로 제시되었다고 볼 수 있다.

심리학은 최근 음악이나 미술을 통한 치유에도 적극적으로 응용되고 있다. 이른바 '음악치료'나 '미술치료', 최근에는 글쓰기를 통한 치유가 소개되고 있다. 카너먼의 행동경제학에 견줄 수 있는 새로운 정치학의 지평도 전개되고 있다. 정치 분야에서 심리학이 가장 요긴하게 쓰이는 경우는 바로 선거를 분석할 때일 것이다. 정치에서 유권자의 심리 분석은 이제 당연하고 기초적이다. 그러나 앞으로 훨씬 더 다양하고 실질적인 분석과 해석이 진행될 것이며, 심리학이나 뇌과학의 발전에 따라 그 심도가 더 깊어질 것이다.

한편으로는 심리학이 타 학문 분야와의 연계와 협력을 통해 자기 학문의 옹벽을 허물고 다양성을 생산하면서 시너지 효과를 증대시키는 상황이 인문학 전체에 학제적 분위기를 확산시킬 수 있는 좋은 계기가 될 수도 있다는 생각이다. 그것이 바로 인문학이 추구해야 하는 또 하나의 역할이자 능력이 아니겠는가?

# 새로운 강자의 대두,
# 뇌과학

9

일반 대중들이 심리학을 친근하게 느끼게 된 계기는 바로 행동심리학이었다. 파블로프나 왓슨 등을 비롯한 초기행동주의심리학을 거쳐 헐, 스키너, 톨먼 등은 객관적 방법과 관찰 가능한 행동에 관해 연구하면서 유기체의 행동에 대한 일반적 이론을 확립시켰다. 프로이트식의 정신분석 중심의 의식심리학과 달리 행동심리학은 과학적이고 실험적인 방법을 주로 사용하며 심리학을 유기체의 행동과학이라고 규정했다.

과학주의 심리학이라고 불리기도 했으며 1970년 초까지 심리학의 주도 세력이었던 행동심리학은 그러나 1970년대에 인지심리학이 등장하면서 예전의 주도권을 유지하기 어려웠다. 인지심리학은 인간이 어떻게 지각하고, 기억하며, 문제를 해결하고, 말을 할 수 있는지에 대해 연구했고, 인간의 마음을 컴퓨터에 빗대어 알아보려고 했다. 그러나 인지기능을 강조한 나머지 정서를 인지기능의 방해요소로 간주했다.

정서는 행동주의 심리학에서도 인정하지 않던 문제였기 때문에 오랫동안 그 영역은 심리학의 영토에 편입하기 어려웠다. 정서가 심리학의 영역에 정식으로 입성한 것은 1990년대 중반 뇌과학자들의 연구와 발견 덕분이다. 감각, 인지, 감정, 운동조절 등 인간의 모든 정신작용은 뇌로부터 산출된다. 뇌는 물질세계와 정신세계의 핵심적이며 유일한 접점이다. 인지신경과학의 발달은 자연스럽게 뇌의 작동 원리를 파헤치는 방향으로 나아갔다.

최근까지만 해도 인간의 정신적 측면은 고유할 뿐 아니라 인간 정체성의 근간이며 가치라고 여겨졌다. 인간 존엄성의 근거를 이성의 자율성에 둔 것 역시 마찬가지 맥락이었다. 정신은 결코 물리적으로 환원될 수 없다는 것이 엄연한 사실로 인정되었다. 과학적으로 심리현상을 해석하는 심리학에서조차 그런 입장은 크게 다르지 않았다. 그러나 과학이 발전함에 따라 견고한 확신이 흔들리기 시작했다. 특히 신경생리학의 발달은 우리가 인간의 고유한 정신적 측면이라고 생각했던 것들이 실상은 다양하고 복잡하며 아주 빠른 속도로 반응하는 물리적 현상이라는 사실을 하나씩 드러냈다. 이른바 뇌과학의 대두다. 예전에는 뇌가 정신활동을 수행하는 양상을 직접적으로 관찰할 수 없었기 때문에 사후에 뇌의 외양을 통해 짐작할 수 있을 뿐이었지만 과학기술의 발전은 살아 있는 인간의 뇌를 직접 관찰함으로써 획기적인 변화를 가져왔다.

양전자방출단층촬영PET을 개발했고 컴퓨터단층촬영CT, 지기공명단

층촬영MRI의 개발에도 참여한 뇌과학의 세계적 권위자 조장희1936~ 박사는 한 인터뷰에서 이런 사례를 소개했다.

캘리포니아에서 어떤 사람이 자기 딸을 죽인 사건이 있었다. 그런데 그 범인은 2년 전까지만 해도 온화한 성격으로 평판이 좋았던 사람이었다. 좋은 사람이었는데 엉뚱하게 나쁜 일을 하는 불일치는 사람들을 곤혹스럽게 만든다. 어떻게 이 현상을 설명할 것인가? 2년 전까지 좋은 사람이었던 그는 왜 살인자가 되었을까? 최근 그는 감정을 조절하는 데 어려움을 겪었고, 살인 역시 화를 참지 못해 벌인 일이었다. 아마도 심리학에서는 지금까지 그가 보여준 여러 심리 현상들을 수집하여 정합적 관계를 설명하려고 했을 것이다. 의식의 틀로는 설명할 수 없는 무의식의 발로라거나 하는 등의 설명이 수반되었을 수도 있다. 반면 뇌과학은 이 문제를 간단하게 설명했다. 뇌에서 화를 컨트롤하는 부분이 편도체인데, 암이 자라면서 편도체를 눌렀기 때문에 화를 조절하지 못했다는 것이다. 실제로 살인범은 암 수술을 받고 예전의 온화한 상태로 돌아갔다고 한다. 이처럼 베일에 가려있던 뇌의 문제와 심리 문제가 결합한 것이 뇌과학이다.

뇌과학이 본격화된 것은 1990년대부터이다. 뇌과학Brain Science이란 뇌의 '신비'를 밝혀냄으로써 인간의 물리적, 정신적 기능을 심층적으로 탐구하는 응용학문이다. 뇌과학은 과학, 의학, 교육, 산업, 문화 등 거의 모든 분야에서 응용되면서 주목받기 시작했다. 그리고 심리학과 뇌과학의 결합 가능성을 높게 보는 사람들이 늘고 있다.

앞서 뇌과학을 설명하면서 신비라는 낱말에 작은따옴표를 붙인 것에 유념하자. 어떤 사실을 밝혀내지 못하면서 그 현상을 경험할 때 우리는 흔히 신비라는 개념을 차용한다. 인간은 새로운 지식을 발견하면서 여러 영역에 걸쳐 있는 신비의 탈을 벗겨내왔다. 어쩌면 인간에게 가장 마지막까지 신비로 남아 있던 정신조차 뇌과학의 발전에 따라 그 실체를 파악할 수 있게 되면서 심리학은 뇌과학에 편입되거나 뇌과학이 심리학을 대체할지도 모른다.

뇌과학과 더불어 신경과학Neuroscience의 발전도 심리학에 영향을 주고 있다. 신경과학은 신경계의 구조, 기능, 진화, 유전학 등을 연구하는 광범위한 분야로 생물학의 한 분파를 넘어 인지심리학, 신경심리학, 컴퓨터공학, 의학 등 많은 영역과 관련된 학제적 학문으로 확장되고 있다. 앞으로 뇌과학과 신경과학의 발전이 심리학의 진화를 가속화할 것이다. 그러나 마냥 장밋빛 전망만 있는 것은 아니다. 뇌과학에 대한 지나친 열광은 심리학을 모순에 빠뜨린다.

뇌는 엄밀히 말하자면 몸의 신경중심기관이다. 물론 다른 장기보다 월등한 기능을 수행하기는 하지만 뇌 또한 다른 장기가 제 역할을 하듯 신경활동을 할 뿐이다. 우리의 몸이 우리의 전부일 수 없는 것처럼 뇌 또한 우리의 전부는 아니다. 설령 뇌를 완전히 이해한다고 하더라도 그것만으로 인간의 심리나 다른 여러 가지 비밀을 모두 해결할 수는 없을 것이다.

관념이 행동을 바꾸고 행동이 습관을 바꾸며 습관이 관념을 바꿀 수 있다는 생명과학자들의 주장도 중요하다. 사실상 지난 10여 년간 뇌과학 및 신경과학이 인간에 관한 그 어떠한 새로운 사실도 밝혀내지 못했음은 시사하는 바가 크다. 인간이란 무엇인지, 무엇을 원하는지에 대해서 말이다. 뇌를 이해하면 모든 것을 이해하고 해결할 수 있다는 생각은 지금으로서는 지나친 낙관이다. 그것은 자칫 위험한 환원주의를 불러올 수 있다. 우리 뇌의 뉴런들이 생각을 발화한다는 기계론적 착각을 경계해야 한다. 인간의 모든 행동을 뇌에 종속시킨다면 인간은 단순히 뇌의 명령을 수행하는 기계에 불과하게 된다. 뇌가 곧 인간인가? 또한 생각은 과연 뇌 안에만 존재할까? 뇌과학은 악용될 소지가 다분하다. 인간의 본질과 가치에 대한 철학적 반성이 반드시 뒤따라야 하는 이유가 여기에 있다.

뇌과학자들도 현재의 뇌과학으로는 인간에 대한 어떠한 비밀도 밝혀낼 수 없다는 점에 조심스럽게 동의하고 있다. 알바 노에<sup>Alva Noe, 1964~</sup>의 《뇌과학의 함정》도 이 점을 지적하고 있다. 그는 과학과 철학의 성배라 일컬어지는 의식 자체를 신경으로 설명할 수 있을 것이라는 믿음은 환상에 불과할 뿐이라고 경고한다.

물론 우리는 여전히 의식-마음-자아의 비밀에 대해 궁금하다. 인간의 가장 오랜 궁금증을 해소하고 싶은 것은 자연스러운 욕구다. 또한 앞으로 과학이 발전하면서 어떤 방식으로 이 난제가 풀어질지는 아무도 모른다. 섣부른 낙관도 비관도 위험하다. 의식과 마음, 뇌와 자아를 둘러싼 현대과학의 진화가 거짓과 환상일지 진실과 환희일지 조금 더 지켜봐야 한다.

어떻게 진행되든 뇌가 21세기를 대표하는 키워드임은 의심할 여지가 없다. 뇌는 이미 심리학은 물론 과학, 건강 분야뿐만 아니라 교육에서 새로운 패러다임으로 작동되고 있다. 마음이 뇌의 작용이라는 뇌과학적 연구가 진행됨에 따라, 인간의 행동을 규정하는 생각과 사고, 집중력, 정서 작용, 인성 함양 등 교육의 핵심적 가치에 대한 접근

방식이 달라지기 시작한 것이다.

21세기 과학기술은 궁극적으로 인간의 신체적, 심리적, 사회적, 즉 전 생활면에서 수행력을 향상시키는 방향으로 나아갈 것이다. 기존의 심리학도 양상과 방향성이 크게 달라질지 모른다. 더 나아가 뇌과학의 발전은 다양한 분야와의 융합을 통해 뇌의 시대를 더욱 가속화할 것이다. 지금 심리학이 직면한 도전이자 새로운 가능성이 바로 뇌과학이다.

# 다시,
# 인간이란 무엇인가

10

자아라는 낱말과 개념을 처음 접하는 것은 사춘기 무렵이다. 사회나 국민윤리 시간에 이 말을 들으면서 자신의 정체성에 대해, 자아의 실현에 대해 어렴풋하게나마 체감하기 시작한다. 그런데 교과서는 자아를 발달심리학적 측면에서 설명한다. 그래서 학생들이 자아에 대해 나이가 들어가면서 자연스럽게 발달하는 것으로 이해한다는 점은 다소 우려스럽다.

일단 사전적 의미에서 자아를 보면, 심리에서는 자기 자신에 대한 의식이나 관념을 지칭한다. 그리고 철학에서는 대상의 세계와 구별된 인식, 행위의 주체이며, 체험 내용이 변화해도 동일성을 지속하여 작용, 반응, 체험, 사고, 의욕의 작용을 하는 의식의 통일체다. 종합해서 말하자면 자아는 사고, 감정, 의지 등의 여러 작용의 주관자로서 이런 작용에 수반되고 또한 이를 통일하는 주체다.

철학적 자아를 가장 처음 제기한 이는 소크라테스다. '너 자신을 알라'고 가르친 소크라테스는 자아 성찰이 없는 앎은 무의미함을 깨우쳐주었다. 그러나 자아가 철학적 주제가 된 것은 인간의 주체성이 확립되는 근세 이후의 일이다. '나는 생각한다, 고로 나는 존재한다'라는 데카르트의 명제는 '생각하는 나res cogitans'가 핵심 주제다.

구체적이고 좁은 의미에서 실질적 자아에 대한 인식은 자아의 실현을 이룰 수 있는 환경에서만 가능하다. 인식으로 깨우친 자아와 그것을 실현 가능하게 할 사회적, 정치적, 경제적 독립 가능성이 온전하게 주어지지 않으면 자아는 언제나 위축되고 억압된다. 독재국가나 경제적 착취의 구조에서는 자아의 실현이 불가능하다. 그리고 자아 인식과 실현의 불일치는 개인을 파멸시킨다. 자아의 문제는 결코 철학과 심리학만의 영역은 아니지만 두 학문이 이 문제에 대해 가장 핵심적으로 접근하고 있는 것은 분명하다.

'나는 누구인가?'라는 물음은 모든 인간에게 평생을 따라다니는 문제다. 에릭슨Erik Homburger Erikson, 1902~1994은 '나는 누구인가'와 같은 의문을 해결하는 것을 '자아정체감의 형성'이라고 말했다. 자아를 확립하기 위해 나는 타자와 다르게, 다양한 욕구와 동기, 사고방식을 가진 존재로 살아간다. 다양한 관계 속에서 여러 '나'가 질서, 균형, 통합으로 실현될 수 있어야 자아정체감 혹은 정체성이 확립된다.

자기인식과 분석의 최대의 적은 바로 자기 자신이다. 우리는 자신의 약점을 누구보다 잘 알고 있다. 그 약점이 나만의 것이거나 정말 치명적인 것이 아닐 수 있음에도 불구하고 그 감옥 안에 스스로 갇혀서 지낼 수도 있다. 심층 심리를 통해 자신을 분석하는 것은 그런 불필요한 자기억제에서 벗어나고자 하는 노력이다. 그런 점에서 우리는 프로이트를 비롯한 많은 심리학자들에게 빚을 졌다. 그들은 우리로 하여금 무의식에 발을 내디딜 용기를 주었고 나름의 해법을 제시하였다. 심리학은 그 해법을 통해 자기를 정확히 인식하고 불필요한 자기억압과 도피에서 벗어나 자유로운 개인으로서의 나를 정립할 수 있게 해준 길잡이 역할을 해왔다.

머지않아 인간의 뇌를 건축 설계도처럼 자세하게 들여다볼 수 있는 날이 올 것이다. 그렇다고 해서 그것이 곧 인간에 대한 완전한 이해가 될 수는 없다는 사실만큼은 분명하다.

세계적인 뇌신경과학자이자 심리학자이며, 인지신경과학이라는 차세대 인지과학 분야를 개척했다는 평가를 받는 마이클 가자니가<sub>Michael Gazzaniga, 1939~</sub>는 특히 분리 뇌 연구, 즉 좌우 뇌가 어떻게 소통하는지를 밝히는 데에 큰 관심을 쏟고 있다. 최근에는 뇌의 사회적, 법적, 철학적 함의를 연구하는 신경윤리학으로까지 영역을 넓히고 있다.

그는 인간의 마음이 어떻게 구성되었는지에 대해 지난 100년간 인지신경과학자들의 연구 업적들을 분석함으로써 심리학이나 컴퓨터공학의 영역에 속해 있던 인지과학이 본격적으로 신경과학의 한 분야로 수렴될 것임을 예고했다.

우리의 행동은 뇌의 구조 때문에 일어난다는 가자니가의 명제는 '인간이 다른 동물과 다르게 된 근본적인 이유가 무엇인가'로 이어진다. 그에 따르면 인간을 인간답게 만드는 것은 다른 동물보다 단지 뇌가 크다는 이유 때문이 아니다. 독특한 모듈로 구성되어 있는 뉴런들이 다양한 자극에 대해 다채로운 방식으로 반응해서 스스로 복잡한 구조를 조직하기 때문이다. 그는 인간의 원동력이 사회활동에서 나온다고 보았다. 다른 사람의 마음을 읽고 이해하려는 능력, 누군가에게서 인정받고, 존경을 받고 싶은 욕구 등에 의해 갈수록 뇌가 정교하게 발달해왔고 이것이 다른 동물과의 차이를 만들었다고 본 것이다.

가자니가의 연구는 결국 인간의 고유성이 무엇인지, 인간의 최소한의 조건은 무엇인지, 더불어 살기의 조건으로서 인간이 선택해야 하는 삶의 방식은 무엇인지, 인간의 한계는 무엇이며 어떻게 그 한계를 넘을 수 있는지 등에 대한 거대한 탐색으로 이어진다.

가자니가의 모든 견해에 동의할 수는 없다 하더라도 우리의 삶의 모습이 어떠한지 되돌아보는 계기가 되는 것만은 분명하다. 가자니가는 뇌의 상태가 어떻든 인간이라면 대부분 사회적 규칙을 따르며, 자유의지와 책임은 개인의 뇌 자체가 아니라 둘 이상의 뇌가 상호작용하는 사회적 관계에서 나오는 가치라는 사실을 꼼꼼하게 증명함으로써 단순히 뇌과학에만 의존할 경우 자칫 큰 오류와 위험에 빠질 수 있다고 경고한다. 결국 뇌과학의 눈으로만 인간을 탐구해서는 안 된다는 점을 분명하게 천명하고 있는 것이다. 그래서 비교학, 사회학, 심리학, 의학, 그리고 더 나아가 예술과 기술 등 방대한 영역에 걸쳐서 인간의 고유한 점을 찾아야 한다고 주장한다.

인간이 무엇인가라는 문제는 더 이상 철학자나 과학자만의 몫이 아니다. 인간은 다양한 관계 속에서 자신을 드러내고 반응한다. 인간의 심리와 뇌 현상에 대한 심층적 연구는 결국에는 '인간이란 정말 무엇인가?'라는 근원적 질문으로 되돌아갈 것이며, 마땅히 그래야 한다. 이를 통해 인간은 스스로에 대한 이해의 폭을 넓혀갈 것이다.

**《꿈의 해석》** 지그문트 프로이트, 김인순 옮김, 열린책들, 2004

요즘 심리학회에서는 정신분석을 제외하는 경우가 많다고도 하지만 과연 이 책을 빼고 심리학과 현대를 온전히 이해할 수 있을까? 이 책은 인류 사상사를 뒤집어놓은 혁명서다. 이 책은 꿈을 '해석'하는 데 그치지 않고 꿈을 통해 인간 정신의 내면을 발견한다. 프로이트는 심리학자가 아니라 의사로서 자신의 이론을 환자의 질환을 치료하는 데에 사용되는 실용적 목적으로 저술했지만 이 책에서 밝혀낸 무의식이라는 존재만으로도 인간 이해에 대한 새로운 지평을 열었다. 두 말 없이 읽어봐야 할 책이다.

**《인간과 상징》** 칼 구스타프 융, 이윤기 옮김, 열린책들, 2009

이 책은 융이 전문가가 아닌 일반인들이 읽기를 바라면서 저술한 마지막 역작이다. 그래서 생각보다 어렵지 않고 흥미롭기까지 하다. 집단무의식에 대한 설명과 신화, 전설, 꿈, 설화 등을 통해 나타난 인간의 다양한 원형의 이미지를 상세하게 담았다. 융은 집단무의식과 원형을 통한 자기 이해로부터 온전하고 생산적인 삶이 도출될 수 있다고 주장한다. 이 책의 또 다른 매력은 500컷 이상의 삽화가 실려서 융의 사상을 쉽게 이해할 수 있도록 도와주고 있다는 점이다. 이 책 전부를 융이 집필한 것은 아니다. 융 자신이 집필한 부분은 도입부 성격의 제1부다. 여기에서 무의식의 세계와 원형과 상징, 그리고 꿈의 세계를 명확히 소개하고 있어서 융에 대한 이해가 선명해진다. 그리고 나머지 4개의 파트가 여러 학자들의 연구들인데 그것이 융에 대한 다각적이고 객관적이며 종합적 이해를 돕는다는 점에서 매력적인 책이다.

## 《심리학개론》

대니얼 색터·대니얼 길버트·대니얼 웨그너, 민경환 외 옮김, 시그마프레스, 2011

지은이들은 모두 하버드대학의 심리학과 교수들이다(공교롭게도 모두 이름이 Daniel이다). 그리고 옮긴이들도 모두 심리학과 교수들이다. 아마도 심리학개론서로는 이 책을 능가할 책을 찾기 어려울 것이다. 심리학의 바이블이라는 평가를 받는다. 이 책은 여러 심리학 분야를 주제와 소재로 묶어 소개하면서 대표적 일화를 통해 쉽고 흥미롭게 접근하고 이해할 수 있도록 잘 짜였다. 심리학의 역사와 다양한 분야를 한 눈으로 살펴볼 수 있으면서도 깊이와 너비를 담아 흥미와 관심을 이끌어낸다.

## 《내 인생의 탐나는 심리학 50》 톰 버틀러 보던, 이정은 옮김, 흐름출판, 2008

이 책의 부제는 '프로이트에서 하워드 가드너까지 인간 탐색의 흐름과 그 핵심'이다. 심리학의 가장 대표적인, 혹은 영향력이 컸던 책들이 망라되어 자연스럽게 책을 통해 심리학의 역사와 내용을 짚어간다. 이 책의 가장 큰 미덕은 재미있고 쉽다는 점이다. 유사한 제목의 책들이 대개 그렇듯이 일반 독자들을 대상으로 한 까닭에 복잡하거나 난해한 서술은 최대한 배제한 까닭이다. 다만 순서나 선정의 기준에 대해서는 약간 의아한 점도 있다.

**《현대심리학 이해》** 김현택 외, 학지사, 2006

심리학과 교수들이 함께 쓴 일종의 개론서다. 심리학의 역사, 최근 심리학의 주요 관점과 여러 분야, 그리고 심리학에서 주로 사용하는 연구 방법 등을 다룬 1장을 통해 심리학의 전체 얼개와 역사를 잘 정리했으며, 2장에서는 신경과학과 뇌과학을 다루고 있어서 특별히 관심이 가는 개론서다. 5장에 이르기까지 여러 주제와 방법론을 소개하고 있어서 심리학을 체계적으로 이해하고자 하는 초심자에게 좋은 길라잡이가 될 것이다.

**《도시 심리학》** 하지현, 해냄출판사, 2009

가끔은 가볍게 읽을 수 있는 책도 좋다. 심리학을 응용한 책들이 많다. 그런 책들 중에 이 책을 꼽은 것은 도시의 삶에서 우리 자신도 의식하지 못하면서 넘기는 편린들을 핀셋으로 뽑아내 재치있게 풀어낸 지은이의 솜씨 때문이다. 예를 들어 커피전문점에서는 까다롭게 굴면서도 왜 커미믹스에는 그토록 관대한지를 묻는다. 그러면서 개성화와 사회화의 양 극단 속에 살아가는 현대인의 모습을 조명한다. 도시에서의 일상적 삶에서 반복적으로 일어나는 나의 생활방식을 다른 눈으로 바라보면서 느끼는 신선함은 유쾌하다. 꼭 깊이가 아니더라도 가끔은 이런 책을 읽어보는 것도 즐겁다.

**《너무 다른 사람들》** 리처드 J. 데이비드슨·샤론 베글리, 곽윤정 옮김, 알키, 2012

데이비드슨은 위스콘신대학교의 심리학과 교수이면서 뇌과학자다. 그는 타고난 성격과 기질을 바탕으로 인간 유형을 구분짓던 전통 심리학에서 벗어나 인간의 뇌 패턴과 연관된 정서의 유형을 최초로 발견하여 인간 유형의 새로운 기준을 제시했다. 베글리는 〈월스트리트 저널〉의 과학 전문기자로 다양한 기사를 썼다. 두 사람의 환상적인 콤비는 이 새롭고 낯설며 놀라운 내용을 흥미로우면서도 쉽게 이해되는 글로 만들어냈다. 뇌과학의 매력과 힘이 어떤 것인지 다양한 실험과 분석을 통해 소개한다. 저자의 다양한 삶의 경험들과 여러 관찰자와 환자의 사례에서 뇌과학의 미래가 우리에게 어떠한 새로운 지평을 보여줄지의 단서도 엿볼 수 있다.

### 《오래된 연장통》 전중환, 사이언스북스, 2010

비교적 젊은 학자이면서 대표적 진화심리학자인 지은이의 글 솜씨는 그의 스승 최재천 교수를 닮았다는 느낌이 들었다. 무엇보다 우리의 다양한 심리 상태를 진화생물학적인 관점을 토대로 파헤치는 과정이 상큼하다. 우리의 마음과 본능, 욕망의 속살을 진화와 유전자의 관점에서 보는 심리학 분석은 기존과 다른 흥미를 충분히 이끌어낸다. 읽는 내내 즐거운 것은 내용뿐 아니라 저자의 매력적인 글 덕분이다.

### 《요리 본능》 리처드 랭엄, 조현욱 옮김, 사이언스북스, 2011

이 책은 심리학과 직접적인 관계는 없다. 그러나 굳이 이 꼭지에서 소개하는 까닭은 진화심리학에 관심이 있는 사람이라면 읽어볼 가치가 충분하다고 여겼기 때문이다. 이 책은 음식과 불이라는 상관관계가 인간 진화의 가장 중요한 터닝포인트라는 점에 착안하여 쓰여졌다.

### 《마음은 어떻게 작동하는가》 스티븐 핑커, 김한영 옮김, 동녘사이언스, 2007

《빈 서판(Blank Slate)》을 통해 본성은 유전적 요인일 수도 아닐 수도 있다며 끊임없는 질문으로 우리를 행복한 당혹감으로 이끌었던 핑커는 언어심리학과 진화심리학의 대표적 학자다. 이 책은 마음을 오래된 진화의 산물로 보고, 마음은 뇌의 활동이며 뇌는 정보를 처리하는 기관이기 때문에 결국은 연산체계라고 정의한다. 신경과학, 경제학, 사회심리학 등 다양한 분야를 통해 핑커가 자신의 해석을 마음껏 펼쳐놓고 있다는 점에서 매력적이다.

**《마음의 기원》** 데이비드 버스, 김교헌 외 옮김, 나노미디어, 2005

버스는 대표적 진화심리학자이며 '인간심리와 진화생물학학회'의 의장을
역임했다. 이 책은 진화심리학을 새로운 과학으로 규정하면서 진화심리학
을 탄생시킨 과학의 흐름이라는 맥을 잘 짚어내고 있다. 생존, 짝짓기, 친족
과 양육, 사회성 등 인간의 핵심 문제이면서도 기존의 심리학에서 제대로
다루지 않은 문제를 다루면서 결국 진화심리학이 인간에 대한 새로운 관점
을 과학적으로 제시한다는 점을 분명하게 밝히고 있다. 그러면서도 자살에
대한 심리적 메커니즘을 진화심리학적 입장에서 해석하는 경우처럼 매우
예민한 문제들까지도 파고든다.

**《왜 인간인가》** 마이클 가자니가, 박인균 옮김, 추수밭, 2009

2008년 아마존 과학 분야 최고의 책으로 선정된 도서다. 신경과학자인 가
자니가는 이 책에서 다소 생소하고 어려울지 모를 뇌과학을 구체적인 자료
와 실험, 그리고 여러 참고 도서들을 통해 설명한다. 다양한 그림 도판이 있
어서 이해에 많은 도움을 준다. 뇌과학, 진화생물학, 사회학, 사회심리학, 발
달심리학, 동물학, 인류학 등 다양한 분야와 그 결과물들을 친절하고 자세
하게 설명해주고 있다. 특히 윤리의식이나 모방과 감정이입 등을 다룬 2부
는 개인적으로 매우 큰 도움이 되었다. 처음에는 제목이 뜬금없다 느꼈는데
읽어가면서 왜 그런 제목일 수밖에 없는지 끄덕이게 된 이 책은 인간학을
가르치고 연구해온 내 입장에서는 많은 것을 생각하게 해주었다. 같은 출판
사에서 출간한 《뇌로부터의 자유》도 가자니가에 관심 있는 독자에겐 도움
이 될 것이다. 4장의 자유의지를 다룬 부분도 매력적이었다.

**《인문학에게 뇌과학을 말하다》** 크리스 프리스, 장호연 옮김, 동녘사이언스, 2009

'나의 뇌는 대체 왜 내가 스스로를 자유로운 행위자로 경험하게 만들까?'라

는 질문을 스스로에게 던져본 적이 있는가? 당연히 주체적 자아, 능동적 인격체라고 여기기 때문에 별다른 의문을 제기하지 않을 것이다. 그러나 프리스는 그것은 단지 뇌가 만들어내는 최종적인 착각일 뿐이라고 말한다. 뇌는 물리적 세계, 사회적 세계와 엮인 온갖 끈을 숨기고 자율적인 자아를 만들어낸다는 것이다. 지은이는 자신의 결론을 먼저 제시하지 않는다. 그래서 독자는 그냥 쉽게 풀어낸 그의 이야기를 따라가면 된다. 흐름이 일관되어 다른 길로 샐 일도 없다. 그러다 보면, 뇌과학에 대한 전모를 한눈에 파악할 수 있다. 그 점만으로도 이 책은 훌륭한 뇌과학 입문서라고 할 수 있다. 일상적인 문제에서 시작하여 철학적 주제로까지 전개되는 흐름으로 그가 세계 최고의 신경과학자의 한 사람일 뿐 아니라 뛰어난 이야기꾼이라는 걸 깨닫게 한다.

## 《명령하는 뇌, 착각하는 뇌》 V.S. 라마찬드란, 박방주 옮김, 알키, 2012

뇌의 본질을 정확하게 꿰뚫는다는 것은 지금까지의 모든 심리과학의 난제를 명쾌하게 해석할 수 있음을 함축한다. 캘리포니아대학교 교수이자 뇌인지연구소 소장이며 철학박사이자 의사인 저자 라마찬드란은 복잡미묘한 인간의 뇌를 흥미롭게 풀어낸다. 이 책의 내용에서 가장 흥미로운 점은 뇌의 공감각 능력이다. 인간의 상상력과 창조적 능력은 뇌의 공감각 능력에서 나온다. 공감각은 특별한 방법으로 감각을 받아들이는 능력이다. 인간의 문명을 만들어낸 중요한 동력이 뇌에 존재하는 공감각 능력이었다는 것은 주목할 내용이다. 그는 또한 거울신경세포를 인류의 진보를 이끌어온 뇌의 능력으로 지목한다. 거울신경이라는 뇌 속의 특정 뉴런이 활동하기 때문에 인간은 모방이라는, 인류 문명을 발전시킨 주요 동력을 계발할 수 있다고 주장한다. 뇌과학에 관한 여러 책들 중 놓치기 아까운 책이다.

## 《뇌과학과 철학》 패트리샤 처칠랜드, 박제윤 옮김, 철학과현실사, 2006

예전 철학과 대학원에서 이한조 교수로부터 인식론을 배우면서 처칠랜드 부부의 이론을 처음 들었을 때 생경한 느낌이 들었다. 신경과학을 통해 기존의 인식론 체계를 전혀 다르게 구성할 수 있다는 것이나 결국은 인식의 시스템도 뉴런으로 환원될 수 있다는(그때는 그렇게 이해했었다) 주장이 마뜩잖았다. 그러나 시간이 지나면서, 새로운 과학의 진보에 따라 패트리샤 처칠랜드가 얼마나 선구적이었는지 뒤늦게 깨닫게 되었다. 신경과학을 바탕으로 철학을 탐구한다는 것이 이제는 더 이상 새롭거나 거부감이 들지 않는다. 철학자나 뇌과학자 모두 읽어보면 크게 도움이 될 것이다. 최근에는 '신경철학'이라는 분야가 생겨나기도 했는데, 그 개척자가 바로 처칠랜드다. 신경철학의 입장에서 심리과정은 뇌 과정이며 신경과학과 심리학이 상호 진화하여 나타날 이론체계가 통속 심리학보다 우수할 뿐 아니라, 이제는 신경계의 구조와 구성에 대해 상세히 알지 못하면 마음과 뇌에 대한 올바른 이론을 고안할 수 없다는 주장이다. 그녀는 신경철학이 철학적 담론을 간단한 환원주의로 잠재우는 것이 아니라 철학적 성찰과 평가를 더욱 다방면으로 새롭게 요구한다고 말한다. 그래서 뇌과학과 신경과학의 성과를 공유하면서 각각의 전통적 맥락을 발전시키며 신경과학과 철학의 통합적 패러다임까지 모색할 수 있다.

## 《뇌의 미래》 미겔 니코렐리스, 김성훈 옮김, 김영사, 2012

지은이는 의학박사이자 듀크대학교 신경공학센터의 창시자이며 브라질로 돌아가 인공지능과 뇌과학 혁명을 이끌 새로운 학교와 연구센터를 창설한 사람이다. 니코렐리스는 상호 연결된 수십억 개의 뉴런으로 구성되어 상호 작용하는 복잡계인 인간의 뇌를 환원주의적으로 접근해서는 안 된다는 점을 분명하게 밝힌다. 그래서 그는 뇌과학에서의 결정론에 대해 단호하게 반

대한다. 무엇보다 이 책은 지은이의 삶과 연구의 여정을 따라 자연스럽게 뇌과학의 역사를 답사하고, 현재 이뤄지고 있는 성과와 앞으로의 과제와 가능성에 대해서까지 조심스럽게 가늠하게 해준다. 뇌와 기계가 만날 때 상상할 수 없는 일들이 어떻게 벌어지고 있는지를 보면서 뇌과학의 무한한 잠재력을 깨닫게 해준다. 축구광인 니코렐리스가 간간이 묘사하는 사례들까지 곁들여서 읽는 즐거움도 제법 쏠쏠하다.

**《몸의 인지과학》** 프란시스코 바렐라 외, 석봉래 옮김, 김영사, 2013

세계적인 인지과학자 프란시스코 바렐라와 그의 제자 에반 톰슨 그리고 인지과학자 엘리노어 로쉬가 현상학, 정신분석학, 불교 등의 다양한 관점에서 인간의 경험과 과학 간의 관계를 새롭게 정립한 인지과학의 걸작이다. 1980년대 들어 서양 주류 철학에서 무시되었던 몸의 중심성을 회복하고 몸을 마음 안으로 되돌려놓아야 한다는 새로운 주장의 계기를 마련했다. 1997년 《인지과학의 철학적 이해》라는 제목으로 출간되었던 것을 원 번역자가 다시 고쳐 옮겼다. 출간(1991년) 후 20년이 지난 지금까지도 끊임없이 다시 해석되며 인지과학의 학문적 지평을 넓힌 작품으로 평가받는다. 특이하게도 메를로—퐁티와 인도 승려 용수의 사상을 통해 주관주의와 객관주의의 이분법을 배격하는 방식을 도입하고 있다.

2부
/
# 진보하는
# 인류와
# 인문학

역사

과학

2부에서는 과거와 현재 그리고 미래를 다뤘다. 먼저 살펴볼 분야는 역사다. 우리는 대부분 역사를 지식으로 안다. 그리고 사실로 안다. 그러나 역사를 기술하는 주체와 방식에 따라 역사적 지식과 사실은 달라질 수 있다. 이를테면, 기원전 1세기말부터 약 200여 년간 로마 일대의 역사를 통칭하는 말 '팍스 로마나'는 로마에게 정복당한 국가에도 해당될 수 있을까. 역사는 승자의 기록이다.

선인들은 주체와 시선에 따라 역사가 달라진다는 것을 뼛속 깊이 알고 있었다. 그랬기에 역사를 기록하는 자, 즉 사관史官의 독립성을 엄격하게 보장했다. 태종 시대의 사관은 사냥을 하다가 말에서 떨어진 태종이 "이 사실을 사관이 알지 못하도록 하라"고 한 말까지 기록했고, 폭군 연산군조차 "임금이 두려워한 것은 오직 사서뿐"이라고 했다. 왕은 사관의 눈과 귀를 막을 수 없었고 사관이 쓴 기록을 열어볼 수 없었다.

역사의 일원으로서, 우리 역시 사관이다. 정의가 이기고 거짓과 진실이 구별되고 상식이 통하는 사회에 도달하려면 사관의 엄정함이 필요하다. 이는 먼 이야기가 아니다. 성숙한 인격의 소유자와 엄중한 사관이 다르지 않다. 눈앞에 펼쳐지는 사건사고의 앞뒤 사정을 살피고 그 어떤 가치보다 인간을 최상으로 여길 줄 알면 족하다. 옳은 것에 박수치고 그른 것을 반성하는 사람이면 충분하다.

같은 맥락에서 1장 5절에서는 시사적인 문제 중 하나인 '경제민주화'를 역사적인 관점에서 고찰했다. 경제지상주의자들이 자주 거론하는 애덤 스미스가 경제민주화 반대론의 근거로 합당한지 따져보았다. 지금 우리의 눈을 가리고 있는 거짓들을 가려내는 데 이 작업이 유효하리라고 본다.

과학만큼 객관적인 분야도 없다. 실험과 관찰을 통해 진실을 확인할 수 있다는 점이 큰 매력이다. 또한 과학적 작업으로 축적된 지식이 사회의 공공적 재산이 된다는 점도 중요하다. 그 덕분에 코페르니쿠스의 말대로 천동설이 아니라 지동설이 맞다는 것, 다윈의 발견처럼 인류는 진화해왔다는 것이 밝혀졌다. 그렇지 않았더라면 인류는 여전히 중세 유럽의 교회처럼 거대 권력자의 손아귀에서 벗어날 수 없었을 것이다. 그리고 누구에게도 종속될 수 없는 인간의 가치를 발견할 수 없었을 것이다. 넓게 보면, 프랑스혁명과 산업혁명이 바로 이들 과학적 발견에서 나왔다.

그러나 토마스 쿤은 《과학혁명의 구조》에서 과학조차 이성적이거나 합리적이지 않다고 지적했다. 일정한 시기, 일정한 공간에서 대부분의 사람들이 받아들이는 인식, 가치, 평가 등의 개념을 포괄적으로 '패러다임'이라고 일컬으며, 패러다임에 따라 더 선호되는 과학이 있다는 상대주의를 주장했다.

더불어, 2장 4절에서는 과학이 과연 가치중립적인지의 문제를 고민했다. 라부아지에의 화학적 발견과 아인슈타인의 상대성이론이 무기 생산으로 이어졌던 현실은 과학이 가치중립적일 수 없다는 것을 보여준다. 과학에 인문 정신이 필요한 이유가 바로 여기 있다.

# 1장

# 역사

"과거를 지배하는 자가 미래를 지배한다.
현재를 지배하는 자가 과거를 지배한다."
조지 오웰

# 누구의 시선으로 쓴 역사인가

1

고등학교에서 세계사를 선택해서 배우는 학생이 별로 없다고 한다. 필수과목도 아니니 방대한 내용을 굳이 배우고 싶지 않기 때문이다. 국사에서 이미 연대기와 인물, 그리고 사건의 나열을 암기하는 일에 넌더리가 난 학생들로서는 세계사 역시 별로 매력이 없을 것이다. 그런데도 세상은 세계화를 외친다. 세계 역사도 모르면서 세계화를 기대할 수 있을지 아연하다. 학생들에게 세계화는 영어를 잘하라는 말일 뿐일까.

세계사 교과서 자체의 문제도 심각하다. 세계사 교과서 대부분은 고대 이집트문명을 본격적인 역사의 시작, 또는 역사의 본류인 것처럼 서술한다. 말로는 세계4대문명이라 하면서 철저하게 이집트문명 중심이다. 사실은 여기서부터 눈치를 챘어야 한다. 왜 이집트문명인가? 다른 문명은 그에 미치지 못하는가? 원인은 일반적인 세계사들이 유럽 중심적 시각으로 쓰였기 때문이다. 서구의 눈으로 볼 때 인도<sub>인더스문명</sub>나 중국 문명<sub>황허문명</sub>은 자신들과 직접적인 관계가 적다. 그래서 은연중 문명사의 출발을 이집트로 삼는다. 그들에게 '해 뜨는 곳 오리엔트'는 곧 이집트다.

## 역사는 승자의 기록이다

...

역사는 누가 쓰느냐에 따라 해석이 달라진다. 대부분의 역사는 승자의 기록이다. 따라서 승자의 입장에서 사건을 바라본다. '팍스 로마나Pax Romana'가 대표적이다.

팍스 로마나는 기원전 1세기말 제정을 수립한 아우구스투스 시대부터 5현제 시대까지 약 200여 년간 지속된 평화를 뜻한다. 변경의 수비도 견고했고 이민족의 침입도 별로 없었다. 여러 도시가 번창했으며 물자와 인적의 교류도 활발했던 시기다. 로마의 입장에서 보면 마땅히 '로마의 평화'라고 할 수 있다. 하지만 로마가 정복하고 지배한 나라나 민족의 입장에서도 팍스 로마나에 동의할 수 있을까? 단지 역사를 기술할 형편이 아니었기 때문에 기록된 게 없었을 뿐, 그 시기의 세계사를 평화로운 시대였다고 볼 수만은 없다.

만약 우리가 일본의 지배를 받았던 41년(36년이 아니다! 1905년 을사늑약에 의해 외교권이 박탈되었으니 이미 온전한 국가가 아니었다) 동안을 '일본의 평화'라고 한다면 동의할 수 없는 것과 마찬가지다. 지금도 나이 든 세대들은 태평양전쟁을 '대동아전쟁'이라고 부르는 경우가 많다. 이는 조선을 '이씨들의 왕조'라는 뜻의 '이조'라고 부르는 것과 다르지 않다. '대동아'라는 말은 일본이 영미귀축英美鬼畜을 물리치고 아시아의 번영을 이끌겠다는 해괴한 군국주의와 제국주의에서 비롯된 말이다. 우리 입장에서는 '끔찍하고 비참한' 기간이었을 뿐이다.

세계사를 대할 때, 의도적인 왜곡이나 편향의 가능성이 있다는 점도 기억해야 한다. 1592년 일본이 조선을 침략했다. 조선은 철저하게 유린당했다. 이순신의 활약과 의병의 저항, 그리고 명나라의 파병으로 힘겹게 일본을 물리쳤다. 그것을 우리는 임진왜란이라 부른다. '임진년에 왜놈들이 일으킨 난리'라는 뜻이다. 그러나 전쟁은 국가 대 국가의 대립과 투쟁이다. 전쟁의 당사자는 배달민족과 왜인이 아니라 조선과 일본이라는 국가다. 그러므로 '임진년 조일전쟁朝日戰爭'이라 불러야 마땅하다. 정유재란은 '정유년 제2차 조일전쟁'이라 부를 수 있다. 역사라는 것이 자민족의 자존감을 살리는 점도 중요하지만, 오류를 반복하지 않으려면 냉정하고 객관적이어야 한다.

임진왜란이나 정유재란이라는 말 속에는 난리의 원인이 오로지 왜인들에게 있다는 관점이 담겨 있다. 물론 전쟁을 도발한 것은 일본이다. 그러므로 전쟁의 책임은 침략자가 져야 한다. 그러나 그렇게 당하도록 방관하고 대비하지 않은 조선의 과실도 크다. 왜란이라는 명칭에 자칫 자기 책임을 회피하려는 의도가 개입된 것이 아닌지 의심할 필요가 있다.

1636년의 병자호란도 '병자년 조청전쟁朝淸戰爭'이라고 불러야 한다. 병자호란이라는 명칭도 '병자년에 오랑캐胡가 일으킨 난리'라는 의미가 숨어 있다. 이 전쟁이야말로 충분히 피할 수 있었다. 또 그래야 했다.

광해군의 능력으로 형성된 청나라와의 우호적 외교관계를 깨뜨린 인조의 친명일변도 정책이 전쟁을 자초했다. 명나라가 조선의 절대적 후견자는 아니다. 왕조는 변한다. 그 변화 안에서 자국의 이익을 극대화하는 것이 지도자의 역할이다. 그러나 인조는 사대事大만 외쳤다.

흔히 인조반정1623, 광해군 15년이라고 기록하지만 이 역시 승자의 논리일 뿐 엄격하게 따지자면 '정변'이라고 부르는 것이 맞다. 유교적 가치를 추앙하는 사회에서 광해군1575~1641은 명나라를 배신하고 폐모廢母, 선조의 계비인 인목대비를 폐한 것와 살제殺弟, 인목대비의 아들인 영창대군을 죽인 것를 행했다. 이 명분만으로도 인조의 정변을 합리화하는 데 모자람이 없다. 광해군이 비록 명과 후금 사이를 오가며 현명한 외교를 펼쳤지만, 집권세력인 북인의 지지를 얻지 못했다. 그러나 그가 왕조와 국가를 위험하게 한 것은 아니었다. 동기를 죽음으로 몰고가는 경우는 드물지 않았다. 결국 광해군은 제거됐고 서인의 집권이 시작됐다. 이후 어떻게 되었는가? 인조는 명나라에 의존적인 외교를 펼쳤으며, 이를 빌미로 청나라는 조선을 침략했다. 인조 자신은 남한산성에 도망갔다가 우리나라 국왕으로는 처음으로 외국의 왕 앞에 무릎 꿇고 빌어야 하는 비참한 신세가 되었다.

임진왜란이나 병자호란이라는 명칭은 이미 굳어져 널리 사용하는 까닭에 굳이 조일전쟁이나 조청전쟁이라고 바꿔야 한다고 주장할 생각은 없다. 그러나 병기하거나 부연 설명을 함으로써 그 전쟁을 반면교사로 삼아야 하지 않을까?

역사는 단순한 기록이 아니다. 이왕 말이 나온 김에 명칭에서 나타나는 역사의 왜곡을 몇 개 더 사례로 들어보자. 세계사에서 이런 예는 너무나 흔하다. 명칭을 문제로 의식하고 못 하고는 중요하다. 역사의 주체와 관련 있기 때문이다.

세계에서 가장 높은 산은 에베레스트<sup>Mt. Everest, 8848미터</sup>다. 그 산은 아시아에 있다. 그런데 왜 서양 이름일까? 네팔어로 그 산의 이름은 초모랑마<sup>Chomolangma</sup>다. '세계의 어머니 신'이라는 뜻이다. 영국의 제국주의가 전 세계에 위세를 떨치던 시절 앤드루 워<sup>Andrew Scott Waugh, 1810~1878</sup>가 이끄는 영국 측량단이 산의 높이를 측정하고 전임 단장이었던 에버리스트 경의 이름을 붙였다. 1865년의 일이다.

일본이 한국을 점령했을 때 백두산을 측량하고는 초대 조선통감이었던 이등박문의 이름을 따서 이토오야마<sup>伊藤山</sup>라고 불렀다면 수긍할 수 있을까? 그리고 해방 이후에도 그런 명칭을 그대로 사용할까? 입장 바꿔놓고 보면 그 허위와 독소가 보인다.

영국인들은 당시 그 산에 이름이 없었다고 변명을 했다. 하지만 거짓이었다. 영국 측량단이 이름 붙이기 전인 1733년 프랑스 예수회에서 간행한 지도에도 분명히 산의 이름이 초모랑마로 기록돼 있다. 이후 스웨덴의 지리학자 겸 탐험가 스벤 헤딘<sup>Sven Hedin, 1865~1952</sup> 등이 에베레스트라는 이름을 원래 이름인 초모랑마로 고쳐야 한다고 주장했지만 받아들여지지 않았다.

에베레스트라는 이름은 제국주의의 산물이다. 그런데도 아직 유효하다. 그만큼 제국주의와 오리엔탈리즘이 태연하게 거리낌 없이 작동되고 있다.

서양인들은 식민지의 나라 이름도 제멋대로 바꿨다. 스페인은 필리페 왕을 기려 필리핀이라 이름 짓고, 적도가 지나간다고 에콰도르라고 불렀다. 영국은 미국 땅에 처녀왕 엘리자베스를 기려 버지니아라는 주명洲名을 붙였다.

라틴아메리카를 보자. 대륙의 이름이 따로 있었던 것이 아니라 치고, 아메리고 베스푸치Amerigo Vespucci, 1454~1512의 이름을 따서 대륙명을 사용한 것은 어느 정도 이해할 수 있다, 그런데 '라틴' 아메리카라니! 그 대륙에 본디부터 라틴 족이 살고 있었나? 그 말 속에는 라틴족이 점령한 대륙이라는 패악한 뜻이 담겨 있지 않은가. 굳이 아메리카라는 명칭을 사용해서 부른다면 '남미'가 타당하다. 그런데도 많은 사람들이 여전히 라틴아메리카라고 부른다. 유럽인들의 시각을 그대로 답습하는 꼴이다.

## 오리엔탈리즘, 그릇된 인식의 틀

· · ·

오랜 관습의 결과로, 우리 머릿속에도 서구인의 시각이 작동하고 있다. 그게 바로 오리엔탈리즘Orientalism이다. 오리엔탈리즘의 바탕에는 '서구는 우수, 비서구는 열등'이라는 시각이 깔려 있다. 오리엔탈리즘의 역사관은 동양을 열등한 '타자'로 고착화한다.

에드워드 사이드는 《오리엔탈리즘》을 통해 서구의 동양주의 담론의 핵심은 동양을 지배하려는 전략이라고 비판했다. 지금도 우리는 오리엔탈리즘을 자각하지 못한 채 서양 중심의 시각으로 짜여진 역사와 문화를 받아들인다. 역사를 제대로 배우지 못했기 때문이다.

학교에서 배우는 세계사가 무늬만 세계사일 뿐 실제로는 유럽사에 불과하다는 점은 그래서 안타깝다. 다시 하나의 예를 들어보자. '서아시아'를 유럽인들은 '중동中東'이라고 불렀다. 아시아 대륙 남서쪽에 있는 지역이니 서남아시아 혹은 서아시아가 맞다. 예전 유럽인들에게 동양은 터키에서 인도까지였다. 그 중간에서 약간 동쪽으로 치우친 곳이 바로 그들이 말하는 중동이다. Middle East를 그냥 번역해서 중동이라고 부르는 것은 저들의 오리엔탈리즘을 그대로 답습하는 것이다. 오히려 '서아시아'라고 부르면 낯설고 '그게 어디지?'라는 생각이 들 정도로 유럽중심주의 영향은 넓고 깊다. 이집트, 이스라엘과 팔레스타인을 '근동Near East'이라고 부르거나 터키와 시리아, 요르단을 묶어 '소아시아Asia the minor'라고 부르는 것도 마찬가지다. 유럽인들은 그렇게 아시아 대륙의 한쪽 자락을 자기네 멋대로 불렀는데, 그걸 지금 우리도 그대로 사용하고 있다.

앞서 오리엔탈리즘이 동양에 열등한 가치를 이데올로기화한 것이라고 했다. 그런데 정말 동양은 열등했을까? 중국계 하버드대학 교수였던 레이 황Ray Huang, 1918~2000은《1587, 아무 일도 없었던 해》라는 저서에서 서양이 동양을 능가하기 시작한 것은 고작해야 16세 후반부터 그러니까 본격적으로는 17세기부터라고 규정했다.

그녀가 중국계 학자이기 때문만은 아니다. 단적인 예가 바로 유럽의 해상무역이다. 유럽은 중국과의 교역에 매달렸다. 큰돈이 생기는, 그야말로 황금알을 낳는 거위였기 때문이다. 그런데 교역의 내용을 보면 참 의아하다. 교역이란 서로 팔고 사는 품목이 있어야 한다. 그러나 서양에서 중국에 내다판 것은 별로 없다. 그들은 중국으로부터 거의 수입만 했다. 문명적 우열이 확연하게 드러나니 갖다팔 게 없었던 것인데 그래도 교역이 가능했던 건 서양인들이 남미 등 식민지에서 대규모로 은을 약탈해서 지불수단으로 지니고 있었기 때문이다. 일본과의 교역도 마찬가지였다. 서양인들이 일본에 거의 유일하게 팔 수 있었던 것은 아마 머스킷musket, 즉 조총뿐이었을 것이다(반면 '빵'이나 '덴뿌라' 같은 음식은 자연스럽게 일본에 전파되었다. 1570년 나가사키를 개항한 이후 서양 선교사들이 들어왔고 계절 초입의 사흘 동안 고기 대신 생선을 먹는 그들의 음식 전통, 라틴어로 quatuor tempora라고 부르는 전통이 일본에 전해졌다. 주로 새우를 튀겨먹었는데 튀김 음식을 먹지 않던 일본인들은 이때부터 음식을 튀겨 먹기 시작했고 라틴어의 tempora는 음식 이름인 덴뿌라가 되었다). 실제로 포르투갈 상인들이 일본과 무역하면서 총을 거래했고, 일본은 그 총으로 조선을 침략했다. 그리고 일본은 조선을 침략하면서 도공보다 은광업자와 은 제련사를 주요 타깃으로 삼았다. 그들에게는 당시 중국과의 교역에 필요한 은을 채굴하고 가공할 기술이 없었기 때문이다.

역사는 매우 복잡하고 다양한 방식으로 씨줄과 날줄로 얽힌다. 조선과 일본만 보면 보이지 않던 것들이 좀 더 너른 시각으로 보면 보인다.

티모시 브룩Timothy Brook, 1951~ 의《쾌락의 혼돈》은 16세기에 유럽보다 먼저 세계의 중심에 섰던 중국 명대의 상업과 문화를 세밀하게 기록하고 있다. 왜 명대에 상업이 발달하고 전 세계의 은이 중국에 흘러 들어왔으며 문화가 발달했는지를 읽어보면 뜻밖에 조일전쟁(임진왜란)의 바깥 모습이 보인다.

우리가 마시는 다즐링Darjeeling이라는 차도 영국과 중국의 대립과 갈등의 산물이다. 영국은 중국에 무역적자를 겪고 있었다. 산업화된 영국은 중국에 많은 물산을 수출해서 그 불균형을 깨야 했는데 중국이 문을 열어주지 않았다. 영국에 차문화를 전파시킨 건 찰스 2세에게 시집온 포르투갈의 캐서린 공주였다. 그게 1662년의 일이었다. 귀족들 사이에 차문화가 퍼지고 18세기에는 서민들도 차를 즐겼다. 그런 차를 모두 중국에서 수입했다. 영국은 중국에서 차를 사들이지 않으면 중국 경제에 큰 타격을 입힐 것이라고 판단했다. 게다가 식민지로 삼은 인도 다즐링이 중국의 차를 재배하기 좋은 입지 조건을 지니고 있어서 대규모로 차 플랜테이션Plantation(자본과 기술을 지닌 서구인들이 열대와 아열대 지역에서 현지인의 값싼 노동력을 이용하여 특정 농산물을 대량으로 생산하는 경영 형태)을 시작할 수 있었다. 이른바 대체재로서의 차였다. 스리랑카(예전의 실론)의 내전과 정쟁 불안의 주역 가운데 하나인 타밀족 문제도 제국주의 시절 영국이 당시 실론에 대규모 차 플랜테이션을 개발하면서 값싼 노동력을 착취하기 위해 타밀족을 데려다 고용한 데에서 기인한다. 제국주의의 영국은 인도에서 아편까지 대량으로 재배해 중국에 몰래 팔았다. 엄밀하게 말하자면 18세기에 이미 동인도회사가 몰래 아편과 담배를 밀수해 짭짤한 수입을 챙기고 있었으나 본격적으로 아편을 재배하고 판매한 것은 중국과의 무역불균형을 깨뜨리기 위해서였다. 그게 아편전쟁의 계기가 되었다. 다즐링 차에 숨어 있는 역사다.

오리엔탈리즘 시각은 너무나 만연해서 일일이 거례하는 것이 무의미할 정도다. 세계사에도 그대로 곳곳에 깔려 있다. 차라리 그런 역사는 배우지 않는 게 낫겠다 싶을 지경이다. 그래서 최근 소장 학자들을 중심으로 탈서구적 시각으로 세계사를 재정립해야 한다는 자성이 일어나는 것이 무척 다행스럽다.

국사는 어떤가. 이미 잠깐 언급했던 것처럼 우리 세대는 '을사보호조약'이니 '한일합방'이니 하는 용어로 국사를 배웠다. '을사늑약'이니 '한일강제병합' 혹은 '한일강제병탄'이니 하는 용어로 바뀐 게 그리 오래된 일이 아니다. 그런데도 뉴라이트 계열 학자들이 주도한 국사편찬위원회는 을사늑약을 다시 을사조약으로 바꾸라고 지시했다. 제 나라 역사를 서술하는 일을 전공하는 자들이 일본의 식민사관을 받아들여 답습하고 있으니 거기서 무슨 민족의 정기니 역사의식이니 따위가 정립되겠는가.

아마 꼼꼼한 독자들은 이렇게 반문할지도 모른다. 앞서 냉철한 역사인식의 필요에 따라 '정변', '사태'는 안 된다고 밝혔는데, '늑약'은 괜찮은 거냐고. 타당한 물음이다. 국사편찬위가 '조약'으로 다시 말을 바꾸라고 한 것도 그런 맥락에서일 것이다.

'을사늑약'이 일반화되기 전 우리는 이 사건을 '을사보호조약'이라고 지칭했다. '보호'는 일본이 자신들의 강제성을 감추기 위해 붙인 수식어에 불과했다. 그래서 '보호조약'을 강력하게 부인하고 '강제적 힘을 동원하여 억지로 맺게 만든' 조약이라는 점에서 '늑약'이라는 말이 퍼진 것이다. 역사인식의 균형을 회복하기 위한 '일시적' 용어라고 볼 수 있겠다.

# 일본, 중국과의 관계와 역사

. . .

21세기 들어서도 여전히 해결되지 않고 있는 '일본군 전쟁 성노예Military Sexual Slave by Japan' 문제를 보자. '종군위안부'라는 말은 정당한 용어는 아니다. 도대체 무엇을 왜 '위안'한다는 말인가. 일본인들이 지어낸 왜곡된 언어일 뿐이다. '정신대挺身隊'도 '나라를 위해 몸을 바친 부대'라는 뜻으로, 일제강점기 노동인력으로 징발되었던 사람들을 가리키는 왜곡된 말이다. 역사로부터 현대 문제에 대한 힌트를 찾아보면 어떨까?

매년 어김없이 일본의 교과서 왜곡 파동은 언론을 도배한다. 독일은 철저하게 사죄하고 배상하는데, 일본은 사죄도 배상도 하지 않았다. 참 고약하고 못된 이웃이다. 겨우 '보상'으로 눙치고 넘어가려 했을 뿐 아니라 향후 모든 문제마저 '퉁쳐' 버렸다.

우리는 일본에게 '보상'받아서는 안 된다. 보상報償은 자신이 잘못한 것은 없는데 재산상의 손해가 생겼을 때 이를 채워주는 것을 말한다. 일본은 불법적으로 우리나라를 빼앗았고 41년이나 억압적이고 비인도적으로 착취했을 뿐 아니라 살인도 마다하지 않았다. 따라서 그들은 배상賠償을 해야 한다. 배상의 전제조건은 잘못에 대한 진심어린 반성과 사과다. 그런데도 1965년 한일회담으로 우리 정부에 돈을 건네며 '독립 축하금'이라고 했다. 돈이 급한 쿠데타 집권세력들은 이를 감지덕지 덥석 받아 물었다. 이후 일본은 한일 간 어떤 문제가 대두되건 그때 이미 다 완결된 문제인데 왜 다시 들먹이느냐며 외려 짜증을 낸다. 이것이 일본을 지배하는 보수우익의 시각이다.

개방 이후 국력이 급성장한 중국의 경우, 지난 세기 구겨졌던 자존심을 회복하겠다며 공격성을 드러내고 있다. 이젠 아예 남의 나라 역사를 바꿔놓거나 남의 영토를 자기네 거라고 우긴다. 〈아리랑〉도, 한글도 자기네 거라고 주장하는 걸 넘어 이른바 동북공정東北工程이라는 말로 노골적이고 구체적인 선전포고를 했다. 우리 영해에 침입하여 불법적으로 어획하는 것은 물론, 이를 저지하는 우리나라 해경을 살해하는 일도 마다하지 않는 참 골치 아픈 이웃이 되었다.

두 이웃나라 사이에서 우리나라는 과연 어떤 역사관을 보여주고 있는가. 이른바 뉴라이트 계열의 학자들은 현대사를 미화하는 데 급급하다. 스스로를 깎아내리는 자학의 역사도 문제지만 지나치게 미화된 역사도 엄연한 왜곡이다. 우리가 지켜야 할 역사는 미화된 역사도 왜곡된 역사도 아니다. 우리에겐 여전히 식민사관을 버리지 못한 역사학자들이 있고 그들의 잔재가 엄존하는 것도 사실이다. 오죽하면 일본이 우리 근대화에 힘썼다고 말하는 자들까지 있을까! 중요한 것은 역사적 교훈이지 윤색된 자부심이 아니다. 자부심은 부끄러운 부분은 반성하고 자랑스러운 가치는 실천하는 데에서 길러진다.


## 붕당정치의 진실은 어디에?

· · ·

오염된 사관을 가려내는 것으로도 우리 역사에 대한 자부심을 되찾고 현재와 미래 가치로 발전시킬 수 있는 원형질을 마련할 수 있다. 그 일환으로 나는 우리가 너무 부정적으로만 인식하는 역사의 하나로 붕당정치를 꼽고 싶다.

대부분 조선을 망친 주범을 붕당정치로 인한 당파 싸움이라고 본다. 그래서 마치 허구한 날 파당이나 만들어 정적을 제거하고 전횡을 일삼은 것처럼 생각한다. 실제로 반대를 위한 반대가 허다했고, 반대파를 숙청하기 위해 온갖 술수를 동원했다. 이 와중에 수많은 인재가 사라졌고, 이에 염증을 느낀 또 다른 인재들은 초야에 숨었다. 무오사화1498, 갑자사화1504, 기묘사화1519, 을사사화1545가 이를 말해주고 있다.

이런 이유로 붕당정치를 구시대 정치의 산물로 여긴다. 그러나 당파, 혹은 정파를 대단히 진보적인 선진 정치 형태로 볼 수도 있지 않을까? 당파 싸움이나 당쟁이 아니라 정쟁政爭으로 말이다.

본격적인 당쟁이 시작된 것은 선조 때다. 선조는 조선 최초의 방계傍系 왕위 계승자였기 때문에 세자 수업을 받지도 않았고 당연히 정치 세력도 없었다. 왕권이 약화되면 신권臣權에 휘둘리기 쉽다. 그래서 선조가 선택한 것이 신권의 분화였다.

당파가 나뉘면서, 각 당파는 집권하느냐 마느냐의 기로에 직면해야 했다. 주먹다짐이 아니라 논리와 지식으로 그리고 대의와 명분으로 상대 당파를 제압해야 했다. 그러니 공부하지 않으면 못 배겨났다. 그건 임금도 마찬가지였다. 최종 결정권자는 바로 임금이었다. 붕당정치 형태를 효율적으로 지탱하기 위해서는 군주의 냉철한 판단력과 뛰어난 지적 능력이 따라야만 한다. 모든 논쟁과 토론에서 최종 결정권자로서의 임금은 어느 누구보다 뛰어나야 한다. 임금은 경연經筵을 통해 지식을 쌓았고 세자는 서연書筵을 통해 꾸준히 공부했다. 반면 무능한 군주가 집권하면 무고와 사화가 빈번하게 일어났고 국정이 혼란에 빠졌다. 혹은 일당독재가 되어 이른바 세도정치로 빠져들었다.

당쟁이 사라진 것은 정조 사후였다. 영조는 탕평책으로 당쟁이 지나치게 비생산적으로 흐르고 정파주의가 부각되는 것을 막아 정치를 안정시키려고 했지만 여전히 당파는 존재했다. 그러나 정조 사후 당쟁이 없어지고 노론의 일당독재가 이어졌다. 흔히 세도정치라고 하는 것인데, 이는 단순히 외척들의 발호가 문제였다기보다 노론 일색으로만 정권이 계속된 탓이었다. 또한 자신의 지식과 판단력을 과신한 정조가 많은 일에서 매우 권위적이고 절대적으로 권력을 행사한 까닭이기도 했다. 그래서 정조가 죽은 뒤, 정쟁은 사라졌고 수구적인 정치 성향만 남아 자정능력과 국제정치의 감각을 상실한 채 자신들의 정권 유지에만 몰두하는 방향으로 흘렀고 결국 조선의 국권 수탈을 불러왔다.

붕당정치의 원래 의도는 권력의 균형적인 분배와 정당한 정권 교체, 정치적 도덕성 유지에 있었다고 볼 수 있다. 붕당정치 자체를 폄하할 일은 아니라고 본다. 긍정적인 면을 좀 더 살펴보자.

언제 상대 당파에 의해 공격당할지 모르기 때문에 부패하거나 전횡을 일삼을 수 없었다. 사림과 유생들의 대의와 명분이 정치적 후원이라고 할 수 있었기 때문에 그들에게도 신경을 쓸 수밖에 없었다. 이른바 민심의 속살은 바로 그런 자기 경계심에서 드러났다. 우리가 연속극에서 보는 것처럼 얼토당토않은 꼬투리를 잡고 무고를 일으켜 사단을 나게 하는 경우는 그리 흔하지 않았다.

최종적인 판단은 임금이 내려야 했기 때문에 임금 자신이 끊임없이 공부해야 했던 것도 간과해서는 안 될 대목이다.

당파가 바뀌는 것은 큰 변고를 일으키는 이른바 환국換局과 사화의 경우를 제외하고는 자연스럽고 아주 세련된 일종의 정권교체였다. 16세기에 조선에서 그렇게 세련된 정권교체 시스템이 성장하고 있었다고 본다면 이것은 자랑스러울 일이지 부끄러워할 일은 아니다.

## 두려워하지 않는 자, 사관

· · ·

우리의 임금들이 가장 두려워한 것은 바로 사관史官이었다. 자신의 일거수일투족이 가감 없이 그대로 기록되어 후세에 전해진다고 하니 두려워하지 않을 수 없었다.

오죽하면 희대의 폭군 연산군조차 "임금이 두려워한 것은 사서뿐人君所畏者 史而已"이라고 했을까. 공자가 《춘추》를 쓸 때도 난신적자들이 두려워했다고 한다. 그만큼 역사의 기록은 준엄하고 현실의 불의를 막을 수 있는 가장 근원적인 수단이다. 사관史官에게 사관史觀보다 먼저 사관死觀의 정립이 필요한 것은 목숨을 걸고 엄중하게 기록해야 하는 소명 때문이었다.

조선시대에는 임금도 사관의 눈치를 보는 경우가 허다했다. 태종이 사냥을 즐기다가 말에서 떨어졌는데 무안해진 그는 "사관이 알지 못하도록 하라"고 지시했다. 그러나 사관은 태종을 이미 보았고 그 말까지 기록했다. 그리고 태종은 이를 평생 알지 못했다. 사초를 보지 않았기 때문이다.

세종 때의 일이다. "전대의 제왕들이 선왕의 실록을 보지 않은 사례가 없는 것 같다. 유독 태종께서 태조실록을 보지 않으셨던데, 이때 하윤 등은 이를 보는 것이 옳다 하고 변계량은 보지 않는 것이 옳다 하여 태종께서는 변계량의 논의를 따랐다. 이제 춘추관에서 태종실록을 편찬했으니 내가 한 번 보려는데 어떠한가?" 세종도 어지간히 궁금했던 모양이다. 어찌 그렇지 않겠는가? 그러나 맹사성은 주저하지 않고 간했다. "전하께서 만약 이를 보신다면 후세 임금이 반드시 이를 본받아 고칠 것이며 사관도 군왕이 볼 것을 의심하여 사실을 다 기록하지 않을 것이니 어찌 후세에 그 진실함을 전하겠습니까?" 이 말을 듣고 세종은 그의 말을 따랐으며 이후 임금은 실록을 볼 수 없다는 원칙이 확고하게 정립되었다. 이런 까닭에 사관들은 때론 매운 평가도 마다하지 않았다. 다음의 몇 가지 사례를 보자.

"임금(중종)은 인자하고 유순한 면은 있으나 결단성이 부족하여 일할 뜻은 있었지만 일을 한 실상은 없었다. 좋아하고 싫어함이 분명치 않고 어진 사람과 간사한 무리를 뒤섞어 등용했기 때문에 재위 40년 동안 혼란한 때가 많아 끝내 조금도 안정을 이루지 못했으니 슬프다."

임금 사후라서 그렇게 평가할 수 있었던 것이 아니다. 사관은 임금이 막강한 권력을 휘두르고 있을 때도 그의 잘못에 대해 가혹한 논평을 하기도 했다.

숙종 33년1707 1월, 강화에 둑 쌓는 일과 황해도에 대동법 시행여부를 논할 때 임금이 아무 이유 없이 몇 시간이나 대신들을 문 밖에 대기시키자 사관은 가차 없이 이렇게 논했다.

"사신은 말한다. 오늘의 일은 적이 개탄스러운 바가 있다. 무릇 일을 아뢸 때 임금이 미처 식사를 하지 않았다면 신하들에게 잠시 물러가 있으라 명하고, 혹 측간에 가면 잠시 물러가 있으라 하는데, 그 사이는 짧은 시간에 불과하다. 그러나 오늘은 업무를 아뢴 것이 반도 되지 않아 임금이 갑자기 여러 신하들을 물러가 있으라고 명하여 오전 아홉 시에서 낮 한 시가 지나도록 입시入侍를 명하지 않았다. 대신들이 참새처럼 늘어서서 기운이 고달프고 몸이 지쳐 예모를 잃은 뒤에야 입시를 명했다. 임금이 대신을 예우하지 않음을 볼 수 있으니 통탄스러움을 견딜 수 있겠는가.”

숙종이 막강한 권력을 행사하던 때였음에도 사관은 당당하게 기록했다. 역사를 기록하는 사람은 이런 기개가 있어야 한다. 또한 그런 기개를 받아들일 줄 아는 권력자의 도량과 그걸 보장하는 규범이 필요하다.

우리는 곡학아세를 일삼으며 진실을 외면하는 자들에게 우리의 기록을 맡겨서는 안 된다. 그들에게는 인간에 대한 존경과 배려가 없다. 그들은 역사의 주체일 수 없다. 또한 역사 기록의 주체여도 안 된다. 역사의 주체가 인간이 아니라 권력이라는 어리석은 생각부터 버려야 한다. 《조선왕조실록》이나 《승정원일기》를 읽어보면 우리 선조들의 정치가 얼마나 치열하고 논리적이었으며 학문적으로 수준이 높았는지 놀랍기만 하다.

현대사회에서 사관의 역할을 하는 게 언론이다. 따라서 언론인은 이 시대의 사관史官으로서의 마음가짐이 필요한 사람이다. 그러나 실제로는 진실을 외면하거나 심지어 호도하는 데에 앞장서는 경우가 너무나 많아서 그들에게 정의를 기대하는 것은 이제 순진한 생각이 되었다. 기자의 판단이 사주의 이익에 길들여지는 경우가 허다하다.

오죽하면 리영희 교수가 그런 언론사에 종사하는 자들을 언론인이
아니라 '언롱인言弄人'이라고 비판했겠는가. 그들은 자신들이 기록자가
아니라 '선수'라고 착각하고 있다. 자신들의 입맛에 따라 정보를 재단
하는 것을 당연히 여기고, 이런 메커니즘에 의해 농락되는 상황을 만
끽하며 권력 이상의 힘을 휘두르고 있다. 그들은 현대의 사관으로서
의 역할을 스스로 포기하고 거부한다. 두려워해야 할 것이 무엇인지
조차 제대로 깨닫지 못하는 자들에게 펜을 쥐게 하면 칼 든 망나니보
다 위험하다.

# 역사를 서술하는 방식

2

동양에서 역사를 서술하는 방식은 크게 네 가지로 나뉜다. 기전체, 편년체, 기사본말체, 강목체가 그것이다.

## 동서양의 역사 서술방식

· · ·

기전체紀傳體는 본기本紀, 열전列傳, 지志 등으로 나눠 짜서 서술하는 역사 서술방식이다. 기전체라는 명칭은 본기와 열전의 이름에서 따온 것이다. 기전체의 대표적 역사서가 바로 사마천司馬遷, 기원전 145?~86?의 《사기》로, 이후 중국의 정사正史를 서술하는 모범이 되었다. 고려시대 김부식1075~1151의 《삼국사기》와 조선시대에 편찬된 《고려사》도 같은 방식을 택했다. 우리 역사에서 가장 풍부한 내용을 담고 있는 《조선왕조실록》도 대표적이다.

기전체는 한 왕조의 통치자를 중심으로 서술되며 왕과 신하들의 전기, 통치제도, 문물, 경제 실태, 자연현상을 두루 다룬다. 왕조 전체의 체제를 이해하는 데에 도움이 되기 때문에 중국과 우리나라에서 정사 체제로 자리 잡았다.

또 다른 유력한 역사 서술방식인 편년체編年體는 시간의 흐름, 즉 연월에 따라 기술하는 역사편찬의 방식이다. 흔히 통사通史라 부르기도 한다. 대표적 역사서로는《춘추》,《좌씨전》,《한기漢紀》가 있다. 뒤에 설명할 기사본말체의 역사서라고 규정하는《자치통감》은 동시에 편년체를 따르고 있다. 편년체의 연월을 따르면서 생기는 기사의 분단을 보충하기 위해 기사본말체를 함께 적용했다.

세 번째로 기사본말체紀事本末體는 동양의 전통적 역사 서술방식으로 사건별로 제목을 앞세우고 관계된 기사를 모아 서술하는 방식이다. 이런 서술방식의 장점은 사건의 원인과 발단, 전개의 과정과 이후의 영향까지 일관되고 일목요연하게 조망할 수 있다는 점이다. 대표적인 역사서가 송나라 때의 학자 사마광司馬光, 1019~1086 등이 편찬한《자치통감》이다. 완전한 기사본말체라고 할 수는 없지만 18세기말 이긍익1736~1806의《연려실기술》도 기사본말체에 입각한 서술을 따랐다고 평가된다. 이 서술방식의 매력은 어떤 시대를 전체적으로 개괄하기보다는 특정한 문제를 연구하고 서술한다는 점이다. 그러나 동양에서는 정통의 구분과 도덕적 평가에 중점을 두던 강목체에 밀려 주류로 채택되지는 못했다.

마지막으로 강목체綱目體는 강(큰 글씨로 쓴 줄거리 기사)과 목(작은 글씨로 쓴 구체적 서술)으로 구성된, 일종의 편년체에 대한 보조적인 역사 서술의 형식이다. 강은 연대를 따른다는 점에서 편년체를 따르지만 주요 사건을 큰 제목으로 씀으로써 편년체를 보완한다. 목은 그 구체적인 사례를 꼼꼼하게 다루면서 의미를 해석하고 판단하는 방식이다. 단순히 큰 제목과 소제목의 방식이 아니라 강은 시간의 흐름을, 목은 사건의 의미를 중심으로 기술되는 것이다. 주희가 《자치통감》을 자료로 활용하여 쓴 《자치통감강목》, 조선 안정복1712~1791의 《동사강목》이 대표적이다. 강목체는 춘추대의春秋大義의 명분과 전통을 중시하여 진리와 의리를 높이고 거짓과 불의를 비판하는 강과 목의 구별로 성리학적인 도덕적 평가가 기준이 된다. 이런 점에서 해석의 의도가 개입된 역사 서술방식이라고 할 수 있다.

이렇게 크게 네 가지의 역사 서술방식도 결국은 크게 두 가지, 즉 편년체와 기전체로 압축된다.

서양의 역사 서술방식도 크게 다르지는 않았다. 핵심적인 차이가 있다면 영웅을 중심으로 한 서술방식이 주를 이뤘다는 점이다. 이는 주관적 역사관의 전형이다.

서양 역사서의 시조라 할 수 있는 헤로도토스Herodotos, 기원전 484?~425는 그리스-페르시아전쟁(흔히 '페르시아 전쟁'이라고 부르는)을 다룬 《역사》를 썼다. 이 책은 다양한 지역의 역사를 묶어놓은 일종의 세계사이며 '민속지'이자 '박물지'라고 할 수 있다.

헤로도토스는 일화나 삽화를 다양하게 포함시켜 역사에 대한 흥미를 돋우는 데 탁월했다. 과거의 사실을 실증적 학문의 대상으로 삼았고 다양성과 객관성에 바탕을 뒀다는 점에서 높이 평가된다. 물론 그리스의 서사시와 비극의 영향을 받았기 때문에 그리스의 시각에서 역사를 기술했다는 것은 분명해 보인다. 하지만 의도적으로 영웅을 주인공으로 하는 담론을 서술한 것은 아니었다. 헤로도토스가 서양 역사의 아버지로 불리는 건 신화와 전설로 윤색된 서술을 최대한 벗어나 사실에 기초하여 역사를 서술하고자 한 최초의 역사가였기 때문이다.

지속적으로 정복자의 역할을 수행해온 로마는 역사를 기술하는 방식과 태도가 달랐다. 대표적인 경우가 플루타르크Plutarch, 46?~120?다. 로마의 역사가 플루타르크는 역사를 영웅 중심으로 기술했다.《영웅전》은 다분히 정복자의 시선을 지녔던 로마의 문명을 토대로 삼고 있다. 어느 국가에서나 자국의 입장을 기술할 수밖에 없었겠지만 특히 과거 서양에서 역사는 매우 주관적이거나 의도지향적이었던 게 사실이다. 그래서 고대 그리스는 운명적 순환사관을, 중세는 그리스도교의 종교사관을 따랐다. 르네상스 이후 자연과학의 발달과 더불어 역사도 객관성을 근거로 해야 한다는 역사관이 비로소 정립되기 시작했다.


## 랑케와 실증주의 사관, 그리고 카의 비판

· · ·

그 결실은 랑케Leopold von Ranke, 1795~1886에서 맺어졌다. 랑케는 원 사료에 충실하면서 사실을 객관적으로 기술하는 역사관을 주창했다. 이른바 실증주의 사관이다.

역사가의 생각과 주관에 따라 역사가 달라지는 상대주의 사관과 달리 랑케는 정치, 신학, 철학으로부터 역사적 사실을 독립시킴으로써 객관성과 독립성을 확보하려 하였다. 즉 이전의 자의적인 역사 연구와 서술을 부정하고 엄격한 사료 비판에 근거한 객관적 서술을 지향하여 역사학을 과학의 경지로 끌어올리려고 했다. 서양의 역사학은 그에 의해 비로소 독자적인 연구 시야를 확보했다.

그러나 실증주의 역사관은 사료의 객관성과 절대성에 대한 확고한 믿음 때문에 오히려 비판받는 아이러니를 겪는다. 즉 역사가의 가치와 신념에 따라 사료가 선택되거나 부정될 수 있고 랑케의 사관도 사료를 선택함에 있어 원천적으로 주관성에 빠지는 오류를 범할 수 있다는 비판이다.

랑케의 입장에 반대하는 대표적인 인물에는 콜링우드Robin Collingwood, 1889~1943와 E. H. 카Edward Hallett Carr, 1892~1982가 있다. 콜링우드는 역사적 사실은 순수한 형태로 존재하지 않으며 또한 존재할 수도 없기 때문에, 있는 그대로 복원하는 것이 사실상 불가능하다고 주장했다. 역사적 사실이라는 과거는 역사가에 의해 구성되고 그 의미 또한 역사가에 의해 부여되기 때문에 역사는 자료를 수집하고 탐구하여 결론에 도달하는 과학과 거리가 있다고 보았다. 이것은 역사적 사실이 항상 오염되어 있어서 과학적 객관성을 획득할 수 없다는 뜻이기도 하다. 따라서 콜링우드는 역사는 역사가의 의식 속에서 재구성될 뿐이고, 명백한 증거를 기초로 진실을 추구하는 과학적 방법으로 파악되는 경우는 없다고 주장했다.

랑케에 대한 가장 강력한 카운터 파트너는 카다. "역사는 과거와 현재의 대화다"라고 주장한 카는 현재의 시각에 따라 역사를 재구성하고 연구해야 한다는 입장을 견지했다. 그는 역사가는 '가위와 풀의 역사', 다시 말해 단순히 과거 사실을 기계적으로 편집하거나, 현재의 목적을 위해 과거 사실을 주관적으로 왜곡하는 오류를 모두 피해야 한다고 말했다. 카는 랑케의 역사관이 객관적인 것처럼 보이지만 실상은 사료의 가치를 무시하고 자의적으로 편집할 수 있는 역사관이라고 비판했다. 무엇보다 두 사람의 결정적인 차이는 역사의 진보성 문제였다.

랑케는 시대를 개별적으로 구분했다. 따라서 역사는 진보하지 않는다는 그의 주장은 일견 타당해 보인다. 랑케는 설령 외연의 진보는 있을지 모르지만 근본적으로, 도덕적으로, 문화적으로 혹은 정신적으로 역사가 진보한다고는 보지 않았다.

그에 반해 카는 과거에 대한 이해를 통해 현재를 반성하고 성찰할 수 있어야 하며, 그에 따라 현재의 지식이 증대되어야 한다고 보았다. 따라서 카는 역사가 점진적으로 진보하는 것이라고 보았다.


## 아날학파, 아래로부터의 역사

· · ·

이런 차이에도 불구하고 랑케와 카 사이에는 일치하는 지점이 있다. 랑케나 카 모두 역사를 주류의 시선으로 관찰하고 기술했다는 사실이다. 이른바 '위로부터의 역사'다. 이에 반대해 '아래로부터의 역사'를 추구한 역사학자들이 있었다. 바로 '아날학파'다.

아날annales이란 명칭은 뤼시앵 페브르Lucien Febvre, 1878~1956와 마르크 블

로크Marc Bloch, 1886~1944가 공동으로 창간한 〈경제사회사 연보〉에서 유래했다. 그들은 지배자 중심으로 역사를 기술하지 않고 사회경제적 구조와 변동, 계층, 계급의 개념을 역사학의 중심으로 끌어들였다. 아날학파를 말하면서 페르낭 브로델Fernand Braudel, 1902~1985을 빼놓을 수 없다. 브로델은 역사에 미치는 힘을 지속적으로 작용하는 구조의 힘으로 파악했다.

아날학파는 기존의 역사에서 무시된 과거의 일상사에 관한 소소한 자료들을 수집하여 분석함으로써 역사를 새롭게 조명한 결과를 보여주었다. 예를 들어 중세 후반기 당시의 사회구조가 그 시대 사람들의 삶에 어떻게 작동했는지를 파헤쳤다. 그래서 르 고프Jacques Le Goff, 1924~는 《연옥의 탄생》에서 연옥은 12세기의 사회적 종교적 배경의 산물이라고 주장했다. 당시 죄인 취급당하던 고리대금업자들의 위상이 강해지자 교회가 그들을 이용해먹을 방법을 고안했는데, 그것이 바로 천국의 대기공간인 연옥이었다는 것이다. 죄인인 고리대금업자가 천국에 갈 수 있는 여지를 만든 것이다. 즉 연옥이 만들어지는 데에 고리대금업자의 로비가 작용했고 연옥이 자본주의 발전에 일익을 담당했다고 해석했다. 물론 일방적 '해석'은 아니었다. 철저하게 소소한 자료들까지 수집하여 조각그림을 맞추듯 추론해냈다. 이전에는 그저 개인이나 작은 지역의 기록들이어서 무시하던 자료를 등대 삼았다. 이 점은 마찬가지로 개신교와 자본주의의 관계를 밝혀낸 막스 베버의 방식과는 사뭇 다르다. 아날학파는 정치, 영웅이나 지배자로서의 개인, 연대를 극복해야 할 세 가지 우상으로 여겼고, 이들 우상의 타파를 목표로 새롭게 역사를 써야 한다고 말하고 있다.

# 미시사와 거시사

...

20세기 역사학의 가장 열띤 논쟁의 주제는 바로 거시사와 미시사의 대립일 것이다. 기존의 역사학이 주로 거시사를 다루었다면, 당대의 사회구조를 분석하여 역사를 재구성했던 아날학파는 미시사의 단초를 제시했다고 할 수 있다.

미시사의 등장은 역사의 주체를 시민이나 민중으로 봐야 한다는 자각에서 비롯되었다. 그만큼 개인의 가치에 대한 인식이 변화했다. 미시사는 과연 역사가 누구를 위한 것인지 되묻는다. 말 그대로 역사적 대상을 작은 규모와 척도를 적용해 현미경을 들이대듯 관찰한다. 예컨대 한 마을 혹은 한 지역의 사건으로, 때론 한 인물의 행적을 중심으로 역사를 세밀하게 추적한다. 동시에 그 결과가 거시적으로 어떤 의미를 가지는지 되묻는다.

영화 〈마틴 기어의 귀향 Le Retour De Martin Guerre〉은 미시사 방식으로 재구성된 이야기다. 중세 어느 마을의 빵집 전표를 연구해서 당시의 사회가 어떻게 움직였는지, 사람들은 어떻게 살았는지 등을 세밀하게 추적해서 잊혔던 사실을 밝혀낸다. 한 마을에서 벌어진 갈등과 학살을 통해 한국전쟁을 미시사의 관점에서 추적 분석한 박찬승 1957~ 의 《마을로 간 한국전쟁》도 새롭게 역사를 재조명하고 있다는 점에서 주목된다.

미시사가 본격적으로 등장한 것은 1970년대 중반 이탈리아 좌파 역사가들을 통해서였다. 이단 신앙과 농촌 구전문화 간의 관계를 미시사적으로 추적한 카를로 긴즈부르그 Carlo Ginzburg, 1939~ 의 《치즈와 구더기》가 대표적인 작품이다. 미시사는 역사 주제를 새로운 각도로 다뤄 일반화된 해석을 뒤집는 경우도 많고 이런 경우엔 논란의 여지가 생기게 마련이다.


## 하워드 진과 파세리니

...

하워드 진 Howard Zinn, 1922~2010 은 거시사에서 '잊힌 사람들'을 역사의 무대로 이끌어낸 대표적인 역사가다. 그는 역사를 거시사와 미시사의 대립항으로 보기보다는 민중의 힘으로 일궈낸 풀뿌리 역사의 시각에서 조명해야 한다는 신념으로 일관했다. 이른바 민중사관 혹은 진보사관이라 불리는 그의 역사관은 기존 체제에 익숙한 이들에게는 하나의 충격이었고 특히 독재체제에서는 신경질적인 반응을 불러일으키기도 했다.

민중사관에 새로운 방법론을 들고 나온 사람이 루이자 파세리니 Luisa Passerini, 1941~ 다. 그녀는 기록해야 할 민중문화를 구술사로 확장시켰다. 구술사는 두 가지 점에서 주목해야 한다.

하나는 학문으로 무장하고 자료의 수집과 분류, 분석과 해석 등을 앞세운 학자들이 아니라, 역사를 현장에서 목격한 이들의 생생한 진술이라는 점이다. 직접 겪은 이들이 사라지기 전에 기록을 남긴다는 점에서 의미를 갖는다. 또 하나의 의미는 지금까지 의도적으로 혹은 무의식중에 무시해왔던 민중의 경험을 살려낸다는 점이다. 역사학이 과거의 사실이 어떠했는가를 객관적으로 탐구하는 학문이라고 믿는 사람들에게 구술사는 비역사적인(?) 것으로 보일 수도 있다. 그러나 역사학이 사실과 해석의 경계에서 부유하는 과거에 대한 담론 체계라고 보는 사람들에게 구술사는 역사학의 새로운 지평을 개척하는 실험으로 평가될 수 있다.

역사를 기술하고 해석하는 방식은 생각보다 매우 복잡하고 다양하다. 그것은 그만큼 역사적 기술의 대상이 광범위하고 시공간이 다양하기 때문이다. 우리는 역사가 시선에 따라 달라질 수 있다는 것을 이해해야 한다. 그래야 내가 역사를 주체적으로 이해하고 해석하는 실체가 될 수 있다. 나의 삶이 곧 나의 역사서라는 점에서 자신의 삶을 어떻게 조망하고 해석하며 실현해 나아갈지 진지하게 고민하지 않을 수 없다. 이때, "역사는 과거와 현재의 대화"라는 E. H. 카의 문장과 "역사는 과거의 행위를 궁구窮究하고 그 성공과 실패, 흥기와 쇠망의 배후에 가로놓인 원리를 탐구하는 것"이라는 사마천의 경구가 격려가 될 것이다.

# 문학에서 역사 읽기

3

한국 사람치고 〈흥부전〉 모르는 사람 거의 없을 것이다. 그러나 대부분 어렸을 때 읽은 동화 수준의 〈흥부전〉이 전부일 것이다.

〈흥부전〉을 보면 착한 동생 흥부가 복을 받고 욕심 많은 형 놀부가 벌을 받아 전세가 역전된 것은 제비가 물어다준 박씨 때문이었다. 그런데 흥부는 몇 개의 박을 탔을까? 아마 그걸 기억하는 사람들은 드물 것이다. 그냥 박에서 나온 온갖 재물로 부자 된 것만 기억하기 때문이다. 우리의 관심은 그것뿐이었으니. 흥부가 박을 탔던 건 배가 고파서 박속으로 음식을 만들어 먹기 위해서였다.

첫 번째 박을 탔다. 그런데 엉뚱한 게 나왔다. 그게 뭐냐고 물으면 대답은 거의 한결 같다. "금은보화, 고래등 같은 기와집, 산해진미……" 하지만 그 박에서 나온 건 풀뿌리와 나무껍질 같은 것들이었다. 그런 말을 해주면 사람들의 표정이 묘해진다. '재물이 아니고? 그런데 그것들은 도대체 뭘까?' 대충 그런 심정인 듯하다.

두 번째 박을 탔다. 이번에는 뭐가 나왔을까? 사람들은 여전히 재물에 미련이 남았던 모양이다. "이번에는 아까 말한 재물들이 나왔겠지. 그래야 흥부가 부자 되는 거 아니겠어?" 하지만 이번에도 그런 바람을 저버린다. 생뚱맞게 책이 나온 것이다. 사람들은 이젠 아예 황당하다는 표정이 역력하다.

세 번째 박에서는 뭐가 나왔을까? 이쯤 되면 사람들은 선뜻 대답하지 않는다. 번번이 기대를 저버렸으니. 바로 이 세 번째 박에서 그토록 믿어왔고 고대하던 온갖 재물들이 쏟아져나왔다. 심지어 하인과 노비까지 그야말로 '풀세트'로 나왔다. 그제야 사람들의 표정도 덩달아 풀린다. 그런데 박이 하나 더 남았지, 아마? 흥부가 탄 박은 모두 네 개였다.

네 번째 박에서는 과연 뭐가 나올까? 이젠 절반쯤 되는 사람이 답을 맞힌다. 뭐가 '나와야 하는지' 알게 된 것이다. 흥부 처도 뭐가 나올지 알았다. 그래서 남편이 박을 타지 못하게 극구 말렸다. 그것은 '당신의 욕심을 유도하는 폭탄'이라고, 그래서 지금 나온 모든 귀한 것들을 도로 빼앗아갈 것이라고. 하지만 흥부 역시 뭐가 나올지 대충 짐작했기에 끝내 우겨서 마지막 박도 탔다. 양귀비가 나왔다. 물론 꽃 양귀비가 아니라 절세미인을 말하는 것이다.

# 〈흥부전〉에 담긴 행복의 우선순위

* * *

그럼 처음으로 다시 돌아가보자. 첫째 박에서 나온 풀뿌리는 귀한 약재였다. 그러니까 첫째 박은 무병장수의 바람을 담고 있는 셈이다. 둘째 박에서 나온 책들은 사서삼경을 비롯한 것들로 공부해서 과거 급제하여 가문을 빛내라는 상징이다. 그러니까 명예를 의미하는 셈이다.

우선 이 둘을 따져보자. 흥부의 박은 조선시대 사람들이 꿈꾸던 행복의 우선순위를 상징한다. 그러니까 가장 중요하게 여긴 행복은 무병장수하고 명예를 누리는 것이라는 얘기다. 그렇게 보면 세 번째 박은 물질적 풍요고 네 번째 박은 쾌락을 상징한다.

그런데 우리는 흥부의 박 하면 그냥 부자만 떠오른다. 그야말로 '대박'인 것은 거두절미 오로지 물질적 풍요로만 연결될 뿐이다. 우리가 꿈꾸는 가장 큰 행복이 돈에 있다고 여기기 때문일 것이다. 지금 우리가 살아가는 세상에서 돈이면 안 되는 게 없다고 여기니까 그럴지도 모른다. 돈만 있으면 당연히 건강관리 잘 할 거고, 돈 많으면 좋은 대학 가기 쉬울 거고, 쾌락도 저절로 누릴 수 있으리라 여기기 때문이다. 이걸 읽으면서 지금 우리가 무엇을 꿈꾸며 살고 있는지 짚어보는 것도 좋다.

그런데 왜 〈흥부전〉은 착한 동생이 잘되고 못된 형은 벌을 받는 이야기 구조를 가졌을까? 물론 그런 구조는 흔하다. 하지만 우리는 조금 다른 각도에서 이 구조를 읽어보자.

〈흥부전〉은 동생들의 분노가 담긴 작품이다. 임진왜란 이전까지만 해도 부모의 유산은 자식들에게 골고루 돌아갔다. 딸들에게도 재산을 나눠주었다. 당시의 분재기分財記를 보면 쉽게 알 수 있다. 그런데 엄청난 전쟁을 겪고 나니 상황이 바뀌었다. 토지는 황폐해졌고, 가문을 잇는 것 자체가 급선무였다. 그래서 장남에게 모든 것을 물려주거나 따로 큰 몫을 챙겨주었다. 폐허가 된 전쟁 이후의 상황이 그렇게 만든 것이다. 그러니 나머지 동생들은 갑자기 낙동강 오리알 신세가 되었다. 동생들의 분노와 좌절이 바로 이 소설의 배경적 혹은 심리적 구조다. 그래서 놀부는 집안의 모든 재산을 차지하는 고약한 장남을 빗대 욕심꾸러기로 설정한 것이다.

소설에서 놀부는 심보가 고약하고 욕심이 끝이 없는 못된 인간이긴 하지만 적어도 그가 부자가 된 것은 불법적인 게 아닌 셈이다. 엄연히 합법적 절차에 의해 부자가 되었다. 도덕적 비난을 받을 수는 있겠지만.


## 인문학의 묘지에서 〈조침문〉을 읽다

* * *

문학작품에는 당대의 사회적 상황이 녹아 있다. 문학에서 역사를 배우고, 역사의 밭에서 보석처럼 깔려 있는 다양한 문학작품들을 캐내면 학생들도 따분하지 않을 것이다. 불행히도 우리의 교육은 문학 따로 역사 따로, '따로 국밥 시리즈'다. 그러나 인문학은 '비빔밥'이어야 한다. 그런데 제 밥이 뭔지도 모르는 판이니 문학은 문학대로 역사는 역사대로 '쓸쓸한 인문학의 공동묘지'에 나란히 누워 신세 한탄만 하고 있다.

　문학에서 역사를 읽을 수 있는 사례는 제법 많다. 고등학교 국어 시간에 배우는 대표적 고문古文 가운데 하나인 〈조침문弔針文〉을 보자. 조선 순조 때 유씨부인이 지은 〈조침문〉은 한 개의 바늘을 27년 동안 쓴 조신하고 알뜰한 여심을 그린 고전수필이다. 문장 실력과 적절한 고사의 인용 등 문학적으로 수준 높은 작품인 것은 분명하다. 그러나 이 작품을 다른 시각으로 볼 수도 있다.

　왜 그 여인은 27년이나 바늘을 알뜰히 간수하며 살아야 했을까? 이 작품이 쓰인 시기는 19세기 중엽쯤으로 추정되는데, 당시 우리의 공업 수준으로는 바늘 생산이 용이하지 않았다. 전혀 만들지 못한 것은 아니었겠지만 수요와 공급의 불균형, 외국에서 수입해오는 것이 오히려 더 경제적인 점, 혹은 외국산에 대한 선호로 국내에서는 바늘을 거의 생산하지 않았다고 한다. 그래서 대부분의 바늘은 수입품이었다. 그러니 여인에게 바늘은 그냥 단순히 수를 놓거나 옷을 깁는 도구로만 그치는 게 아니었다. 국내 생산이 되지 않으니 여인에게 필수적인 바늘에 쏟는 마음은 지금 우리의 그것과는 비교할 수 없었을 것이다. 알뜰하고 심성 고운 여인이었으니 그 값에 상관없이 27년 동안 바늘과 동고동락한 시간이 애틋해서 제문까지 썼을 것이다. 그런 점에서 당시 우리의 공업 수준도 함께 읽어낼 수 있으면 의미가 더 커질 것이다.

　역사가 고리를 묶고 있는 것이 어디 문학뿐일까? 역사는 시간 속에 있는 모든 것들을 다룬다. 씨줄과 날줄로 엮고 짜는 역사는 모든 시대와 공간을 현재의 그것과 연결시켜준다.

# 살아 있는 역사를 위하여

· · ·

역사학자 한홍구는 우리가 가까이 있는 역사를 외면하거나 왜곡하거나 혹은 무지해서 벌어지는 참담한 현실을 비판한다.

2008년 호주제가 폐지될 때까지 호주제폐지운동(혹은 가족법개정운동)이 지속적으로 이루어졌지만 해결 방향을 쉽게 찾지 못해 우왕좌왕하고 있었다. 보수언론에서는 어째서 미풍양속을 없애려느냐고 연일 떠들어댔다. 그러자 한국현대사를 전공한 한홍구1959~ 는 호주제는 일제가 만든 제도인데 그게 어째서 미풍양속이냐고 따졌다. 시민단체들도 역사적 배경을 잘 몰라서 엉거주춤하고 있던 참에 그의 일갈은 대립의 균형을 무너뜨리는 데에 일조했다.

한 가정의 안정적 질서는 마땅히 지켜야 할 가치지만 그게 제도적 미풍양속은 아니라는 주장이었다. 이 사례는 왜 우리가 역사를 공부해야 하는지를 보여준다. 한홍구는 한 인터뷰에서 이렇게 말했다.

> 역사를 자기의 문제로 느끼느냐, 옛날의 고식적인 것으로 느끼느냐에 따라 관심도가 달라지죠. 예를 들어 정치 검찰이 문제가 될 때 과거 검찰이 권력에 어떻게 저항했고 어떤 과정을 거쳐 패배하고 길들여졌나를 설명하면 훨씬 생생하죠. (〈경향신문〉, 2012년 7월 28일자)

그렇게 그는 현실의 문제와 관련된 생생한 이야기를 역사 속에서 찾아낸다. 가끔 편파적이라는 비판도 받는데, 이에 그는 대꾸한다. "위험한 것은 자기 글을 객관적이고 중립적이라고 하면서 사실은 지독하게 편파적인 경우입니다."

양의 탈을 쓴 늑대보다 자신이 양이라고 착각하는 늑대가 더 위험한 법이다.

사마천은 역사의 중요성을 언급하면서 "지난 일을 잊지 않는 것이 나중 일의 스승이 될 수 있다前事之不忘, 後事之師也"고 했다.

"미래의 역사적 심판에 맡기자"는 말은 "그냥 넘어가자"는 속내를 교묘하게 포장한 수사에 불과하다. 그래서 당대사였던 친일파의 행각이나 해방 이후 반민주적 인사들의 과오조차 제대로 서술하지 못했다. 나중에 밝혀낸들 그 책임자는 이미 세상을 떠나고 사람들은 이미 그 사건을 잊는 경우가 비일비재하다.

박은식1859~1925과 신채호1880~1936는 당대사인 우리 근현대사를 연구했다. 《조선통사》는 그런 역사의식의 소산이다. 당대사라고 객관적으로 서술할 수 없는 게 아니다. 그런 통념을 깨야 한다. 그래야 역사가 등대로 설 수 있다. 눈 밝은 새처럼 앞서가며 시대상황에 맞는 정신으로 역사를 기록해야 한다. 잘못된 역사를 바로잡는 것이 얼마나 중요한지, 그 선택의 차이가 얼마나 큰지 프랑스의 경우를 보면 도움이 될 것이다.

1940년 독일이 프랑스를 점령하고 비시에 세운 괴뢰정부를 맡았던 페탱Henri Philippe Benoni Omer Joseph Pétain, 1856~1951 대통령은 자신이 프랑스를 위해 역사의 짐을 맡았다고 역설했다. 그러나 전쟁이 끝난 뒤 프랑스 국민들은 독일에 부역한 이들을 용서하지 않았다. 4년간 점령군 독일에 협력했던 이들을 엄단했다. 무려 7,037명이 사형선고를 받았다. 르노자동차는 독일군에 무기를 만들어 제공했다는 이유로 전후 국유화되었고 사장은 옥중에서 생을 마쳐야 했다. 공직 추방이나 공민권 박탈자의 수는 굳이 언급할 것도 없다. 그런 기개가 바로 '역사의 준엄함'이다. 혹여 프랑스가 다시 독일에게 점령되는 일이 있을 때 과연 프랑스 사람들은 어떤 선택을 할 것인가.

우리도 해방 이후 반민족행위특별조사위원회반민특위를 구성하여 친일 행위에 대한 심판을 내릴 기회가 있었다. 그러나 결국 유야무야 실패하고 말았다. 여전히 친일파 후손들은 잘살고 독립운동가의 후손들은 생활이 어렵다. 만약 우리가 다시 일본에게 점령된다면 어떤 일이 벌어질까. 우리의 현대사에서 한 차례도 친일과 독재의 잔재를 완전하게 청산하지 못한 것은 그래서 두고두고 부끄러운 일이며 역사의 부채로 남는다.

역사의 가치는 인간이 무엇을 해왔는가, 그리고 지금 무엇을 하고 있는가를 반성함으로써 인간이란 무엇인가를 늘 깨어 있는 정신으로 스스로 확인할 수 있는 것이다. 프랑스가 잘났고 옳으며 우리가 못났고 틀렸다는 게 아니다. 다만 그 선택의 결과가 어땠는지를 통해 그게 얼마나 심각한 문제인지를 반성해야 한다는 뜻이다.

역사는 살아 있는 시간이며 그 속에서 살아 있는 인간의 좌표를 확인할 수 있다. 면면히 이어가야 하는 보편적 인간가치를 깨닫게 하는 역사는 그래서 인문학의 중요한 하나의 축이 된다.

거다 러너Gerda Lerner, 1920~2013는 "역사를 아는 것이 당신 자신의 인생과 일에 의미를 부여하는 길이며, 자신의 과거에 무지한 사람들은 사회에서 어떠한 대접을 받아도 아무런 저항을 하지 못한다"라고 강조했다. 그렇게 역사는 당당하게 살아 있다.

# 역사를 알아야 세계가 보인다

4

1999년 인류 최초의 민주주의적 경제 통합 실험이라고 할 유럽연합 경제체제가 출범했다(유럽단일통화가 출범하고 장부상 통화로 은행간 거래가 개시된 것은 1999년이었고, 본격적으로 유로화가 통용된 것은 2002년 1월 1일부터였다). 유로화에 의한 단일경제체제는 유럽의 여러 나라들에 새로운 경제적 전환과 발전의 틀을 제공했다.

유럽연합은 민주주의 국가들로 구성되었지만, 기구 자체가 민주적이냐는 데 대해서는 늘 치열한 논쟁이 있다. 그러나 오늘날 유럽인들이 인류 역사상 최고의 부유함을 구가하고 있다는 점은 분명하다. 물론 PIGS(포르투갈, 아일랜드, 그리스, 스페인)의 경제난에 위기를 맞기도 했고, 특히 2011년부터 가속화된 그리스의 재정 파탄으로 가입국 전체에 악영향이 미치면서 회의론이 대두되기도 했지만, 그렇다고 단일화된 경제구조를 이전으로 되돌리는 것은 불가능한 일일 것이다.

# 그리스 경제위기와 우리 사회의 오해

• • •

그리스 재정 위기가 이슈로 다뤄질 때, 우리나라 정치인과 경제인들은 그리스가 복지에 지나치게 돈을 퍼부어 경제위기를 자초했다고 진단했다. 특히 보수정당과 보수언론 그리고 재벌기업들이 앞다퉈 경제위기 진단에 매달렸다. 그러나 그리스는 유럽연합국 가운데 복지 수준이 매우 낮은 국가군에 속한다.

위기의 가장 큰 요인은 유로화 통일에 따른 통화가치 팽창의 위험성을 정치인이나 경제학자들이 제대로 경고하고 대책을 세우지 않고 오히려 그 거품에 빨대를 꽂아 자신들의 이익을 극대화했던 데에 있었다. 통화가치 팽창으로 인한 국부의 증가를 미래와 국력 증강을 위한 교육과 사회간접자본 등에 투자했어야 하는데 말이다. 결국 그리스 경제위기의 주범은 복지가 아니라 정치인과 경제인의 부패와 무능이었다. 그런데도 이 점을 제대로 지적하고 비판하는 기사가 이른바 보수언론에서 언급된 경우는 거의 없었다. 그러니 구독자들도 위기의 원인이 복지라고 받아들였을 것이다. 그리스와 대한민국을 오가는 무지와 사욕의 이중주다.

엄밀히 따지자면 그리스는 국가부채율이 100퍼센트가 넘어 유로존Euro Zone에 가입할 수 없었다. 그러나 골드만삭스로부터 자금을 지원받아 회계를 분식하고 파생상품을 조합해서 유로존에 가입했다. 유로화 도입을 고대하던 자산가들은 재산을 불렸지만, 국민 대부분은 밑바닥 하류생활에서 벗어나지 못했다. 이른바 압정사회가 된 것이다. 압정처럼 대부분은 밑바닥을 구성하고 정치세력과 결탁한 소수 계층만이 엄청난 부를 독식했다. 그리고 부패는 독버섯처럼 자라났다. 세금을 징수해도 국고로 들어오는 돈이 일천했는데, 거둬들인 세금 중에서도 20퍼센트만 국고에 들어갈 정도로 부패가 만연했다. 그걸로 복지를 구현할 수 있었을까? 결코 아니다. 게다가 가계의 실질소득은 형편없었다. 그리스에는 사회적 도덕성이 부족했다.

## 유럽의 단일화, 그 문화적 맥락

· · ·

1992년 마스트리히트조약Maastricht Treaty이 체결되고 1993년 조약이 발효됨에 따라 유럽연합EU이 정식으로 출범했다.

1950년 프랑스의 로베르 쉬망Robert Schuman, 1886–1963과 독일의 콘라드 아데나워Konrad Adenauer, 1876~1967가 유럽석탄철강공동체ECSC, European Coal and Steel Community 구상을 발표한 지 40여 년이 지난 뒤 마침내 하나의 유럽이 탄생한 것이다. ECSC는 독일의 재무장을 억제하려는 프랑스와 전후 상실된 국제적 영향력을 회복하기 위한 독일의 결합이었다. 여기에 경제적 이익을 위해 이탈리아와 베네룩스 3국이 가세했다.

이후 1957년 로마조약Treaty of Rome에 의해 유럽경제공동체EEC, European Economic Community가 출범하면서 회원국들은 상호관세를 철폐하고 대외공동관세 정책을 마련함으로써 관세동맹을 맺는 등 주로 경제적 목적을 지향했다. 경제공동체는 이후 몇 십 년 동안 팽창을 계속했다. 1973년에는 덴마크, 아일랜드, 영국이 가입했고, 그리스, 스페인, 포르투갈은 1980년대, 오스트리아, 핀란드, 스웨덴은 1995년, 이후 10년 동안 동

유럽 국가들의 가입이 줄을 이었다. 1975년부터는 유럽정상회담을 정기화했고, 1978년에는 유럽통화제도를 마련하여 통화정책에 대한 합의를 이끌어내는 등 착실하게 유럽의 통합과 연대를 향해 나아갔다.

그리고 마침내 마스트리히트조약에 의해 유럽단일통화에 이르러 유럽은 하나의 경제권으로 통합된 것이다. 그러나 영국은 가담하지 않았다. 영국의 입장에서 경제적으로 보면 대륙 주도의 단일통화가 경제적으로 이익이 되지 않을 것이라는 판단과, 영국 파운드화의 기축통화 이탈을 막기 위한 것이었지만, 문화적인 면에서 보면 영국이 한 번도 자신들을 유럽의 일부라고 여기지 않았던 정서가 작용했기 때문이기도 했다.

유럽의 단일화에는 크게 세 가지 요인이 작용했다고 볼 수 있다. 첫째는 소련을 비롯한 동구권 공산주의 정권의 몰락이다. 물론 유럽공동체의 시발은 1950년대였으니 소련의 붕괴가 직접적인 원인이라고 할 수는 없다. 그러나 유럽의 국가들이 냉전의 최대 수혜자이기도 했다는 점에서 소련의 붕괴와 유일한 슈퍼파워로서의 미국의 등장은 이전까지 유럽이 누려온 여러 반대급부를 잃게 만들었다.

미국은 유럽의 공산화나 친공산화를 막기 위해 막대한 지원을 아끼지 않았다. 냉전의 긴장 관계 속에서 유럽을 자신들 편에 두기 위해 자국의 이익 추구를 스스로 억제해왔다. 그러나 소련이 붕괴하자 미국은 더 이상 공산주의에 대한 위협을 고려할 필요가 없었고, 유럽이 누리던 반대급부도 유효하지 않게 되었다. 유럽 어느 국가도 미국의 힘에 대항할 수 없었다. 그들은 힘을 합쳐 미국의 독주를 막아야 할 필요성을 느꼈다. 실제로 1990년대에 이르러 빠른 속도로 유럽공동체가 틀을 완비한 것은 이와 밀접하다고 볼 수 있다.

둘째는 냉전시대 서유럽 각국들이 북대서양조약기구NATO, North Atlantic Treaty Organization를 비롯한 다양한 국제협력체제를 경험했다는 점이다. 물론 나토는 군사적 연합체였지만 정치 및 경제도 자연스럽게 연동되는 조직이었다. 그리고 유럽공동체의 전신인 ECSC나 EEC의 경험도 축적되어 있었다.

셋째가 가장 중요한 원인인데 바로 문화적 동질성이다. 유럽은 오랜 동안 기독교 문명이라는 하나의 문화로 묶여 지냈다. 물론 각국은 나름의 정치경제적 구조와 목적을 갖고 있지만 문화적으로는 하나의 종교로 통일되었기 때문에 갈등의 요인이 상대적으로 적었다. 기껏해야 1517년의 종교개혁으로 신구교로 나뉘었을 뿐, 기독교 문명권이라는 사실 자체는 변함이 없었다.

서로 다른 나라들이 연합하는 데에는 여러 가지 이유와 목적이 있다. 그러나 단순히 특정한 목적을 위해 연합하는 경우는 그 목적의 일부만 훼손되거나 흔들려도 쉽게 무너진다. 하지만 정신적 문화적 일치감은 그런 균열을 화학적으로 봉합해준다. 이 점은 아세안ASEAN과 비교해보면 그 차이가 뚜렷해진다.

동남아시아국가연합ASEAN, Association of Southeast Asian Nations은 1967년 동남아시아 각국의 경제적, 사회적 기반 확립을 목적으로 출범했다. 초기 5개국이 참여했지만 지금은 10개국으로 늘었다. 아세안도 유럽연합처럼 정례적인 정상회담, 각료회의, 상임위, 전문위, 각국 사무국 등으로 구성되었다.

초기에는 경제와 문화 등 비정치적인 분야의 협력에 주력했지만 베트남 공산화 이후 미국이 공산화 확장을 막기 위해 군사적 연대를 요구해서 지역발전과 안전보장이 강조되었다. 그러나 아세안은 유럽연합만큼의 위력을 발휘하지 못하고 있다. 단순히 정치적, 경제적 파워의 차이 때문만은 아니다. 각기 다른 문화, 그 가운데서도 특히 종교적 차이로 참가국들은 화학적 융합이 불가능하고 느슨한 협력체 이상의 역할을 수행하지 못한다.

현재 유럽인들은 종교라는 측면에서 보면 이전보다 훨씬 자유로워졌으며, 개인의 신앙이라는 측면에서도 교회와 거리가 멀어진 것도 사실이다. 그러나 탈종교화 현상은 개인적 신앙의 문제일 뿐, 문화 기저에 깔린 기독교 문명의 유전자는 여전히 유효하다.


## 중국의 한시 외교

· · ·

후진타오胡錦濤, 1942~ 전 중국 국가주석은 2006년 미국을 방문했을 때 두 편의 시를 읊었다. 중국 상공인들과의 오찬에서는 이백李白의 〈행로난行路難〉을 인용하면서 중국의 경제에 대한 기대와 낙관을 피력했고, 백악관에서 부시와의 오찬에서는 건배 답사로 두보의 〈망악望岳〉의 한 소절을 읊었다. 그중 '반드시 정상에 올라/ 저 낮은 산들을 둘러보리라'라는 대목은 강대국 미국을 넘어서겠다는 굴기崛起의 기세가 담겨 있었다.

1990년 타이완의 한 단체가 중국을 방문했을 때 장쩌민은 조식의 칠보시七步詩를 읊으며 맞았다. 조식은 조조의 아들이다. 조조의 아들들은 아버지가 죽자 왕위를 놓고 형제들끼리 패권을 다투었는데, 이 와중에 형 조비가 자신을 죽이려 하자 조식은 "콩깍지 태워 콩을 삶으니/ 콩은 솥에서 눈물흘린다/ 본디 한 뿌리에서 났거늘/ 어찌 이리 서로 급하게 들볶아야 하는가"라고 시를 읊었다. 그러니까 장쩌민은 중국과 대만이 서로 형제끼리 싸울 게 아니라는 뜻을 내비친 것이다. 눈치 보면서 외교적 둔사遁辭를 수백 번 떠들어대는 것보다 이런 짧은 시 한 구절로 서로의 속내를 확인하는 게 낫다는 생각이었다. 체제는 다르더라도 한 핏줄이라는 연대감을 확인할 수 있지 않은가.

2010년 천안함 사건이 발발했을 때 한국 정부는 중국의 협력을 요청했다. 그러나 중국은 외교부 부부장 추이톈카이崔天凱가 천영우 당시 외교통상부 2차관에게 글귀를 선물하며 속내를 내비치는 것으로 갈음했다.


천하의 크게 용기 있는 자는天下有大勇者

갑자기 큰일을 당해도 놀라지 않으며卒然臨之而不驚

이유 없이 당해도 노하지 않는다無故加之而不怒

이는 그 품은 바가 심히 크고此其所挾持者甚大

그 뜻이 심히 원대하기 때문이다而其志甚遠也


송나라의 문호 소동파의 〈유후론留侯論〉의 일부를 인용한 것이다. 중국은 자기들에게 협력을 요청한 한국 정부에게 침묵으로 일관하며 이 글귀만 액자에 담아 전했다. 이런 우아한 대응에 무슨 말을 하겠는가. 대놓고 섭섭하다 불평하면 소인배가 될 뿐이다. 그에 대한 화답 삼아,

우리 속내를 나타낼 수 있는 소동파의 다른 시 한 구절이라도 찾아 보냈으면 어떠했을까. 그러나 우리 외교통상부가 답시를 보냈다는 말은 듣지 못했다.

시 한 편이 외교가 될 수 있다. 역사와 문학이 국가의 중요한 문제를 해결하는 좋은 수단이 될 수 있는 것이다. 외교도 결국 사람의 일. 화려한 정치적 수사뿐 아니라 감성적 접근도 방법일 수 있다. 이 정도면 문학이나 역사도 꽤 실용적이지 않은가.

20세기말 무렵부터 급부상한 중국. 광대한 국토와 인구, 그리고 과학기술과 군사력에다 경제력까지 갖춰 이제는 러시아를 제치고 미국과 어깨를 겨루는 강대국으로 인정받고 있다. 국제외교 무대에서도 점차 입김이 강해지고 있다. 우려가 되는 지점은 그들의 그릇되고 왜곡된 '중화사상'이다. 중국이 세계의 중심이라는 이 사상이 세계 2위의 경제력을 바탕으로 군사력으로 이어진다면 세계는 21세기형 냉전의 시대로 돌입해야 할지도 모른다. 그나마 다행인 것은 중국은 전통적으로 무력보다 문화를 숭상한 민족이었다는 점이다. 하지만 이 지점은 또 다른 우려를 낳는다. 바로 동북공정이라 일컫는 역사 왜곡 작업이다. 우리의 대 중국 외교정책을 정치나 경제의 측면에서만 바라보면 안 되는 이유가 여기 있다. 또한 국제무대에서 역사 왜곡을 놓고 경쟁을 벌여야 할 때는, 단지 사실을 규명해서 민족적 자존심을 찾자는 데서 머무는 게 아니라 역사의 한가운데를 관통하는 민족의 문화는 정치적, 경제적인 함의를 지니고 있어야 한다.

역사를 과거의 기록이 아니라 현재로 되살려내서 숨 쉬게 할 수 있느냐 하는 것이 우리의 삶에 중요한 영향을 미친다. 인문학으로서의 역사가 다양한 학문과 소통하여 얻을 수 있는 큰 가치와 효용이 여기에 있다. 소설 《1984》에서 조지 오웰이 했던 말을 떠올려본다. "과거를 지배하는 자가 미래를 지배한다. 현재를 지배하는 자가 과거를 지배한다."

# 경제민주화,
# 역사로 곱씹어보기

우리가 살아가는 시간은 아주 치밀하고 촘촘하게 느껴지지만 거대한 역사의 시간 안에서 보자면 그저 스쳐 지나는 시간일 뿐이다. 게다가 지금 우리가 겪는 일들은 대부분 역사 속에 이미 벌어졌거나 반복되고 있는 일들이다. 때론 비슷하게 때론 변형된 채. 어리석은 자들에게는 부끄러운 역사로 반복되고 슬기로운 이들에게는 보다 나은 역사로 진보한다. 그래서 역사는 눈을 밝게 뜨고 읽어야 한다. 그렇지 않으면 그저 엇비슷한 사건의 반복처럼 보일 뿐이기 때문이다.

신문을 읽다 보면 자주 접하게 되는 용어 '경제민주화'. 얼마 전까지만 해도 이 문제로 꽤나 시끄러웠다. 지금도 여전히 살아 움직이는 이 용어는 우리 사회의 여러 문제에 대해 생각할 여지를 던져준다.

여야를 가리지 않고 정치인들은 이구동성으로 경제민주화를 외치지만 기업가들은 기겁한다. 그래서 그런 발상이 반 기업적 정서를 키우고 기업을 위축시키며 결과적으로 경제를 망친다고 으름장으로 맞불까지 놓는다. 기업의 입장만 고려하면 그럴 수도 있겠다 싶다. 그러나 지금까지 우리 사회는 기업을 우선시하고 경제 발전을 최상의 가치로 여겨왔다. 그동안 돌보지 못했던 가치들에 눈을 돌릴 때가 왔다.

욕망은 인간의 본성이니 그것 자체를 탓할 일은 아니다. 그러나 모든 일에는 정도가 있고, 지켜야 할 상규와 도의가 있다. 예를 들어 골목까지 파고든 기업형 슈퍼마켓 즉 이른바 SSM이나 대형 양판점을 법적으로 제한하는 것은 위헌이라고 따지는데, 자본주의의 본향인 유럽이나 미국의 경우 이런 슈퍼마켓은 대부분 도심 바깥에 있다. 땅값 때문이기도 하겠지만 최소한의 상도의를 사회적 합의로 여기고 있는 문화 덕분이기도 하다. 그런데 우리나라 기업들은 골목의 빵집마저도 싹쓸이해서 푼돈까지 제 주머니에 쓸어 담아야 겨우 직성이 풀리나 보다. 고약한 심보다.

그런데 재미있는 건, 보수적 경제학자들이나 기업가들이 틈날 때마다 들먹이는 게 바로 애덤 스미스<sub>Adam Smith, 1723~1790</sub>라는 점이다.


## 애덤 스미스는 당신들 편이 아니다

· · ·

기업은 걸핏하면 애덤 스미스의 '보이지 않는 손'을 언급하며 정부에 간섭하지 말라고 요구한다. 시장의 원리에 맡겨야 경제도 성장하고 고용도 증가한다는 주장이다. 이른바 신자유주의 노선이다. 그러나 《국부론》을 꼼꼼히 읽어봤다면 애덤 스미스가 그들이 외치는 보수주의자가 아니라는 걸 금세 알 수 있다. 그는 오히려 당대 관점에서는 좌파, 그것도 극렬 좌파에 가까운 사람이었다.

애덤 스미스는 18세기 중반 당시의 중상주의 체제를 비판했다. 중상주의자들은 국내로 유입되는 재화의 총량을 극대화함으로써 국부를 신장해야 부강한 나라를 만들 수 있다고 주장했다. 자연스럽게 절대군주와 상공인들이 야합했다. 서로의 이익을 위해 담합한 것이다. 그때나 지금이나 서로의 경제적 이익을 위해 견제해야 할 세력들이 서로 담합하는 일은 너무도 흔하다.

상공인들은 자신들의 이익을 위해 노동자들에게 저임금을 강요했고 각종 보호무역 장치를 마련했다. 군주는 더 나아가 국내 상공업을 육성해야 한다는 명분으로 상공업자들에게 각종 독점적 면허를 부여했다. 애덤 스미스가 비판한 것은 바로 상공업자의 이익과 국익을 동일시하는 사고방식이었다. 그가 《국부론》에서 주장하는 메시지의 핵심은 시장에 대한 정부의 간섭, 즉 약자를 억압하고 상공인들의 배를 불려서 국부를 증대시키려는 국가의 개입에 대한 비판이었다.

애덤 스미스는 아무리 재화의 총량이 증가한다 하더라도 시민의 삶이 나아지지 않는다면 아무 소용이 없다고 보았다. 다시 말해 그가 말하는 국부는 국민의 삶을 향상시키는, 그러니까 요즘 식으로 말하자면 국민 복지를 실질적으로 증대시키는 것이었다. 이 주장은 요즘의 경제민주화 개념과 크게 다르지 않다. 그런데 기업과 상당수의 이른바 주류 경제학자들은 애덤 스미스를 내세우며 경제민주화에 반대하고 있다. 지금 신자유주의를 내걸며 기업의 이익 수호에만 앞장서는 그들의 뻔뻔함과 무지함이 못내 씁쓸하다.

기업들은 앞다투어 정부에 규제를 풀어달라고 한다. 물론 기업의 입장에서는 불필요한 비용을 초래하는 각종 규제가 눈엣가시일 것이다. 시대착오적이거나 빈대 잡기 위해 초가삼간 태우는 규제들도 분명히 있다. 하지만 그것이 왜 생겨났는가를 따져봐야 한다. 기업의 탐욕이 그런 규제를 자초한 경우도 많기 때문이다.

진짜 위험하고 심각한 규제는 정부가 아니라 기업들이 만든다. 업계가 주도하고 자신의 이익을 보호하기 위한 규제들이 생각 외로 많다. 미국의 경우 많은 기업들이 로비스트들을 고용해서 자신들에게 유리한 각종 법안과 규제들을 만들어내는 것을 보면 쉽게 알 수 있다. 때론 기업의 이익을 위해 시민의 삶을 규제하는 내용들이 법안에 포함되기도 한다. 우리라고 예외는 아닐 것이다.

규제도 규제 나름이고 자유로운 경쟁도 경쟁 나름이다. 애덤 스미스가 강조한 것은 '선의의 공정한 경쟁'이었다. 그게 바로 시장의 합리성이다. 그런데 애덤 스미스가 이미 지적했듯이 기업은 태생적으로 경쟁을 회피하고 싶어 한다. 경쟁이 없어야 사업을 안정시킬 수 있고, 자신의 이익을 극대화할 수 있기 때문이다. 심지어 교묘하게 법을 어기는 경우도 있다. 탈법적으로 뇌물도 바치고 자신들에게 유리하게 규정을 고치려 한다. 오죽하면 2001년 노벨 경제학상을 수상한 스티글리츠<sub>Joseph E. Stiglitz, 1943~</sub>는 그 '보이지 않는 손'조차 보이지 않는다며 사실은 존재하지 않기 때문이라고 비판했고, 1981년에 노벨 경제학상을 수상한 제임스 토빈<sub>James Tobin, 1918~2002. 토빈세의 창안자</sub>은 '보이지 않는 손'에도 '손'이 필요하다며 정부의 적극적이고 강력한 개입을 공개적으로 요구했을까!

공정한 경쟁을 무시하고 법까지 무력화하는 탐욕은 통제하고 억제되어야 하며, 이를 위한 장치가 마련되지 않으면 시장의 합리성은 언제든 망명정부의 지폐처럼 아무 쓸모도 없게 된다. 합리성이 깨진 시장에서 선의의 공정한 경쟁은 원천적으로 불가능하다.

'공정한 경쟁'이라는 전제를 확립할 수 있어야만 애덤 스미스의 시장경제가 제대로 성립한다. 경제의 문제도 역사를 통해 바라볼 수 있을 때 진면목을 알 수 있다. 그런 점에서 역사가 단순히 과거의 문서와 기록을 뒤적이기나 하는 한가하고, 현실의 실생활과는 무관한 학문이라고 가볍게 외면할 수는 없다.

존경받는 기업가가 흔치 않은 것이 우리 현실이다. 삼성의 이건희 회장이 한국 경제를 견인했다고 상찬하는 이들도 있을 테지만 그는 온갖 편법과 불법을 동원하여 재산을 상속하거나 노동조합을 인정하지 않는 등의 행태로 많은 사람들의 공분을 샀다. 사람들이 비난하는 것은 기업가들의 지나친 탐욕과 권력마저 돈의 힘으로 좌지우지하려는 무소불위의 야욕이지, 기업이 정당하게 이윤 추구하는 것을 비판하는 것이 아니다. 그걸 착각하면 정당한 요구를 억압하게 된다.

애덤 스미스는 이미 인간 심리 가운데 부유층과 권력자에 대한 필요 이상의 강한 동경과 동정심이 혼재하고 있음을 간파했다. 심지어 그런 삐뚤어진 존경과 동경 그리고 동정심이야말로 자칫 도덕적 타락을 초래할 수 있다는 사실도 경고했다. 그는 이미 심리학적으로 인간을 통찰하고 있었던 것이다.

이를테면 《도덕감정론》에서 그는 사려분별을 강조하며 사려분별이 한편으로는 이성과 오성, 다른 편으로는 자제력이라는 두 능력의 결합이라고 주장한다. 그 자신이 스토아학파 문헌에 대해 광범위하게 언급하는 것을 보면, 그가 말한 자제력이라는 관념이 자기이익 또는 그가 자기애라고 부른 개념과 결코 동일한 의미가 아니라는 것을 알 수 있다. 스토아학파는 "인간은 스스로를 고립되고 분리된 존재가 아니라, 세계의 한 시민으로서 자연이라는 광활한 공동체의 한 구성으로서 간주해야 한다"고 말한다. "이 거대한 공동체의 이익을 위해, 인간은 자기 자신의 작은 이익이 희생되어야 한다는 사실을 언제나 기꺼이 받아들여야 한다"는 스토아학파의 가치에 대해 애덤 스미스는 사려분별이 자기이익 극대화를 뛰어넘어 '모든 덕목 중에서 개인에게 가장 도움이 되는' 가치라고 보고 있다. 애덤 스미스는 분명하게 말한다. "인류애, 정의, 관대함, 공공정신은 다른 이들에게 가장 유용한 자질이다."

만약 역사학과 경제학이 서로 교통하였다면 최소한 애덤 스미스의 주장을 오용하거나 호도하는 일은 없었을 것이다. 그랬으면 기업도 경제학도 무작정 자기네 논리만 앞세우며 무조건적인 이익의 추구를 합리화하는 데에만 골몰하지는 못했을 것이다. 적어도 그런 탐욕과 부도덕은 조금이라도 완화되었을 것이다.

역사학자들 가운데 경제를 공부하는 이들은 대개 경제사 전공자 혹은 역사경제학자들이다. 경제학자들 역시 마찬가지다. 서양근대사 특히 영국근대사를 전공한 학자가 영국 역사에 천착하는 것은 학자로서 당연한 의무이긴 하지만 지금 우리나라에 일어나는 일들이 그 당시 영국의 역사와 애덤 스미스의 시대적 배경과 무관하지 않다고 꼬집는 경우는 보기 어렵다. 역사를 토대로 현재를 각성하는 연구가 요청된다. 적어도 인문학자라고 한다면, 강단의 연구도 중요하지만, 오지랖 넓게 두루 살피고 파고들며 들쑤시고 현실의 문제와 지속적으로 관계 맺기하는 작업도 필요하다.

## 데이비드 리카도와 차액지대설

...

이왕 애덤 스미스를 들먹인 김에 또 한 명의 경제학자를 더 불러내보자. 바로 데이비드 리카도 David Ricardo, 1772~1823 다.

유태인이었으며, 제대로 된 교육을 받은 바 없는 그는 자수성가하여 최고의 경제 이론가가 되었을 뿐 아니라 엄청난 자산가이기도 했다. 그는 《정치경제학과 조세의 원리》에서 경제학의 핵심은 바로 소득 분배를 결정하는 요인에 대한 가장 적절한 해법을 찾아내는 것이라고 주장했다.

리카도는 자신이 백만장자였음에도 불구하고 사회 개혁과 경제 개혁에 대해 적극적이었다. 마치 워런 버핏이나 빌 게이츠 혹은 조지 소로스처럼. 그는 주식 투자와 부동산 폭등으로 축적된 불로소득을 망국의 징조라고 경계했다. 그게 바로 유명한 차액지대설 differential rent, 差額地代說의 핵심 개념이다. 더 나아가 그는 1815년 제정된 영국의 곡물 수출입 규제 조례인 곡물조례에도 반대했다. 자신의 자산이 대부분 곡물 수출입 규제에서 형성되었음에도 불구하고 말이다. 자기모순이라는 비난에도 그는 일관된 입장을 고수했다.

리카도는 왜 그랬을까? 유럽을 정복한 나폴레옹에게 영국은 반드시 굴복시켜야 할 대상이었다. 그러나 나폴레옹은 트라팔가르 해전Battle of Trafalgar, 1805에서 패배했다. 그래서 선택한 게 바로 대륙봉쇄령1806이었다. 영국은 무역국이니 대륙봉쇄령으로 영국을 경제적 위기에 빠뜨릴 수 있다는 판단이었다. 공업 발달로 농업의 비중이 줄고 식량을 대륙에서 수입해야 하는 처지에서 대륙봉쇄령은 치명적이었다. 그 결과 영국에서 농지의 땅값이 급상승했다. 영지의 주인인 귀족들이 갑자기 떼돈을 벌게 된 셈이었다. 곡물 값이 오르고 임대비도 올랐으니 귀족들로서는 이중으로 이익이 생겼다. 이런 상황이 지속되자 땅 값은 천정부지로 올랐다. 그런데 나폴레옹이 패망하고 대륙봉쇄령도 자연스럽게 소멸될 상황이 되자 엉뚱하게 그 소멸을 거부한 집단이 생겨났다. 바로 지주 귀족들이었다. 해괴하게도 귀족들은 자기 나라를 괴롭혔던 봉쇄령의 해제를 반기기는커녕 오히려 정부를 움직여서 스스로 새로운 대륙봉쇄령을 만들어냈다. 그게 바로 곡물조례1815다. 대륙으로부터 영국으로 곡물이 수입되는 것을 금지하겠다는 조례였다. 큰 부를 안겨주었기에 그 이익을 포기할 수 없었던 것이다. 결국 의회를 장악한 지주 계층은 이 조례 도입을 적극적으로 찬성했고 법안을 통과시켰다. 곡물이 수입되면 곡물 가격이 떨어지게 될 것이고 농지는 매력을 상실할 것이며 그러면 이익이 이중으로 축소될 터였다. 지주들은 이를 받아들일 수 없었던 것이다.

리카도는 애당초 이중으로 이익을 본 것 자체가 잘못이라고 지적하면서 마땅히 원상태로 환원하는 것이 옳으며 불로소득이 없어야 건전한 경제가 가능하고 이를 토대로 안정된 사회와 국가가 마련된다고 보았다. 곡물 가격이 상승한 것은 땅값이 비싸기 때문이 아니라 대륙봉쇄령으로 공급이 부족했기 때문이었다. 따라서 곡물 수입을 재개하면 곡물가도 떨어지고 땅값도 떨어질 것이다. 그것은 정당한 원상회복이었다.

부동산 시장을 둘러싼 우리나라의 논쟁과 흡사하지 않은가. 제 집과 땅의 가격이 오를 때는 환호작약하다가 조금이라도 하락의 기미가 보이면 정부에 조처를 취하라고 압력을 넣는 사람들. 경제지들은 아예 그 선전장이다. 최대 광고주들 가운데 하나가 바로 건설 회사이기 때문이다. 왜 올랐는지, 그래서 어떤 이익을 취했는지, 왜 떨어지는지, 어떻게 대응해야 할지 등을 분석하고 따지는 게 아니라 자산 계층의 이해관계에 휘둘린다.

이런 문제에 대해 역사학자들이 쓴 세론이나 칼럼을 나는 별로 본 적이 없다. 부동산 문제에 왜 역사학자가 끼어드느냐 핀잔이 두려워서일까? 아니면 경제와 부동산에 대한 지식이 부족해서일까? 둘 다 일 수 있다. 그러나 무관심 때문이라면 그는 지식인으로서의 자격을 스스로 포기한 셈이다. 경제학자가 아닌 역사학자가 과거의 유사한 사례를 들며 차분하게 반성을 촉구하고 이성적 판단을 호소한다면 생각과 판단의 방식이나 내용이 조금은 달라지지 않을까?

역사에 소홀한 경제학자들도 마찬가지다. 스미스와 리카도를 교주처럼 떠받들고 있지만 그들이 제시한 경제이론의 배경과 사상을 모르거나 의도적으로 외면한 채 그저 자신들의 이론과 주장을 포장하는 데에만 급급한 경제학자들은 사실은 스미스와 리카도를 '믿고' 있을 뿐이다. 과연 애덤 스미스의 《도덕감정론》과 당대의 역사를 제대로 읽은 경제학자가 얼마나 될까 궁금하다.

요즘 경제학을 주도하는 건 수학이다. 오로지 수학적으로 정교한 이론을 만드는 데에만 열중한다. 그런 수학이 경제학에서 맡는 역할은 주로 다양한 파생금융상품의 개발이다. 모든 것을 수학적 계산과 확률로 마른 수건 쥐어짜듯 조금이라도 더 이익을 내기 위해 금융 시장 바닥을 훑는다. 월스트리트를 점령한 건 그런 수학자들이고 그 수학자들을 고용해서 이익을 얻으려는 주주들이다. 경제학을 수학자들이 쥐고 흔드는 순간 경세제민經世濟民으로서의 경제학은 사라진다. 거기에는 인간이 없기 때문이다. 그들은 결국 엄청난 금융위기를 불러왔고, 그 때문에 전 세계가 몸살을 앓고 있다. 경제학에서 인간에 대한 가치와 공공성이 증발했기 때문이다.

수학을 멸시하거나 비난하자는 게 아니다. 그러나 경제학에 투입된 수학자들은 모든 것을 계산과 확률에만 근거하여 실재하지 않는 경제적 가치를 산출해냈다. 파생상품을 줄기차게 만들어내서 거대한 '경제폭탄'을 제조했고 세계는 그 뒷감당에 신음했다. 그들은 언젠가는 그 비정상에 대한 값을 치러야 할 것이라는 사실을 애써 외면했다. 그들은 오로지 주식 투자자들에게만 공헌할 뿐이었다. 그건 엄밀하게 말하면 왜곡이다. 경제학에도, 인문정신이 필요하다.

# 역사는 나의 삶이다

역사는 모든 시간의 궤적 속에 축적된 인간 문명의 기록이며 삶의 창고이다. 역사는 인간이 거쳐온 모습이나 인간의 행위로 일어난 사실, 또는 그 사실에 대한 기록이다.

역사는 바로 지금의 나의 모습을 바라볼 수 있는 가장 큰 거울이다. 나의 삶은 현재와 미래에 실현된다. 그러나 미래를 알 수 없다. 그것은 시간의 영역이고 그 시간은 아직 도래하지 않았다. 내가 주체적으로 살기 위해서는 내가 살아갈 시간을 읽어내야 한다. E. H. 카의 말처럼 역사는 과거와 현재와의 끊임없는 대화이며 현재의 우리는 역사를 통해 과거의 세계를 만난다.

당 태종太宗, 599~649은 구리로서 거울을 삼으면 의관을 바르게 할 수 있고, 일로써 거울을 삼으면 흥망의 원인을 알 수 있으며, 다른 사람을 거울로 삼으면 잃고 얻음을 밝힐 수 있다고 말하며 끊임없이 역사를 읽었다. 역사를 외면하는 군주는 폭군이나 무능한 임금이기 쉽다. 과거의 시간을 상실한 자는 현재와 미래를 읽을 수 없다.

역사는 과거의 시간과 현재의 시간의 연결이며 우리는 그것으로 미래의 시간으로 나아갈 수 있는 바탕을 얻는다. 이미 지나가버린 역사를 공부하는 까닭은 그 속에서 인간의 다양한 모습과 가치를 발견할 수 있기 때문이며 그것이 나의 삶으로 내재화되어 나를 이끄는 힘이 되기 때문이다.

과거에 펼쳐진 역사적인 경험이 우리에게 지혜를 일깨우고 용기를 북돋워준다. 그러므로 역사를 공부하는 것은 과거의 사실을 바르게 이해함으로써 현재를 사는 나의 성장을 가능하게 해준다. 그리고 이는 곧 미래를 향한 바른 안목을 길러나가는 길이기도 하다. 과거는 현재로 이어지고, 현재는 다시 미래로 나아가는 것이기 때문이다. 크로체│Benedetto Croce, 1866~1952가 모든 역사는 현대사라고 했던 말은 의미심장하다.

"과거에 어떤 일이 이루어졌는지 모른다면 항상 어린아이처럼 지내는 셈이다. 과거의 노력을 무시한다면 세계는 늘 지식의 유아기에 머무를 것이다." 로마의 정치가 키케로의 말이다.

역사는 거창한 것도 거대담론도 아니다. 역사는 바로 나의 인식의 바탕이며 내 삶의 모습이다. 헤겔│Georg Wilhelm Friedrich Hegel, 1770~1831은 정신의 자기발전으로서 단일하고 합법칙적인, 그 자신에 내재적인 과정으로서 역사를 설명했다. 그가 역사철학을 다룰 때, '개인의 자유'를 중심으로 일정한 법률이나 제도의 핵심을 찾으려 했던 것도 그런 까닭이다. 그래서 세계사를 관통하는 정신이 결국은 자기의식으로 귀환한다고 결론지었다. 그런 인식의 귀환은 놀랍게도 자신이 절대자와의 일치에 서 있다고 하는 절대적 확신이다. 따라서 그는 역사철학이 역사에서 살아가는 인간의 자기인식이어야 한다고 주장한다.

굳이 헤겔을 들먹이지 않아도 역사는 인간의 자기인식을 목적으로 하고 있다. 우리에게 가장 중요한 것이 무엇인가? 그것은 바로 나 자신을 아는 것이다. 그것은 나의 개인적 특수성을 넘어 인간으로서의 보편적 자기 본질을 안다는 것이고, 이를 통해 내가 무엇을 할 수 있는지, 무엇을 해야 하는지를 알 수 있다는 것이다. 그러므로 역사는 단순히 과거에 어떤 일이 있었는가를 기록하고 그 기록을 들춰보는 것이 아니라 인간이 무엇을 해왔는지, 인간이 무엇인지, 인간이 어떻게 살아야 하는지를 보여주는 것이다.

나의 삶 자체가 역사이며, 역사가 바로 나의 삶의 바탕이라는 인식이 없으면 우리는 부초처럼 또는 하루살이처럼 살아갈 뿐이다. 자기인식이 없는 내가 어떻게 주체적으로 능동적으로 살아갈 수 있겠는가. 그러니 역사를 외면한 나의 삶은 이미 파편화된 삶이다. 역사는 바로 나의 삶 그 자체다.

미국의 흑인작가 제임스 볼드윈James Baldwin, 1924~1987은 역사를 이렇게 설명했다.

"역사는 단순히 과거에 관한 것이 아니다. 아니 과거와는 거의 상관이 없다. 사실 역사가 강력한 힘을 갖는 까닭은 우리 안에 역사가 있기 때문이고, 우리가 깨닫지 못하는 다양한 방식으로 우리를 지배하기 때문이며, 그리하여 말 그대로 우리가 하는 모든 일 안에 현존하기 때문이다."

### 《한국사신론》 이기백, 일조각, 1990

일제 식민사관에 맞서 평생을 바친 저자의 대표작. 그는 학자로서 모범적 삶을 살아온 것으로도 유명하다. 그가 생각하는 역사서의 기본은 역사적 사실을 정확하게 기술하는 것이다. 당연한 이야기 같지만 우리나라 역사계에 만연했던 식민사관을 생각해보면 그 실천이 쉽지만은 않았을 것이다. 이 책이 지닌 중요한 또 하나의 미덕은 구체적 사실들의 시대적 사회적 연결 관계를 찾아서 체계화한 것이다. 한국사의 가장 대표적 저작이라 할 이 책을 한국 사람이라면 꼭 한 번은 읽어봐야 할 것이다.

### 《문화로 읽는 세계사》 주경철, 사계절, 2005

세계사를 읽고 싶은데 첫 장부터 지질린 사람들에게 도움이 될 것이다. 흔히 대부분의 세계사에서 다루는 유적과 유물, 사건과 인물에서 벗어나 다양한 문화적 소재로 인간의 정신 속에 어떻게 역사의 의미가 형성되는지 보여준다. 선사시대부터 근현대에 이르기까지 서른다섯 개의 주제를 풀어내는데, 기존의 세계사 책에서 만나기 어려운, 그러나 흥미진진하고 유익한 주제들이다. "사소한 것에도 역사가 숨 쉰다"는 저자의 믿음을 공유할 수 있다. '1318교양문고' 시리즈로 청소년들이 읽기에도 무난하다. 저자 특유의 글솜씨까지 더해져 읽는 내내 눈과 손을 뗄 수 없을 것이다. 문화 속으로 들어가 고정관념을 깨뜨리는 역사의 진실은 우리에게 많은 것을 생각하게 해준다.

## 《사기열전》 사마천, 김원중 옮김, 민음사, 2007

사마천의 《사기》는 무려 130편으로 상고시대부터 그가 살았던 한 무제 때까지 중국 역사를 다룬 고전이며 역사서의 전범 가운데 하나다. 그 가운데 70권이나 되는 〈열전〉은 주나라 붕괴 이후의 50개 제후국 가운데 끝까지 살아남은 전국칠웅의 흥망성쇠와 그에 얽힌 다양한 인물의 이야기를 생생하게 담고 있다. 알기 쉽고 원전에 가장 충실하게 완역한 옮긴이의 저력과 공력을 흠뻑 느낄 수 있다. 1999년부터 시작한 작업을 지속적으로 개정해 온 결정판이다. 특히 《사기열전》은 오늘날 우리에게도 '어떤 방식으로 살아가야 하는가'라는 문제를 지속적으로 성찰하게 한다는 점에서 최고最高의, 그리고 최고最古의 인생교본 혹은 더 나아가 자기계발서의 원형이라고 할 수 있다. 2010년 《사기본기》와 2011년 《사기 표》가 출간됨으로써 사마천의 역작이 완역되었다.

## 《유럽중심주의 세계사를 넘어 세계사들로》

한국서양사학회 엮음, 푸른역사, 2009

세계사가 서양사, 특히 유럽사 중심으로 구성되는 것과 우리가 세계사에 무지했던 것에 대해 젊은 사학자들 중심으로 반성이 일어나기 시작했다. 이 책은 이런 관점에서 2006년 한국서양사학회 학술대회의 성과를 발전, 보완한 책이다. 일반 독자들이 읽기에도 별 어려움이 없다. 현재 학술계, 특히 인문학계가 <u>스스로</u> 변화하기 위해 기울인 노력의 산물이라 해도 좋을 것이다. 기존의 고정된 역사 관점을 제대로 설정할 수 있는 좋은 계기가 될 수 있는 저작이다. 고대부터 현대에 이르기까지 시간적으로 그리고 전 지구적 공간으로 확장시킨 세계사'들'의 면모를 통해 시대적, 지역적 역사의 흐름과 당시 세계 역사의 중심이 어디에 있었는지를 자연스럽게 알 수 있을 것이다.

**《오리엔탈리즘》** 에드워드 사이드, 박홍규 옮김, 교보문고, 2007

사이드가 말하는 오리엔탈리즘은 '동양에 대한 서양의 사고방식이자 지배방식'이다. 그 본격적 시작은 서양의 지리적 확장과 식민주의다. 그러나 그 뿌리는 그보다 훨씬 더 오래되었다. 옮긴이의 말마따나, 동양에 대한 서양의 사고, 인식, 표현의 본질을 규명함과 동시에, 그것이 기본적으로 동양에 대한 서양의 지배와 직결된 것임을 밝혀, 앎과 힘(지성과 권력)의 관계를 식민지적 상황에서 인식시키려고 한 책이다. 우리 안에 깊이 뿌리 내려 이미 거대한 줄기와 다양한 가지까지 뻗어낸 오리엔탈리즘의 실체를 인식하지 않고서는 결코 그 그물망을 빠져나올 수 없을 것이다. 그런 점에서 반드시 읽어야 할 저작이다. 옮긴이가 꼼꼼하게 각주를 달아서 맥락을 파악하는 데에 도움이 될 것이다.

**《유럽의 형성》** 크리스토퍼 도슨, 김석희 옮김, 한길사, 2011

이 책의 부제는 '유럽통합체의 기원을 찾아서'이다. 유럽 문명은 어떻게 태어났는지, 유럽이라는 하나의 통합체가 어떻게 형성되었는지 그 배경과 과정을 밝히고 있다. 그러면서 4세기에서 11세기까지 유럽 문명을 이룬 주요 요소들을 하나씩 세밀하게 조명하고 있다. 특히 도슨의 뛰어난 글 솜씨는 마치 소설을 읽는 듯한 매력을 흠뻑 발휘하고 있어 읽는 재미가 쏠쏠하다.

그러나 이 책과 저자에게 발견할 수 있는 그보다 더 뛰어난 매력은 생생한 고문헌 자료들과 놀라운 통찰력이다. 특히 "서유럽 문명의 통일성이 지난 4세기 동안의 세속 문화와 물질적 진보에만 전적으로 의존하지는 않는다는 사실을 분명히 기억해둘 필요가 있다"는 도슨의 말은 지금 우리에게 우리 역사와 문화에 대한 시각을 어떻게 마련해야 하는지 좋은 가늠쇠가 될 것이다. 이 시대 최고의 번역가의 한 사람인 옮긴이가 공들여 옮긴 글의 맛도 좋다.

### 《클래식 영국사》 박지향, 김영사, 2012

우리나라 사학자들이 외국의 역사에 대해 본격적인 저작을 펴내지 않는 점이 불만이던 차에 박지향의 이 책은 반갑고 고마운 선물이다. 특히 현대문명의 주역이었던 영국의 역사를 알아야 한다는 점에서 더더욱 그렇다. 케네스 모건의 《옥스퍼드 영국사》처럼 지나치게 현학적이거나 난삽하지도 않고, 앙드레 모로아의 《영국사》처럼 외국인의 주관적 관점이 도드라지지도 않은, 그것도 우리 사학자의 눈으로 서술했다는 점에서 반갑다. 다만 근대 세계를 이끌어온 모범의 역사라는 저자의 영국에 대한 인식은 정당하지만 보수주의적 시각에서 다루고 있다는 느낌은 지울 수가 없다. 그것은 같은 해에 나온 저자의 책 《대처 스타일》의 시각과 크게 다르지 않다. 영국사에 대한 저작을 지속적으로 수정 보완해서 낡은 느낌이 들지 않게 하는 것도 이 책의 미덕이다.

### 《서구의 몰락》 오스발트 A. G. 슈펭글러, 양해림 옮김, 책세상, 2008

서구는 고대―중세―근대로 올수록 진보한다는 믿음에 기초한 역사관에 정면으로 반기를 든 슈펭글러는 이런 서구 중심적 시각을 비판하면서 서양만을 축으로 하면 세계사 전체를 결코 보지 못할 것이라고 경고하는 동시에 세계 전체의 역사와 그 구조를 통찰해야 한다고 주장했다. 실제로 그는 고대—중세—근대라는 구분이야말로 낡았다고 비판하며 전적으로 배격한다. 역사는 다양한 문화의 종합이며 동시에 고유한 정체성을 가진 유기체이기 때문에 당연히 생성, 성장, 쇠퇴, 소멸의 과정을 거치면서 순환하고 반복한다. 그런 관점에서 슈펭글러는 문화 발전의 최종 단계에 이른 서구문명은 몰락한다고 예고한다. 특히 이 책에서 그는 원서 출간 당시(1권 1918년, 2권 1922년 출간)의 모든 철학자들을 질타하며 강력하게 이의를 제기했다. 철학자들에게는 현실 생활에 대한 결정적인 입장이 결여되었다는 비판이었다. 지금의 철학자들에게도 그대로 적용되는 비판이 아닐까?

### 《세계화의 진화》 베르나르 기요슝, 윤인숙 옮김, 현실문화연구, 2012

세계시민교육 교과서라 할 라루스 세계지식사전 시리즈 가운데 하나다. 영국에 브리태니커 백과사전이 있다면 프랑스에는 라루스가 있다고 한다. 그만큼 라루스는 프랑스 지성의 자존심이고 유연하면서도 예리한 비판을 견지하고 있다는 평가를 받아왔다. 이 책은 지난 30년간 이루어진 세계화를 둘러싼 여러 쟁점을 다루면서 다각도로 분석하고 결산한다. 우리 시대의 경제 문제를 이해하기 위한 열쇠가 이 작은 책에 일목요연하게 정리되어 있다는 것이 놀랍다. '우리가 꼭 알아야 할 세계의 모든 문제'를 다룬 이 책은 세계화라는 경제 화두에 직면한 우리나라 경제를 이해하기 위해서라도 꼭 읽어두면 유익할 것이다. 같은 시리즈의 한 권인 《세계분쟁지도》도 현재 일어나고 있는 전 세계의 갈등과 분쟁의 문제를 공부하는 데에 도움이 될 것이다.

### 《서양문명의 역사》

E. M. 번즈·R. 러너·S. 미첨, 박상익·손세호 옮김, 소나무, 2007년, 전 2권

서양문명사를 꼭 한 번 마스터하고 싶은 독자라면 이 책으로 그 바람을 완

전히 이룰 수 있을 것이다. 개설서로 펴낸 책이지만 각 장마다 어지간한 전문서보다 훨씬 다양하고 풍부한 내용을 담고 있다고 해도 과언이 아니다. 상당한 분량이지만 읽는 내내 지루하다는 느낌이 들지 않을 만큼 흥미진진하고 놀랍다. 서양사학계의 최신 연구 성과까지 충실하고 적극적으로 반영하고 있어서 서양사 지식에 대한 지적 갈증을 해소시켜준다. 이야기 구조와 내용이 워낙 재미있어서 큰 흐름을 읽어가면서 절묘하고 명쾌한 역사적 서술의 진가를 경험할 수 있다. 다양하고 풍부한 삽화와 사진들, 그리고 지도 등 일반적인 책들에서는 만나기 어려운 자료들도 풍부하다. 말 그대로 서양 문명의 모든 역사를 담았다고 해도 지나치지 않다.

**《세상에서 가장 재미있는 세계사》** 래리 고닉, 이희재 옮김, 궁리, 2007, 전 5권

우선 이 책은 만화책이다. 그러나 만화책이라고 만만하고 어수룩하게 여기면 큰코다친다. 지은이 래리 고닉은 하버드대학교의 학부와 대학원에서 수학을 전공한 사람으로 최우등으로 졸업한 수재였다. 박사과정에서 갑자기 진로를 바꿔 만화가가 되었다. 세계의 역사와 문화를 이만큼 흥미진진하게 그려냈으면서도 그 내용이 충실할 뿐 아니라 예리하고 독창적인 시각을 보여주는 경우는 드물다. 그림의 맛 또한 압권이다. 그는 방대한 자료를 수집하고 치밀하게 분석함으로써 역사가 얼마나 중요하고 즐거운 일인지 절로 느끼게 해준다. 특히 서양 강대국 위주의 시각에서 벗어나 있다는 점도 주목할 만하다. 래리 고닉 특유의 신랄하면서도 유쾌한 풍자와 재담은 기상천외할 정도다. 이 책이 결코 가벼운 만화책에 그치지 않는다는 점은 하버드, 예일, 버클리 등 미국의 명문대학들에서 부교재로 사용하고 있다는 점만 봐도 알 수 있다. 어린이부터 어른에 이르기까지 모두가 만족할 수 있는 뛰어난 책이다.

## 《세계화를 둘러싼 불편한 진실》

카를 알브레히트 이멜·클라우스 트렌클레, 서정일 옮김, 현실문화연구, 2009

세계화는 탐욕의 다른 이름일 수 있다. 지은이는 그 탐욕보다 심각하고 위험한 것이 우리들의 무지라고 지적한다. 이 책은 팩트에 근거하는 최근의 세계화 관련 그래픽 자료와 그 이면에 감춰진 사실들의 연관성을 추적함으로써 세계화를 맹목적으로 외치거나 따르는 사람들에게 그 폐해를 생생하면서도 간략하게 보여준다. 예를 들어 우리가 매일 사용하는 휴대전화에 콩고의 분쟁이 어떻게 관련을 맺고 있는지, 그래서 그들이 왜 피를 흘리고 싸우고 죽이는지 깨닫게 한다. 자칫 복잡할 수 있는 문제를 아주 간결하게 정돈한 것은 이 책의 뛰어난 미덕이다. 무엇보다 이 책의 장점은 탁월한 그래픽이다. 그냥 덤으로 주어진 도표들이 아니라 처음부터 공동작업으로 이루어졌기 때문에 가능한 일이다. 그래서 지은이를 글쓴이와 그린이를 함께 병기했다. 독일의 대표적인 청소년대상 출판사에서 나온 것이어서 누구나 쉽게 이해할 수 있다.

## 《역사가들: E. H 카에서 하워드 진까지》

역사비평편집위원회 엮음, 역사비평사, 2010

'역사학의 지평을 넓힌 12인의 짧은 평전'이라는 부제처럼 대표적 서양 역사가들의 다양한 역사관과 방법론을 일목요연하게 만날 수 있다. 이 책에 수록된 12명의 역사학자들은 기존의 역사학과는 다른, 역사학에 새로운 지평을 열어준 개척자들이다. 그런 선구자들(다수의 학자들이 여전히 생존해 있다)의 삶과 학문이 축약된 이 책은 역사학자들에게뿐 아니라 일반 독자들로서도 역사를 어떻게 바라볼 수 있는지 시야를 번쩍 뜨이게 할 것이다. 이 책에 등장하는 역사가들은 두세 명을 제외하고는 우리에게 그리 친숙하지 않다. 그만큼 우리의 시각이 좁다는 반증이기도 하다. 여러 인물에 대한 짧은 평전이라 아쉬운 점은 어쩔 수 없지만 그들을 만날 수 있다는 자체만으로도 충분한 값을 얻을 것이다.

## 《대한민국사》 한홍구, 한겨레출판사, 2006, 전 4권

이 시대의 대표적 '좌파' 역사학자이자 한국 현대사의 대표적 학자인 한홍구가 〈한겨레 21〉에 연재했던 '한홍구의 역사이야기'를 다시 모아 정리하여 묶어낸 것이다. 2003년 1권에서 시작하여 전체 4권으로 출간됐다. 한홍구는 유진오의 외손자이자 일조각 출판사를 세운 한만년의 아들이다. 그의 가계를 언급한 것은, '굳이' 따지자면 그는 우파에 속하는 인물이어야 하기 때문이다. 그러나 그는 진리를 신뢰하는 학자의 양심과 역사학자, 특히 현대사학자로서의 사명에 더 충실하기에 편을 가르려는 자들에게 진보적, 혹은 좌파적인 인물로 평가받을 뿐이다. 그는 폭넓은 시각으로 역사를 바라보며 올바른 역사관과 삶의 태도를 강조한다. 특히 현대사를 다루는 역사학자이기 때문에 생존하는 인물도 그에게는 가차 없는 역사적 평가를 받을 수밖에 없다. 우리가 대충 덮고 넘어가려는 현대사일수록 오히려 제대로 알아야 한다는 그의 사자후는 외면하고 싶은 자들에게는 뜨끔한 죽비다.

## 《한시마중》 이종묵, 태학사, 2012

한시를 읽는다는 것은 그냥 멋진 취미나 도락이 아니다. 범상한 일상을 한시를 통해 새로운 느낌과 자각으로 깨울 수 있는 소중한 보물이다. 단순한 운치나 교양의 시위가 아니라 세월과 삶을 가로지르는 활기찬 정신 운동이다. 서울대학교 국문과 교수인 저자는 이 책에서 옛글을 통해 오늘의 삶을 농밀하게 만들어준다. 한시를 통해 삶을 고즈넉하고 여유로운 풍경으로 돌아보고 느낄 수 있는 창을 마련하는 것은 매력적이다. 외교나 사업에 종사하는 이들 가운데 특히 중국과의 관계를 마련한 사람들에게는 실용적으로도 매우 도움이 될 것이다. 언젠가 필히 큰 쓰임이 있을 것이다. 같은 저자의 《글로 세상을 호령하다》(김영사, 2010)와 정민의 《한시미학산책》(태학사, 2012)과 이병한의 《하루 한 수 한시 365일》(궁리, 2010)도 추천할 만하다.

## 《윤리학과 경제학》 아마티아 센, 박순성·강신욱 옮김, 한울아카데미, 1999

1998년 아시아인으로는 최초로 노벨 경제학상을 수상한 아마티아 센은 경제학과 윤리학이 서로를 타자로 인식한 순간부터 불편한 관계가 시작되었고 시간이 지남에 따라 불신을 넘어 상호 부정의 단계에 이르렀다고 지적한다. 센은 이 두 분야의 결별과 대립에 대한 학문적 반성을 촉구한다. 그리고 그 실마리를 경제학의 기원과 성과에 대한 검토에서 찾는다. 그러나 윤리학의 입장에서 일방적으로 경제학을 비판하거나 매도하지 않는다. 다만 경제학자들이 알게 모르게 윤리적 문제들을 회피해왔다는 점을 지적한다. 후생경제학자로서의 센의 사상이 잘 녹아 있는 책이다.

# 2장

# 과학

과학으로 우리는 자유를 얻었다

# 1543년, 믿음이 무너졌다

1543년 한 시대를 무너뜨린 책 한 권이 출간되었다. 그 책의 요점을 정리하면 다음과 같다.

> 그러나 모든 것의 중심에는 태양이 있다. 도대체 그 누가 놀랍도록 아름다운 신전 안에 있는 이 발광체를 다른 곳으로, 또는 모든 것을 비출 수 있는 지금 이 장소보다 더 나은 장소로 옮기려 하겠는가……. 따라서 실제로는 태양이 왕좌에 앉아 자신의 주변을 회전하는 천체를 조종한다.

이 책으로, 교회를 떠받치던 버팀목이 사라지고 교회의 교리 체계가 붕괴될 위기에 빠졌다. 바로 니콜라우스 코페르니쿠스Nicolaus Copernicus, 1473~1543의 《천체의 회전에 관하여》라는 책이었다.

이 책 이전에 사람들은 프톨레마이오스Claudius Ptolemaeos, 2세기 중엽의 우주론적 세계관을 정설로 믿었다. 우주의 중심에 지구가 있고 태양과 행성이 궤도를 따라 지구 주변을 움직인다는 내용이었다. 이것이 사람들이 1000년 넘게 믿어온 천동설이었다. 그리고 그 지구의 중심에 교황의 거처인 로마가 있었다. 신학이 모든 학문의 중심이던 시절이었다.

## 코페르니쿠스적 전환

· · ·

아리스토텔레스의 충실한 제자였던 프톨레마이오스의 주장이 수용되었던 까닭은 모든 천체들이 지구를 중심으로 반듯한 원을 그리면서 도는 것이 당시 기독교적 우주관과 부합했기 때문이다. 그러나 프톨레마이오스는 연구를 거듭하면서 행성들의 궤도가 일정하지 않다는 것을 발견했다. 때로는 빠르게 때로는 느리게 심지어는 후진하는 경우도 관측되었다. 지구가 태양의 둘레를 돈다고 하면 명쾌하게 해결될 일이었지만, 이는 상상조차 할 수 없는 불경한 일이었기에 그는 지구를 고정시켜놓은 채로 태양과 다른 천체들의 회전 궤도를 만들기 위해 무려 81개의 가상 궤도를 그렸다. 이것이 당시로서는 '과학적 증거'로 받아들여졌다.

아리스토텔레스와 동시대에 살았던 아리스타르코스Aristarchus of samos, 기원전 3세기는 지구가 태양의 둘레를 1년에 한 번씩 돈다고 주장했고 마르티아누스 카펠라Martianus Minneus Felix Capella, 4세기말~5세기초는 수성과 금성이 태양을 중심으로 돈다고 주장했지만 과학적 증거를 제시하지 못했다. 이 두 인물이 코페르니쿠스에게 영감을 주었다. 코페르니쿠스는 고민

끝에 지구 대신 태양을 중심에 두고 지구와 다른 행성들이 회전한다는 결론을 이끌어냈다. 그러자 천체의 궤도가 명쾌하게 설명되었다.

이 과정에서 '진리는 단순하다'는 지극히 상식적이고 명료한 사실이 확인되었다. '존재는 필요 이상으로 수를 늘려서는 안 된다'는, 즉 어떤 현상을 설명할 때 불필요한 가정을 해서는 안 된다는, 혹은 같은 현상을 설명하는 두 개의 주장이 있다면 간단한 쪽을 선택하라는, 이른바 '오컴의 면도날Ockham's Razor'은 그렇게 증명되었다. 자연과학의 발전을 보면 복잡한 삼라만상이 간단한 공식이나 정리로 설명되는 과정이라는 것을 알 수 있다.

코페르니쿠스의 주장은 교회뿐 아니라 동시대인들을 충격에 빠뜨렸다. 심지어 마르틴 루터조차도 그 주장을 헛소리라고 일축했다.

"이 멍청이가 천문학 전체를 뒤엎으려 하고 있다. 그러나 성경은 하느님께서 지구를 향해 멈추어 서 있을 것을 명하셨다는 사실을 분명하게 말해주고 있다."

가톨릭 신학자들뿐 아니라 개신교 신학자들에게도 코페르니쿠스는 철저하게 외면당했다. 그러나 그의 주장과 이론은 이전까지의 난제들을 술술 풀어내는 마법과도 같았다. 프톨레마이오스의 그 복잡한 가상 궤도로는 설명할 수 없었던 우주의 현상이 코페르니쿠스의 이론으로 일거에 해소된다는 사실을 깨달은 과학자들이 늘어감에 따라 교회와 학계의 충돌은 불가피했다.

논쟁의 핵심은 이 발견이 성경의 권위에 얼마만큼의 영향을 미칠 것인지, 어떻게 하면 성경의 내용을 인생과 자연, 학문의 모든 영역에 충실하게 적용할 수 있는지, 학문이 반드시 글자 그대로 해석된 성경의 테두리 안에 머물러야 하는지로 귀결되었다. 이는 결국 모든 지식에서 신학과 신학자가 최종 결정권을 가지느냐, 아니냐의 문제였다.

문제제기만으로도 교회의 권위는 흔들렸다. 인간에 대한 정의는 오로지 신과의 관계와 신에의 종속성을 토대로 한다는 주장도 흔들리기 시작했다. 이것은 단순히 천체의 문제가 아니라 인간이 주체적인 존재로 탈바꿈하고 개인의 역할이 강화되는 대전환이었다.

코페르니쿠스의 이런 전환이 없었다면 '나는 생각한다, 고로 나는 존재한다'며 자아의 독립성을 주창한 데카르트의 철학도 성립할 수 없었을 것이다. 결국 코페르니쿠스의 이론은 인간이 사유의 중심이라는 의미까지 함축하고 있다. 태양이 태양계의 중심에 있다는 것은 세상이 객체가 아닌 주체를 중심으로 돌아간다는 뜻이기도 하다. 그러니 과학은 인간의 사유방식, 즉 인문학적 사고와 그 틀에 중대한 영향을 미친 셈이다. 그런데도 인문학이 과학을 외면하는 것은 자기모순을 고백하는 것과 다름없다. 코페르니쿠스는 태양을 우주의 중심으로 옮겨놓았고 철학자들은 인간을 사유의 중심으로 바꿔놓았다. 둘은 그렇게 나란히 손잡고 근대의 지평을 활짝 열었다.


## 새로운 과학의 시대, 아이작 뉴턴

· · ·

그 뒤 100년쯤 지나 1637년 완전히 새로운 물리학이 출현했다. 새로운 시대를 예고한 한 권의 책이 과학의 실체를 본격적이고도 실제적으로 보여주었다. 아이작 뉴턴 Sir Isaac Newton, 1642~1727 의 《자연철학의 수학적 원리》이다. 이 책은 현대의 자연과학적 세계상을 정립했다. 뉴턴에게 과학은 '경험을 토대로 한 철학'이었다. 그는 이 책에서 코페르니쿠스 체계가 옳다는 것을 입증했고 밀물과 썰물에 대한 올바른 설명을 제시했으며, 중력의 법칙과 운동의 법칙을 세웠다. 그는 연구규칙을 밝히면서 이렇게 말했다.

"자연현상에서 추론할 수 없는 사실은 반드시 가설로 명명되어야 한다. 형이상학적 가설이 되었든, 물리학적 가설이 되었든 간에 가설은 경험을 토대로 한 철학에서는 설 자리가 없다."

이는 당대 철학적 논쟁의 중심 문제이기도 했다. 이념이 인간에게 선천적으로 주어지는지, 신에게서 부여받는지, 아니면 백지상태Tabula Rasa로 태어나는지 여부는 데카르트에서 로크까지 이어지는 철학적 논쟁의 핵심이었다.

뉴턴을 통해 자연과학의 입지가 온전히 마련되었고 본격적인 제도와 학술 활동이 이루어졌으며 결과적으로 과학이 독립적인 영역을 형성했다. 근대 이후의 인류는 코페르니쿠스에서 뉴턴으로 이어지는 과학의 공에 크게 의존한다. 뉴턴 이후 과학을 모르거나 무시하면서 살 수 없음은 분명해졌다. 이제 과학은 가장 객관적이고 명료하게 세상을 읽어내는 거의 유일한 문법이 되었다.

만약 이들의 발견이 없었다면 현재의 우리는 어떠한 모습일까? 단순히 편리한 기기들을 이용하지 못한다는 불편함에 그칠까? 코페르니쿠스가 없었다면 우리는 여전히 지구가 세상의 중심인 줄 알며 살고 있을 것이고, 무엇보다 여전히 권위나 계시를 앞세운 종교나 권력에 휘둘리며 자유로운 개인의 삶을 누리지 못했을 것이다.

또한 뉴턴의 발견이 없었다면 아인슈타인도 없었을 것이고, 우주 여행은 꿈도 꾸지 못했을 것이다. 불편함은 견딜 수 있을지 모르지만 자유로운 개인으로서의 삶은 마련되지 못했을 것이다.

과학은 오늘 우리가 누리고 있는 수많은 문명의 이기들을 제공했다. 그러나 과학은 분명 어렵고 딱딱하다. 그렇다고 과학에 눈 감고 인문학을 공부할 수는 없는 노릇이다. 과학을 통해 인류는 중요한 가치를 얻었다. 바로 자유다. 과학이 인류에게 준 가장 큰 선물이다.

과학은 발전 속도가 빠르고 전문적이다. 일반인들은 삶 속에서 그 속도와 전문성을 따라잡을 수가 없다. 생각이 비집고 들어갈 틈을 찾을 수가 없다. 인문학을 문학, 역사, 철학이라고 되뇌는 사람들에게 과학은 관심 밖의 영역이다. 하지만 과학은 삶의 방식과 세상의 구성을 주도하는 힘이다. 마땅히 인문학적 관심을 기울여야 하는 주제다. 동시에 인문학은 과학이 자연의 법칙을 명료하게 해독한다 해도 '어떻게 살 것인가?'라는 물음과 더불어 자연과학과는 다른 그 무엇으로서 인간의 문화에 대해 성찰하는 바탕을 꾸준히 마련해야 한다. 실증적인 과학기술이 독단에 빠질 때 그에 도전하고 경종을 울릴 수 있는 너른 시야가 없다면 인문학은 과학의 힘을 견뎌낼 수 없을 것이다.


## 또 하나의 기념비 《종의 기원》

· · ·

나는 대학교 1학년생 위주의 수업 과제 목록에 반드시 찰스 다윈 Charles Robert Darwin, 1809~1882 의 《종의 기원》을 올려놓았다. 요즘 이 책을 읽는 사람은 별로 없다. 과학을 전공하는 학생들, 심지어 생물학을 전공하는 학생들조차 거의 읽지 않는다. 머리가 팽팽 돌 만큼 빠른 속도로 '진화'하는 과학의 시대에 150년도 더 된 케케묵은 책을 읽어야 할 필요성을 별로 느끼지 못하기 때문이다. 그러니 사회과학이나 인문과학을 전공하는 학생들은 더더군다나 이 책을 읽을 리가 없다. 그들에게 이 책은 아마 평생 제목으로만 존재할 뿐이다.

큰맘 먹고 책을 열어도 비둘기에 관한 이야기만 무려 50쪽 넘게 이어지니 거기부터 질려서 더 읽을 엄두가 나지 않는다. 그러나 그 이야기가 단순히 생물학의 문제로 그치지 않을 것임을 금세 깨닫게 된다. 게다가 만약 내가 그 시대에 살고 있었다면 과연 이 책의 생각들을 어떻게 받아들였을까 떠올려보면 흥미롭다.

다윈의 진화론이 갑자기 하늘에서 뚝 떨어진 것은 아니다. 다윈의 할아버지 에라스무스 다윈 Erasmus Darwin, 1731~1802도 일찍이 진화의 이론을 지지했던 진보적 학자였다. 다윈 이전에 이미 다양한 진화론적 사고가 일고 있었다. 어떤 면에서 보자면 그의 이론은 영국의 산업혁명의 부산물(?)이기도 했다. 물론 이런 사실들이 다윈의 진화론이 천재적 산물이라는 점을 훼손하지는 않는다.

산업혁명 이전 중세시대의 유럽 사회는 여전히 성서적 세계관을 벗어나지 못했다. 세계는 신에 의해 창조되었으며 그것은 완전한 것이라는 신념이 주를 이루었다. 당시에 제법 과학에 조예가 깊다고 자부하던 대주교 제임스 어셔 James Ussher, 1581~1656는 신이 기원전 4004년 10월 23일 월요일 오전 9시라는 성스럽고 완벽한 순간에 중단 없이 신속하게 천지를 창조했다는 '연구결과'를 발표하기도 했다. 천동설이 위력을 잃은 후였지만 어서의 주장이 먹혀들 만큼 종교의 가르침은 막강했다. 그러나 어서의 주장은 1859년 찰스 다윈이 《자연선택에 의한 종의 기원》을 발표함으로써 무력화되고 말았다.

산업혁명 이후 산업이 급속도로 발달하게 되었고, 발전 속도만큼 금속과 석탄의 수요가 급증했다. 광업이 발달했고, 철도나 운하 공사 때문에 지층을 깎아야 하는 일이 빈번하게 일어났다. 그런데 지층을 파헤칠 때마다 멸종생물이나 지금과는 다른 생물의 화석이 발견되었다. 이전 같으면 파볼 일이 없었으니 모르고 지나쳤지만 눈앞에 나타난 다양한 증거들은 기존의 창조설을 의심하게 만들기에 충분했다.

또한 1492년 콜럼버스가 신대륙을 발견('신대륙'도 아니고 '발견'도 아니다. '원래 있던 대륙'이었고, '늦은 방문'일 뿐이다)한 이후 유럽 밖에서 속속 발견되는 새로운 생물이나 지층 구조에 대한 보고들은 기존의 세계관을 흔들기 시작했다.

1628년 당대의 의학적 세계관을 무너뜨린 윌리엄 하비[William Harvey, 1578~1657]의 《동물의 심장과 혈액의 운동에 관한 해부학적 논고》 이후 본격화한 해부학의 발달도 생명체에 대한 새로운 인식을 촉발했다. 당시 유행하던 원예 분야에서도 새로운 품종을 지속적으로 육성했다. 참고로 멘델[Gregor Johan Mendel, 1822~1884]이 《식물 잡종에 대한 실험》을 통해 유전의 법칙을 발견한 건 1865년, 그러니까 다윈이 진화론을 발표한 지 6년이 지났을 때다.

이런 배경을 바탕으로 다윈은 무려 50년 가까이 연구에 매달렸다. 측량선 비글호를 타고 갈라파고스 섬에서 만난 새로운 생물들은 그에게 영감과 확신을 불어넣었다. 그렇게 해서 1859년 마침내 《자연

선택에 의한 종의 기원 On the Origin of Species by Means of Natural Selection 》이라는 기념비적인 책을 세상에 내놓았다.

당연히 엄청난 논쟁이 일었다. 맨 처음 다윈의 이론에 경악하며 반발한 것은 교회였다. 당시의 과학적 지식인들 사이에도 반대의 의견이 많았다. '다윈의 불독'이라 불리던 토마스 헉슬리 Thomas Huxely, 1825~1895 와 허버트 스펜서 Herbert Spencer, 1820~1903 정도가 열렬하게 지지했을 뿐이었다. 일반 시민들도 진화론을 따르면 인간의 조상이 원숭이가 되는 것 아니냐는 의심을 거두지 않았다. 그러면서도 다윈을 지지했다. 모순되지 않는가? 대중들이 다윈을 지지한 주된 이유는 다윈이 교회의 권위에 도전한다고 여겼기 때문이다. 일종의 이이제이 以夷制夷 심리였다. 사사건건 자신들의 지성과 감성, 그리고 욕망을 억압하는 교회에 대해 대중들의 반감은 적지 않았다. 그런데 다윈이 교회에 엄청난 일격을 가하는 모습을 목격하면서 사람들은 다윈을 성원했던 것이다.

## 다윈의 진화론과 히틀러의 나치즘

. . .

다윈의 이론은 단순히 종교나 생물학의 영역으로 국한되지 않고 거의 모든 분야에 영향을 미쳤다. 예를 들어 도스토옙스키 Fyodor Mikhailovich Dostoevskii, 1821~1881 의 《죄와 벌》도 넓은 의미에서 진화론의 영향을 받았다고 평가된다. 《죄와 벌》의 주인공 라스콜리니코프의 모습은 니체 Friedrich Wilhelm Nietzsche, 1844~1900 의 초인에서도 발견할 수 있다. 초인의 행동은 보통사람들에게는 범죄로 보일 수 있지만, 실은 인류의 진보를 가져올 새 시대를 열기 위해 사회악을 일소하는 과정일 뿐이다. 니체의 철학은 철저하게 다윈의 진화론의 영향을 받아 전개되었다.

니체 철학은 본질을 전혀 모르던 전쟁광 히틀러<sub>Adolf Hitler, 1889~1945</sub>에 의해 엉뚱하게 차용되어 인종청소라는 반인륜적 범죄로 이어졌다. 청년 시절 히틀러는 다윈 사상의 저술에서 강한 영향을 받았다. 그는 열등한 인종을 멸종시키면 앞으로 오는 세대들은 인종청소로 얻은 진보를 두고두고 고마워할 것이라고 확신했다.

실제로 그는 《나의 투쟁》에서 "게르만족은 보다 고등한 인종으로서 영광된 진화의 미래가 약속되어 있다. 이 이유만으로도 유태인종은 게르만족으로부터 격리되어야 한다. 그걸 못했을 때는 혼합 결혼이 발생할 것이다. 그런 일이 벌어지면 보다 고등한 진화 단계의 존재로 태어나기 위한 자연의 모든 노력은 허사가 되고 말 것이다"라고 강변했다. 그는 유태인 학살이 아리안족과 비 아리안족이 섞여서 생식하는 것을 방지하려는 특단의 결심임을 내세웠다.

그의 조악한 사상은 진화론에 대한 그릇된 집착이었다. 그는 고등한 인종이 언제나 열등한 인종을 정복했다고 하면서 자기 이론을 합리화했다. 결과적으로 나치 사상의 중심 강령 중 하나는 진화론이었다. 다윈이 들었다면 펄쩍 뛰었겠지만. 나치는 모든 생물학적 주체들이 상향 진화한다고 생각했고, 더디게 진화한 유형들은 실질적으로 멸종되어야 한다고 믿었다. 다윈의 진화론에 한층 고무된 우생학까지 덧붙이면서 자신들의 인종관념과 전쟁의 당위를 정당화했던 것이다.

이처럼 진화론은 19세기와 20세기 전반에 걸쳐 긍정적이건 부정적이건, 제대로 이해했건 잘못 이해했건 엄청난 파장을 일으켰다. 오늘날 진화론의 영향을 받지 않은 분야가 거의 없다. 경제학도 심리학도 예외는 아니다. 그런데도 우리는 그냥 생물학의 테두리 안에서 '다윈＝진화론'이라는 아주 작은 한 조각의 등식만 기억할 뿐이다.

진화론에 버금가는 지적 혁명은 천동설을 뒤집은 지동설 정도뿐이다. 지동설 전후와 진화론 전후, 세계에 대한, 더 나아가 우주에 대한 인식의 틀이 완전히 뒤바뀌었다. 이는 당연히 세계를 바꾸고 삶의 방식을 바꿔놓았다. 사고의 방식과 형태도 바꿔놓았다. 그런데도 우리는 고작해야 '적자생존'에 대한 잘못된 이해의 수준에서 벗어나지 못하고 있다. 그나마도 적자생존을 마치 '강자생존'으로 착각하고 있다.

적자適者, the Fittest는 거대하고 강한 존재가 아니라 새로운 변화에 빠르게 적응하고 변화하는 존재다. 거대하고 강한 존재가 살아남는다면 공룡이 지구를 지배하고 있어야 하지 않겠는가? 그런데도 적자생존을 마치 약육강식의 프레임을 정당화하는 것쯤으로 왜곡하고 있지는 않은지 반문할 일이다.

《종의 기원》은 생명의 다양성과 인간소멸의 자연학이라는 혁명적 세계관을 던졌다. 그리고 그 여파는 어마어마했다. 그런데도 우리는 걸핏하면 그의 주장 가운데 부족한 점이나 모순되는 점 따위를 지적하면서 외면한다. 그러면서 여전히 21세기에도 버젓이 '창조론 대 진화론'이라는 시대착오적인 이항구조를 내세울 뿐이다.

다윈의 이 위대한 과학적 성과는 철학적 사유도 바꿔놓았고 정치의 지평도 바꿔놓았다. 다윈의 책은 현대성의 문을 활짝 열고 기존 권위의 틀을 일거에 날려버린 통쾌한 혁명이었다. 그것은 우리를 더 자유롭게 만든 기념비였다.

# 인터넷은 휴머니즘이다

마샬 맥루한<sub>Marshall McLuhan, 1911~1980</sub>은 《기술결정론》에서 모든 매체는 인간의 오감을 확장하는 것이라고 보았으며, 이런 맥락에서 '매체가 곧 메시지'라는 명제를 도출한다. 그 미디어가 어떤 기술을 사용하느냐에 따라 사람들의 인식이 결정된다. 미디어의 메시지는 부차적인 것이 된다. 그래서 그는 "지금까지는 우리가 도구를 만들었지만, 앞으로는 도구가 우리를 만들 것이다"라고 예언한다. 이 말은 충격적이다. 과연 우리는 주체가 될 수 없는가?

앨빈 토플러<sub>Alvin Toffler, 1928~</sub> 는 《제3의 물결》에서 정보혁명을 예견했다. 그런데 그가 컴퓨터를 언급할 때만 해도 인터넷 혁명은 없었다. 하지만 지금 우리는 인터넷 없는 세상은 상상할 수 없게 되었다. 절해고도에 홀로 사는 것 같은 고립감을 느끼거나 심지어 패닉 상태에 빠질 수도 있다.

마이클 하임Michael Heim, 1944~ 이 《가상현실의 철학적 이해》에서 "궁극적으로 가상현실은 철학적인 경험이다. 그것은 아마도 최상의 신비로운 경험이 될 것이다"라고 말했던 것 또한 이미 인터넷이 이전과는 판이하게 다른 새로운 형태의 현실을 만들어내고 있음을 확인시켜준다. 물론 하임은 그것이 너무 혁신적인 만큼 위험한 면도 있다고 경고한다.


## 현대의 프로메테우스의 불, 디지털

· · ·

디지털 기술, 이 도구는 단순히 인터넷이나 이동통신의 혁신성에 한정되는 건 아니다. 이전의 그 어떠한 수단보다 효과적인 동시에 쉽게 통제가 가능하고 편리하다.

지금 세계는 기술이 너무 빨리 진화한 데서 생긴 새로운 유형의 사회적 현상 혹은 딜레마에 봉착해 있다. 분명히 디지털 기술의 총아 인터넷은 인류가 낳은 돌연변이다. 지금까지의 전통적인 자기정체성이 사라지기 때문이다. 성장 과정에서 형성된 자기정체성이 인터넷에서는 이미 모호해지고 있다. 이름이 아니라 익명의 ID가 나를 대표하는 정체성으로 활동한다. 나의 디지털 분신인 아바타가 나를 온전히 대신하는 상황이 올지도 모른다.

때로는 이런 방식이 인간을 해체하는 것은 아닐까 하는 두려움에 빠지기도 한다. 데이비드 와인버거David Weinberger, 1950~ 는 웹브라우저 탄생 10주년에 맞춰 내놓은 《인터넷은 휴머니즘이다》에서 "새로운 세계에 발을 들여놓으면 우리는 새로운 인간이 된다"라고 주장하고 있다. 그의 주장이 막연한 낙관론은 아니다.

그리스 신화의 프로메테우스는 신의 지식인 불을 인간에게 전해주었다는 이유로 혹독한 처벌을 감내해야 했다. 프로메테우스Prometheus가 그 결과를 몰랐을까? 아니다. pro는 '미리, 앞서'를 의미하고 metheus는 '생각하다'는 뜻으로, 그의 이름에서 보듯 그는 자신이 엄한 처벌을 받을 것임을 알았다. 그럼에도 불구하고 그는 제우스의 불을 훔쳤다. 신이 지식과 정보를 독점한 데 대한 도전이었다. 불은 끊임없는 인간의 지식 탐구 본능을 상징한다. 물론 인간도 혹독한 대가를 치러야 했다.

형과 달리 epi 즉 '나중에 깨닫는 사람'이라는 뜻의 이름을 가진 동생 에피메데우스Epimetheus의 아내 판도라Pandora가 그 악역을 맡았다. 판도라는 위험한 상자를 열었다. 온갖 질병이며 고통들이 튀어나와 그 이후 인간은 괴로운 삶의 무게를 감당해야 했다. 그러나 그것조차 인간의 지식 탐구 본능을 근본적으로 막지는 못했다.

인간이 호기심을 가진 존재, 숭고한 창조력을 가진 존재로 정의되는 것은 그런 이유 때문이다. 물론 권력은 늘 정보와 지식을 독점하기를 원한다. 중세의 서양교회가 그랬고, 현대의 독재자들이 그렇다. 그래서 늘 권력은 개인의 자유와 충돌한다.

한국 사회뿐 아니라 전 세계가 인터넷의 영향력에 대해 두려움을 갖고 있다. 많은 이들이 인터넷 세상의 '나쁜 정보' 때문에 성범죄가 만연하고 범죄가 난폭해진다고 단정한다. 한편 아동 성범죄가 1990년에서 2005년 사이에 50퍼센트가 줄었다는 통계자료도 있다. 아이들의 인터넷 사용이 늘면서 아동 성범죄가 줄었다는 이 자료는 무엇을 의미하는가?

나는 범죄에 대한 더 근본적인 원인은 젊은이들에게 희망을 앗아간 사회구조에서 찾아야 한다고 본다. 그래서 인터넷 실명제니, 인터넷 종량제니 따지면서 익명성과 접근성에 시공간적 제재를 두려는 시도에 신중을 기해야 한다고 생각한다. 정보의 통제와 독점은 그것이 권력의 유지에 필수적이라고 믿는 권위적 발상이다. 위키리크스Wikileaks의 줄리언 어샌지Julian Paul Assange, 1971~ 에 대해 미국 정부가 재갈을 물리려는 것도 크게 다르지 않다.

인터넷이 지닌 영향력은 바로 인터넷이 탄생한 환경의 억압적 요소에서 비롯됐다는 비판은 설득력이 있다. 해커들이 해킹과 트래킹을 구분하면서 자신들을 정보의 독점을 해체하는 전사라고 자부하는 이유도 기존의 질서가 행해온 정보의 일방통행에 저항하고자 하기 때문이다. 실제로 인터넷이 지닌 영향력은 현실세계의 억압하는 힘에 비례하여 증폭한다는 점을 기억해야 한다.


## 인터넷에 자유를 허하라

· · ·

인터넷은 거의 무한대에 가까운 웹사이트를 통해 인간의 생활방식을 바꿀 뿐 아니라 인간 자체를 바꿀 수도 있다. 심지어 과거를 지울 수도, 미래를 수정할 수도 있는 전혀 새로운 개념의 공간이다. 이 공간에 참여하는 데에는 아무런 제약도 차별도 없다. 오직 관심만 있으면 된다.

예를 들어 기업 총수와 음식점 배달원이 평등하게 만날 수 있는 오프라인 공간이 있는가? 그 둘이 함께 같은 자리에 앉는다거나 대등한 발언권을 행사한다는 것은 상상하기 어렵다. 그러나 인터넷에서는 같은 '관심'으로 동일한 온라인 공간에서 평등하게 소통한다. 사이클링을 좋아한다거나 특정한 견종의 개를 선호한다거나 해서 만들어진 동호인 모임에서 각자는 ID로 평등하게 만난다. 그의 사회적 신분을 대변할 수 있는 어떠한 장치도 필요 없다.

또한 인터넷의 정보 개방성은 다른 모든 사람이 정보를 소유하고 있다고 해서 내가 가진 양이 줄어들지 않는다. 오히려 그 반대다. 내가 제공한 정보에 대해 다른 사람이 보충하거나 비판함으로써 나의 정보가 수정 보완되고 정보의 내용과 양이 증가할 수 있다. 기존의 제로섬zero-sum 프레임을 깨는 새로운 패러다임인 것이다.

위키피디아Wikipedia나 네이버 지식인 등에서 보듯이 집단지성의 힘은 이를 증거하고 있다. 물론 그런 인터넷 검색창이 완전무결할 수는 없다. 지식과 정보를 제공하는 사람이 그릇된 정보를 올릴 수 있기 때문이다. 그러나 여기에 대해서도 집단지성의 구성원들이 지적하고 비판함으로써 자기 수정을 할 수 있다. 일방적인 교조나 텍스트의 정립이나 강요는 들어설 자리가 없다.

가상공간에도 위험 요소는 있게 마련이다. 가상세계는 현실보다 생동감 있으면서도 현실처럼 고단하지 않기 때문에 우리는 그 공간에 순식간에 도취되기 쉽다. 그 낯선 세상에 취해서 자신이 딛고 사는 현실의 문제를 회피한다면 그것은 주객이 전도된 것이다. 이는 현실

파괴로 이어질 수 있다.

현실의 경쟁에 어깨가 쳐져 숨 죽여 지내는 사람들이 자기 세계를 만들 수 있는 공간이라고 볼 수도 있겠다. 많은 단점이 있겠지만 가상 공간은 일정 정도 탐욕과 이중성, 억압과 피해의식을 배출하는 하수구 역할도 담당하고 있다. 좀 더 긍정적인 시각에서 보자면, 합리성과 자정적 인격성도 배양할 수 있는 공간이다.

그래서 와인버거는 "인터넷 공간에는 필연적으로 도덕적 특성이 담겨 있다"라는 메시지를 전하고 있다. 그의 말은 그 낙관적 신세계에서 어떤 인간을 창조해내야 할 것인가라는 근본적 물음과 맞닿아 있다. 현실세계가 그렇듯 인터넷이 만들어내는 세계 또한 우리 자신의 것이기 때문이다.

인터넷은 비트bit로 치장한 옷차림의 구세주가 아니다. 그러나 인터넷이 우리가 현실에서 겪고 있는 억압과 차별 그리고 소외에서 벗어나 자유로운 인간의 구현을 가능하게 해준다는 점은 분명하다.

# 당신에게 수학은 무엇인가?

함수 $f(x) = \lim\limits_{n \to \infty} \dfrac{\left(x^2 + \dfrac{1}{2}\right)^n - 2}{\left(x^2 + \dfrac{1}{2}\right)^n + 2}$ 에 대하여

$f\left(\dfrac{\sqrt{2}}{2}\right) + \lim\limits_{x \to \frac{\sqrt{2}}{2} - 0} f(x)$ 의 값은?

$\displaystyle\int_0^{\frac{\pi}{2}} \sin 2x(\sin x + 1)dx$의 값은?

이 두 문제를 풀 수 있는 사람이 과연 얼마나 될까? 아마 수학이나 관련 과목을 전공하지 않은 사람들은 거의 풀지 못할 것이다. 아니 풀 수 있느냐 없느냐의 문제가 아니라 도대체 이게 무슨 문제인지조차 정확하게 알지 못할 수도 있을 것이다.

# 수학이 재미없는 이유

· · ·

국어와 함께 학교에서 가장 오랫동안 배운 과목이 수학이다. 그리고 학생들을 가장 힘들게 한 것도 수학이다. 가장 많은 시간과 돈 그리고 에너지를 쏟아부었다.

그런데 지금 그걸로 우리는 무엇을 할 수 있는가? 가감승제의 기본적 셈 능력만 있으면 세상 살아가는 데에 별 문제가 없다. 게다가 우리의 일상에서 복잡한 수학적 계산이 필요한 일이라는 것도 거의 없다. 그러니 대개의 경우 수학 지식은 고등학교 졸업과 동시에 몽땅 반납하고 그걸로 끝이다.

그렇다면 도대체 무엇을 위해 그토록 많은 시간과 돈과 에너지를 쏟았는가? 수학자들은 이렇게 말할 것이다. 수학을 통해 논리적 사고, 구성적 능력, 추상적 인지력 등을 함양할 수 있다고. 맞는 말이다. 그러나 그런 것들이 수학으로만, 그것도 그렇게 엄청난 공력을 들여야만 얻어지는 것일까?

수학은 다른 학문을 이해하는 능력을 키워줄 뿐 아니라 생각과 마음을 종합적으로 훈련시킨다. 수학은 결코 과학을 배우기 위한 도구에 그치지 않고 바르게 생각하고 바르게 표현하는 방법을 제공하는 언어다. 그래서 피타고라스<sup>Pythagoras, 기원전 580?~500?</sup>는 수학을 역동적인 사고방식이라 주장하며 수를 자연의 언어라고 보았다. 플라톤도 자신의 아카데미 입구에 "기하학을 모르는 자는 들어오지 말라"는 팻말을 걸었다. 오래전부터 수학은 모든 학문의 모범이었다. 하지만 대부분의 학생들이 수학을 통해 얻는 교훈은 딱 한 가지뿐이다. "인생을 살다

보면 하기 싫어도 해야 하는 것이 있다."

왜 수학은 재미없을까? 계산, 계산, 또 계산……. 갈수록 복잡하고 어려워지는 계산뿐이다. 이는 그저 계산만 가르치는 교사 때문이기도 하다. 새로운 단원이 시작될 때마다 그냥 다짜고짜 계산법만 가르친다. 시험에서 계산만 묻기 때문에 다른 건 굳이 언급할 필요가 없기 때문일까?

누가 미분을 만들었는지, 왜 만들었는지, 미분이 도입되어 수학을 어떻게 변모시켰는지, 물리학을 비롯한 과학에 어떻게 적용되는지, 더 나아가 일상에서 미분이 적용되는 일은 어떤 게 있는지에 대해 언급하는 수업을 들어본 적은 아마도 거의 없을 것이다.

수학은 단순한 계산이 아니다. 수학만큼 추상적인 학문은 없다. 수학이 어떻게 학생들에게 그 추상성의 힘을 깨우치게 하고 증대시킬 수 있는지에 대해 고민해야 한다.


## 미적분 속의 인생

· · ·

미적분을 가르칠 때 인생과 연결해서 짧게 설명하기만 해도 수학적 계산에서는 빵점을 맞더라도 살아가면서 제 삶에 좋은 지침이 될 것이다. 예를 들어, 이런 식으로 말이다.


미분은 간단히 말하자면 기울기를 구하는 것이고, 적분은 면적을 구하는 것이다. 직선이라면 미적분이 없어도 암산으로 구해질 수 있지만, 곡선일 때는 절대로 암산으로 구해질 수 없고 미적분을 적용해야 한다. 달리 말하자면 미분은 복잡한 것을 전체적으로 조망할 수 없을 때 그 성질을 함유한 최소 단위 부분으로 쪼개어 그것의 기본값을 구하는 것이지.

수학 시간에 배운 미적분은 물리 시간에 활용도가 커진다. 시간에 대한 위치, 속도, 가속도의 관계가 미적분으로 해석되기 때문이다. 시간에 대해 위치를 미분하면 속도가 되는 것이고, 속도를 미분하면 가속도가 된다. 반대로 속도를 적분하면 위치가 되고.

조금 더 설명해볼까? 인생에서도 미적분이 적용되지. 예를 들어 너희들이 연애할 때 상대를 어떻게 정하지? 그냥 잘생기면 끝? 물론 잘생기고, 돈 많고, 똑똑하고, 유머감각까지 있으면 금상첨화겠지. 하지만 그런 사람 있을까? 또 설령 있다 하더라도 그런 사람과 평생 사는 게 정말 행복할까? 내가 채워줄 게 없잖아. 사랑은 그저 받기만 하는 게 아니라 줄 때 더 행복하거든. 거창하게 인생관이나 세계관을 따지는 사람도 있을 거야. 멋진 일이지. 칭찬할 만한 일이야. 하지만 그것만으로 평생을 함께 살아갈 수는 없다고 여기는 사람도 있겠지? 자기 삶에서 가장 중요하다고 여기는 게 한 가지일 필요는 없고, 그럴 수도 없어. 하지만 그게 뭔지는 찾아봐야지. 그래야 다른 가치도 거기에 수렴될 수 있으니까.

자기 삶에서 가장 중요한 게 뭔지 판단하려면 군더더기들을 떨쳐내고 스스로를 돌아봐야 한다. 그건 어쩌면 자기정체성 혹은 주체성을 확인하는 과정이다. 그렇게 군더더기를 제거해보면 마지막까지 포기

할 수 없는 가치가 나온다. 삶에서 온전히 봐야할 한 지점을 발견하게
된다.

중요한 가치가 수렴하는 지점을 찾는 바로 그 과정이 미분이야. 미분,
즉 기울기라는 건 결국 자기 삶의 본질이나 방향성이지. 그게 없으면 절
대로 주체적으로 살 수 없어. 연애나 결혼 상대에 대해서도 미분을 해보
자고. 내가 상대를 미분해봤을 때 그 미분값이 외모라고 한다면, 평생
그 외모만으로 상대를 존경하고 아끼고 사랑할 수 있으면 돼. 끝까지 그
것만으로도 충분하고 고맙다고 느낄 수 있는 사랑이라면 그것도 칭찬
할 만한 일이지. 만약 외모가 미분값이 아니라면 다른 요소들을 따져보
는 거야. 그렇게 나의 미분값과 상대의 미분값을 따져볼 수 있어야 제대
로 사랑도 하고 함께 가치 있는 삶을 살아갈 수 있지 않을까?

아이들은 연애와 결혼이라는 단어에 눈을 번쩍 뜰지 모르겠다. 지루
한 수학 시간에 연애 이야기라니 하며. 내친 김에 적분까지 몰아가
본다.

그럼 적분은 어떨까? 적분은 면적을 구하는 거라고 했지? 기울기는 그
저 선에 불과해. 면적이 없잖니. 인생의 방향성만 있다고 그 삶이 저절
로 채워지는 건 아니잖아. 단순히 인생관이나 세계관이 같다고 행복하
게 살 수는 없어. 인생은 추상적인 게 아니니까. 그래서 이번에는 적분
을 해서 면적을 구해보는 거야. 연애나 결혼의 경우에 적분을 적용해볼
까? 적분에서는 인티그럴 알파에서 베타라는 값이 있잖니. 알파에 나

를, 베타에 상대의 값을 적용해보라고. 그 값의 폭이 클수록 적분값, 즉 면적이 커지겠지? 그러니까 서로 큰 값을 지니고 키워야 함께 만들어낼 적분의 값도 커지는 거야. 그러니까 연애는 미분으로 결혼은 적분으로 계산해보면 좋다고 할 수 있겠지?

사랑, 연애와 결혼으로 관심을 얻었다면 인생에 대한 소견도 건네볼 수 있다. 삶에서의 변화와 휴식, 몰입 등도 미적분의 이야기로 풀어낼 수 있다.

우리가 살다 보면 똑같은 속도로만 살 수는 없잖니. 어떤 때는 가속도를 내야 성과를 낼 수 있지. 언제 가속도를 내야 할 것인지, 얼마만큼 가속도를 내야할 것인지 등을 재고 따질 수 있어야 해. 그게 함께 살아가는 힘이거든. 그리고 그렇게 가속도를 낼 수 있을 때, 때로는 휴식으로 속도를 조절하기도 할 수 있지. 미분이 기울기를 구하는 것이라고 했지? 그것은 변화를 분석하는 것이기도 해. 살아가면서 많은 변화를 겪게 될 거야. 그랬을 때 그 변화를 스스로 분석하지 못하면 주체적으로 살아갈 수 없어. 그냥 남 시키는 대로 혹은 흐름 따라서 수동적으로 살게 되거든. 그런 삶 원해? 아니지? 그럴 때는 미분을 해봐. 아까 기울기라고 했지? 그 기울기를 다시 세분해보면 순간기울기를 구할 수 있어. 수학적으로 좀 멋지게 표현하자면 곡선의 각 순간의 속도라고 할 수 있지. 그런 값을 구할 수 있는 사람일수록 자기 삶에 충실할 수 있고 더 멋지게 살 수 있지 않겠니? 또 다른 관점에서 말하면 미분은 별거 아냐. 바로 접선을 구하는 거야. 접선은 곡선의 중심과 가장 가까운 직선이지. 그

값을 어떻게 구할 수 있을까? 방금 곡선의 각 순간의 속도 혹은 순간기울기라는 말 했었지? 여러분들의 삶에서 자신이 추구하는 삶과 세상에서 주어진, 혹은 현실이 요구하는 삶이 다를 수 있잖니. 그 접점을 찾아야 하겠지? 그게 바로 미분이야.

수학 선생의 시답잖은 설교라고 콧방귀를 끼는 학생이 있을지도 모르겠다. 그래도 지옥의 암호 같은 미적분을 무작정 계산해대는 것보다야 조금 더 인생에 도움이 될 거라 생각한다. 연애와 결혼뿐만 아니라 살아가면서 마주칠 많은 삶의 과제들을 해결하려고 머리를 싸맬 때 문득 떠오르는 생각의 실마리가 되지 않을까? 수학 교사가 시를 좋아한다면 이렇게 말할 수도 있을 것이다.

여러분들이 읽는 시는 세상을 미분으로 구한 언어의 해解다. 한 편의 시가 여러분들의 삶의 기울기가 될 수도 있다. 그리고 그런 시에 여러분들의 삶과 뜻과 지식을 인티그럴의 알파와 베타 값으로 치환하면 삶과 세상에 대한 적분의 값을 얻어낼 수 있다. 그러니 시 한 편이 여러분의 삶의 지평을 얼마나 넓혀줄 수 있을지는 여러분들에게 달려 있지.

이렇게 해봐야 고작 20분이면 충분하다. 새로운 단원이 나올 때마다 계산식만 체득하면 되는 것이라는 고정관념을 깨야 한다. 그다지 거창하고 어려운 게 아니다. 교사가 먼저 생각을 깨고 나오면 아주 간단하게 실행할 수 있는 일이다. 그것만으로도 수학이 학생들을 지루하지 않게 해줄 수 있는데, 굳이 외면할 까닭이 없지 않은가?

내가 대학에 다닐 때 1학년은 학기마다 의무적으로 다른 단과대학의 수업을 들어야 했다. 문과대학에 다니던 나는 이공대학 수업 가운데서는 수학을 택했는데 그것이 논리적 사고에 도움이 될 것이라고 기대했기 때문이었다.

당시 담당교수는 유명한 수학자였다. 특히 고등학교 시절 우리가 배웠던 수학교과서의 저자였기에 존경과 기대가 컸다. 그러나 결과는 대 실망이었다. 한 학기 내내 선형대수학과 위상대수학만 배웠다. 이공대 학생들조차 어렵다고 느끼는 걸 문과대 학생들에게, 그것도 오로지 계산법만 가르쳐주는 심사를 이해하기 어려웠다. 시험 때는 그냥 문제를 외워서 대충 숫자만 바꿔서 답을 쓸 수밖에 없었다. 끔찍했다. 만약 그가 다양한 수학적 사유, 수학자들의 생각과 삶을 담은 수학사를 가르쳤더라면 훨씬 더 즐겁고 유익했을 것이다.

물론 내게는 좋은 반면교사가 되었다. 나중에 내가 교단에 서면 절대로 저렇게 가르치지는 않겠다고 결심했다. 그래서 나는 매 수업마다 학생들의 전공들을 살펴서 그 학생들 전공의 '원론' 교과서쯤은 미리 읽어보면서 관심사를 공유했다. 지금 이 책을 쓸 수 있게 된 동기도 어쩌면 그 교수가 내게 준 선물인지도 모르겠다.

# 과학은 가치중립적인가?

일상생활에서 플라스틱 없이 단 하루라도 지낼 수 있을까? 깊은 산속에서 완전히 자급자족하는 삶이 아니라면 거의, 아니 아예 불가능할 것이다.

플라스틱이 일상생활 속으로 파고든 건 1940년대 이후의 일이다. 이전에는 빗 같은 제품을 만드는 원료를 고래나 코끼리에게서 얻었다. 당연히 비쌌다. 그러니 아무나 빗을 소유할 수 없었다.

최초의 플라스틱 셀룰로이드는 점점 비싸지는 상아를 대체할 물질을 찾기 위한 과정에서 발명됐다. 뉴욕의 당구공 업자들이 상아 대체 물질에 대해 공모전을 열었는데, 인쇄공 존 웨슬리 하이엇 John Wesley Hyatt, 1837~1920이 바로 그 물질을 발명해냈던 것이다. 그게 1863년의 일이었다. 이후 서민들도 값싼 빗을 구할 수 있었고 귀족 스포츠였던 당구도 즐길 수 있었다.

# 플라스틱은 민주주의를 발전시켰다

* * *

소비의 민주화가 이루어진 것이다. 플라스틱이 대중민주주의의 확산에 촉매가 되었다. 그뿐인가? 많은 천연물질을 대체함으로써 멸종 위기에 몰린 생태계를 보호할 수 있었다. 썩지 않는 플라스틱 제품이 생태계를 파괴한다는 문제가 제기되었지만, 적어도 상아를 구하기 위해 코끼리를 남획하던 일은 멈추게 했다.

대중 소비라는 점에서 민주주의 발전에 한몫을 해낸 게 플라스틱뿐이었을까? 플라스틱은 화학의 산물이다. 화학 이전의 조야한 상태를 대표하던 것이 바로 연금술이었다. 연금술이란 고대에서 시작하여 이슬람 세계에서 체계화(?)되었고 중세 유럽에 퍼진 일종의 주술적 자연학으로 그 핵심은 비금속을 인공적 수단으로 귀금속으로 전환하는 데 있었다.

교회는 연금술사들을 탄압했다. 탄압의 근거는 그들이 엉터리 마법으로 혹세무민한다는 죄목이었겠지만 본질은 종교적 이유였다. 금이 없는 데에서 금을 만들어낼 수 있다는 연금술사들의 말은 무에서 유를 '창조'한다는 의미였고, 창조는 오로지 신의 몫이었다고 믿었던 교회는 연금술사들을 용납하기 어려웠다.

연금술은 적확한 공식을 도출하지는 못했지만 수많은 실험을 통해 자료를 축적할 수 있었다. 여러 가지 금속의 물리적, 화학적 성질과 무기산의 제조법, 그리고 이를 통한 금과 은의 분석과 정제 등 기술적 내용은 화학의 전신이라고 하기에 합당한 정확성을 갖추기 시작했다. 이것들이 축적되고 전승되고 서로 지적 자극을 주면서 마침내 화

학자들은 일정한 공식을 도출할 수 있었다. 이후 보일Robert Boyle, 1627~1691
과 라부아지에Antoine-Laurent Lavoisier, 1743~1794의 원소 개념이 확립되면서 근
대 화학이 정립되었고, 이후로 화학은 눈부시게 성장했다.

질량보존의 법칙을 정립한 라부아지에는 처음으로 화학에 정량적
인 방법을 도입하였고 비체계적인 화학물질에 이름을 붙이는 명명체
계를 마련함으로써 근대 화학의 아버지라고 불린다.


## 과학의 딜레마, 가치중립성

· · ·

인류를 해방시켰다고 일컬어지는 화학의 아버지 라부아지에의 제자
인 엘레퇴르 뒤퐁은 군수회사 뒤퐁을 세우고 세계대전에 무기를 공
급한다. 경제학자 F. 케네의 제자였고 중농주의자였던 피에르 뒤퐁의
아들 엘레퇴르 뒤퐁은 프랑스혁명 때 아버지와 함께 미국으로 망명했
는데 그들 가족은 델러웨어 주 윌밍튼에 화학공장 뒤퐁을 세웠고 대
영전쟁과 남북전쟁을 거치면서 미국의 큰 화학회사가 되었다. 1912년
셔먼법에 의해 뒤퐁, 허큘리스, 아틀라스로 나뉘었고, 이때 분할된 뒤
퐁사가 제1차 세계대전 때 연합국이 사용한 탄약의 40퍼센트를 공급
했으며, 제2차 세계대전 중에는 원자폭탄을, 전후에는 수소폭탄을 제
조했다. 화학이 인류를 해방시키고 보통사람들에게 풍요를 주기도 했
지만 엄청난 파괴력을 지닌 살상무기 제조에도 큰 책임을 안고 있다
는 아이러니는 비단 뒤퐁사의 문제로만 그치지 않는다.

과학에서 가장 핵심적인 이슈 가운데 하나가 바로 과학의 가치중

립성 문제다. 이 문제가 본격적으로 대두된 것은 원자폭탄의 제조, 즉 '맨해튼 프로젝트Manhattan Project' 때문이었다. 원자폭탄을 일본의 두 도시에 투하하지 않았다면 전쟁이 더 오래 지속되어 더 많은 사람들이 죽었을지 모른다는 의견과 별개로, 그 폭탄의 가공할 위력과 후유증은 과학의 가치중립성에 대한 사람들의 생각을 흔들어놓았다.

과학의 가치중립성은 객관적인 사실만을 연구의 대상으로 삼고 그에 대해 가치를 판단하는 주관성을 배제하는 것을 말한다. 이 문제를 본격적으로 다루기 시작한 것은 막스 베버Maximilian Carl Emil Weber, 1864~1920였다. 그는 주관적이고 개인적인 세계관 혹은 가치관이 사회과학의 영역에 개입하는 것을 비판했다.

달리 말하자면 과학은 참과 거짓을 다루는 인식론적 판단일 뿐 선과 악의 도덕적 판단의 지배를 받지 않는다는 것이다. 과학적인 문제는 윤리의 문제가 아니며, 윤리는 가치철학의 문제이지 경험과학의 방법론이 될 수도, 그 판단의 기준도 되어서도 안 된다고 주장했다.

분명히 가치중립성은 과학에 있어서 포기해서는 안 될 가장 중요한 덕목 가운데 하나다. 중세 유럽의 교회가 지동설을 부정하고 억압한 것은 대표적인 가치중립성의 부정이었다. 더 나아가 동양의 근대성을 저해한 것도 당시의 의식구조와 세계관이 과학의 독립적인 가치중립성을 인정하지 않은 까닭이라는 점도 어느 정도는 타당하다.

과학이 당당하게 독립적으로 자신의 영역을 구축하고 확장할 수 있었던 바탕에는 분명히 가치중립성이라는 사고의 전환이 깔려 있었다. 그러나 맨해튼 프로젝트처럼 과학은 가치중립성이라는 옹성 안에서 안전하게 버티기 어렵다는 사실 또한 분명하다.

과학은 우리 생활 깊숙이 작용하고 있을 뿐 아니라 우리의 사고에
도 중요한 역할을 담당해왔다. 과학적 이론도 당대의 정신과 주류 체
계 속에서 성립되는 것이다.

## 생물학적 결정론과 유전자 환원주의

· · ·

유기체의 선천적인 자질이 행동의 원인이 된다는 생물학적 결정론과
유전자 환원주의는 개체를 유전자의 탈것 정도로 여긴다. 한 개체의
생물학적 동일성은 게놈genome 때문인데, 이 게놈은 유전자군으로 이
루어져 있다. 즉 유전자로 개체를 해체한다면 생물학적 동일성은 사
라지고 만다.

생명체의 삶은 생명체 내부의 구조와 기능으로만 작동되는 것이
아니라 그가 맺는 다양한 관계 속에 놓여 있다. 그런 관계성을 통해
각각의 생명체가 살아간다. 따라서 변화도 관계 속에서 이루어진다.
그런데도 생물학적 결정론은 어떤 특정한 사례를 분석해서 유기체적
으로 설명하는 명쾌함에만 골몰한다. 이는 매력적이고 설득력이 있는
방법이지만 분명한 것은 이것이 단지 외적 관계성이 개입되지 않았
을 때의 단순한 구조적 설명에 그친다는 점이다.

과학은 또한 속성상 환원주의에 의존하기 쉽다. 복잡한 자연현상
을 설명할 때 분해한 단순한 몇 개의 요소로 전체를 설명할 수 있는
것은 분명 과학이 지닌 매력적인 요인이다. 부분을 알면 전체를 알 수
있다는 환원주의는 근대 과학이 생겨난 이래 과학계의 가장 대표적

인 입장이었다.

그러나 원자를 규명하면 물체를 이해할 수 있고, 유전자를 규명하면 생명체를 이해할 수 있다는 이런 환원주의는 전존재적인 인격으로 대해야 하는 인간조차 기계론적으로 이해하고 다루게 된다는 점에서 위험하다. 심지어 생명체를 조작하는 방향으로 흐를 수도 있다.

환원주의는 더 나아가 복잡한 생태계를 단일 구성요소로, 그리고 다시 단일 구성요소를 단일 기능으로 환원시킴으로써 자연의 유기적 과정과 리듬, 그리고 재생력을 파괴할 수 있다. 이렇게 남용되는 환원주의의 오류는 점증하는 환경재난의 원흉이 되어왔다.

과학자들의 연구와 이론이 사회적 영향 하에서 이루어질 뿐 아니라 동시에 과학적 이론이 사회에 영향을 끼친다. 무엇보다 과학은 그 이론과 기술에 따라 사물과 자연, 인간과 세계를 새롭게 구성한다는 점에서 더욱 그러하다. 예를 들어 이제는 거의 가시적 현실로 다가온 복제를 비롯한 생명공학의 문제들은 우리에게 더 이상 과학의 가치 중립성에 대해 이전과 같은 관대함을 유지하기 어렵게 하고 있다.

과학적 이론을 세우고 증명하는 과정이 순수하게 객관적이라고 하기는 어렵다. 심지어 과학은 이데올로기로서 작동하고 있다. 인간에 대한 이해와 가치관조차 과학 체계와 그 지식에 따라서 형성되고 변화하는 현실에서 과학 역시 비판적 시각에서 자유로울 수 없다. 또한 특정한 이해관계가 개입되기도 하고 비인격적 목적성을 띄고 개발되고 진화하는 과학도 존재한다. 그런 점에서 과학의 가치중립성을 완전하게 고수하기란 쉬운 일이 아니다.

과학적 연구가 과연 목적 없는 과정에 불과한 것이냐는 질문은 여전히 유효하다. 그리고 그에 대해 과학이 침묵하고 있는 것도 사실이다. 그리고 과학과 그 연구의 결과가 빚어낼 윤리적 차원의 문제도 존재한다. 그것은 과학의 영역을 벗어나 있다. 브루노의 화형[1600]이나 갈릴레이 재판[1633]과 같은, 과학에 가해진 폭력이 사실은 무지와 편견에서 비롯되었다는 점도 기억해야 한다.

최근 복제 등의 문제에 대해 비판과 우려를 제기하는 종교계의 태도는 비난과 억압을 공공연히 가하고 있다는 점에서 바람직하지 않다. 신학이 과학적 업적을 무시하거나 혹은 무지하지는 않은지 스스로 돌아봐야 한다. 또한, 우리는 과학에 의해 인간이 자신에 대한 이해를 달리할 수 있다는 점을 유념해야 한다. 과학에 대한 맹목적 환상이 그릇된 세계관과 인간관을 만들어낼 수 있다.


## 과학혁명과 패러다임

• • •

1643년 플로렌스에서 있었던 일이다. 우물에 설치한 진공펌프로 물을 긷던 중 한 기술자가 물이 10미터 위로는 올라오지 않는다는 것을 발견했다. 그러나 이는 하나의 발견에 그칠 문제가 아니었다. 왜냐하면 당시까지만 해도 진공펌프로 물을 끌어올리는 현상을 아리스토텔레스의 '자연은 진공을 싫어한다'라는 이론으로 설명해왔기 때문이다. 아리스토텔레스의 이론에 따르면 마땅히 물이 10미터에서 멈추지 않고 그 진공이 해제되는 지표면 위까지 올라와야 했다. 그러니까 이 현상은 당대를 지배하던 보편 이론과 정면으로 충돌하는 사실이었던 것이다.

플로렌스에서 우연히 발견된 이 현상은 나중에 토리첼리Evangelista Torricelli, 1608~1647가 대기압을 연구함으로써 설명될 수 있었다. 그러니까 그 현상이 토리첼리로 하여금 새로운 이론을 찾아내도록 한 셈이다.

과학은 그냥 관찰된 사실의 축적이 아니라 기존의 통념과 충돌하는 새로운 이론 체계이며 사실에 대한 의미화라고 할 수 있다. 발견된 사실과 기존의 이론 체계가 서로 충돌했을 때 과학은 비로소 진보한다. 다른 분야와는 달리 과학은 탄압이나 억제 등의 반시대적인 수단을 거부하고 객관적으로 우월한 체계를 따를 수 있다. 그것이 과학의 힘이다.

이미 앞에서 코페르니쿠스와 뉴턴의 경우를 언급한 것처럼 과학은 단순하지만 분명한 것을 밝혀내며, 기존의 권위에 회심의 카운터펀치를 날렸다. 그 과정이 그리 녹녹치는 않았다. 그러나 결국 그들이 승리했다. 그 승리가 가능했던 것은 과학의 귀납성은 과학적 사실이 객관적으로 존재한다는 전제에서 출발하기 때문이다. 그러나 토마스 쿤Thomas Samuel Kuhn, 1922~1996은 《과학혁명의 구조》에서 그런 과학조차 이성적이거나 합리적이지 않다는 점을 날카롭게 지적했다. 과학은 항구불변하지 않으며 점진적으로만 진보하는 것이 아니라 혁명적 도약에 의해서도 발전한다고 지적했다.

토마스 쿤은 정상과학Normal Science이라는 말을 사용했는데, 이 말은 한 시대에 보편적 통념으로서 이해되고 있는 과학을 가리킨다. 그리고 패러다임Paradigm이라는 개념도 주장했는데, 정상과학이 통용되는 해당 시기에 '과학자 사회'가 채택한 일반적인 이론적 가정과 법칙,

그리고 적용 방식으로 구성되는 것이 바로 패러다임이다. 달리 말하자면 일정한 시기, 일정한 공간에서 대부분의 사람들이 받아들이는 인식, 가치, 평가 등의 개념을 포괄적으로 수용하는 것이 패러다임이다.

쿤이 패러다임이라는 개념을 도입하여 새로운 패러다임으로의 이동, 즉 '패러다임 전이Paradigm Shift'를 강조한 것은, 과학에서의 가설이 자연현상에 대한 합리적이고 예측적 해석을 끊임없이 제기하고 충돌하면서 진보하는 것임을 말하기 위함이다. 그리고 그 안에는 과학의 귀납주의적 관점을 넘어서야 한다는 주장이 함축되어 있다.

과학은 사실을 관찰하고 그로부터 도출된 가설들을 축적함으로써 발전하는 게 아니다. 과학은 위기에 의해 발전한다. 한 패러다임이 진화하는 게 아니라, 패러다임의 혁명적 전이가 발생한다는 말이다. 그게 바로 쿤이 말한 과학혁명Scientific Revolution의 핵심이다.

쿤의 설명은 과학 지식과 진리에 대한 상대주의를 옹호하는 것으로 해석되어 많은 논란을 불러일으켰다. 한편, 쿤 이후 지식사회학적 연구와 결합된 과학사회학 연구들이 등장하기 시작했다.


## 아인슈타인, 시간과 공간도 상대적이다

· · ·

과학은 멈춰 서지 않는다. 천동설이 지동설로 바뀐 과학혁명 이후 뉴턴은 만유인력을, 케플러Johannes Kepler, 1571~1630는 행성의 궤도를, 그리고 아인슈타인Albert Einstein, 1879~1955은 상대성이론을 통해 새로운 시공간의 개념을 정립했다. 아인슈타인의 이야기로 좀 더 들어가 보자.

아인슈타인은 특수상대성이론<sub>special theory of relativity</sub>에서, 다른 등속도로 움직이는 관찰자들에게는 시간과 공간이 다르게 지각되기 때문에 시간과 공간은 상대적인 것이라고 주장한다. 항구불변으로 생각했던 시간과 공간 모두 절대적이지 않다는 것이다.

아인슈타인은 시간과 공간에 상대성 원리를 적용해서, 일반적인 과학법칙에 어긋나던 일련의 효과들을 설명할 수 있었다. 그 과정에서 그의 가설은 때로는 서로 충돌하고 때로는 서로 지탱하고 보완하였다. 그리고 결국 그는 세상을 새롭게 구성하고 해석했다.

질량이 속도의 터널을 지나면 거대한 에너지로 변한다는 아인슈타인의 상대성이론은 뉴턴의 물리학으로는 도저히 설명할 수 없는 새로운 혁명이었다. 추후 핵무기로 그 위력 또한 실감할 수 있게 되었다.

과학이 이렇게 끊임없이 기존의 지식체계나 통념과 충돌하면서 유의미한 결실을 생산한다는 사실을 삶에 적용해보라. 우리가 지식을 쌓아가는 것은 단순히 실용적 목적을 위해서가 아니다. 거기에 머물고 마는 것은 결국 또 다른 낡은 텍스트에 갇히는 것이다. 과학의 진정한 의미는 의심하고 도전하며 낡은 텍스트의 틀을 깨고 나오는 자유정신이다. 지식이 많을수록 오히려 더 편협해지고 남을 재단하고 평가할 뿐 아니라 상대방에게 자신의 지식을 강요한다면, 스스로 지식의 가치를 무너뜨리는 셈이다.

과학이 모든 것을 해결할 수 있는 유일한 방법이라는 지나친 신념이나, 완전한 가치중립성이 보장되어야 한다는 주장도 위험하기는 마찬가지다. 고생물학자이자 진화생물학자인 스티븐 제이 굴드<sub>Stephen Jay Gould, 1941~2002</sub>의 말에 귀를 기울여보자.

모든 과학자는 문제를 해결하려 들 때 사회적 선입견, 그리고 편견에 치우친 사고방식을 적용할 수밖에 없는데, 우리가 세상을 알아가는 방식은 이런 것들로부터 강한 영향을 받는다. 개별 과학자들이 논리 로봇처럼 완전히 이상적이고 객관적인 '과학적 방법론'을 구사할 수 있다는 고정관념은 자기만족적인 미신에 불과하다. 완전한 공명정대는 바람직한 것이기는 해도 인간이 도달할 수 있는 영역은 아니다. 학자가 자신이 완전한 중립에 도달할 수 있다고 상상하는 것조차 위험한 짓이다. 그렇게 되면 개인적인 선호와 그 영향에 대해 경계하는 마음이 느슨해지고, 그럼 정말 편견에 휘둘릴 수 있기 때문이다. 객관성은 선호가 없는 상태가 아니라 자료를 공정하게 다루는 것이라고 조작적으로 정의되어야 한다.


## 파인만, 굴드, 정재승과 최성일

· · ·

여전히 아인슈타인의 특수상대성이론이나 일반상대성이론 자체는 그 내용을 이해하기 거의 불가능하다. 물리학자들도 온전히 이해하기 어려운 것을 일반 독자들이 따라간다는 것은 애당초 발 벗고 따라가도 부족한 일이고, 사실 일상생활과 별로 상관없는 일이기도 하다. 하지만 과학을 제대로 이해할 수 있도록 도와주는 이들이 있으니 고맙고 반가운 일이다. 파인만Richard Phillips Feynman, 1918~1988이 그랬고 스티븐 제이 굴드가 그랬으며 정재승1972~ 이 그랬다. 최성일1967~2011의 《어느 인문주의자의 과학책 읽기》는 반대로 인문학의 입장에서 과학을 조명했다는 점에서 매력적이었다.

최근 물리학계에서는 '힉스' 열풍이 거세다. 쿼크가 뭔지도 제대로 모르고 있는 처지에 힉스는 별나라 이야기로만 들린다. 그런데 이강영의《LHC》라는 책을 읽으면서 눈이 번쩍 뜨였다.

LHC는 '대형 하드론 충돌기Large Hardron Collider'의 약자다. 대형 강입자 충돌기라고도 한다. 스위스 제네바 근교 100미터 지하에 있는 터널 속에 설치된 지름 5센티미터, 전체길이 27킬로미터의 튜브, 수만 톤의 전자석과 빌딩 규모의 입자 검출기 등으로 이루어진, 인류가 지금껏 만든 그 어떤 실험장비보다 거대한 지상 최대의 장치란다. 그 거대한 튜브 속에 양성자를 넣고 빛의 속도에 가깝게 가속시킨 다음 양성자끼리 충돌시켜 어떤 일이 일어나는지 살펴보는 실험 장치다.

도대체 왜 그런 실험을 하는 걸까? LHC가 만들어내는 고에너지 상태는 우주가 만들어진 대폭발빅뱅 직후 1조분의 1초의 상태를 재현하는 것으로, 이것을 이용해서 우주가 생겨나는 순간에 무슨 일이 있었는지, 물질과 시공간의 모습은 어떠했는지, 그리고 이 우주의 궁극적인 원리는 무엇인지를 탐구하려는 것이다. 어찌 보면 무모하다 싶은 일도 과학자들에게는 진지한 연구의 대상이며 그것을 밝혀내기 위해 생애 전체를 바치기도 한다. 힉스는 힉스메커니즘의 발견자 피터 힉스Peter Higgs, 1929~ 를 딴 명칭으로, 새로운 물리학의 출현을 의미하는 상징이다.

인류가 자신이 살고 있는 우주 자체에 대해 얼마나 이해하고 있느냐 하는 것은 현대물리학, 더 넓게 말하자면 현대과학의 진보의 척도다. 우리가 힉스나 CERNConseil Europeen pour la Recherche Nucleaire, 유럽공동원자핵연구소, 혹은 LHC에 대해 꼭 알아야 할 필요는 없다. 게다가 너무 어렵고 복잡하다.

나는 과학에서 중요한 것은 '무엇을 아는가'가 아니라 '어떻게 생각하는가'라고 본다. 그게 과학의 인문학적 요소이고, 인문학이 과학에 관심을 기울여야 하는 까닭이기도 하다. 과학은 왜 옳고, 어디까지 옳은지, 어디까지 믿어야 하는지를 인문학을 통해 탐색하는 과정이 필요하다. 그 대표적인 사례가 바로 의학과 생명공학에서 복제나 줄기세포에 관한 연구와 그에 대한 철학적 사회학적 탐구와 비판 혹은 지지 논쟁이다.

하나의 학문 분야의 내용과 결실이 이제는 더 이상 그 분야에만 해당되거나 국한되지 않는다. 이것이 인문학이 이끌어내야 하는 접점이다. 물론 과학은 워낙 전문적인 지식이 필요하고 오랜 훈련이 필요하기 때문에 과학자가 아니고서는 그 역할을 수행하기 어렵다. 그러나 혹은 그렇기 때문에 과학자들이 먼저 이 문제에 대해 쉽고 친근하게 설명해주어야 한다.

파인만은 노벨상을 수상한 천재적인 물리학자다. 많은 사람이 그 이름을 기억하는 이유는 일반 대중들에게 과학이 얼마나 멋지고 친근한 것인지 그의 저서를 통해 유머러스하게 전달해주었기 때문이다. 스티븐 제이 굴드는 1974년부터 2001년까지 27년간 미국 자연사박물관이 발간하는 월간지 〈자연사〉에 300편이 넘는 에세이를 연재했고 기억에 남을 만한 책을 집필했다. 물론 당연히 일반 독자들이 읽기 쉽게 그리고 재미있게 쓴 글들이었다.

예를 들어 《풀하우스》라는 책에서는 '야구에서 4할 타자가 사라진 이유'에 대해 한 부를 통째로 할애하고 있다. 그는 야구광이었고 뉴욕

양키스의 열혈 팬이었다. 사람들의 흥미를 쉽고 자연스럽게 이끌어내는 그의 화법은 과학이 결코 어렵거나 대중들에게 불가해한 이론 체계만은 아니라는 점을 깨닫게 해주었다. 그는 애니메이션 〈심슨 가족〉에 등장할 만큼 대중과 가까웠던 과학자였다.

과학자들이 일반대중에게 다가서기 위해서는 그들이 나서야 한다. 과학적 지식이 부족한 인문학자들이 과학으로 가는 것보다는 그들이 먼저 인문학 쪽으로 다가와야 한다. 물론 인문학자들도 꾸준히 과학에 관심을 기울이고 다양한 지식과 정보를 탐색해야 한다. 과학과 인문학은 결코 서로 외방인도 먼 이웃도 아니다.

**《종의 기원》** 찰스 다윈, 송철용 옮김, 동서문화사, 2009

을유문화사에서 1983년 개정신판으로 나온 책을 대학원 시절 읽다가 접은 뒤, 솔직히 마흔이 넘어서야 제대로 다시 읽었다. 다시 읽으니 생각보다 어렵지 않았다. 왜 그때 접었을까 후회했다. 공들여 읽으니 세상을 보는 눈이 크게 달라지는 걸 느꼈기 때문이다. 이 책은 꼭 읽어야 할 필독서다. 다윈 탄생 200주년에 맞춘 완역판이고 번역도 충실하다.

《종의 기원, 생명의 다양성과 인간 소멸의 자연학》(박성관, 그린비, 2010)은 다윈처럼 자신이 사는 세계와 앎의 체계에 의문을 품어 왔던 지은이가 《종의 기원》을 만나고 이 책을 소생시키고 싶다는 열망을 가진 덕분에 태어난 역작이다. 《종의 기원》보다 훨씬 두꺼운, 무려 900쪽이 넘는 방대한 저술임에도 불구하고 흥미롭게 읽어낼 수 있다. 그는 타임머신을 타고 150년 전으로 우리를 데려가 다윈이 왜 기존의 주류 과학자들과 진화론자들을 모두 비판해야 했는지를 이해하게 만들어준다. 이미 《종의 기원》을 읽은 독자들조차 깨닫지 못했던 다양한 맥락과 의미를 알려줄 뿐 아니라 아직 그 책을 읽지 않은 독자들에게도 좋은 길라잡이가 되어줄 것이다. 재닛 브라운의

《찰스 다윈 평전》(이경아 옮김, 김영사, 2010, 전 2권)도 아주 매력적인 책
이다.

### 《다윈 이후》 스티븐 제이 굴드, 홍욱희·홍동선 옮김, 사이언스북스, 2009

하버드대학의 고생물학자이자 진화생물학자인 스티븐 제이 굴드는 같은
대학의 진화결정론자인 에드워드 윌슨이나 옥스퍼드대학의 리처드 도킨스
와는 정반대의 입장을 취한다. 굴드와 윌슨, 그리고 도킨스의 학문적 갈등
의 중심에는 적응—부산물, 점진적 진화—단속평형설이 핵심으로 작용한다.
이 책은 1977년에 발표된 그의 첫 번째 글모음이다. 그는 '다윈으로 돌아가
자!'면서 과거의 오류를 성찰하고, 특히 다윈의 이론과 철학에 대한 그릇된
이해를 바로잡아야 한다고 주장한다. 굴드는 다윈의 사상이 정치, 사회, 문
화적 흐름 속에서 왜곡되고 확산되었다며 다윈의 빛과 그림자를 함께 볼
수 있어야 그와 그의 사상의 진면목을 알 수 있다고 주장한다. 이 책에서
특히 생물학적 결정론에 대해 날카롭게 비판하고 있는데, 진화론을 남용한
그 논리는 자칫 인종차별과 성차별까지 유도할 수 있다고 지적한다. 스티븐
제이 굴드의 유려한 문장과 해박한 지식이 주는 즐거움을 만끽할 수 있는
건 덤이다.

### 《이기적 유전자》 리처드 도킨스, 홍영남·이상임 옮김, 을유문화사, 2010

20세기 후반을 가장 뜨거운 논쟁으로 몰아넣었던 책이다. 1960년대를 주름
잡았던 집단선택론을 비판하면서 인간은 유전자의 생존 기계이며 운반자
일 뿐이라고 주장한 도킨스의 이론은 충격에 가까웠다. 유전자가 자신의 복
사본을 더 많이 퍼뜨리기 위한 전략으로 진화해왔다는 주장은 개체나 집단
의 관점이 아니라 유전자의 시각에서 본 발상의 전환이었다. 12장에서는 심
지어 이타적 현상조차 유전자가 명령하는 것을 따르는 것에 불과하다고 주

장한다. 유전자는 복제의 단위이면서 동시에 진정한 선택의 단위라는 주장은 우리의 인식 틀을 확 깨놓는다. 그가 유전자 결정론자라는 비판도 있지만 적어도 이 책 어디에도 특정한 유전자가 특정한 표현형을 결정한다는 언급은 없다.

### 《몸의 철학》 조지 레이코프·마크 존슨, 임지룡 옮김, 박이정, 2002

최근의 인지과학의 성과를 철학적 논의로 확장시킨 책이다. 인지언어학자 레이코프와 언어철학자 존슨의 공동작업의 결과물이다. 전통적인 철학적 개념을 새로운 은유의 방식으로 재검토하면서 그 은유적 구조를 분석하며 그것들이 우리의 경험적 지식에 더 이상 합치하지 않는다는 점을 밝혀낸다. 서양철학의 철학적 가정들이 근원적으로 그릇된 토대 위에서 형성되었다는 지적은 사뭇 충격적이기까지 하다. 은유가 단순히 언어 표현의 문제가 아니라 우리의 사고와 행위를 지배하는 중심 원리이며 은유의 뿌리는 몸이라는 주장은 과학, 철학, 문학의 영역 모두에 신선한 충격을 준다. 이 책은 20세기 후반의 탁월한 지적 성과라고 평가받고 있다.

### 《생명의 원리》 한스 요나스, 한정선 옮김, 아카넷, 2001

철학적 생물학의 대표적인 작품이다. 요나스는 생명을, 살려고 애쓰는 특성을 가진 존재라고 규정한다. 그래서 모든 생명체는 자기가능성의 영역을 확장하려는 가장 기초적 양태의 자유를 지닌다고 주장한다. '철학적 생물학을 위한 접근'이라는 부제에 걸맞게 다양한 생명체들의 발달과정을 상세히 설명하고 플라톤에서 화이트헤드에 이르기까지 존재론적 분석을 곁들임으로써 이 두 주제가 결합하는, 즉 철학과 과학이 논하는 생명의 비밀을 서술한다. 오늘날 빠르게 발전하는 생명공학, 환경공학, 기계공학 등의 문제를 생각하게 하는 힘을 담고 있다. 이 주제는 단순히 생물학과 철학의 조우에 그치지 않고 종교와 신학적인 담론으로까지 확장된다.

## 《인간의 그늘에서》 제인 구달, 최재천·이상임 옮김, 사이언스북스, 2001

세계적인 동물학자이며 침팬지 연구의 최고 권위자인 제인 구달의 첫 번째 침팬지 생태보고서로 동물행동학의 관점에서 서술했다. 연구보고서이면서도 쉽고 흥미로운 내용과 글이어서 누구나 어렵지 않게 읽을 수 있다. 그런데도 읽고 나면 그 내용이 매우 단단하고 커서 침팬지 전문가가 된 듯한 착각이 들 정도다. 이 책은 침팬지 이야기에 그치지 않고 인간만이 품성을 지니고, 합리적 사고를 하는 유일한 동물이 아니라는 겸손함을 일깨워준다. 그래서 제인 구달은 우리에게 지각없는 사고와 행동으로 다른 생명체의 존속에 대해 위협하지 말라고 타이르는 것일지도 모른다.

## 《인간에 대한 오해》 스티븐 제이 굴드, 김동광 옮김, 사회평론, 2003

스티븐 제이 굴드는 유전자 결정론이라면 질색하는 진화생물학자였다. 하버드대학의 동료 에드워드 윌슨과의 논쟁이 특히 유명하다. 이 책은 그런 굴드의 성향을 가장 잘 드러내는 책이다. 그는 유전자 결정론이 정치적 혹은 사회적으로 문제를 야기하거나 주변 분야의 이론적 바탕으로 거론될 때마다 신랄한 반론을 제기하였는데, 이 내용들이 이 책에 담겨 있다. 현대판 생물학적 결정론은 IQ 결정이론이다. 가령, 밑바닥 인생을 살아가는 사회 빈민층에게 너희들은 IQ 수치가 낮아서 그런 것이니 불평하지 말라고 이야기하는 것이 이 이론의 화법이다. 굴드는 이런 생물학적 결정론이 유전자 결정론으로 그 모습을 바꿔 재등장했음을 경고하면서 이런 결정론이 차별을 합리화하고 고착시킬 수 있음을 지적한다. 굴드가 유전자 결정론을 비판하는 핵심은 진화과정에 영향을 끼치는 다양한 요인의 상호작용이다. 그의 표현에 따르면 '학문 생활 중 느낀 가장 슬픈 편협함'에 대항한 굴드의 당당함이 잘 드러난 책이다. 이는 아마도 민권운동에 적극적으로 참여했던 굴드의 신념의 결과이기도 할 것이다. 무엇보다 굴드의 매력은 경쾌한 글 속에 담겨진 내용의 묵직함이 아닐까?

## 《DNA 독트린》 리처드 르원틴, 김동광 옮김, 궁리, 2001

굴드와 더불어 유전자 결정론을 반대하는 대표적 학자인 르원틴은 하버드 대학의 동물학과 교수이면서 미국과학아카데미 회원을 스스로 반납해서 화제가 된 인물이기도 하다. 아카데미를 이용해서 극비리에 전쟁 연구를 지원하려는 당국의 정책에 항의하기 위해서였다. 그는 집단유전학의 대가이면서 과학비평가다. 인간과 다양한 현상을 DNA로 환원해서 설명하려는 시도를 강력하게 비판해왔다. 이 책도 유전자 환원주의에 빠진 현대생물학에 대한 비판이다. 특히 유전자가 생물의 모든 특성을 결정한다는 주장을 내세우는 학자들과는 조금도 망설이지 않고 대립각을 세웠다. 그런 맥락에서 그는 게놈 프로젝트에 대해서도 유전자의 분자적 구성을 알면 우리 자신에 대해 모든 것을 알 수 있다는 그릇된 믿음을 토대로 한다고 비판한다.

## 《거의 모든 것의 역사》 빌 브라이슨, 이덕환 옮김, 까치, 2003

과학에 관심이 있지만 어렵다고 느껴지는 독자들이라면 이 책을 먼저 읽어보기를 권한다. 이 책은 과학의 여러 분야에 관한 궁금증들을 아주 유쾌하고 명쾌하게 설명한다. 빌 브라이슨은 과학 분야에서도 무엇이든 아주 유머러스하게 서술하는 탁월한 능력을 발휘한다.

500쪽이 훨씬 넘는데도 부담스럽지 않은 것은 계속해서 독자의 물음을 이끌어내면서 문제의 본질로 유도하기 때문인 듯하다. 누구나 한번쯤은 의문을 품음직한 질문을 던지며 호기심을 유발한다. 그런데 내용은 엄청나다. 우주와 생명체의 문제를 명쾌하면서도 흥미롭게 풀어내는 책이다. 지루했고 두려웠던 과학을 즐거운 친구처럼 느끼게 하는 마력을 지녔다. 과학자와 그들에 얽힌 에피소드들까지 곁들여서 지루할 틈을 느끼지 못한다. 과학이론을 잘 모르는 독자까지 흡인하는 힘을 지녔다. 과학 전 분야를 조망하기에 이 책만큼 적절한 책을 찾기도 어려울 것이다.

## 《과학콘서트》 정재승, 동아시아, 2001

일단 과학에 구미를 당기게 한다는 점에서 그 역할이 충분한 책이다. 물리학자가 보는 복잡계 현상을 일반인에게 쉽게 소개했다는 평가를 받는다. 딱딱한 과학을 무조건 재미있고 쉽게만 설명하라는 요구는 무리다. 그러나 지은이는 그런 요구마저 최대한 수용한다. 무엇보다 과학이 인문학, 심리학, 사회학, 경제학, 의학 등과 어울려 멋진 하모니를 만든다는 점에서 기존의 과학서와는 근본적으로 다르다. 빠르고 유쾌한 설명에 진지하고 심도 깊은 과학적 논의가 이어진다. 해박한 지식, 폭넓은 시야, 그리고 세계 인식이 멋지게 아우러진, 그야말로 매력적인 콘서트다.

## 《파인만 씨, 농담도 잘하시네!》

리처드 파인만, 김희봉 옮김, 사이언스북스, 2000, 전 2권

노벨물리학상을 수상했고 천재 물리학자로 평가받은 파인만이 기상천외한 에피소드들을 통해 엉뚱하고 때론 충격적이며 무엇보다 따뜻한 인간미를 맛볼 수 있는 메뉴를 제공하고 있다. 파인만 자신의 삶을 소재로 삼기 때문에 쉽고 친숙하다. 노련한 작가처럼 그는 과학의 즐거움이 무엇인지 알고 가라며 독자들을 주저앉힌다. 그는 특히 물리학 법칙들을 독창적인 아이디어와 탁월한 비유, 그리고 유머로 명쾌하고 멋지게 풀어내는 마술사와도 같다. 재치와 통찰력으로 과학적 사유를 삶의 속살로까지 이끌어낸다는 점에서 일종의 인생론까지 배울 수 있다.

**《코스모스》** 칼 세이건, 홍승수 옮김, 사이언스북스, 2006

칼 세이건은 과학을 부담스러워하는 대중들의 마음을 파고들어 생명과 우주에 대해 호기심을 유발한다. 무엇보다 글 솜씨가 매우 탁월하여, 좋은 글의 모범이 될 만하다. 그는 우주에 대한 호기심을 인간의 본성 이야기로 이끌어간다. 우주의 문제가 생명체의 진화, 자연과 행성의 진화, 유기물의 합성, 혜성과 인간의 역사, 화성의 생명체 존재에 관한 논란, 케플러와 티코 브라헤의 관계, 그리고 지구의 환경 문제로까지 이어진다. 다양한 분야의 관심사를 다루면서도 흐트러지지 않게 묶어내고 있다. 천문학을 과학의 입장에서뿐만 아니라 역사적, 사회적, 철학적 관점에서 바라보고 있다는 점에서 이 책은 하나의 고전으로서 가치를 지녔다. 칼 세이건의 《창백한 푸른 점》(현정준 옮김, 사이언스북스, 2001)도 아주 매력적이다. 제목은 보이저2호가 해왕성 궤도 밖에서 찍어 보낸 사진 속의 지구의 모습에서 따왔다. 인간 중심의 우주관에 대한 반박 성명과도 같고, 우주과학에 대한 전망이면서 동시에 대서사시를 읽는 느낌이다.

**《총, 균, 쇠》** 재레드 다이아몬드, 김진준 옮김, 문학과사상사, 2005

《제3의 침팬지》로 인간의 진화에 대한 탁월한 통찰을 보여준 지은이의 대표작으로 문명의 불평등이 어떻게 발생했는지를 독특한 시각으로 추적한다. 막강한 잉카제국이 스페인의 보잘것없는 군대에 패망한 것은 총과 칼, 그리고 전염병 때문이었다. 그러나 지은이는 단순하게 결과로 진단하지 않고 유럽인들이 면역성을 가진 까닭을 추적하면서 진화생물학적 관점에서 서술한다. 그래서 민족마다 역사가 다르게 진행된 것은 각 민족의 생물학적 차이 때문이 아니라 환경적 차이 때문이라고 단언한다. 인종주의적 설명 방식을 거부하고 인류사를 새로운 시각에서 조망한 획기적인 작품이다.

## 《새로운 종의 진화, 로보 사피엔스》

페이스 달루이시오, 신상규 옮김, 김영사, 2002

인간의 진화는 과연 어디까지일까? 지은이는 로봇의 진화 속도가 빨라지고 있다며 로봇이 일상과학과 생활의 영역으로 들어오게 될 때를 상상하며 로봇과 호모 사피엔스의 발전상을 보여준다. 이 책은 무엇보다 다양한 데이터와 사진 자료가 풍부하다.

## 《카오스》 제임스 글릭, 박배식 옮김, 누림, 2006

과학 저술가이며 신문기자였던 지은이가 카오스라는 과학의 탄생과정을 마치 신문기사처럼 자세히 기술한 책이다. 전문과학자가 아닌 까닭에 정작 과학적 내용이 부족하다는 평가를 받기도 하지만 이 책의 매력은 그래서 누구나 카오스라는 새로운 과학의 개념을 쉽게 이해할 수 있다는 점이다. 왼쪽 식과 오른쪽 식이 둘 다 변수의 선형함수를 갖는 선형방정식과는 달리 X값에 따라 Y의 값이 존재하지 않을 수도 있다는 비선형방정식이 열어준 새로운 지평은 선형의 아날로그적 회로와 비선형의 디지털적 회로처럼 대조적일 뿐 아니라 인식의 틀을 확장한다. 그리고 부분과 전체가 똑같은 모양을 하고 있다는 자기유사성 개념을 기하학적으로 푼 구조인 프랙털 개념을 서술한다. 자기유사성(self-similarity)과 순환성(recursiveness)이라는 특징을 가진 프랙털은 단순한 구조가 끊임없이 반복되면서 복잡하고 묘한 전체 구조를 만드는 것이다. 이러한 기하학적 구조를 통해 프랙털 기하학과 비선형동역학계 문제까지 다다르는 것이 쉽지는 않지만 전체적인 감을 잡는 데에는 크게 무리가 없다. 6장에서 다루는 어트랙터가 바로 그렇다. 카오스 과학이 이룬 성과를 요약적으로 서술하고 이것이 인간을 비롯한 다양한 생물계에 어떻게 이용되고 있는지를 보여준다. 마치 한 권의 소설책을 읽는 듯한 느낌의 수려한 문체에 카오스 이론의 모든 것이 담겨 있다.

### 《어느 인문주의자의 과학책 읽기》 최성일, 연암서가, 2011

이 시대 가장 정직하고 열성적인 평론가였던 최성일이 아까운 나이에 세상을 뜨기 전 우리에게 마지막으로 남긴 선물. 우리나라에서 인문학적 시각을 가지고 과학책을 읽으려는 시도가 흔치 않았다는 점에서도 훌륭한 동기지만, 과학과 인문학의 만남이 자연스러운 조우임을 알게 해주었다는 점에서도 공력이 큰 책이다. 최성일의 지적 탐구는 고구마 줄기를 캐는 것과 같다. 그리고 다양하고 풍부한 그의 데이터베이스가 일목요연하게 정리돼 있다. 게다가 그의 글은 한 대목도 허튼 구석이 없어서 읽는 이로 하여금 스스로 치열한 탐구욕을 불러일으킨다. 읽는 맛이 단단하다는 것도 최성일의 장점이자 미덕이다. 과학에 관심은 있지만 막상 무엇을 읽어야 할지 고민하는 사람들에게 꼭 권하고 싶은 책이다.

### 《LHC, 현대물리학의 최전선》 이강영, 사이언스북스, 2011

저술(교양) 부분에서 2011년 한국출판문화상을 수상한 역작이다. 전공자 이외에는 과학도조차도 제대로 알고 있지 않을 LHC와 세계과학계의 중심축으로 우뚝 선 연구소인 CERN의 전모를 소개한 책이다. 입자물리학의 역사와 내용을, 그것도 쉽게 소개한 책이 이 책 말고 또 있을까 싶다. 과학자는 연구뿐 아니라 대중과 소통할 책임도 져야 한다는 저자의 신념도 높이 평가할 만하다. 이 책은 단순히 힉스 등 입자물리학의 문제만 다루지 않았다. 과학사 전반의 다양한 에피소드들과 그 의미를 전달함으로써 과학 일반에 관한 지식과 관심까지 이끌어내고 있다. 새로운 과학혁명을 동시대인으로서 목격한다는 사실만으로도 이 책은 분명 가치 있다. 21세기 과학혁명의 목격자들을 위한 멋진 길라잡이가 될 것이다.

**《자연과학철학》** C. G. 헴펠, 곽강제 옮김, 서광사, 2010

과학철학의 모범이 되는 책이다. 특히 기초적인 내용부터 전문적인 영역까지 논리적이면서 일목요연하게 정리했다. 자연과학의 방법론과 자연과학에 대한 철학적 논의와 주제를 소개하고 있다. 법칙-연역적 설명방식을 중심으로 가설, 법칙, 이론, 과학적 개념 형성, 이론적 환원 등을 다루는데, 무엇보다 과학사의 유명한 사례들을 구체적으로 설명하면서 서술하기 때문에 쉽게 이해할 수 있다. 그리 두껍지 않은 책인데 내용은 그 몇 곱절은 충분히 뛰어넘는 내공이 대단하다. 과학철학에 대한 가장 간명하고 권위 있는 입문서로 이만한 것이 없을 것이다. 나는 박영사에서 1987년에 출간되었던 책을 읽었는데 아마도 출판사에서 절판한 것 같다.

**《과학혁명의 구조》** 토마스 쿤, 김명자 옮김, 까치, 2007

'패러다임'이라는 말은 본디 언어학의 개념이었지만 이 말을 일반화시킨 것은 바로 쿤이었고, 그게 바로《과학혁명의 구조》의 핵심주제였다. 지식사회에 커다란 이정표를 세운 우리 시대의 고전이라는 평가를 받는다. 이 책은 인문과학, 사회과학, 심지어 예술에 이르기까지 널리 영향을 끼쳤다. 과학은 지식의 지속적인 축적에 의해서만 발전하는 것이 아니라 어느 순간 혁명적으로 발전할 수 있다. 즉 패러다임 전이가 일어나는 것이다. 정상과학은 고도로 결정적인 성격의 활동이지만 그렇다고 해서 전적으로 규칙에 의해 결정될 필요는 없다는 쿤의 메시지는 우리가 알고 싶어 하는 것을 향한 진화 대신 알고 있는 것으로부터의 진화로 대치할 수 있다면 혼돈스러운 문제들도 해소될 수 있다고 주장한다. 과학뿐 아니라 현대문명을 이해하는 중요한 열쇠를 제공하는 이 책은 반드시 읽어봐야 할 것이다.

## 《가상현실의 철학적 의미》 마이클 하임, 여명숙 옮김, 책세상, 1997

정보시대를 철학적으로 다시 사유해보는 에세이들을 묶은 책이다. 이때의 '철학적'이라는 말은 상식적이지 않다는 뜻이다. 하임은 하이퍼텍스트가 매우 뛰어난 정보 편집 방식이기는 하지만 자칫 우리 유한자들에게는 일종의 감옥이 될 수도 있다고 경고한다. 그것이 만들어내는 환영에 빠질 수 있기 때문이다. 정보의 바다, 환영의 감옥은 우리에게서 현실을 박탈할 수도 있다. 완전히 다른 세상을 체험할 수 있다는 점에서 가상현실은 매혹적이지만 너무 혁신적이어서 그만큼 위험하다는 점을 직시해야 한다는 것이 하임의 메시지다. 그렇다고 그가 암울하고 비관적인 이야기를 하는 것은 아니다. 이 책이 지니고 있는 철학의 주제는 매우 경쾌하다. 그가 철학적 사유를 정보사회와 가상현실에 들이대는 것은 가상현실이야말로 가장 철학적인 사태에 속하는 것이라고 여기기 때문이다. 현대와 미래사회를 구성하는 과학적 사태에 대한 철학적 사유로 적합한 책이다.

## 《엘러건트 유니버스》 브라이언 그린, 박병철 옮김, 승산, 2002

과학에 깊은 조예가 없는 일반 독자들이 물리학 가운데 가장 어렵다는 상대성이론과 양자역학에 대해 쉽게 이해할 수 있도록 돕는 책을 만나기는 어렵다. 그 내용은 매우 정교하고 치밀하며 높은 수준을 요구한다. 이 책은 최첨단 물리학인 초끈이론과 M—이론까지도 일상적인 언어로 설명하고 있다. 지은이 자신이 최고의 끈이론 전문가이기 때문에 가능한 일일 것이다. 4부 '끈이론과 시공간의 구조'는 최첨단 과학의 문제인데도 페이지가 순식간에 넘어간다. 게다가 아무런 수식과 공식도 없이 설명하고 있다는 점이 경이롭다.

**《세상을 바꾼 독약 한 방울》** 존 엠슬리, 김명남 옮김, 사이언스북스, 2010, 전 2권

소설보다 더 흥미진진한 비소설을 만나는 일은 즐겁다. 게다가 화학의 역사까지 총망라되어 결코 만만하지 않으면서도 딱딱한 과학이라는 느낌이 들지 않을 정도로 빠져들 수 있는 매력적인 책이다. 화학 원소들의 내력과 함께 그 원소들이 이용된 사건들을 끌어들여 다 읽고 나면 화학의 역사를 섭렵한 느낌이 들 정도로 대단한 공력이 담겼다.

# 3부

## 감성을 깨우는 인문학

문학

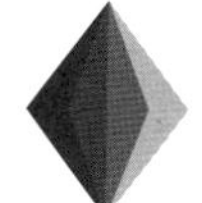

미술

음악

사는 건 허무하기 십상이다. 정해진 시간에 일어나서 직장이나 학교에서 하루를 보내는 우리의 일상은 매우 반복적이다. 그런 허무함을 벗어던지는 데 '오늘보다 더 나은 내일'이라는 말만큼 위로가 되는 것도 없다. 막연히 좋은 날을 기다리기보다 지금보다 더 나은 내가 되려고 조금이라도 애써본다면 살아가는 게 마냥 허탈하지는 않을 것이다. 그런데 지금보다 좀 더 성숙한 사람이 되고 싶다는 열망이 마음이 너무 바쁜 나머지 하루를 돌아볼 여유도 없는 현대인들에게 가당키나 한 바람인지 의문이 든다.

그럼에도 불구하고! 인문학은 '좀 더 성숙한 사람'이 되는 방편이어야 한다. 3부에서는 생각의 범위를 넓혀주고 우리의 가능성을 확장시켜주는 문학, 미술, 음악을 다뤘다.

문학, 미술, 음악은 사전 지식이나 경험이 없어도 이해하고 공감할 수 있는 영역이다. 1장에서는 문학을 장르별, 시간별로 추적해보며 문학의 속성을 따져보았다. 일본문학의 하이쿠가 경소단박이라는 일본 문화의 특징을 형성했다는 점과 일본 전자제품이 전 세계를 석권한 이유 중 하나가 경소단박의 디자인과 기능성이라는 점은 문학과 인간 정신의 길항작용을 보여주는 좋은 사례다. 또한 현대 스토리텔링의 전설이 된 《해리포터》와 《반지의 제왕》은 좋은 이야기가 어디에서 나오는지를 시사한다.

2장은 현대미술은 왜 어려운가라는 의문에서 시작한다. 고대부터 현대까지 미술을 하나로 꿰는 재현미, 표현미, 인식미의 변천사가 그 실마리를 제공한다. 또한 미술시장에서 막강한 세력으로 급부상한 중국 예술가들과 그들의 작품이 사랑받는 이유를 미술 외적인 요소에서 찾아보았다. 팝아트, 추상표현주의 등과 더불어 미술 경향이 국력과 경제력과 만나 어떤 힘을 발휘하는지 확인할 수 있다. 획기적인 발상의 대전환으로 세계적인 예술가 반열에 오른 백남준은 예술의 혁명적 힘을 여실히 보여주는 우리 예술계의 자부심이며, 《오주석의 한국의 미 특강》에 기대 살펴본 김홍도의 〈씨름도〉는 수백 년 전에 이 땅에 살던 사람들을 생생하게 느낄 수 있다는 점에서 일종의 타임슬립과도 같다.

3장에서는 시대를 담는 그릇으로서의 음악을 다뤘다. 하이든, 모차르트, 베토벤이 동시대를 살았지만 프랑스혁명을 어떻게 겪었느냐에 따라 세 음악가의 성향이 달라지듯, 유색 인종의 저항과 분노를 담은 대중음악 장르 랩, 그리고 우리나라에서 서태지와 아이들의 랩이 어떻게 성공할 수 있었는지를 따라가보면 시대적 산물로서의 음악이 보인다. 같은 의미에서 미국에서는 희귀본으로 여기는 《체르니》나 《바이엘》을 여전히 피아노 교본으로 삼는 우리 시대의 음악교육에 변화의 필요성은 없는지 살펴보았다.

매일 우리 귀로 들어오는 음악의 양을 따져보면, 듣는 음악 더 나아가 내가 주체가 되어 연주하는 음악이 우리 삶을 윤택하게 하는 데 얼마나 큰 역할을 하는지를 새삼 실감한다. 삶이 중요한 만큼 음악도 소중하다.

# 1장

# 문학

"고전이란 제목은 알지만 내용은 모르는,
혹은 제목은 들어봤지만 정작 읽어보지는 않은 책이다"
마크 트웨인

# 최고의 인문학 교재는 무엇인가

1

우리는 대개 문학 하면 주로 시와 소설을 떠올린다. 물론 장르로서 희곡을 기억하기는 하지만 실제로 읽는 경우는 거의 없다. 하지만 희곡이 얼마나 매력적인지, 제대로 맛보지 못하기 때문에 그 가치를 놓치는 것은 참 안타까운 일이다.

나는 희곡이야말로 최고의 인문학 교과서라고 자신 있게 말하곤 한다. 기업에서 창의력, 상상력, 리더십, 멤버십 등에 대한 강의를 할 때 나는 꼭 희곡을 다룬다. 고대 그리스의 비극 시인 소포클레스Sophocles, 기원전 496?~406의 《안티고네》의 일부를 살펴보자.


〈등장인물〉

안티고네: 테바이의 전왕前王 오이디푸스의 맏딸

이스메네: 안티고네의 여동생

크레온: 오이디푸스의 처남

하이몬: 크레온의 아들이며 안티고네의 약혼자

에우리디케: 크레온의 아내

파수병

사자使者

다른 사자

코러스: 테바이의 장로들로 구성된


〈장소〉 테바이의 궁전 앞


(이스메네 등장. 그 뒤를 따라 안티고네 등장)


안티고네: 이스메네야, 내 동기야. 우리가 살아가는 동안 오이디푸스 왕으로 하여 일어났던 여러 가지 재앙 중에서 제우스신이 우리에게 내리시지 않은 것이 없는 것을 너는 알고 있니? 온갖 고난과 파멸과 부끄러움과 욕스런 일들 중 너와 내가 당하지 않은 것이 없구나. 게다가 왕이 오늘 선포한 것이란 무슨 일이란 말이냐? 듣지 못했니? 글쎄, 우리 소중한 분들을 원수로 몰다니, 넌 모르고 있니?

이스메네: 안티고네 언니, 우리 두 오빠들이 서로 싸워서 하루에 다 죽고 난 다음부터는, 기쁜 것이건 슬픈 것이건 소중한 분들의 소식을 아무것도 못 들었어요. 그리고 어젯밤에 아르고스의 군인들이 도망친 뒤로는, 내 운명이 더 좋아질 것인지 나빠질 것인지, 그 이상 난 아무것도 몰라요.

안티고네: 그럴 줄 알았어. 그래서 내가 네게만 말하려고 너를 궁문 밖으

로 데려온 것이란다.

이스메네: 어떤 얘긴데요? 무슨 소식이 언니 가슴을 흔드는 건가요?

안티고네: 글쎄, 크레온 삼촌이 우리 오빠들을 한 사람은 정중하게 장사 지내도록 하고, 다른 한 사람은 그렇게 못하게 하시지 않겠니? 에테오클레스 오빠는 바른 법도에 맞게 장사를 치르고, 죽은 사람들 사이에서도 부끄럽지 않도록 훌륭하게 묻어준다더라만, 불쌍하게 돌아가신 플류네이케스 오빠의 시체는 아무도 땅에 묻거나 조상해서는 안 되고, 울어서도 안 되고, 새들이 좋은 먹이라고 멋대로 쪼아 먹도록 내버려두라는 명령이 내렸다고들 소문이 자자하구나. 그런 명령은 저 고귀하신 크레온 님께서 너와 나를 특히 나를 향해서 내렸다고들 말하더라. 아직 그 명령을 모르는 사람에게 들려주기 위해서 이제 곧 그분이 이리 오시겠지. 그리고 그분은 이 일을 가볍게 여기시지 않기 때문에 조금이라도 이를 어긴 자가 있으면 사람들 앞에서 돌로 때려죽인다더라. 너도 이제 알았지? 그러니 네가 높은 가문에 맞는지 아니면 천하게 태어났는지 이제야말로 보여줄 때가 됐다.

이스메네: 가엾은 언니. 정 그렇다면 나 같은 건 어떻게 해봐도 이 이상 아무 도움이 안 되겠네?

안티고네: 나와 함께하겠니? 날 도와주겠어?

이스메네: 무슨 일인데? 대체 무슨 뜻이에요?

안티고네: 나를 도와서 그 시체를 들어내지 않겠어?

이스메네: 장례를 지내겠다는 거예요? 온 장안 사람들에게 금지령을 내렸는데도?

안티고네: 내 오빠, 그리고 싫건 좋건 네 오빠가 아니냐? 아무도 내가 오

빠에게 잘못했다고 말하진 않겠지.

이스메네: 어떻게 감히 그렇게……. 크레온 왕이 금하고 있는데.

안티고네: 그분에게서 나를 떼어놓을 권리는 없는 거야.

이스메네: 글쎄 그래도 언니, 생각해봐요. 우리 아버지는 지겹고 부끄러운 일을 당해서 스스로 죄를 들춰내고 결국 당신 손으로 두 눈을 찔러서 돌아가시고 말았죠. 그리고 그분의 어머니면서 아내라는 두 이름을 가진 분은 스스로 만든 고리로 목숨을 끊으셨죠. 그리고 이제 두 오빠는 같은 날 무참하게도 동기간에 피를 흘리고 둘이 서로 죽이고 말았죠. 그러고는 이제 우리 둘만 남았어요. 그러니 언니, 우리가 만약 명령을 어겨서 왕의 법이나 권력을 손상시킨다면 우리가 얼마나 비참한 죽음을 당하겠어요! 우린 약한 여자예요. 이건 잊지 말아요. 남자와 싸우도록 타고나질 않았거든요. 게다가 우리는 우리보다 강한 자에게 지배받고 있고, 그래서 이런 것만이 아니라 이보다 더 쓰라린 명령에도 복종해야 해요. 그러니 돌아간 분들에게도 용서를 빌고 아무래도 어쩔 수 없는 일이니 나는 지배자에게 복종하겠어. 분수에 넘는 것은 어리석은 일이야.

안티고네: 억지로 하라는 것은 아니다. 아니, 이제 네가 하겠다고 해도 네 도움은 고맙지 않다. 너 좋을 대로 하렴. 내 손으로 그분의 장례를 치르겠다. 그 일로 해서 내가 죽는다면 얼마나 행복한 일인가! 이 고귀한 죄 때문에 내가 사랑하는 그분과 함께할 수 있다면. 살아 있는 사람보다 죽은 사람을 섬기는 동안이 더 길단다. 나는 저세상에서 영원히 살겠다. 그러나 신께서 숭고하게 세우신 법을 비웃고 싶거든, 실컷 비웃으려무나.


이렇게 희곡을 읽은 게 고등학교 졸업 이후 처음인 사람들도 적지 않을 것이다. 사실 국어교과서에 실린 희곡도 '제대로' 읽은 적이 별로 없을 것이다. 희곡이나 시나리오가 시험에 나오는 경우는 별로 없어서 '연극의 3원칙'이니 '희곡의 3원칙'이니 하는 '장학퀴즈용 상식' 쯤만 가르치고 말 뿐이다. 그러니 희곡의 제 맛과 힘을 느끼기도 어렵다.

《안티고네》를 이해하기 위해서는 고대 그리스 문화와 신화를 알아야 한다. 오이디푸스라는 인물을 알아야 하고, 왕자인 그가 자라서 아버지를 죽이고 어머니와 결혼할 것이라는 신탁대로 일어난 끔찍한 사건을 알아야 하고, 그가 떠난 후 일어난 자식들 간의 싸움과 죽음에 대해 알아야 한다. 그런 배경을 추적하면서 우리는 이 작품뿐 아니라 자연스럽게 서양문명의 원류에 대해서 알게 될 것이고 인간의 근원적 본질에 대해서도 성찰하게 될 것이다.

그냥 대사 한 줄 읽어가는 게 아니다. 우리가 읽은 것을 무대 위에 올려놓고 형상화시키는 과정을 누리게 된다. 그야말로 비주얼과 스토리텔링의 자연스러운 접목이다. 다양한 배경지식과 더불어 스토리텔링과 영상의 결합이라는 부가적 가치도 얻게 된다. 이런 힘을 이끌어내는 것이 희곡이다.


## 인문학의 총체적 경험, 연극개론 수업

· · ·

솔직히 말하자면 나 자신도 고등학교 때까지 국어 시간에서 배운 희곡에 대해서 별다른 느낌이 없었다. 그저 하나의 구색 맞추기에 불과하다고 생각했다. 읽는 것도 귀찮고 불편했다. 희곡의 '숨은' 가치를 뒤늦게 깨달은 건 대학 시절이었다.

당시 내가 수강했던 영어영문과 수업 가운데 '연극개론'이라는 수업이 있었는데, 영문과와 신문방송학과의 공통 전공 필수 과목이었다. 극작가로 이름난 신방과의 이근삼1929~2003 교수에게서 수업을 들었는데 드라마에 대한 간략한 이론을 배운 뒤 곧바로 연출노트 제작에 들어갔다. 스케치북에 대본을 복사하여 한 장씩 붙인다. 그리고 넉넉한 여백에 연필로 하나하나 꼼꼼한 해석을 단다. 예를 들어 배경이 어촌이라고 한다면 어떤 바다가 좋을지를 선정한다. 대부분 자신이 직간접적으로 경험한 공간을 고르거나 합성하게 되는 이 과정은 영화나 TV로 보자면 '로케이션 디렉터'가 하는 일이다.

등장인물은 또 어떤가? '어촌의 어부가 주인공인데 중년의 나이라면 누구를 캐스팅할 것인가? 최불암? 너무 식상하지 않을까? 그럼 강신일은 어떨까?' 배역과 배우를 짝지을 땐 그냥 유명세에 따르지 않고 배우의 능력과 특성을 연결해 최적의 조합을 이끌어낸다. 이건 '캐스팅 디렉터'의 일이다.

'무대장치는 어떻게 하지?' 이때는 미술감독의 눈이 필요하다. 배경음악에 대해서는 음악감독의 귀를 가져야 하고 조명감독의 시선도 갖춰야 한다. 의상감독의 안목도 있어야 한다.

그다음에는 본격적으로 대사 분석을 해야 한다. '만약에 내가 배우라면 이건 어떻게 소화할까?' 고민하며 대사를 분석하고 동선도 그려봐야 한다. 같은 대사라도 어떤 표정, 어떤 어조로 이야기하느냐에 따라 극의 분위기 혹은 배역의 성격이 달라질 수 있다. 게다가 연극은 소설이나 영화와 달리 작가가 개입하여 설명해줄 여백이 전혀 없다.

오로지 지문과 대사만을 가지고 심리나 복선, 심지어 전후 관계 등을 밀도 있게 구성해야 한다.

그뿐인가? 연극은 철저하게 제한된 막Act과 장Scene 안에서 모든 것을 소화해야 한다. 이건 소설이나 영화 혹은 연속극에서는 찾을 수 없는 매우 제한적이며 동시에 압축적이고 농밀한 요소이기도 하다. 따라서 배우는 오로지 자신의 대사와 표정, 그리고 몸짓만으로 이 모든 것을 표현할 수 있어야 한다. 또한 사전에 연기에 대해 연출가와 토론하고 작가와 해석을 공유하거나 서로 설득시켜야 한다. 하지만 최종적으로 다양한 국면을 무대 위에서 해결해야 하는 당사자는 바로 배우다. 그가 어떤 연기를 보이느냐에 따라 그 작품의 성패가 달려 있다.

연극을 위해 애쓰는 사람들은 저마다 전문가들이지만 적어도 감독 혹은 연출가의 입장에서는 모든 것을 총체적으로 조망할 수 있어야 최고의 결실을 이끌어낼 수 있다. 이건 바로 리더십과 상상력의 영역이다. 오케스트라의 지휘자는 정작 아무런 소리도 내지 못하지만 제대로 된 음악은 그의 귀와 손을 통해 만들어진다.

## 희곡, 큰 그림을 그려보는 연습

...

이 문제를 기업에 적용시켜보자. 경영자는 연출자다. 작품을 어떻게 해석하고 연출할지 여부는 그가 최종적으로 결정한다. 그러나 결코 독단으로 판단하지 않는다. 캐스팅, 무대장치, 조명, 음악 등 관련 전문가와 충분한 상의를 통해 연출의 최적치를 도출해야 한다. 또한 배우가 최고의 연기를 선보이도록 이끌어야 하고 자신의 의도를 살리되 배우의 해석도 존중하며 더 나은 연기해석을 유도해야 한다. 전체적인 조망 능력 없이 그저 대본 해석만으로 좋은 연출자가 될 수는 없다. 연출가는 작품 전체를 조망하고 해석하며 관객과의 관계를 설정해야 한다. 좋은 기업도 이런 과정을 통해 성공할 수 있다.

배우가 무대에서 최종적인 결과를 표현해야 하는 것처럼 조직원 각각이 배우다. 배우가 자신의 대사만 외고 자기 동선만 염두에 둬서는 결코 좋은 작품을 만들어낼 수 없다. 다른 배우의 대사와 동선도 파악해야 하고 연기의 앙상블을 최대치로 끌어올릴 수 있는 배려와 협력이 필요하다. 배우들이 자기 작품 전체에 대해 연출노트를 만들어보는 것처럼 직원도 CEO의 입장과 스태프의 입장을 그려봐야 한다. 그러기 위해서는 그저 자기에게 주어진 조각의 일에만 집중할 게 아니라 큰 그림을 볼 수 있는 안목을 함께 길러야 한다.

좋은 연출가와 스태프, 그리고 배우의 팀워크가 훌륭한 연극을 만들어내는 것처럼 기업도 마찬가지다. 아무리 말로는 창의력, 상상력, 리더십, 멤버십 떠들어봐야 영양제 주사 맞듯 당장의 효과만 있을 뿐 결코 지속적이거나 발전적이지 못하다. 실제로 기업에서 팀워크나 효율성 극대화를 위해 시도하는 방식은 대단히 표피적이고 그나마도 천편일률적이다. 극소수의 성공한 괴짜, 소수의 특이한 사례, 지금 잘나가는 몇몇 기업의 모방 등이 중심이다. 이 한계를 스스로 벗어나지 않고는 기업의 창조적 도약은 불가능할 것이다.

기업이나 기관에서 희곡 읽기와 실습을 주제로 강의하면, 늘 수강자들의 반응이 좋다. 희곡 작품 하나로도 상상력, 리더십, 멤버십에 대한 효과적인 교육이 가능하다는 걸 이전에는 미처 몰랐다는 피드백들을 준다. 이는 그만큼 인문학의 생산성에 대한 기대가 별로 없었다는 방증이기도 하다.

이근삼 교수로부터 내가 선물받은 것은 연극학에 대한 지식이 아니라 지적 경험이었다. 그래서 늘 고마움을 잊지 못한다. 아무리 많은 지식을 전해준 수업도 거기에 미치지 못했다. 그게 진짜 대학 수업이라는 생각이다.

중간고사쯤 지나서는 수강생들이 조를 짜서 직접 작품을 선정하고 학기말에 대학극장에서 공연을 올렸다. 그런데 이근삼 교수는 최대한 모든 조원들이 연출과 장치 그리고 배우의 역을 돌아가면서 한 번씩 거치도록 했다. 나는 지금도 대학극장에서 우리가 상연했던 오종우의 〈어느 조각가와 탐정〉이라는 작품을 잊을 수가 없다. 내게는 최고의 수업이었다!

영문과 플레밍 교수의 수업도 잊을 수 없다. 그에게서 셰익스피어를 배웠는데, 지금도 기억나는 게 무대를 그려오라는 과제였다. 처음에는 의아했고 생뚱맞게 여겼다. 텍스트가 《햄릿》이었는데 그러면서 매주 셰익스피어의 다른 작품 하나를 과제로 내주고 월요일마다 시험을 봤다. 한국어도 아니고 영어로 매주 한 권의 책을 읽어내야 하는 건 정말 끔찍했다. 그런데 교수는 그 무대를 세팅하기 위해서는 다양한 건축양식을 알아야 한다며 과제를 내줬다. 그래서 해외에서 출간된 관련 서적을 찾아야 했다. 그런데 사진마다 다 달랐다. 왜 다르지? 어떤 시대 어떤 장소로 해석하느냐에 따라 다르다는 걸 알았고 따라서 다양한 건축양식과 그 특징을 파악해야 했다. 의상도 마찬가지였다. 심지어 장신구까지 따져봐야 했다. 대부분의 영문과 수업에서의 세익스피어는 그저 대사를 읽고 해석하고 작품 분석을 하는 거라 여겼던 통념이 깡그리 깨졌다. 그렇게 시달리며 한 학기가 끝날 때쯤 되니까 세익스피어의 작품 전체가 어렴풋하게 보이는 게 느껴졌다. 지금 생각해도 내가 이 두 교수로부터 희곡과 연극을 배운 건 행운이 었다.

# 시는 삶과 세상의 압축파일이다

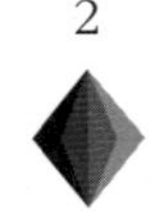

시인 반칠환은 "지구는 통째로 제비꽃 화분이다"라고 노래한다. 우리는 땅 한 뼘이라도 더 갖기 위해 기꺼이 내 인생관이나 세계관도 바꿀 용의를 갖고 있다. 그 한 뼘의 땅을 위해 새벽에 출근해서 한밤중에 퇴근한다. 심지어 그 소유를 위해 다른 사람에게 몹쓸 짓도 마다하지 않는다. 그러면서 자칫 내 삶이 송두리째 망가지기도 한다. 그런데 평소 눈길 한 번 제대로 준 적 없는 보잘것없는 제비꽃은 지구 전체를 제 화분쯤으로만 여긴단다. 이 짧은 시구 하나가 타성에 젖은 나를 화들짝 깨운다. 시는 우리의 삶과 세상을 바라보는 신선하고 농밀한 시선이다

솔직히 우리가 학교를 떠난 이후 1년에 시집 한 권 사본 적 있는가? 아마 거의 없을 것이다. 그러니 학교 졸업 후 시를 읽어본 적이 별로 없다. 그러나 우리나라는 일간지에도 시가 실리는 독특한 나라

다. 어디 그뿐인가? 지하철 스크린 도어에도 여러 시들이 붙어 있다.

## 시는 모국어의 글밭이다

...

우리만큼 시가 중요했던 나라도 없다. 예전에는 과거시험에 급제하기 위해서 반드시 시를 연마해야 했다. 시가 곧 권력으로 가는 길이었던 셈이다. 그러니 당시의 사대부들과 선비들은 인격의 소양을 위해서도, 출세를 위해서도 반드시 시를 짓고, 감상할 수 있어야 했다. 심지어 친구를 사귈 때도 시가 필수적이었다. 그만큼 시가 삶에서 아주 중요한 역할을 맡았다. 더 이상 시가 권력으로 가는 길목을 차지하지 못해서일까? 어느덧 우리는 시를 몽땅 잊고 산다. 그렇게 아무 문제가 없다는 듯 태연하게 살아간다.

동서양 모두에서 시가 그 어느 문학 장르보다 우월했다. 고대 그리스에서는 '시는 신성하고 산문은 저속하다'고 여겼다. 사람들이 호메로스Homeros, 기원전 8세기경의 문학을 숭배한 것은 《일리아스Ilias》와 《오디세이아Odysseia》가 서사시로 쓰였다는 점도 한몫했다. 일찍이 아리스토텔레스 역시 시가 더 우월한 장르라고 여겼다. 그는 《시학》에서 다음과 같이 말했다.

역사가와 시인의 차이는 운문을 사용하느냐 산문을 사용하느냐가 아니다. 헤로도토스의 작품을 운문으로 고칠 수 있고, 운문으로 쓴 것도 산문으로 쓴 것만큼이나 역사가 될 수 있을 것이다. 그러나 둘은 다르다.

역사는 실제 사건들을 다루고, 시는 일어날 수 있는 일을 다룬다. 그러
므로 시가 역사보다 철학적이고 고상한데, 시는 더 보편적인 것을 말하
는 반면에 역사는 특정한 것을 말하기 때문이다.

시는 시인이 농축된 언어로 실체를 깊숙이 그리고 아름답게 그려낸
결과물이다. 시를 누리는 삶은 그냥 건조하게 사는 우리네 삶과 다르
다. 시 한 구절에서 내 삶을 발견한다. 잊고 지내던 나의 모습, 나의
삶, 나의 의미. 그것을 다시 발견하고 다잡는 것은 한 조각의 떡보다
훨씬 영양가 있다. 그게 시의 힘이다.

무엇보다 시는 모국어의 가장 아름다운 모습과 방식을 담고 있다.
하루에도 수만 개의 말을 뱉어내면서도 정작 가장 멋지고 올올이 알
찬 모국어의 글밭인 시를 외면하는 것은 안타까운 일이다. 그러니 시
는 시심 말고도 언어 그 자체만으로도 매력적이며 극상의 실용까지
담고 있는 셈이다. 시를 회복하면 삶도 회복될 것이다.

## 하이쿠를 맛보다

· · ·

시적 압축을 가장 극단적으로 보여주는 사례로 대표적인 것이 일본
의 하이쿠俳句다. 하이쿠는 5, 7, 5의 음수율을 가진 겨우 17자로 짜인
일본의 정형시다. 그 짧은 시에 반드시 '계절을 나타내는 낱말季語'이
들어가야 한다. 에도시대의 대표적 작가인 마쓰오 바쇼松尾芭蕉, 1644~1694
의 작품 하나를 보자.

날은 춥지만 둘이서 자는 밤이 든든하여라寒けれど二人寝る夜ぞ頼もしき

계절을 나타내는 계어인 '추운' 날의 스산함이 이 짧은 시에 그대로 드러난다. 그러나 그 추위가 외롭고 쓸쓸하지 않은 건 바로 '너'가 함께 있기 때문이다. 그 관계성이 주는 든든함과 온기만으로도 충분히 겨울밤의 한기를 이겨낼 수 있다. 그런 '너'가 얼마나 소중하고 고맙겠는가. 또한 나는 누군가에게 그런 '너'가 될 수 있는지 자문할 것이고. 누군들 그런 '너'가 되고 싶지 않을까?

하이쿠를 우리의 시조와 비교해보자. 유사한 점과 차이점을 발견할 수 있다. 먼저 유사한 점은, 모두 정형시이고 조일전쟁임진왜란의 영향을 받았다는 것이다.

전쟁 이후 조선과 일본 모두 큰 변화를 겪었다. 7년의 길고 끔찍한 전란을 견디고 가까스로 버텨낸 조선에서는 전쟁 이후 사회와 제도를 풍자하는 새로운 형태의 시조가 출현했다. 바로 사설시조다. 사대부들이 즐겼던 기존의 정형시 형태와는 다른 양상이었다. 정형시라는 것은 엄격한 형식성을 통해 기존의 질서와 체제에 순응하게 하는 사회적 기능을 가졌다. 그런 점에서 정형시의 파괴는 그 자체로 기존 제도와 방식에 대한 비판이다. 내용적인 측면에서도 저항 어린 민심을 반영했다. 도무지 믿을 수 없는 지배계층과 국가, 사회 등 기존 질서에 대한 회의와 비판이 담겼다. 기존 시조가 사대부들의 작품이었다면 사설시조는 신분을 감춘 사대부나 선비들, 심지어 일반 평민들까지 지은이가 다양해졌다.

본격적으로 사설시조가 나타난 것은 숙종 이후였다. 전쟁 이후 바로 나타난 것이 아니다. 숙성되는 시간이 필요했다. 마침내 꽃을 피운 것은 서민문학이 일어났던 영·정조 시대였다.

사랑하는 임과 이별한 여인의 외로움을 진솔하게 표현한 사설시조 한 편을 감상하자.

귓도리 져 귓도리 어엿부다 져 귓도리

어인 귓도리 지난 달 새난 밤의 긴 소릐 쟈른 소릐 절절이 슬픈 소릐, 제 혼자 우러녜어 사창 여윈 잠을 살드리도 깨우는구나

두어라 제 비록 미물이나 무인동방에 내 뜻을 알리는 저뿐인가 하노라

몰락한 양반을 비롯해서 중인과 부녀자, 기생, 상인 등 다양한 사람들이 형식에 구애받지 않고 자유롭게 시조를 구사했다. 사대부들의 정형시조가 충성이니 효도니 하는 추상적 관념을 다뤘다면, 사설시조는 일생생활을 소재로 재담, 욕설, 심지어 음담과 애욕 등도 대담하게 묘사하고 풍자했다.

사설시조는 형식적으로 중장이 마음대로 확장됐다. 민요나 가사, 그리고 대화 등이 섞여서 통일성보다는 희롱에 가까운 자유를 만끽했다고 볼 수 있다. 생활의 실상을 담고 있어서 민중들의 호응도 높았다. 그리고 동물을 비유해서 제도와 사대부들의 위선을 고발했다. 그러니까 사설시조는 '조선시대의 수준 높은 랩'인 셈이다.

그러나 이는 오래 가지 않았다. 왕의 권위는 다시 강화되고 사대부들의 위세 또한 공고해졌다. 다시 텍스트가 지배하는 시간이 도래한 것이다. 더 이상 사설시조가 발붙일 공간이 없었다. 비정형성의 자유

로움은 사라지고 규범적 정형성의 권력으로 회귀한 것이다.

하이쿠는 어땠는가? 도요토미 히데요시豊臣秀吉, 1536~1598가 죽은 뒤 새
로운 실력자 도쿠가와 이에야스德川家康, 1543~1616가 세습적 군사 독재체제
인 바쿠후幕府를 새로 열면서 기존의 계급구조에 큰 변화를 초래했다.
무사 계급도 변화를 피해 갈 수 없었다. 이전과 같은 대규모 전투도
점차 줄었기 때문에 무사들의 입지가 축소될 수밖에 없었다. 무사와
승려 계급은 문자속이 있던 계급이었다. 이들 가운데 시인으로 탈바
꿈하는 경우가 생겼다. 그러면서 전쟁 이전의 정형시인 렌카連歌가 에
도 시대에 단가 형태로 바뀌었다. 그것이 바로 하이쿠렌카俳句連歌, 즉
하이쿠였다. 그리고 그 대표적 시인이 바로 마쓰오 바쇼였다.

감흥에 따라 단편적으로 창작되었던 조선의 시조와 달리 하이쿠는
전문작가들이 일본 곳곳을 순례하면서 지속적으로 지어냈다. 그래서
한 작가가 수천 편의 작품을 남겼다. 그들은 일종의 음유시인과도 같
았다. 그런 전통은 그대로 근현대까지 이어져 일본 문화에 그야말로
전문가객으로 자리 잡았다. 그리고 노하우가 축적되면 될수록 더 세
련되고 깊이 있는 작품들이 생산되었다.

조선에서도 김천택의《청구영언靑丘永言》18세기초 같은 시조집이 있었지
만 그것은 한 작가의 선집이 아니라 영조 때 가인 남파南坡 김천택이
고려 말엽 이후부터의 여러 고시조들을 엮어낸 시조집이었다. 이렇게
일본과 우리는 시의 창작자 집단에서 큰 차이를 보인다.

하이쿠는 일본 문학 전체를 특징짓는 경향이 되었고 심지어 현대
의 산업에도 영향을 미쳤다. 경소단박輕小短薄, 즉 가볍고 작고 짧으며
얇은 것은 전 세계를 석권한 일본 가전제품의 개성이 되었다. 지금이

야 일본의 가전산업이 다소 위축되었지만 지난 50여 년 동안 일본의 가전제품이 세계에서 사랑받았던 힘이 경소단박에서 나왔다는 데에는 이론의 여지가 없다. 하이쿠는 문화라는 것이 비단 시문에만 그치지 않고 사회 일반에까지 퍼져 사람들의 정신세계를 규정하는 한 요소가 될 수 있다는 사실을 보여주는 좋은 본보기다.

## 감정과 이성의 눈을 틔우는 시

· · ·

하이쿠와 시조의 차이는 또 다른 관점에서도 비교될 수 있다. 우리의 사설시조는 통쾌한 야유를 담고 있다. 기존의 시조에서는 결코 맛볼 수 없는 짜릿함이 있다. 일탈의 즐거움도 있다. 매우 직설적이다. 다른 관점에서 보면 상당히 감성적이고 즉발적인 면도 있다고 할 수 있다.

그와는 반대로 일본의 하이쿠는 감정의 절제와 극도의 단순화를 내면화한다. 이것이 일본인의 사고와 감성을 이룬다. 어쩌면 이런 차이가 한일 간 문화적 감성의 차이를 더 벌려놓는 것인지도 모른다. 반대로 그런 차이가 서로 다른 시 문화를 만들어냈다고 볼 수도 있을 것이다. 마쓰오 바쇼의 앞의 시에 호응하는 다른 시 한 편을 보자.

두 사람의 운명이여, 그 사이에 핀 벚꽃이런가命二つの中に生きたる櫻哉

우정에 대해 어찌 할 말이 없겠는가. 두 사람의 우정만으로 글을 쓰면 책을 몇 권을 써낼 수 있을 것이다. 그러나 이 짧은, 고작 17자에 불과한 시에 이야기가 차고 넘치지 않는가.

30대까지만 해도 나는 '의도적으로' 하이쿠를 싫어했다. 우선 일본의 문학이라는 게 생리적으로 싫었고, 짧아도 너무 짧아서 도대체 무슨 시심을 담을 수 있겠냐는 반감 때문이었다. 그 짧은 몇 자에 인간의 복잡다단한 감정을 꾸겨넣는 것이 못마땅했다. 그러나 마흔이 넘어 편견을 걷어내면서 하이쿠의 진면목을 조금씩 다른 맛으로 느끼기 시작했다.

시 한 편으로도 일상을 비일상적으로 느끼는 순간을 음미할 수 있고, 세상을 다른 각도로 바라보며 시야를 달리할 수 있는 기회도 맞을 수 있다. 또한 역사와 문명의 숨결을 느낄 수도 있다. 그러니 어찌 시가 어렵다고 외면할 것이며, 그저 감성의 발산이라고만 치부할 것인가. 다음 두 편의 시를 보자.

한 오리 풀잎으로 지구를 들어 올린

균형을 유지한 날개의 힘

홑눈 속에 갇힌 나의 하루는

조각조각 나뉘어 빨래로 널리고

바지랑대 하나로 지탱하고 서 있는

정오.

시인 김창완의 시집 《인동일기》 중 〈잠자리〉라는 시의 전문이다. 그 속에서 나는 누구인가? 그의 우주는 어떤 모습인가? 아주 짧은 문장 몇 개로, 그 짧은 시간에 자아를, 세상을, 우주를, 인생을 느끼고 곱씹어볼 수 있다. 이건 각자의 몫이다. 하늘 한 번 올려다보기 빠듯한 형편인데 시 한 편이 그 시를 읽은 사람 마음에 각자의 우주를 생각하게 한다.

이런 시는 어떤가? 시를 문자로만 읽을 건 아니다. 문장이 아니라 시각적으로 읽을 수도 있다. 다음의 시 한 편을 보자.

I

l(a

le

af

fa

ll

s)

one

l

iness

아마도 이게 시라고 하면 황당하게 여길 사람도 많을 것이다. 그러나 엄연히 시다. 그것도 미국을 대표하는 소설가 겸 시인으로 손꼽히는 커밍스e. e. cummings, 1894–1962(특이하게도 커밍스는 항상 자신의 이름을 소문자로 썼다)의 작품이다. 내용은 이렇다.

잎 하나 떨어지니, 나 외로워.

그런 내용이 보이는가? 이 시는 '보는' 것이다. 자, 그럼 '그림'을 읽어 보자. 우선 전체 그림을 보면 '1'의 형상이다. '하나'는 외롭다. 또한 '1'은 영어 'I'와 비슷하다. 따라서 '고독한 나'의 중의적 표현일 수 있다. 이것이 이 시에 대한 첫 번째 '회화적' 해석이다.

다음 '그림' 속으로 들어가보자. 첫 행은 'I'다. 그것은 숫자 '1'과 비슷하다. 둘째 행 'l(a'는 어떤가? 소문자 'l'은 숫자 '1'과 비슷하다. 또한 'a'는 '하나'를 나타내는 명사 앞에 붙는 부정관사다. 따라서 둘 다 '외로움' '고독'을 표상한다. 셋째에서 다섯째 행의 'l'과 'a' 또한 마찬가지다.

여섯 번째 행은 아예 그런 'l'이 겹쳐 있다. 나란히 합해서 둘이 되는 것이 아니라 따로따로 서 있는 'l'이다. 그러므로 달리 보자면 '1'의 강조다. 여덟째 행의 'one'은 물론 숫자 '1'이다. 다음 행의 'l' 또한 마찬가지다. 그리고 이 모든 'l'은 회화적으로 대문자 'I'와 숫자 '1'과 상통한다.

마지막 행은 그 압축적 결론이다. 'iness'는 'i-ness' 즉 '나-임'이다. 다시 말해 '나의 추상명사'인 셈이다. 게다가 그 나는 대문자 'I'가 아니고 소문자 'i'다.

이런 '그림'들, 아니 정확히는 문자들이 모두 '하나', '나'를 상징한다. 그리고 전체 그림 또한 '하나', '나'를 뜻한다. 그러니 이 시는 '잎 하나 지고, 나는 외롭네'라는 실존적 고백이 되는 셈이다.

어떤가? 그럴듯한가? 커밍스가 던지는 화두는 우리에게 다른 눈으로 바라보면 세상은 새롭고 뜻밖의 모습으로 보일 수 있다는, 그러면서도 이를 통해 결국 동일한 보편적 함의를 드러낼 수 있다는 해석일 수 있다.

　시가 반드시 문장으로 이루어진 응결된 표현이어야 한다는 고정관념을 버리면 이렇게 '엉뚱한' 시도 가능하다. 지하철 기다리면서 스크린도어에 있는 시 한 편 음미해보는 것도 좋겠다.

# 소설은 당신의 이야기다

3

너도 나도 입만 열면 '스토리텔링'이다. 그야말로 스토리텔링 전성시대다. 일반 상품에도 스토리텔링을 가미해야 히트상품이 될 뿐 아니라 지속적인 판매 증가를 이끌어낼 수 있고 고객의 자발적 충성심도 높일 수 있다. 심지어 수험생의 입시용 자기소개서도, 대학졸업생의 취업용 자기소개서도 스토리텔링이 들어 있어야 눈길을 끌고 좋은 점수를 얻을 수 있다고 한다.

최근 게임업계에서는 한국이 기술적 측면에서는 세계 정상급이지만 스토리텔링을 생산하는 능력은 떨어진다며, 전체적인 완성도를 높이지 못해 더 이상의 부가가치를 산출하지 못한다는 의견이 많다. 최근에 다양한 캐릭터 사업이나 한류드라마 등에서 '한국적' 스토리텔링의 가능성을 보여주고 있는 것은 다행스러운 일이지만, 디즈니나 픽사와 비교하면 아직 갈 길이 먼 것 같아 안타깝다.

일반 제품도 마찬가지다. 이제는 기능과 가격만으로 경쟁하는 시대가 아니다. 이미지 시대도 지났다. 지금 세상에선 이미지의 힘보다 이야기의 힘이 더 강하다. 그래서 때론 억지로 가짜 이야기를 조작해내거나 일부러 사람을 풀어 감동적인 이야기를 만들어내기도 한다.

그런데, 스토리텔링을 마케팅 수단으로만 활용하려고 하는 것 같다는 느낌을 지울 수 없다. 스토리텔링은 목적에 꿰맞춰 억지로 나오는 게 아니다. 이야기와 이야기가 만나 쌓이고 쌓여 지층을 이루고, 무너져 가루가 되었다가, 삶의 요소들과 섞이기도 하면서 또 쌓이고……. 이렇게 지난하면서도 역동적인 과정에서 새로운 이야기 하나가 돌처럼 굴러 떨어지는 것이다.


## 스토리텔링의 힘

· · ·

스토리텔링에 왕도는 없다. 최고의 스토리텔링은 이야기를 많이 읽는 것이다. 읽지도 않으면서 이야기를 만들어낼 수는 없는 노릇이다. 그래서 최고의 스토리텔링 교본 가운데 하나가 바로 소설이다.

서양에서 소설이 제대로 대접받기 시작한 것은 18세기쯤의 일이다. 앞서 말했듯 서양이나 동양이나 모두 시를 소설보다 우월한 장르로 생각했다. 소설이 시보다 훨씬 큰 힘을 발휘한 것은 19세기 중후반부터 20세기 사이의 일이다. 이전에도 보카치오 Giovanni Boccaccio, 1313~1375 나 초서 Geoffrey Chaucer, 1342~1400 의 소설이 신선하다는 평가를 받기는 했지만 널리 퍼지지는 못했다. 원래 소설이라는 낱말에는 '쓸데없는 이야기'라는 의미가 담겨 있기도 하다.

서양에서 로망roman이란 말은 민중들이 쓰는 로만어를 뜻하는 고대 프랑스의 로만즈romanz에서 비롯됐고, 이는 고전적 품위를 지닌 라틴어와 대비되는 언어였다. 그러니까 소설은 저급한 민중의 허튼 이야기쯤의 의미였다. 그런데 오히려 바로 그 점이 소설의 힘이었다. 민중들은 이야기를 통해 세상을 읽고 때론 들었다. 이른바 고급 언어인 라틴어를 모르는 사람들의 눈과 귀가 된 것이 바로 소설이었다.

소설은 허구fiction지만 언제나 가능한 사실이기도 하다. 소설 쓰기는 살아가면서 겪고 듣고 읽은 일들에 자기 시각으로 새로운 뼈대를 세우고 살을 붙이는 일이다. 판타지소설, 장르소설도 마찬가지다. 당장 현실에서는 불가능해보이지만 상상의 영역에서는 시공간의 제약을 벗어나고 논리의 좁은 틀도 자유롭게 깨치고 넘나드는 것이 가능하다. 바로 가현적 사실이다. 가상현실이라는 점에서 가현적假現的이기도 하지만, 현실이 될 수도 있다는 의미의 가현적可現的이기도 하다.

머지않아 인터넷과 같은 가상공간의 체현으로, 현실과 가공된 현실의 경계가 모호해질 것이다. 그런 점에서 허구의 의미 역시 예전과 달라질 것이 분명하다.


## 톨킨, 무의식에서 튀어나온 문장 하나를 끌어올리다

· · ·

이야기는 어려운 게 아니다. 우리가 어렸을 때 할머니 할아버지에게 들었던 옛이야기들이 바로 이야기의 원형들이다. 아이들에게 최초이

며 동시에 최고의 인문학자는 바로 이야기꾼 할머니 할아버지였던
셈이다. 이야기에 일희일비하며 상상의 날개를 활짝 펴고 꿈을 키우
던 감동이 결국 세상을 바라보는 바탕이 된다. 그 이야기 속에는 바깥
세상에 대한 동경, 인간으로서 갖춰야 할 도덕성, 앞뒤 맞춰가며 자연
스럽게 습득되는 논리, 시공간을 가로지르며 자아를 정립하고 확장
하고자 하는 인생관 등이 골고루 깔려 있다. 허황된 옛날이야기가 아
니다.

요즘 아이들은 할머니나 할아버지와 이야기를 나눌 시간이 없다.
같이 살지도 않을뿐더러, 가끔 만나도 의례적인 인사가 전부다. 이야
기가 끊어졌다. 이야기의 원형인 옛이야기는 책에서나마 명맥을 잇
고 있는 형편이다. 그러나 제도 속에서 문자로만 읽는 이야기에는 인
간 내면에 담긴 긴장과 갈등, 지혜와 성찰의 호흡이 제거됐다고 봐야
한다.

안타까운 상황은 학교에서도 이어진다. 단지 시험 과목의 하나로
여겨지는 국어교육은 소설이 주는 즐거움마저 앗아가버렸다. 대개의
경우 시간이 남아돌거나 심심할 때라야 소설에 손이 가는 게 우리의
부박한 현실이다.

누구나 조앤 롤링 Joanne Kathleen Rowling, 1965~ 의 《해리포터》를 부러워한
다. 아이들은 그녀가 그려낸 판타지에 환호했고 어른들은 자신들이
잃어버리고 잊어버렸던 꿈을 되찾으며 감동했다. 조앤 롤링은 자랄
때 손에 닿는 책은 가리지 않고 닥치는 대로 읽었다고 하는데 그것이
바로 그녀가 이야기를 쓴 힘의 원천이었다. 《해리포터》가 벼락같이
히트를 칠 수 있었던 것은 톨킨 John Ronald Reuel Tolkien, 1892~1973 의 《반지의 제

왕》이나 루이스Clive Staples Lewis, 1898~1963의 《나니아 연대기》가 있었기 때문
에 가능한 일이기도 했다.

인간의 흔하디흔한 악몽, 백일몽, 희미한 몽상을 이야기로 만들어
낸 톨킨과 루이스는 옥스퍼드대학 영문과 교수였다. 톨킨은 고어古語
를 연구하다가 다양한 신화를 만났다. 그 대표적인 서사 신화가 핀란
드의 신화적 영웅들을 담은 《칼레발라》였다. 《반지의 제왕》 역시 《칼
레발라》, 《일리아드》, 《니벨룽겐》의 전통적 서사를 새로운 판타지 방
식으로 이어 내려간 것이라고 볼 수 있다.

땅에 난 구멍 속에 호빗이 살고 있었다…….

톨킨은 자신의 무의식에서 튀어나온 이 한 문장으로 이야기 충동을
이끌어갔다. 톨킨의 고백에 따르면 학생들의 시험지를 채점하다가 갑
자기 아무 생각 없이 이 문장을 쓰게 되었고, 이것이 이야기로 이어지
게 되었다고 한다. 하나의 문장이 톨킨의 글에 생명을 주었고 마침내
꽃을 피워 조리 있고 완벽한 영웅 이야기가 되었으며 사람들을 매혹
시켰다. 그리고 그 이야기는 현대인을 위한 신화가 되었다.

마이클 화이트Michael White, 1959~ 는 《톨킨: 판타지의 제왕》에서 톨킨이
만들어낸 '중간계'가 세계문학을, 더 나아가 현대문명을 놀랍게 그리
고 매력적으로 확장시켰다고 평가했다. 그가 추적한 톨킨의 삶을 보
면 그에게 있어 가장 큰 힘은 상상력과 탐구정신, 그리고 이야기에 대
한 애정이었음을 알 수 있다. 그런 문화적 힘이 《해리포터》 시리즈를
가능하게 했던 밑거름이었다.

화이트가 분석한 톨킨의 성공 사유 가운데 하나는 바로 융의 원형심리학에 대한 본능적 이해였다. 1부에서 살펴본 것처럼 '가장 오래되고 가장 보편적인 인류의 사고형태이자 생각인 동시에 감정'인 원형은 융이 20세기초 '집단무의식'이라는 개념을 제시하면서 무의식 속에는 문화적 배경을 막론하고 모든 사람들에게 공통적으로 존재하는 원시적 이미지들이 들어 있다고 주장한 개념이다. 마치 인류에게 유전인자처럼 이어져 내려온 개념인 이 원형들은 언젠가 활성화되어 의식 속으로 올라오기를 기다리고 있는 '잠재적인 형태'다.

## 소설의 의미를 찾다

· · ·

우리에게 소설은 어떤 의미일까? 분명한 것은 소설은 헛된 이야기가 아니라는 사실이다.

린 헌트Lynn Hunt, 1945~ 는《인권의 발명》에서 프랑스혁명이나 미국의 독립선언이 당시의 대중소설에서 비롯되었다는 점을 강조한다. 다니엘 디포Daniel Defoe, 1659~1731 등의 소설이 독자들로 하여금 자신의 삶과 타인의 삶, 그리고 세상에 대해 성찰과 공감 그리고 분노와 저항을 싹트게 했다는 것이다. 이들이 쌓여 인권에 대한 보편적 의식을 형성했고 마침내 도도한 선언으로 발현된 것이다.

소설은 또한 내가 살아가는 세상과 삶을 다른 사람의 눈으로 대신 체험하는 방식이다. 도스토옙스키의《카라마조프 가의 형제들》은 다양한 인간 군상과 본성을 적나라하게 보여준다. 박경리1926~2008는 어떤가. 그의 작품《토지》는 하나의 가문과 그와 얽힌 다양한 사람들의 변모를 시대와 역사를 스쳐가며 온갖 형태로 고스란히 드러낸다. 최명희1947~1998의《혼불》을 읽으면서는 자기 삶을 깊고 긴 호흡으로 조망해보게 된다. 10권짜리 이 소설은 작가가 소설 쓰기를 멈출 수 없다며 수술 권유도 물리치다 결국 병이 깊어져 죽고만 가슴 아픈 열정을 담고 있다. 또한 천명관1964~ 의《고래》를 통해서 자신의 접어둔 꿈을 되짚어내는 계기를 마련할 수도 있다.

그뿐인가? 말은 숨의 길이에 제한될 수밖에 없지만 문장은 길이에 특별한 제한이 없다. 하나의 문장이 하나의 사고를 담고 있다고 본다면, 글 안에서는 사고의 길이 또한 무한대인 것이다. 짧은 호흡에만 익숙해진 요즘 같은 시대에는 일부러 호흡이 긴 글을 읽을 필요도 있다. 그래야 더 깊은 호흡의 사고를 키울 수 있기 때문이다.

소설이 당장에 빵을 내놓는 건 아니지만 빵을 만들어낼 '사람'을 바꿔주는 건 분명하다. 그렇게 빵 만드는 법을 익혔을 때 훨씬 더 맛있고 멋있는 빵을 만들어낼 수 있다. 그게 진정한 고부가가치다. 내가 소설을 쓰지는 못해도 그런 소설들을 통해 내 삶을 소설적 역동성이나 실존적 가치로 이끌어가는 힘을 얻을 수 있다.

무수히 많은 사람들과 다양한 삶이 세상에 가득하다. 살면서 그런 삶과 사람들을 모두 만날 수는 없다. 심리학만 배워서, 경제학만 배워서, 사회학만 배워서 그런 것을 체험하고 적용하고 발전시킬 수 있을까?

인문학자들은 소설 속에서 사람들, 삶, 세계를 이끌어내 독자들에게 전해주고, 또한 그들이 소설 속으로 더 친근하게 다가올 수 있도록 옆에서 도와야 한다. 그리고 독자들은 소설 속에 자신의 삶을 투사하고, 자신의 삶에 소설적 다이내믹을 가미하고, 실존감 생생한 자기 삶을 체현해내도록 노력해보자. 이 자체가 이미 스토리텔링이다. 이런 함의가 없다면, 소설은 그저 언어의 나열에 불과한 껍데기 이야기일 뿐이다.

# 수필은 삶의 진정성이다

4

국제적인 문학단체인 펜클럽The P. E. N Club은 극작가와 시인Playwright and Poet, 수필가와 편집자Essayist and Editor, 그리고 소설가Novelist의 머리글자를 따온 말이다. 한마디로 글과 직접적으로 관련 있는 사람들의 모임이다.

시나 소설은 전문작가가 되어야만 쓸 수 있다고 여기는 데 반해 수필은 누구나 쓸 수 있다고 여긴다. 틀린 말은 아니지만 수필은 결코 '누구나 아무렇게나' 쓸 수 있는 글도, 그저 '붓筆 가는 대로隨' 쓴 글도 아니다.

사전적 의미로서의 수필은 '일정한 형식을 따르지 않고 인생이나 자연 또는 일상생활에서의 느낌이나 체험을 생각나는 대로 쓴 산문 형식의 글'이다. 그러나 헨리 데이비드 소로우Henry David Thoreau, 1817-1862의 《월든》을 그저 '생각나는 대로' 쓴 글이라고 할 사람은 없다.

수필은 중수필Essay과 경수필Miscellany로 나눌 수 있다. 에세이라는 말을 처음 쓴 사람은 프랑스의 사상가 몽테뉴<sup>Michel Eyquem de Montaigne, 1533~1592</sup>다.《수상록<sup>隨想錄, Les Essais</sup>》이 바로 그것이다.

에세이는 어느 정도 지적, 객관적, 사회적, 논리적 성격을 띠는 소평론으로 간주할 수 있다. 우리가 흔히 수필이라고 지칭하는 경수필인 미셀러니는 그에 반해 감성적, 주관적, 개인적, 정서적 특징을 갖는다. 그러나 이제는 둘을 엄밀히 나누기보다는 총칭하여 에세이라고 부르는 경우가 많다.

우리가 수필을 '붓 가는 대로 쓰는 글'이라고 한 것은 중국 남송의 홍매<sup>洪邁, 1123~1202</sup>가 쓴《용재수필<sup>容齋隨筆</sup>》서문에서 '뜻하는 바를 따라 앞뒤를 가리지 않고 써두었으므로 수필이라고 한다'라는 말에서 따왔다고 한다. 홍매가 이런 말을 남긴 건 작가로서 겸양의 태도였다고 봐야 한다. 두서없는 글이 수필이라는 건 아니다.

당연한 말이지만 좋은 수필은 쓰기가 쉽지 않다. '시적 서정성'과 '소설적 서사성'을 동시에 갖춰야 하며, 그 속에 진정성을 담아야 하기 때문이다. 수필의 가치와 힘은 진정성에서 나온다. 수필은 소설처럼 허구적으로 지어내거나 시처럼 축약해서 결정화한 게 아니다. 깊은 우물에서 건져낸 맑고 차가운 우물물 한 모금처럼, 오래도록 부엌의 한 구석에서 묵묵히 가족의 아침을 지켜온 이 빠진 막사발처럼, 그렇게 곰삭혀 나온 이야기를 담은 것이 수필이다.

수필의 또 다른 매력은 영국의 시인 겸 평론가인 새뮤얼 존슨<sup>Samuel Johnson, 1709~1784</sup>의 말에서도 찾을 수 있다. 그는 "수필은 자유로운 마음의 산책, 즉 불규칙하고 소화되지 않은 작품으로, 규칙적이고 질서 잡힌 작문이 아니다"라고 정의했다. '마음의 산책.' 좋은 수필은 우리의 삶을 향기롭게 하고 너그럽게 만든다.

중국의 시인 겸 수필가인 자오리홍趙麗宏, 1951~ 은 수필이 정情, 지知, 문文을 갖춰야 한다고 말했다. 즉, 작가의 진정 어린 태도情와 사물에 대한 작가 고유의 인식과 견해知, 그리고 작가만의 개성 있는 표현방식인 문체文를 갖춰야 한다. 이런 조건을 고루 갖춘 수필을 만나기란 의외로 쉽지 않다.

앞서 수필을 에세이와 미셀러니로 나누었는데, 이 중에서도 에세이야말로 인류의 변화를 이끈 위대한 힘을 발휘했다고 할 수 있다. 루소, 몽테뉴, 파스칼 등의 에세이가 대표적인 작품이다. 근대 이후의 혁명을 이끌어낸 힘이 논문도 학설도 아닌 이들의 에세이였다는 점을 상기해보면 넓은 의미로서의 수필의 힘을 알 수 있을 것이다.

한편 수필은 소소한 삶에 대한 깊은 성찰을 이끌어낸다. 체스터턴Gilbert Keith Chesterton, 1874~1936, 소로우, 에머슨Ralph Waldo Emerson, 1803~1882, 이양하1903~1963, 김소운1907~1981, 린위탕林語堂, 1895~1976 등의 수필은 삶에 대한 관조와 성찰이 깊은 울림과 감칠맛 나는 글의 힘으로 독자 앞에 진지한 삶을 불러들인다.

목성균1938~2004은 정년퇴직 이후 다시 글을 쓰면서 옛 시절을 따뜻한 시선과 추억으로 되살려《누비처네》를 발표했다. 안타깝게도 그는 몇 년의 글쓰기를 뒤로하고 세상을 떠났지만 그의 수필 덕분에 독자들은 마음을 정화시키고 삶과 세상에 대한 너그러움을 누린다.

자핑와賈平凹, 1953~ 의《친구》는 자신의 삶에서 잔잔하게 길어내는 샘물과 같은 진정성으로 '사람은 사람이 필요하다'는 단순하면서도 따뜻한 말을 건넨다. 더불어 우리의 삶을 채우는 것은 나 혼자만의 몫이 아님을 깨닫게 해준다.

좋은 수필은 마치 좋은 친구처럼 가까이 두고 마음이 움직일 때마다 꺼내 읽으면서 삶의 향기와 지혜를 얻을 수 있어 좋다. 처음부터 끝까지 읽지 않더라도, 그냥 불쑥 아무 장이나 펼쳐 읽어도 너그러운 반성과 살가운 희망을 만날 수 있다. 문장이 미려하지 않아도, 지식이 넘치지 않아도, 정서가 풍요롭지 않아도, 거기에는 사람의 향기가 있고 샘물같이 솟아나는 삶의 진정성이 담뿍 담겨 있기 때문이다.

# 사조는 필연적 흐름이다

대부분 학문은 일정한 이론을 토대로 다양한 사실적 근거와 논리적 확실성을 축적하면서 형성되고 성장한다. 그 틀을 벗어난 발상은 쉽사리 허용되지 않는다. 그런 이론적 틀의 한계를 벗어날 수 있는 분야가 바로 예술이다. 그 가운데서 문자를 통해 표현하는 것이 문학이다.

문학에는 비평의 영역도 있다. 때로 작가와 충돌하는 경우도 있지만, 비평가는 작가 자신조차도 채 알지 못하던 속내와 구조를 파헤치며 의미를 확장시킨다. 베르그송 Henri Louis Bergson, 1859~1941 이 자신의 작품에 대한 비평글을 못마땅해하자 버나드 쇼 George Bernard Shaw, 1856~1950 가 이런 말을 했다. "친구여, 나는 자네가 자신을 이해하는 것보다 자네를 훨씬 더 잘 이해하고 있다네."

굳이 요리할 줄 알아야 음식의 맛에 대해 말할 수 있는 것은 아니다. 지나치게 현학적인 태도 때문에 일반 독자들을 지질리게 하는 경우도 있고 난해한 이론과 어려운 용어를 동원하며 작품을 분석하는 것을 자신의 특권으로 착각하는 평론가들도 제법 있는 건 사실이지만 평론은 문학을 비롯한 여러 예술의 영역을 풍성하게 한다.

평론가들이 자주 들먹이는 용어 가운데 하나가 바로 사조思潮다. '고-낭-사-자-초'(고전주의, 낭만주의, 사실주의, 자연주의, 초현실주의)라는 도식으로. 그러나 딱 거기까지만, 도식으로서의 지식뿐이다. 그게 왜, 어떻게 진행되었는지는 사실 잘 모르거나 관심조차 없다. 그저 사조의 순서와 특징만 가르친다.

사조는 문학에만 있는 게 아니다. 음악과 미술에도 있으며, 예술 말고도 역사 등의 학문에도 적용된다. 그리고 분야마다 각 사조의 순서가 조금씩 다르기도 하고 개념이나 정의가 다소 차이를 보이기도 한다. 또한 나라마다 다르기도 하다. 그러나 일반적 특성과 흐름에는 큰 차이가 없다고 해도 무방하다.

왜 그럴까? 사조는 말 그대로 '한 시대의 일반적인 사상의 흐름'이다. 여기서 강조할 것은 바로 '한 시대'다. 따라서 하나의 사조에는 그 시대가 갖는 특성이 그대로 드러난다. 시대는 단순한 시간적 기간이 아니다. 거기에는 구체적인 삶과 사회의 양식, 가치관, 세계관 등이 녹아 있다.

우리가 주목해야 할 것은 하나의 사조 자체가 아니라 두 개의 사조가 어떻게 충돌하느냐이다. 달리 말하자면 두 개의 사조는 '테제政立와 안티테제反政立'의 구조로 이루어졌다는 점에 주목해야 한다.

# 고전주의, 전범을 따르다

・・・

국어사전은 고전주의를 이렇게 정의하고 있다. "17~18세기에 근대 유럽에서 일어난 예술사조로 고대 그리스, 로마 예술작품을 모범으로 하여, 단정한 형식미를 중요시하고, 이지理智, 조화, 균형을 추구하였다."

고전古典을 문자 그대로 해석하면 옛날의 의식이나 법식을 말하는 것이고, 의미로 풀어보면 오랫동안 많은 사람들에게 읽히고 '모범이 될 만한' 예술작품을 지칭한다.

일반적으로 고전주의를 근대 유럽의 소산으로 정의하지만, 사실 그 이전의 대다수의 예술 역시 고전주의를 따랐다고 할 수 있다. 적어도 이전의 것, 즉 전범典範을 따랐다는 점에서 그렇다. 그렇다면 어떤 것이 전범이 될 수 있을까?

유럽인들은 그 전범으로 고대 그리스와 로마를 설정했다. 우리가 중국을 전범으로 정한 것과 크게 다르지 않다. 유럽인들이 그리스와 로마를 모범으로 삼은 것은 크게 세 가지 이유 때문이다.

하나는 그리스 로마가 유럽 문명의 뿌리라는 점이다. 그리스 로마를 따른다는 것은 자신들의 문화가 유럽 문명의 본류와 연결돼 있다는 의미였다.

둘째는 정치적 목적 때문이다. 유럽의 여러 나라들은 서로 자신들이 문화적으로는 그리스의 후예이며 정치적으로는 로마의 계승자라고 자처했다. 이 타이틀만 차지하면 주변국가보다 상대적으로 우월한 지위를 누릴 수 있다고 생각했다. 껍데기에 불과한 신성로마제국이 19세기초까지 명맥을 유지한 사실도 같은 이유에서다. 신성로마제국에 대해 프랑스의 작가 볼테르<sub>Franois-Marie Arouet, 1694~1778, Voltaire는 필명이다</sub>는 "신성하지도 않고 로마적이지도 않으며 제국의 기운도 전혀 없다"고 빈정댔고, 괴테<sub>Johann Wolfgang von Goethe, 1749~1832</sub>는 파우스트의 입을 빌어 "신성로마제국이여, 어찌 아직도 합쳐져 있는가!"라고 탄식했다. 그만큼 '로마'라는 이름의 권위가 매력적이었던 것이다.

유럽의 여러 나라에서 문장<sub>紋章. 상징적인 표지</sub>에 독수리를 많이 사용하는 것도 로마의 상징이 독수리이기 때문이다. 유럽 문명의 지각생 러시아는 열등감 때문인지 국가 문장을 적색 바탕에 대가리가 둘인 금색 독수리로 삼았고, 로마와 아무 상관도 없는 미국은 대통령 휘장에 독수리를 사용한다. 로마와 그리스는 유럽인들이 따라야 할 '위대한 유산'으로 작동되었으며 차지해야 할 정치적 헤게모니였다.

세 번째 이유는 르네상스의 유산이다. 근대의 입구에 놓인 보따리였던 르네상스는 인본주의를 선언한 중요한 지점이었다. 하지만 실제적으로는 신분제도는 그대로 존재했으며, 시민혁명의 정신을 자각하지도 못했으며 '자유로운 개인'이 발아되기만 했을 뿐 아직 구체적 모습을 보이지 않았다는 점에서 근대정신을 구현하지는 못했다. 이상은 높았지만 고민과 갈등을 해소할 능력이 아직 부족했기에, 따르고자 하는 표상으로 그리스 로마를 삼았다. 즉, 고전주의를 표방했다.

17, 18세기가 되자 후기 고전주의의 특성인 '자유로운 개인'이라는 가치를 구현하려는 열망이 사회적으로 대두되었다. 달리 말하자면 17, 18세기의 고전주의에는 상반된 가치가 내재되었다고 할 수 있다. 하나는 따라야 할 모범, 즉 텍스트로서의 고전이고 다른 하나는 이전의 몰개체적 자아에서 벗어나 멋지게 자아를 실현하는 모범으로서의

고전이다.

'따라야 할 모범'으로서의 고전의 주인공은 마땅히 '고상하고, 우아하며, 지적이고, 균형 잡힌' 인물이 될 수밖에 없었다. 따라서 평범한 개인이 아니라 유명하고 본을 받을 대상이어야 했다. 그러니 주인공은 대개 왕족이나 귀족, 혹은 신화의 주인공이었다. 그러므로 고전주의에서 개인은 평범하지 않다.

여기에는 아리스토텔레스의 《시학》이 끼친 영향도 있다. 오랫동안 유럽 예술의 전범이 된 이 책은 카타르시스Catharsis, 정화를 강조했는데 그러기 위해서는 주인공이 비범해야 하고 명망이 있어야 하며 행복에서 불행으로 이르는 데에 합당한 이유가 있어야 한다고 단언했다. 그래야 추락의 폭도 크고 이를 극복해내는 과정도 훨씬 드라마틱할 것이기 때문이다. 그 과정에서 카타르시스가 생겨난다. 그러니 주인공 대부분이 여신이거나 왕족 혹은 귀족쯤 되는 고귀한 사람들이어야 했다.

이런 보편적 모범으로서의 고전은 불가피하게 전형, 즉 규정될 수 있는 가치를 지니고 있어야 한다. 그 규정성이 강조되면 형식성이 도드라진다. 중세 때 공고해졌던 미술에서의 황금분할 법칙성이 여전히 작동하는 것도 같은 까닭이다. 그들이 그려내고자 했던 것은 그리스 로마의 전통을 따르는 것이었다. 17, 18세기에 프랑스가 유럽의 고전주의를 주도했다는 건 달리 말하자면 프랑스가 유럽의 중심 세력이 되었다는 뜻이고, 그만큼 그들에게 지켜야 할 권위와 위엄이 필요했다는 해석도 가능하다.

그러나 지나친 보편성과 그에 따른 법칙성은 르네상스에서 발아된

'자유로운 개인'과 충돌할 수밖에 없었다. 그렇게 숨 막히는 고전이나 규범성은 '자유롭고 싶지만 아직은 자유로울 수 없는' 개인의 반발을 일으켰다. 그래서 규범을 벗어난 자유로움이 떠올랐는데, 그게 바로 낭만주의다.

## 낭만주의, 개인의 가치를 말하다

. . .

우리는 흔히 낭만주의 하면 뭔가 아름답고, 사랑스러우며, 달콤한 것을 연상하는 경향이 있다. 굳이 색깔로 치면 핑크색이다. 그러나 낭만주의의 본질은 '달콤 쌉싸름'한 감상이 아니다. 기존의 법칙, 질서, 보편 등의 힘에 대한 '저항'이다. 그래서 낭만주의 예술은 자유, 탈 규범, 개성 등을 주제로 다뤘다.

낭만주의 시대의 영국시는 소네트Sonnet라는 형식성에서 벗어나 시심을 자유롭게 노래하기 시작했다. 각운rhyme을 사용하는 건 여전했지만, 이전의 형식과 주제에서 비교적 자유로운 시가 등장했다. 키츠John Keats, 1795~1821, 셸리Percy Bysshe Shelley, 1797~1851, 워즈워스William Wordsworth, 1770~1650 등이 대표하는 영국 낭만주의 시를 보면 소재의 변화가 확연하게 나타난다. 무엇보다도 '새, 하늘, 바람, 흐르는 강물'이 많이 등장한다. 시인 자신이 땅이라는 공간적 제약에서 벗어날 수 없는 인간의 한계를 벗어나 맘껏 떠다니고 움직이는 것들을 시의 소재로 삼은 건 자유를 표현하고 싶었기 때문이다.

흥미로운 것은 같은 낭만주의라고 해도 나라마다 조금씩 그 특징이 다르다는 점이다. 예를 들어 독일의 낭만주의는 철학적이고 관념적인 성향이 강해서 자신의 뿌리를 캐내는 것에 파고든다. 초기 독일 낭만주의는 생명이 고갈된 계몽주의와 형식, 조화를 존중하는 고전주의에 반대하며, 혼돈과 몽환을 찬미하고, 자유로운 세계를 찾으려는 낭만적 아이러니를 중시했다. 이른바 질풍노도 Sturm und Drang가 바로 그것이다. 특이하게도 이들의 현실도피는 중세문학을 부활시키고 변화시켰으며 동양의 신비에 이끌리기도 했다. 과거의 민중문학이 부활한 것은 바로 독일 낭만주의의 특성 가운데 하나다. 그러나 후기로 가면서 낭만주의는 게르만 문화에 대한 고민과 성찰로 나타났다. 그 결과, 국가의식에 눈을 뜨게 되었다는 점에서 영국이나 프랑스의 낭만주의와는 달랐다.

이런 시도로 자유에 대한 욕구가 온전히 해소되기를 기대하는 것은 너무 순진한 생각이었다. 아직은 그런 사조와 바람을 채워줄 사회적 환경이나 여건이 마련되지 않은 상황이었기 때문이었다. 독일 낭만주의가 저물자마자 19세기 중후반 독일은 이전의 분열을 극복하고 새로운 제국으로 나아갔다. 그 와중에 자유로운 개인의 실현은 좌절되었다. 독일인에게는 프랑스혁명과 같은 시민혁명의 가능성도 허락되지 않았다.

그래도 한번 당겨진 불길은 쉽게 가라앉지 않았다. 현실을 벗어나 자유와 희망을 노래하는 경향도 짙어갔다. 제국帝國 출현 이전의 독일 낭만주의는 분열된 제국諸國에 절망했지만, 그 이후는 제국의 국가주의에 휘둘려 낭만주의 정신의 본질인 자유와 희망조차 외면당했다. 그 점이 영국이나 프랑스의 문학 흐름과 다른 차이였다. 그러나 약간의 차이가 있을지언정 낭만주의 정신의 핵심은 '자유로운 개인'이며 그것이 근대정신의 본질이라는 점에서 낭만주의는 결코 가볍게 스쳐 갈 사조가 아니다.

낭만주의의 치기(?)에 대한 반발이 바로 사실주의였다. 흔히 '대상을 사실 그대로 표현하는 것'을 사실주의라고 생각하는 경향이 있는데, 그것은 반쪽짜리 이해로, 사실주의에서 배경을 지워버렸기 때문에 일어나는 오해라고 볼 수 있다. 사실주의가 지향하는 것은 단순한 사실적 묘사가 아니다. 그 묘사의 대상인 현실은 암울하고 절망적이다. 사실주의의 배경에는 산업혁명이 자리하고 있다.

산업혁명은 분명 근대에서 현대로 넘어갈 동력을 담고 있는, 인류 역사상 가장 역동적 변이 가운데 하나였다. 산업혁명의 과정에서 먼저 살펴야 하는 것은 종획운동 Enclosure Movement 이다.

산업혁명 이전에 영국의 농민들은 빈곤하고 종속적인 삶을 살았지만, 현실에 순응하면서 안정적인 삶을 이어갔다. 그러나 산업혁명이 일어나자 농민들은 자기 삶의 터전을 떠나야 했다. 초기 산업혁명의 여파로 양모 산업이 돈이 되는 걸 알게 된 지주들이 곡물 대신 양을 키우려 했고, 농지를 초지로 바꾸었기 때문이다. 농민들은 공장과 광산에서 필요한 노동력을 제공하여 삶을 꾸려갈 수 있었다. 즉 농민에서 임금노동자로 삶의 방식을 바꿔야만 했다. 자신의 삶과 역사를 버리고 새로운 삶을 꾸려야 했던 이들이 감내해야 할 현실은 강퍅했다. 19세기 런던 시민의 평균수명이 채 스무 살에도 달하지 못했다. 아이들은 학교에도 가지 못하고 싼 값에 공장이며 광산에 가서 일해야 했다. 아이들의 노임이 쌌고, 특히 광산 입장에서는 작은 체구에 맞춰

갱도를 크게 만들지 않아도 되었으니 일거양득이었다. 그러나 이는 엄연한 착취였고 반인륜적 처사였다.

대부분의 삶은 불안했고 곤궁했다. 운이 좋아서 성공하는 노동자들도 있었지만 극소수에 불과했다. 그런 상황에서 예술작품이 외치는 자유와 희망은 순진하고 비현실적인 메시지일 뿐이었다. 그래서 나타난 게 사실주의다. "야, 헛꿈 꾸는 짓 하지 말고 지금 네 주변의 삶이 어떤지 정직하게 똑똑히 바라봐!" 그게 사실주의 정신이다.

'사실주의 작가'라고 똑 부러지게 규정하기에는 어려움이 있지만, 영국작가 찰스 디킨스 Charles John Huffam Dickens, 1812~1870의 소설만 읽어봐도 그런 세태가 가감 없이 드러난다.《올리버 트위스트》는 어린이 노동력의 착취를 고발한다. 이 작품은 1834년 시행된 신빈민구제법에 대한 비판과 풍자이기도 했다. 물론 디킨스 특유의 해학과 낙관이 없는 것은 아니다. 그러나 그 본질은 현실에 대한 고발이다. 디킨스의 다른 작품들, 즉《위대한 유산》이나《데이비드 코퍼필드》도 양상만 다를 뿐 바탕은 동일하다.

나중에 미국에서 한 박자 늦게 전개된 사실주의 문학 역시 마찬가지였다. 존 스타인벡 John Ernst Steinbeck, 1902~1968의《분노의 포도》나《에덴의 동쪽》에는 대공황의 미국 현실에서 무너져내리는 개인의 삶에 대한 안타까움과 분노가 배어 있다.

프랑스의 경우는 조금 달랐다. 이른바 벨에포크 la belle époque, 즉 '아름다운 시대'라고 했던, 19세기말에서 20세기초에 이르는 동안 파리는 과거에 볼 수 없었던 풍요와 평화를 누렸다. 산업혁명의 추세를 거스를 수는 없지만 영국의 산업혁명 초기와 같은 노골적 착취와 비인격성은 상대적으로 덜했다.

파리는 예술과 문화가 번창했고 거리에는 우아한 복장의 신사와 숙녀가 넘쳐흘렀다. 그들에게는 사실주의적 분노와 고발보다는 과학적 정밀성에 기초한 사조가 만들어졌다. 그게 바로 자연주의다. 모파상Henri Rene Albert Guy de Maupassant, 1850~1893, 플로베르Gustave Flaubert, 1821~1880(플로베르는 사실주의 범주에 넣기도 한다) 등의 문학이 대표적이다. 우리 문학사에서 염상섭1897~1963의 〈표본실의 청개구리〉가 자연주의에 속하니 아니니 따진 논쟁은 사조와 사회 환경이라는 관점에서 볼 때 조금은 생뚱맞기도 했다.

사실주의 정신은 비단 문학에만 국한되는 것은 아니다. 미술에서도 마찬가지였다. 1861년 사실주의 화가 쿠르베Gustave Courbet, 1819~1877는 "사실주의는 이상에 대한 부정이다"라고 선언했고 "사실주의는 민주적인 예술이다"라고 덧붙였다. 나중에 현대미술의 거장이 된 피카소Pablo Ruiz Picasso, 1881~1973가 파리 생활 초기에 그린 그림들, 이른바 '청색시대'의 작품들은 바로 사실주의, 즉 음울한 현실에 대한 비판과 고뇌의 표현을 바탕에 두고 있다.


## 초현실주의 그리고 《지킬 박사와 하이드 씨》

· · ·

20세기는 과학기술의 발전과 인간 주체에 대한 발견, 정치경제적 새로운 질서 등이 맞물려 인류 문명의 발전 속도를 가속화시킨 시대이다. 인류 문명이 한껏 꽃피운 시기였다.

초현실주의의 등장은 이미 시대가 예고하고 있었다. 19세기의 낭만주의와 사실주의를 딛고, 상징주의, 탐미주의, 사회주의적 사실주의, 아방가르드, 모더니즘 등 다양한 문예사조가 앞을 다투며 쏟아졌다. 그런 흐름 속에서 초현실주의가 출현했다. 전체적으로 통찰하자면, 이전의 한계에 대한 새로운 도전과 방법의 모색이었다는 점만은 분명했다.

초현실주의는 말 그대로 현실을 뛰어넘는, 그래서 현실과 다른 모습을 파고들었다. 비합리적 인식과 잠재의식을 탐구하여 기존의 미학과 도덕에 관계없이 표현을 혁신한 것이다. 1917년 시인 아폴리네르Guillaume Apollinaire, 1880~1918에 의해 명명된 이 사조는 이성에 대한 반발에서 비롯되었다.

초현실주의의 배경은 크게 세 가지로 볼 수 있다. 첫 번째는 제1차 세계대전이다. 전쟁 후 프랑스를 중심으로 전위적 문예활동이 일어났다. 시대는 일체의 선입견과 논리와 도덕을 초월하는 새로운 정신으로 예술을 표현하기를 요구했다. 제1차 세계대전은 합리성이나 도덕성을 스스로 무너뜨린 충격적 사건이었다. 이런 상황에서 기존의 가치들을 고수한다는 것은 예술가들에게 도저히 받아들일 수 없는 일이었다.

또 하나의 배경은 바로 프로이트의 심층심리학이다. 초현실주의가 의식과 무의식이 혼재된 그야말로 초현실의 시간과 공간을 창조할 수 있었던 것은 분명히 프로이트의 이론에 영향을 받은 것이었다. 이성의 지배를 거부하고 비합리적인 것, 그리고 의식 아래의 세계를 바라볼 수 있게 했던 것이다.

마지막으로 초현실주의의 뿌리를 제공한 것은 바로 다다이즘Dadaism이었다. 다다이즘은 기존의 전통과 질서에 대한 파괴운동이었다. 엄밀히 말해서 초현실주의와 다다이즘은 동전의 양면과 같다. 1916년 유럽을 중심으로 퍼져나가기 시작하여 1920년대 초반까지 이어졌던 문예운동인 다다이즘은 분명히 초현실주의의 조류를 거세게 만들어준 동반적 사조였다고 할 수 있다.

문예사조는 그저 일종의 유행처럼 혹은 도식적 변화로 이루어진 것이 아니다. 서로 맞물려서 작용과 반작용의 구조로 이루어진 치열한 세계상이며 시대적 산물이다.

어떤 시대가 어떤 사조를 만들어내는지를 세심하게 관찰해야 한다. 사조를 알면 당대의 흐름을 알 수 있다. 그런 이해 속에서 자신의 시대에서 새로운 사조의 추구와 발현이 가능해진다.

스티븐슨Robert Louis Balfour Stevenson, 1850~1894의 소설 《지킬 박사와 하이드 씨》를 보자. 마크 트웨인Mark Twain, 1835~1910은 "고전이란 제목은 알지만 내용은 모르는, 혹은 제목은 들어봤지만 정작 읽어보지는 않은 책"이라고 정의했다. 그런 관점에서 보자면 《지킬 박사와 하이드 씨》는 대부분의 사람들이 이야기의 내용을 대강 알고 있을 뿐 아니라 예로 많이 들기도 한다는 점에서 분명 고전이라 할 수 있겠다.

이 책이 출간된 것은 1886년이다. 이 시점이 중요하다. 영국이 산업혁명을 성공적으로 완수하고 전 세계에 자신들의 업적을 자랑하기 위해 만국박람회를 개최한 게 1851년이었다.

사람들은 이전까지 주로 이성적 도덕관을 지키며 살아야 했다. 당연히 교회의 영향력이 지대했다. 그런 상황에서 욕구를 실현한다는 것은 고사하고 감히 노골적으로 표현할 수도 없었다. 적어도 겉으로 드러낼 수는 없는 노릇이었다. 그러나 1859년 다윈이 진화론의 횃불을 지피면서 교회의 권위는 흔들렸고, 산업혁명으로 새로운 부를 구가하게 된 세력이 기존의 도덕에 저항하고 싶어진 건 자연스러운 일이었다. 이미 '자유로운 개인'의 실현을 누리기 시작한 사람들에게 더 이상 도덕적 억압이나 종교적 제재는 받아들이기 어려웠다. 욕망은 실현가능성이 없을 때는 포기하고 체념하지만 조건이 형성되면 언제든 그 실현을 충동한다. 그건 본능이다.

스티븐슨은 바로 이런 시대적 상황에 처한 인간의 모습을 그려냈다. 지킬 박사는 의식의 세계에서 존경받는 인물이다. 그는 합리적이며 자기통제적 인격을 갖춘 인물이다. 말 그대로 모범이다. 그에 반해 하이드 씨는 욕망의 주체로서의 인간을 상징한다. 문제는 그 두 인물이 한 사람 안에 내재한다는 점이다.

하이드 씨는 욕망의 주체성은 인식했지만 아직은 의식의 주체로서의 인격을 뛰어넘지 못하는 당대인의 속내를 표상한다. 즉 이전의 전범이었던 의식의 주체로서의 인간도 그대로 남아 있지만 새롭게 발견된 욕망의 주체로서의 인간을 포기하지 못하는 이중성에서 갈등하는 존재다. 두 인물은 결코 동시에 한 인물 안에서 작동하지 못한다. 만약 동시에 나타난다면 그건 다중인격이거나 미친 작자일 뿐이다. 그게 19세기말의 한계이고 당대를 살았던 인간의 비극이다.

스티븐슨은 끝내 그 비극을 극복하지 못했다. 그가 살았던 시대는 이 문제에 대한 해법을 아직 찾아내지 못했기 때문이다. 이 갈등을 해소한 것은 프로이트의 심층심리학의 출현이었다.《꿈의 해석》이 출간된 건 1899년이었다. 프로이트는 인간에게 의식만 존재하는 것이 아니라 심층심리, 즉 일반적으로 무의식이라 부르는 것이 있으며 그것은 이성이나 논리로 이해될 수도 작동될 수도 없음을 밝혀냈다.

의식과 무의식은 마치 시계의 시침과 분침이 같은 축을 삼고 있지만 표현하는 시간이나 속도가 완전히 다른 것처럼 '따로 또 같이' 움직이는 세계다. 그것은 같은 차원에서는 모순과 충돌일지 모르지만 다른 차원에서는 완전히 독립적이다. 또한 인간의 본능적 욕망이라는 것이 의식으로만 드러나는 것이 아니라 무의식으로도 표출되는 것임이 밝혀졌다. 스티븐슨의 한계와 고민, 달리 말하자면 지킬 박사와 하이드 씨의 갈등과 투쟁은 프로이트에 와서 화해할 수 있었던 것이다.

프로이트의 심리학이 이후 문학을 비롯한 여러 예술장르에 어떤 영향을 미쳤을지 충분히 짐작할 수 있지 않은가? 에드바르트 뭉크Edvard Munch, 1863~1944의 〈절규〉1893도 그 한 예다.

뭉크의 그림은 이전의 심리 표현과는 전혀 방식이 달랐다. 그 불안은 예술적으로 스티븐슨의 불안을 능가하는 것이었으며 도식적으로 본다면 스티븐슨과 프로이트를 이어주는 끈과 같다고도 해석할 수 있을 것이다. 즉, 스티븐슨이 개인의 갈등과 분열을 지킬박사와 하이드 씨로 분리하여 드러내려 했다면 뭉크는 한 인물 속에서 조형적으로 통일시켜 표현했다.

어느 하나가 다른 하나에 유일하게 영향을 주고받는 것이 아니라 서로 복합적으로 어울리면서 상호 영향을 주고받는다. 그게 사조이고 사상과 문화의 흐름이다. 문학, 더 나아가 예술은 한 시대가 겪고 생산한 삶의 방식이며 다른 사상이나 사조의 영향을 받으며 진화한다.

그래서 때로는 소설 한 권을 읽음으로써 전혀 다른 방식으로 세상을 읽어내고 해석할 수 있는 자양분을 얻을 수 있다.

# 이야기의 힘, 해리포터

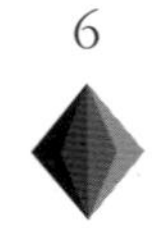

저자, 출판사, 영화사에게 엄청난 부를 안겨준 《해리포터》는 조앤 롤링이 24세 때 맨체스터에서 런던으로 가는 기차에서 영감을 얻어 쓰기 시작한 데서 비롯되었다고 한다.

28세에 이혼한 그녀는 아이를 데리고 영국으로 돌아와 동생이 사는 스코틀랜드 에든버러에서 주위의 도움을 받으며 살았다. 일자리도 없는 상황에서 아이를 키워야 했던 그녀의 주 수입은 정부보조금뿐이었다. 일자리를 얻기 위해 교사자격인증 석사학위 과정을 밟으며 적은 수입으로 아이를 키우는 건 쉽지 않은 일이었다. 그녀는 아이 하나만을 보며 쓰디쓴 시간을 버텼다. 그녀에게 위안을 준 건 바로 소설을 쓰는 것이었다. 바로 몇 해 전 떠올렸던 영감을 살려 쓴 소설이었다. 자신이 마법사라는 사실을 알지 못하고 어쩌다가 마법사학교에 들어간 소년의 이야기는 무려 5년이 지나서야 탈고할 수 있었다.

롤링은 그때쯤에는 스코틀랜드 예술위원회의 신인작가 창작지원금도 받았고 근처의 학교에 교사로 취업한 상태여서 경제적으로는 숨통이 조금 트였지만 여전히 곤궁했다. 출판사에 원고를 보내기 위해서는 복사본이 필요했는데 복사비가 없어서 중고 타자기로 모두 다시 타이핑했다고 한다.

그러나 그녀의 투고는 보기 좋게 거절당했다. 무명의 작가가 원고를 보냈는데 내용도 황당무계했으니 말이다. 지금이야 《해리포터》가 전 세계적으로 공전의 히트를 쳤지만 당시로서는 도무지 말도 되지 않는 허황된 이야기로 여겨졌을 뿐이다.

그녀는 대행사를 찾았다. 그런데 그 대행사는 아동문학을 다루지 않았다. 그러니 당연히 거절했어야 했는데, 뜻하지 않은 행운이 찾아왔다. 롤링의 샘플 원고를 묶은 검은색 커버가 운명을 바꿨던 것이다. 특이한 그 커버 때문에 원고를 집어 훑어본 비서 브리오니 이븐스는 원고에 흥미를 느꼈고, 하퍼콜린스, 펭귄 등 영국의 유수 출판사에 원고를 보냈다. 결과는 아쉽게도 모두 퇴짜였다. 그렇게 거절당한 출판사가 무려 열두 개였다.

열세 번째 출판사는 별볼일없는 소규모 출판사 블룸즈버리였다. 그런데 블룸즈버리의 편집자 배리 커닝햄은 원고의 첫 장을 펼치자마자 '이것은 마술이다!'라고 판단했다. 위험을 고려해서 초판을 500부만 찍었다. 바로 《해리 포터와 현자의 돌》, 시리즈 첫 권이었다.

처음부터 선풍을 일으킨 건 아니었다. 불을 지핀 건 엉뚱하게 미국에서였다. 스콜라스틱 출판사의 편집이사 아서 레빈이 이탈리아의 볼로냐아동도서전에서 이 책을 발견하고 돌아가는 비행기에서 읽고서

판권을 확보하기로 결정했다. 레빈은 미국 판권을 무려 10만 5천 달러에 사들였다.

당시로서는 파격이었고 모험이었다. 그러나 그 때문에 세계적인 주목을 끌었고, 결과적으로는 성공적인 마케팅 전략이 된 셈이었다. 그는 '현자'라는 단어가 어린 독자들에게 너무 어려울 것 같다며 제목을 《해리포터와 마법사의 돌》로 바꿨다. 스콜라스틱은 초판으로 무려 5만 부를 찍었다. 해리포터 열풍의 발화점이었다. 열풍은 금세 들불처럼 번졌다. 그리고 이내 전 세계의 독자들을 매료시켰다.

여기서 우리가 생각해봐야 할 점은 두 가지다. 하나는 이야기의 힘이다. 이 책은 한 소년의 일종의 통과의례 이야기다. 악을 이기는 선의 승리, 우정을 비롯한 다양한 인간관계, 사랑의 영원성, 다양성, 편견에 대한 저항 등 매우 보편적인 주제를 담고 있다.

세상에 이야기를 싫어하는 사람은 없다. 이야기에는 꿈이 있고 희망이 있으며 웃음과 눈물도 있다. 제한된 삶이 아니라 무수히 많은 시공간과 다양한 사람들, 그리고 다채로운 세상이 펼쳐진다. 그게 이야기의 힘이다.

이야기는 상상력을 키운다. 그런데 우리는 무의식중에 논리와 정합성이라는 것에 학습되고 순치되어 있는 까닭에 틀에 벗어난 이야기에는 관심을 갖지 않는다. 어렸을 때는 재미있다고 느꼈던 이야기도 자라고 나서는 말도 되지 않는다며 손사래 치는 경우가 많다. 시간과 공간의 구조를 논리적으로만 이해하는 의식구조가 형성된 까닭이다.

여기서 두 번째 지점에 닿는다. 기존의 아날로그 세상은 반드시 시간과 공간의 구조 안에서 '1:1' 대응관계를 통해서만 현실화할 수 있었다. 그러나 컴퓨터의 발달로 서서히 그런 세계구조가 바뀌기 시작했다. 바로 디지털 프레임이다.

그 디지털 프레임이 빚어낸 새로운 시공간이 바로 가상현실이다. 거기에서는 이전의 '1:1' 대응구조가 '1:다多'의 방식으로 바뀔 수 있다. 실제로는 '1:1' 대응관계이지만 빠른 처리 속도 능력으로 '1:다'의 방식으로 느껴지는 세계다. 그러니 시간과 공간을 자유롭게 넘나들 수 있다. 해리 포터의 이야기가 독자들에게 어필할 수 있었던 것은 이야기의 힘뿐 아니라 이렇게 변신한 새로운 세계의 구조가 매력적이었기 때문이기도 했다.

《해리포터》 시리즈는 수많은 에피소드를 만들어냈다. 블룸즈버리 출판사는 일약 거대 출판사로 성장했고, 미국의 스콜라스틱출판사는 엄청난 돈을 벌었다. 물론 영화사도 떼돈을 벌었다. 각국에서 판권을 확보한 출판사도 예외는 아니었다. 우리나라에서는 '문학수첩'이라는 출판사에서 판권을 확보했다. 여기에도 사연이 있다.

'문학수첩'의 기획자는 1999년 초 〈뉴욕타임스〉 베스트셀러 목록에서 이 책을 발견하고 수입을 결정했다고 한다. 이미 한국에서도 판타지소설이 붐을 일으키기 시작한 시점이었다. 그 기획자는 출판사 대표의 딸이었는데 아버지에게 "혼수 비용은 필요 없으니 제발 이 책의 판권은 사라"고 졸랐다고 한다. 이른바 '촉'이나 '감' 때문이었을까? 물론 이미 영미권에서 선풍을 일으키고 있었으니 투자가치가 있다는 경영적 판단도 있었겠지만, 나는 그녀가 책을 많이 읽은 사람이라고, 그래서 그런 판단을 내릴 수 있었다고 믿는다. 우리에게 그런 기회가 주어진들 제대로 판단할 수 있는 눈이 없다면 무슨 소용이 있겠는가? 그러니 부지런히 많이 읽는 것만큼 좋은 투자는 없다.

조앤 롤링의 《해리포터》는 이야기의 힘이 얼마나 큰지를 보여준 상징적 사건이다. 더 나아가 사실에 바탕을 두지 않은 픽션 중의 픽션이라도 무한한 상상력과 자유, 그리고 그것을 가능하게 해준 새로운 현실을 융합하면 살아 있는 이야기가 나올 수 있다는 것을 보여주었다.

# 언어는 존재의 집이다

이해의 세계는 언어를 통해 구성된다. 훔볼트 Alexander von Humboldt, 1769~1859 는 우리가 객관적인 세계를 직접 이해하는 것이 아니고 언어의 통로를 통해 인식한다고 주장했다. 이규호 1926~2002는《말의 힘》에서 말은 단순히 현상을 묘사하는 것만이 아니고 현실을 창조하며 일상의 도구로서 우리의 삶을 유도해주고 있다고 언명하면서 훔볼트를 수용한다. 말은 삶을 유도하고, 삶을 창조하는 힘을 지녔다는 것이다.

하이데거 Martin Heidegger, 1889~1976는 서구의 전통적인 언어관을 반박했다. 서구에서 언어에 대한 전통적 이해는 언어가 의사소통의 매체라는 것이었지만, 하이데거는 말하는 주체가 언어이지 인간이 아니라고 말한다. 하이데거에게 언어는 인간에게 끊임없이 다가오는 존재가 머무는 집이다. 즉 언어는 존재의 집이다. 언어는 인간이 존재와 관계 맺는 방식 중에서 가장 고유한 방식이다. 그러므로 언어야말로 인간의 본질적 거처가 된다고 주장했다.

우리가 어떤 말을 어떻게 사용하느냐에 따라 사물이, 더 나아가 세계가 구성된다. 그러므로 국어교육의 근본은 거기에서 출발해야 한다. 말의 올바른 사용이 올바른 이해를 가능하게 한다. 더 나아가 사람과 삶에 대한 태도를 결정한다. 그러니 결코 소홀하게 여겨서는 안 된다. 그저 단순히 의사소통의 수단이 아닌 것이다.

예를 들어보자. 언론인 강상헌은 병원病院이라는 단어는 잘못된 것이라며 비판한다. 병원은 말 그대로 풀어보면 '병이 사는 집'이라는 뜻이란다. 그래서 암센터도 암이 중심이고 주인인 곳이 되고 만다. 그래서 그는 '항암抗癌센터'라고 해야 맞다고 주장한다. 이런 시비가 오히려 낯설고 너무 까칠한 것 아니냐는 눈흘김을 받을 수도 있다. 하지만 예사롭게 넘길 일은 아니다. 말은 우리의 의도와는 상관없이 나름대로의 힘을 갖고 있다.

국어학자 김창진은 '자동차협회'와 '자동차산업협회'를 예로 들면서 그 말의 위험성을 지적한다(〈오마이뉴스〉, 2012년 8월 6일자). 자동차협회는 자동차가 모여서 만든 모임이란 뜻이다. 따라서 '자동차인 협회'가 맞다. 자동차산업협회도 '자동차산업인협회'로 해야 옳다. '시인협회'지 '시협회'가 아니지 않은가. 김창진은 그 말 속에 우리가 사람을 주인으로 삼지 못하고 사물을 주인으로 섬기고 있는 의식구조가 담겨 있다고 비판한다. 얼핏 들으면 참 별나게 따진다 싶지만 그만큼 우리가 물신주의적이고 비인격적인 사회구조 속에 살고 있다는 방증이다.

그가 '국립국어원'의 작명에 대해 결기를 세우는 건 놀랍기까지 하다. 그는 우리나라 국어를 연구하고 정책을 수립하는 이 기관의 주인이 왜 '국어'냐며 반문하고는, 국어는 우리가 사용하는 도구이고 연구하는 대상이지 섬기고 모셔야 하는 주인이 아니며, '국립국어연구원' 쯤으로 해야 옳다고 주장한다. 자기 기관의 이름을 이 지경으로 지었으니 무엇을 바랄 수 있겠느냐고 따지기도 한다.

이런 사례는 극단적인 것 같지만 사실 본질적이고 상식적인 것이다. 그저 익숙하다는 이유로 아무 비판 없이 받아들이는 언어 습관에서 인격성이나 자아의 주체성은 들어설 자리가 없다.

어순에도 사고의 경중이 작용한다. 우리의 국어교육은 이제라도 그저 읽고 쓰고 말하기를 반복하는 훈련이거나 시험을 위한 분석과 해석이라는 텍스트 추종적인 태도에서 벗어나 말과 글의 본질적 힘과 가치에 대해 제대로 생각할 수 있는 바탕을 마련해야 한다.

말과 글은 우리의 사고를 결정한다. 그리고 사고는 우리의 행동을 결정한다. 그것은 단순히 나와 세상을 연결하는 고리가 아니라 나의 삶을 결정하는 중요한 요소다.

요즘 청소년들이 입에 달고 사는 욕설이 단순히 카타르시스나 동류의식의 어설픈 쾌감만 주는 게 아니라 이미 그 자체가 폭력이고 물리적 폭력으로까지 이어진다는 점만 보아도 언어의 올바른 사용이 얼마나 중요한지 어렵지 않게 알 수 있다. 굳이 하이데거의 '존재의 집'이라는 거창한 개념을 들먹이지 않아도 우리의 언어관을 차분히 돌아봐야 한다.

**《칼레발라》** 엘리아스 뢴로트, 서미석 옮김, 물레, 2011

칼레발라는 '영웅들의 나라'라는 뜻으로, 핀란드를 상징한다. 따라서 이 책은 핀란드의 신화적 영웅들에 대한 노래다. 톨킨의 《반지의 제왕》에 가장 큰 영향을 준 작품으로, 대부분의 서사시들이 영웅신화인데 반해 서정적인 연작시들과 작은 사건들이 씨줄과 날줄로 짜여 다양한 일상이 세밀하게 묘사되었으면서도 《일리어드》《니벨룽겐》에 버금가는 가치와 감동을 지녔다. 묵묵하게 핀란드어를 한국어로 옮긴 역자와 출판사가 고마운 책이다.

**《톨킨: 판타지의 제왕》** 마이클 화이트, 김승욱 옮김, 작가정신, 2003

꿈의 개척자 톨킨의 생애와 그 신화를 다룬 대표적 저서. 톨킨에 대한 일종의 평전의 형식을 취하는 동시에 그의 작품에 대한 세밀한 배경과 과정을 보여주며 '중간계'가 어떻게 해서 만들어졌는지를 파헤치고 《반지의 제왕》을 비롯한 그의 작품들에 대한 유익한 사실과 정보를 넘치지도 모자라지도 않게 담고 있다. 무엇보다 톨킨에 대한 매우 방대한 자료를 토대로 객관적으로 서술하면서도 뛰어난 분석과 평가까지 곁들였다.

**《비평의 해부》** 노스럽 프라이, 임철규 옮김, 한길사, 2000

영미권 최고의 문학이론가이자 비평가인 프라이의 대표적 저서. 비평에 대한 정의와 그 가치를 세밀하게 규정하고 있는 대표적 이론서다. 프라이는 다양한 저서들을 통해 문학이론과 문학비평의 문제를 날카로운 시선으로 포착한다. 특히 그의 장점은 문학과 사회, 신화와 이데올로기, 그리고 역사의 문제 등 복잡다단한 현상들을 해박한 지식과 명석한 통찰로 풀어낸다는 데 있다. 이 책은 에세이 형식으로 쓰여 있어서 굳이 문학전공자가 아니어도 조금만 공을 들이면 이해할 수 있다. 세 번째 에세이인 '원형비판: 신화의 이론'은 프라이의 명성을 드높인 주제이기도 하다.

**《천의 얼굴을 가진 영웅》** 조셉 캠벨, 이윤기 옮김, 민음사, 2004

20세기 최고의 신화학자 캠벨의 대표적 저서. 캠벨에 따르면 모든 신화는 꿈과 동일한 문법을 갖는다. 신화와 꿈은 비록 무대와 사건은 다르지만 인간의 무의식이 투사된 주인공이 활동하는 영역이다. 신화에서 영웅은 인간의 집단이 그려낸 자신의 모습으로, 모든 영웅의 이야기는 영웅의 전형성을 따른다. 서로 다른 대륙과 문화권에서의 신화들이 그 원형이 되는 하나의 영웅을 갖는다는 그의 분석은 신화학에서 새로운 지평을 열었다는 평가를 받는다. 우리 시대 신화의 대가인 이윤기의 옮김이 돋보이는 책이기도 하다.

**《체호프 희곡 전집》** 안톤 체호프, 김규종 옮김, 시공사, 2010

톨스토이로부터 세계 최고의 이야기꾼이라는 평가를 받은 체호프의 희곡 전체가 실렸다. 현대사실주의 희곡의 개척자이기도 한 체호프의 작품을 읽다 보면, 평범한 일상, 소소한 인물들이 다양하게 엮어내는 사소한 해프닝조차 살갑게 느껴진다. 특히 체호프는 삶의 아이러니들을 객관적이면서도 특별한 이야기로 꾸려냈다.

## 《누비처네》 목성균, 연암서가, 2010

'뒤늦게 발견한 수필의 보석', '가장 수필다운 수필을 쓰는 사람'이라는 격찬
을 받았던 목성균의 유고 수필 전집. 짧은 기간 이토록 많은 수필을 남기고
간 그의 존재가 고맙고 이제야 그를 알게 된 것이 미안하다. 시적 언어와
탄탄한 구성 덕분에 그의 눈에 잡히고 그의 손으로 쓰인 이야기 안에서는
평범한 것들조차 특별하다. 시적 서정성과 소설적 서사성이 가장 잘 어우러
진 수필의 진수를 맛볼 수 있다. 무엇보다 삶에 대한 깊은 통찰과 따뜻하면
서도 세밀한 사람에 대한 애정을 만나면 저절로 코끝이 시려온다.

## 《백설공주는 왜 자꾸 문을 열어 줄까》 박현희, 뜨인돌, 2011

지은이는 현직 고등학교 사회 교사다. 그는 학교에 대해, 세상에 대해 품고
있는 의문과 의심들을 동화로 풀어내고 싶었다고 한다. 그래서 책의 부제가
'동화로 만나는 사회학'이다. 백설공주, 신데렐라, 피노키오, 미녀와 야수 등
여러 이야기들을 통해 그 이면에 있는 새로운 가능성을 찾아낸다. 익숙한
것, 늘 들어왔던 것에 대한 의문 그 자체가 또 다른 이야기의 시작이라는
것을 보여준다. 현직 교사답게 학생들과의 일상적 삶에서 겪고 느끼는 것들
이 유쾌하게 서술되었기 때문에 읽는 내내 물방울이 통통 튀는 듯한 즐거
움을 느낄 수 있다.

## 《비트의 도시》 윌리엄 미첼, 이희재 옮김, 김영사, 1999

지은이는 MIT의 건축대학장이다. 이 책은 독특한 형식의 미래 이야기다. 이
책은 비트라고 불리는 전자신호로 이루어진 디지털 정보가 우리의 생활 전
반을 혁명적으로 바꾸고 있는 가운데 여전히 우리가 살고 있는 아날로그
방식의 세상이 앞으로 어떻게 변화될 것인가를 보여준다. 그러나 〈블레이
드 러너〉나 〈매트릭스〉같은 비관적 이야기가 아니라 새로운 가능성과 희망

의 이야기들을 담고 있다. 그가 그려내는 새로운 '지구마을'의 이야기는 그 자체로 하나의 훌륭한 스토리텔링이다.

## 《한국문학통사》 조동일, 지식산업사, 2005, 전 6권

한국문학사에 대한 조동일의 역작. 조동일은 문학의 갈래와 문학 담당층의 변화에 근거하여 시대를 구분했다. 더 나아가 그는 정신사와 사회경제사를 통합적으로 이해하는 길을 제시하고 있다는 점에서 기존의 문학사와는 질적으로 다른 지평을 보여준다. 1982년 첫째 권을 시작으로 1988년까지 다섯째 권이 간행되어 완성하였고, 그 이후의 연구 업적과 작품 발굴에 따라 1989년 2판, 1994년에는 다시 3판을 간행했고 2005년에는 참고자료와 색인을 별도의 책으로 펴냄으로써 전권을 완성했다. 기존의 문학사와 확연히 비교될 만큼 엄청난 문학자료를 토대로 국문학 연구 성과를 집대성했다는 평가를 받는다. 고대 금석문에서부터 발해의 한시, 근대이행기의 종교 경전, 잡가, 신파극에 이르기까지 엄청난 자료를 보면 한 학자의 집요함에 저절로 고개가 숙여진다.

## 《스토리텔링: 이야기를 만들어 정신을 포맷하는 장치》

크리스티앙 살몽, 류은영 옮김, 현실문화연구, 2010

기존의 스토리텔링에 관한 책들이 주로 문학이나 마케팅 혹은 정치적 기술 등의 관점에서 접근하는 것과는 달리 스토리텔링의 확산을 분석하고 그간의 변화를 짚어볼 수 있도록 이끌어준다. 살몽은 우리의 현실 한가운데에서 일어나는 서사적인 현상들을 날카롭게 분석하면서 현대판 신화들을 창출한 스토리텔링의 전략적 효과와 쟁점을 통찰한다. 현대사회는 정보시대가 아니라 서사시대라고 규정한 살몽은 스토리텔링이야말로 서사시대의 가장 효과적인 감성유혹 장치라고 선언한다. 이야기를 만들어내 타인의 감성을 포맷하는 장치로서의 스토리텔링의 서사적 전환을 조망할 수 있다. 주로 실용적인 측면에서 스토리텔링을 다룬 기존의 서적들에 실망한 스토리텔링 관심 독자들에게는 좋은 대안이 될 수 있을 것이다.

### 《신문예사조론》 이영섭 외, 우리문학사, 2011

문학에서의 사상적 흐름과 변천을 이론적으로 정리한 책으로 여러 학자들이 각각의 영역으로 나눠 집필했다. 짧은 분량의 꼭지임에도 소눈문 같은 깊이를 담고 있다. 각 사조가 왜 생겨났는지를 서술하면서 시대적 배경과 상황을 짚어보기 때문에 자연스럽게 하나의 '조류'를 다양한 시각으로 이해하게 된다.

이와 비슷하게 중견 비평가들이 서구 문학에서의 모든 사조들을 텍스트와 더불어 분석한 일종의 논집류로 《문예사조》(김용직 편집, 문학과지성사, 1990)가 있다. 당대 최고의 지성들로 저자 진용이 짜였다는 것만으로도 화제가 됐던 책이다. 특히 서양의 문학사조를 우리 문학, 문학적 삶과 관련시켰다는 점이 두드러진다.

# 2장

# 미술

현대미술은 우리에게 낯익은 세상을
다른 시선과 다른 각도로 볼 것을 요구한다.
새로운 세상은 늘 그렇게 낯설게 오게 마련이다.

# 현대미술은 불친절하다

1

몇 해 전 화가 김춘수[1957~]의 전시회를 보러 인사동의 선화랑에 갔다. 이전의 그림이 '수상한 혀' 시리즈처럼 주로 수직의 선을 촘촘하게 그려내서 빡빡한 느낌이 들었다면 이번 전시회에서는 가로 방향의 유동적인 선들이 많아 하늘, 구름, 바다 등이 연상되었다.

전시 주제였던 '울트라마린Ultra-marine'에 딱 맞는, 김춘수의 진화된 색 표현 기법을 마음껏 맛볼 수 있었다. 아크릴이 아니라 유화여서 그런지 약간의 윤택함도 느낄 수 있었다. 아마도 화가의 나이가 쉰을 넘으면서 40대의 치열함보다는 한결 너그러운 관조와 여유가 자연스럽게 드러난 것이 아닐까 싶어서 그와 비슷한 연배로서 반가웠다.

나는 김춘수 화가를 떠올릴 때마다, 그 이전, 그러니까 '수상한 혀' 시리즈 전시회에서 들었던 대화가 꼭 생각난다. 어떤 이가 탄식을 내뱉었던 것이다.

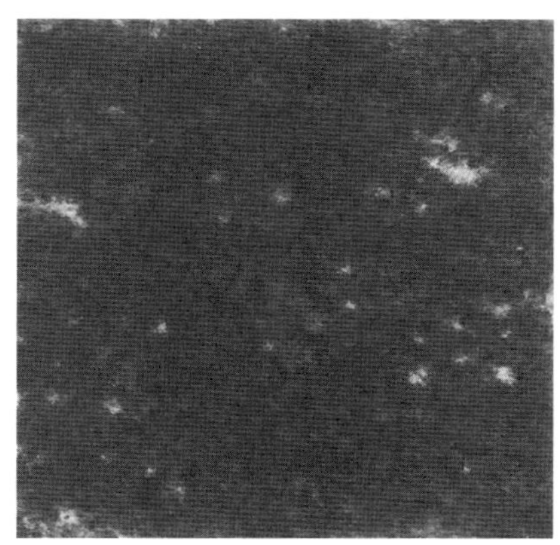

김춘수, 〈울트라마린1157〉

"도대체 혀는 어디에 있는 거야? 게다가 무슨 혀가 이렇게 퍼래?"

그 말을 듣고 웃음이 절로 났다. 그의 항의가 솔직하고 자연스럽다고 생각했다. 그런데 압권은 그와 함께 온 사람의 대답이었다.

"현미경으로 들여다보면 저렇게 무수한 돌기가 있잖니. 그리고 '죠스바'를 먹어봐라. 혀가 저렇게 되지 않고는 못 배기지."

그 말을 들은 이후부터는 김춘수의 '수상한 혀'를 볼 때마다 이상하게도 자꾸만 '죠스바'가 떠오른다.

이른바 추상화는 우리를 참 곤혹스럽게 한다. 도대체 무엇을 그린 것인지 어떻게 표현한 것인지 가늠할 수 없기 때문이다. 화가가 관람객의 등 뒤에서 얄밉게 웃고 있는 듯한 낭패감이 들 때도 있다. 그러니 인상파전에는 사람들이 엄청 모여도 추상화가 많은 현대미술 전시회는 썰렁할 때가 많다. 인상파 미술에 대한 특별한 관심과 애정도 이유겠지만, 현대미술에서 구체적인 사물을 없애거나 아니면 뭘 그린 건지 알 수 없어서 드는 좌절감도 이유일 것이다.

이는 우리의 감상 기준이 재현미와 표현미에 머물러 있기 때문이다. 추상 혹은 비구상계열의 그림들이 형태를 버리는 건 여러 가지 이유가, 그리고 나름대로의 의도와 목적이 있다. '나와 세상의 관계'를 표현하기 위해 일부러 택한 방법이라는 의미다.

책을 그린다고 했을 때 대상으로서의 책이 아니라 그 책이 나와 세상에 어떻게 작동되는지, 어떻게 관계를 맺고 있는지, 그리고 책이 어떤 의미를 갖는지 등을 화가의 눈으로 해석하고 표현하는 것이다. 만약 사물로서의 책이 있다면 관람자의 눈이 자꾸만 책이라는 대상에만 머물게 되어 있다. 그런데 화가가 표현하고 싶은 것은 책에 국한되지 않을 수도 있다. 책이 불러오는 어떤 정서나 의미를 표현하기 위해서, 오히려 책을 제거하는 편이 낫겠다고 선택할 수 있다. 다만 그 방식이 관람자와 인식의 틀이나 감성의 공감대를 형성할 수 있느냐는 별개의 문제다.

현대미술은 우리가 익숙하게 받아들이는 세상을 다른 눈으로 그리고 다른 각도로 해석해보라고 이끌어간다. 새로운 세상은 늘 그렇게 낯설게 오게 마련이다. 추상표현과 색면회화의 대표적 인물 마크 로스코Mark Rothko, 1903~1970는 이렇게 말했다.

관람자와 내 작품 사이에는 아무것도 놓여서는 안 된다. 작품에 어떤 설명을 달아서도 안 된다. 그것들은 관객의 정신을 마비시킬 뿐이다. 내 작품 앞에서 해야 할 일은 침묵이다.

오로지 색면만으로 충분히 자신이 원하는 바를 표현할 수 있다는 것

마크 로스코, 〈White and Green in Blue 1957〉

을 깨달은 로스코는 작품에서 색면의 크기, 농도, 색채 모두를 새롭게 분배하여 새로운 공간, 새로운 생명을 표현했을 뿐 아니라 색의 심연으로 빨려들어가는 묘한 기분을 불러일으켰다.

여러 겹의 면과 이를 가득 채운 색은 공간과 시각을 다양하게 이끌어간다. 그래서 자연스럽게 명상으로 이어지는 힘을 지녔다. 그건 일반적인 회화, 즉 형태를 재현하거나 표현하는 전통적 미술에서는 맛볼 수 없는 가치다. 다만 그 그림 앞에 섰을 때만 체감할 수 있는 가치다. 로스코의 그림을 보면 어떤 느낌이 드는가?

# 재현미, 인식미, 표현미

2

호암갤러리에서 피카소 특별전시회가 열린 적이 있었다. 전시회의 작품들 가운데 피카소의 걸작이라고 할 만한 건 거의 없었다. 피카소는 평생 2만 점 가량의 작품을 생산했다. 산술적으로 계산해보면 하루에 두 점쯤 그렸다는 얘기다. 놀랍기도 하고 황당하기도 하다. 일반적으로 평론가들은 그 가운데 10분의 1, 즉 2천 점 가량을 괜찮은 작품으로, 그리고 다시 그 가운데 10분의 1, 즉 200점 가량을 걸작으로 꼽는다. 평생을 200점도 못 그리는 화가도 있는데 걸작으로 그 정도 규모라는 것도 놀라운 일이다. 피카소니까 가능한 일일 것이다.

어쨌거나 싸지 않은 입장료를 내고 전시회를 둘러보는데 내가 재미있게 느꼈던 것은 관람자들의 표정이었다. 물론 나는 거기에서 예외였다는 얘기는 아니다. 나 역시 마찬가지였다. 난감했다. '뭐 이런 걸 작품이라고 걸어놨어? 저건 또 뭐야? 유치원 아이들도 저것보다는 잘 그리겠다.' 이런 생각이 드는데, 대놓고 드러낼 수는 없는 노릇이니 감동받았다는 느낌을 연출(?)해야겠는 복잡한 심산. 다름 아닌 피카소의 작품이 아닌가. 물론 내가 잘못 넘겨짚은 걸 수도 있지만.

## 사진 같은 그림, 그림 같은 사진

• • •

왜 현대미술은 그렇게 불친절하고 어렵기만 할까? '현대미술＝피카소'라는 등식을 습관적으로 지녀온 사람들로서는 피카소는 과대평가된 괴물이고 '웬수'일 뿐이다.

피카소의 미술은 난해하다. 동료 화가 마티스 Henri Matisse, 1869~1954 조차 그의 그림을 폭력적이라고 힐난하지 않았던가. 그러나 그가 지닌 미술사적 의미와 역할이 너무 커서 그를 외면할 수는 없다. 오죽하면 어떤 평론가는 '피카소 이전'과 '피카소 이후'로 미술사를 크게 둘로 나누었을까.

그런데 피카소가 다가 아니다. 피카소 이후의 미술은 갈수록 더 난해해지니 말이다. 데미언 허스트 Damien Hirst, 1965~ 의 '돼먹지 않은' 작품이 수백억 원을 호가하는 걸 보면 난감하고 화가 나기도 한다. 그리고 왜 나는 그걸 이해할 수 없을까 하는 자괴감에 빠지기도 한다. 도대체 현대미술은 왜 그리도 어려운 것일까?

이 문제 역시 역사적 사건이나 상황과 맞물려 있다. 다시 말하자면 사회의 변화와 매우 밀접하게 관련되어 있다. 그걸 짚어내지 못하면 현대미술은 여전히 어렵거나 백남준의 고백처럼 사기극으로 여겨질

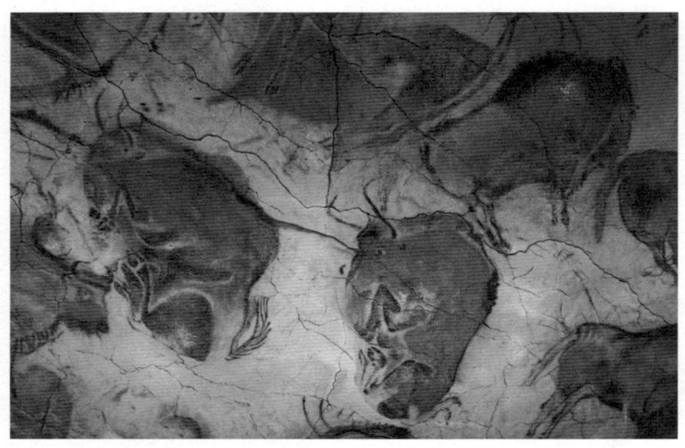

알타미라 동굴벽화

수도 있다. 미술사, 정확하게 말하자면 서양미술사에서 가장 중요한 사건은 무엇일까? 나는 프랑스혁명이라고 생각한다.

위의 그림은 알타미라 동굴의 벽화의 일부분이다. 1879년 스페인 알타미라 동굴에서 발견된 이 그림은 구석기 후기의 벽화로 추정된다. 이 벽화가 발견되었을 때, 예상보다 세련된 그림이어서 사람들은 깜짝 놀랐다. 점묘법은 물론이고 벽면의 요철을 이용하여 빨강과 검정의 농담濃淡으로 입체감을 살린 효과가 보이기도 했다.

들소, 사슴, 멧돼지 등이 등장하는데 크로마뇽인들이 그렸을 거라고 짐작된다. 아마도 주술적 목적으로 그렸을 것이다. 어쩌면 자기네들이 포획한 것을 자랑하기 위해서일지도 모른다.

인간은 뭔가를 표현하고 싶은 본능적 욕구를 가졌다. 그걸 시각적으로 표현하는 게 미술이고 청각적으로 구현하는 게 음악이다. 미술 교육을 받지 않은 아이들도 벽에 낙서하거나 땅바닥에 그림을 그리면서 자기 욕망을 표현한다. 잘 그렸다 못 그렸다 하는 건 어른들의 시선에서 내리는 평가일 뿐이다. 그래도 다른 사람들보다 잘 그리는 사람들이 있다. 아마도 뭔가를 그려서 의식을 수행해야 하는 경우에 그들에게 일을 맡겼을 것이다. 그러다가 문명이 발달하여 거대한 부족을 형성하거나 국가가 만들어지면서 자연스럽게 계급이 형성되었고, 정치나 종교를 장악한 권력자들은 자기들의 권위를 위해 혹은 학습을 위해 그림이라는 매개체를 이용하게 되었다. 물론 이제는 훨씬 숙련되고 전문화된 화가라는 직업군도 양성되었다.

왕은 자기 권위를 강화하는 그림을 원했다. 예를 들어 해적의 손자가 왕이 되었더라도 왕이 된 이상 할아버지를 그럴싸한 인물로 만들고 싶을 것이다. 할아버지의 초상을 아주 기품 있고 근엄하면서도 자비로운 얼굴로 그려줄 것을 화가에게 요구할 것이다. 자연스러운 일이다.

교회에서 그림은 문맹자가 대부분인 신도들에게 종교적 가르침을 전하는 수단이었다. 신성함과 존엄성이 최대한 드러나야 했다. 화가는 주문대로 그림을 그려주고 생계를 꾸렸다. 주문자가 요구하지 않는 그림을 그릴 필요가 없었다. 그러니 전적으로 인물과 사건이 주요 대상이었다. 당연히 정물화나 풍경화를 그릴 일이 거의 없었다. 이 점은 산수화나 조충도 등을 구가한 동양미술과 크게 다르다.

흔히 그림 잘 그린다고 할 때 우리가 기준으로 삼는 것은 무엇인가? 신라의 솔거가 화신畵神으로 평가받는 이유는 무엇일까?

《삼국사기》에 따르면 솔거가 황룡사 벽에 〈노송도〉를 그렸는데 새들이 진짜 나무인 줄 알고 날아들었다가 벽에 부딪혔다는 기록이 나오는데, 이것을 보면 그 그림은 사실적 채색화였을 거라고 추정된다.

실제 사물과 구분이 되지 않을 정도로 그렸을 때 우리는 그림 잘 그렸다고 말한다. 따라서 이런 경우 미적 판단의 기준은 재현미再現美가 된다. 흥미롭게도 그런 그림을 보고 "와우, 이 그림은 사진 같아!"하고, 멋진 사진을 보면서는 "오, 이 사진은 마치 그림 같네!"라고 표현한다.

## 프랑스혁명이 몰고 온 변화

· · ·

재현미는 인류가 가장 오랫동안 지녀온 미적 판단의 기준이었다. 르네상스 시대도 크게 다르지 않았다. 미적 판단이 달라진 것은 화가들의 기준이 달라졌거나 사람들, 즉 왕족과 귀족이나 교회의 주문사항이 달라졌거나 그들의 눈이 변했기 때문이 아니었다. 전적으로 사회적 상황에 따른 것이었다.

1789년 프랑스에서 혁명이 일어났다. 혁명을 감행한 세력은 왕을 처형하고 교회의 재산을 몰수했으며 수많은 성직자를 처형했다. 전 유럽이 충격에 빠졌다. 왕족과 교회는 당장 제 코가 석 자인 형편이 되었다. 그림 주문하는 일은 생각할 겨를도 없었으니 화가들로서는 최대 위기에 봉착했다. 신흥 부르주아들은 미술의 가치에 대해서는 관심이 없었고 돈 쓰는 것을 아까워했다. 엎친 데 덮친 격이었다. 화가의 입지가 좁아졌고 실제로 화가들의 수가 급감했다. 그들은 가까스로 주로 초상화를 그려가면서 생계를 해결할 수 있었다. 후에 다시 왕정복고가 되었지만 예전 같은 호경기는 아니었다.

그러나 곧 이어진 산업혁명은 새로운 기회를 제공했다. 이전의 신분 사슬에서 벗어나 누구나 자신의 노동을 제공해서 생계를 꾸려갈 수 있게 되었다. 물론 불안정한 삶, 피폐한 환경이 주는 어려움이 더 커진 경우도 있었지만 기존의 신분제가 해체되었고 기회를 얻으면 성공도 할 수 있었다. 새로운 직업들이 생겨났고 생계를 해결할 대안들이 마련됐다.

그런데 초상화를 그리던 화가들에게 날벼락이 떨어졌다. 1827년 니세포르 니에프스Joseph Nicéphore Niépce, 1765~1833가 사진을 발명하고, 1835년 루이 자크 망데 다게르Louis-Jacques-MandéDaguerre, 1787~1851가 현대적 의미의 사진을 개발하면서 카메라는 겨우 살아남은 초상화가들의 입지를 더욱 좁게 만들었다.

그러나 그림에 대한 욕구는 사라지지 않았다. 먹고살기 바쁘고 계급이 고정되어 있을 때는 그런 욕구를 표현할 방도도 없고 여력도 없었지만, 상황이 좋아지자 사람들은 본능적 욕구를 실현하기 위해 붓을 들었다. 그 사람들은 상당수는 전문화가가 아니라 아마추어 화가들이었고 딜레탕트dilettante들이었다. 앙리 루소Henri Rousseau, 1844~1910는 세관원이었고, 폴 고갱Paul Gauguin, 1848~1903은 증권거래소 직원이었으며, 빈센트 반 고흐Vincent van Gogh, 1853~1890는 탄광촌 순회전도사였다.

그 사람들은 실내에서는 꽃이나 과일을 그렸다. 그게 정물화다. 날씨가 좋으면 밖으로 나가 그림을 그렸다. 그게 풍경화다. 화가들이 정물화를 새로운 미술 장르로 이해하기 시작한 것은 17세기부터다. 플랑드르, 즉 지금의 독일 북부와 네덜란드에서는 무역과 상공업의 발달로 축적된 부를 토대로 허영과 사치가 극에 달하면서 정물화나 풍경화가 유행했다. 이는 이 지역이 일찍이 기존의 계급구조에서 벗어나 있었고, 더치The Dutch, 네덜란드인들이 경제적으로나 사회적으로 '자유로운 개인'이었기 때문에 가능한 일이었고, 서양미술사에서 본격적으로 정물화와 풍경화가 출현한 것은 17세기부터라고 볼 수 있다.

그러나 네덜란드 일대를 제외하고는 아직 정물화와 풍경화를 주문하는 사람은 없었다. 그나마 '살롱전'을 중심으로 조금씩 숨통이 트였다. 정규 미술교육을 받은 전문적 화가인 폴 세잔Paul Cezanne, 1839~1906도 줄기차게 생빅투아르 산Mont Sainte Victoire을 그렸다. 이전의 화가들에게서는 없던 일이다. 등장하는 모델도 이전의 왕이나 성인聖人이 아니라 보통사람들이었다. 주문자의 눈이 아니라 '화가의 눈'으로 그림을 그리는 시대가 온 것이다. 그들에게 중요한 것은 자신의 눈으로 보고 느낀 것을 자기 방식으로 표현하는 것이지 기존의 법칙이 아니었다.

이렇게 해서 미적 판단의 기준은 '재현'이 아니라 '표현'으로 바뀌었다. 표현미表現美의 시대가 온 것이다. 동시에 미적 판단이 객관에서 주관으로 변모했다. 이제는 '그리는 사람'이 주체가 된 것이다.

표현미에 가장 충실했던 그림들이 바로 '인상파 미술'이다. 그러나 당시 사람들이 인상파 미술을 대하는 눈길은 싸늘했다. 그도 그럴 것이 사람들의 미적 판단 기준은 여전히 재현미에 머물렀기 때문이다. 그러나 일단 붙은 불길은 꺼지지 않고 오히려 점점 더 거세졌다. 내면 깊숙이 억눌려 있던 자아의 표현이 분출되기 시작하자 사람들의 태도도 변하기 시작했다. 인상파 미술의 등장은 이후 다양한 사조의 출현을 야기했다.

19세기 후반의 서양미술은 현기증 날 만큼 빠른 속도로, 그리고 다

고흐, 〈론강의 별이 빛나는 밤에〉

양한 기법으로 확장되었다. 그 끝자락쯤에서 피카소, 마티스, 칸딘스
키<sub></sub>Wassily Kandinsky, 1866~1944 등에 의해 대담한 화풍이 등장했다. 그들은 단
순히 대상에 대한 느낌을 표현하거나 자신의 감정을 투사하는 것에
만족하지 않았다. 대담하게 자신과 세계를 대응시켰다. 이제 대상의
묘사는 그리 중요한 게 아니었다.


## 추상화, 그 자유로움

· · ·

피카소는 회화의 평면성을 벗어나 입체적으로 재구성하기 시작했고,
마티스는 원근과 농담 등의 방법을 과감하게 포기하고 대담한 생략
과 강조로 단순화시키는 그림을 시도했다. 칸딘스키는 아예 대상을
해체하여 도대체 무엇을 그린 것인지조차 알 수 없게 만들었다. 그런

그림 앞에서 관람자는 망연자실해졌다. 화가들은 왜 그랬을까?

사람마다 느끼는 봄의 감상은 다르겠지만, 새로운 생명의 도약이라거나 희망 등의 감정을 가질 것이다. 봄을 표현하기 위해 이전의 화가들은 봄꽃을 그리거나 봄의 들판을 그렸을 것이다. 그런데 정말 내가 그려내고 싶은 것은 그런 대상이 아니라 봄에 대한 나의 느낌 그 자체다. 대상을 그려내면 화가도 감상자도 그 대상에서 벗어날 수 없다. 그러니 그 대상에서 벗어나야만 나와 세상 혹은 대상과의 관계를 드러낼 수 있다. 혹은 새로운 방식으로 해체하거나 재구성해서 그 관계성을 표현해야만 한다. 우리가 추상화 혹은 비구상화라고 부르는 그림들의 정신은 그런 것이다.

해석은 반드시 감상자와 공유될 필요는 없다. 철저하게 자신의 해석일 뿐이다. 그러나 많이 공유될수록 많은 사람이 공감할 수 있을 터였고, 화가는 유명세를 누릴 가능성이 높았다. 그것은 현대서양정신이 '자유로운 개인'을 중심으로 발전했다는 점과도 무관하지 않다. 이

칸딘스키, 〈구성 7〉

런 상황에서 그림에 대한 미적 판단의 기준은 더 이상 재현미나 표현미가 아니라 인식미認識美로 전환하게 된다. 이른바 현대미술이 인식미를 토대로 한다는 점을 깨닫지 못하는 한 추상화를 이해한다는 것은 정말 어려울 수밖에 없다.

결국 우리가 현대미술에서 당혹감을 느끼는 것은 구체적인 형태가 사라졌기 때문일 것이며, 때론 어떤 대상에 대해 우리가 일반적으로 지녔던 통상적 이해나 가치가 전도되는 당혹감 때문이다. 따지고 보면 별거 아니다. 그러나 제대로 알면 엄청나게 별거라는 것도 알 수 있다. 그림 하나를 통해 나와 세계의 관계 방식을 인식할 수 있고 게다가 나의 이성과 감성을 발동시킬 수 있다는 것은 아주 매력적인 일 아닌가? 표현미의 시대가 '화가의 눈', 즉 그리는 사람을 주체로 세웠다면 인식미의 시대는 '관람자의 눈'으로 해석하면서 모든 개인이 각자 주체가 되었다는 점에서 획기적이라고 볼 수 있다. 그런데도 관람자의 눈이 여전히 화가의 눈을 따라야 한다는 강박과 현대미술에 대한 이해 부족 때문에 우리는 여전히 현대미술을 어려워하는 것이 아닐까?

아이들에게 그리고 싶은 대로 그리라고 내버려두는 것이 어쩌면 가장 좋은 미술교육일지도 모른다. 자꾸만 기존의 틀, 즉 재현과 표현 그리고 그것들을 짜맞추는 구성만을 강조하면 자유로운 상상력은 실종되고 결국 미술에 대한 관심도 위축된다.

남들 보라고 그리는 것이 아니라 자신의 느낌과 생각을 자유롭게 그려낼 수 있도록 지켜봐주고 도와주는 방식을 받아들여야 피카소도 칸딘스키도 직관적으로 느낄 수 있을지 모른다.

# 〈행복한 눈물〉이 가르쳐준 것들

3

2008년 갑자기 리히텐슈타인Roy Lichtenstein, 1923~1997이라는 이름이 낯설치 않게 되었다. 그의 작품 〈행복한 눈물〉이 언론에 크게 보도되면서부터다.

〈행복한 눈물Happy Tears〉은 얼핏 보면 그냥 만화의 한 장면 같다. 그런데 그 '만화'가 2002년 뉴욕 크리스티 경매에서 88억 원에 팔렸고 지금은 그보다 3배쯤 가격이 올랐단다. 만화의 인물이 나타나니 칸딘스키나 몬드리안의 그림처럼 도무지 뭐가 뭔지 모르는 그림보다는 어렵지 않아서 좋은데 그게 수백억 원을 호가한다는 건 도무지 이해하기 어렵다.

이 상황을 이해하기 위해서는 미술 외적인 문제를 고려해야 한다. 전후 미국은 전 세계 예술의 새로운 중심지가 되었다. 전쟁을 피해 유럽의 많은 예술가들이 미국으로 건너왔고 미국의 국력이 상승했기에 가능한 결과였다. 그러나 여전히 미국은 예술에 있어서는 유럽에 대한 열등감을 감추지 못했다. '돈 많은 양키'는 되었지만 고상한 예술가는 아니라는 시선을 스스로 감내해야 했다. 20세기 초반만 해도 미국의 화가들은 파리에 유학하고 와야 대접을 받았고 유학을 못가면 하물며 여행이라도 다녀와야 했다. 마치 우리가 60, 70년대에 그랬던 것처럼.

유럽에서 건너온 예술가들은 자유로운 미국에서 왕성하게 활동했고 미국의 예술을 풍성하게 살찌웠다. 하지만 그건 엄밀히 말하면 '유럽 수입품' 예술이지 미국의 오리지널은 아니었다. 추상표현주의의 잭슨 폴록Paul Jackson Pollock, 1912~1956 등이 미국을 대표하는 화가로 선풍적 인기를 끌었지만 오래가지 못했다. 잭슨 폴록은 유명한 비평가 클레멘트 그린버그Clement Greenberg, 1909~1994가 1949년 〈라이프〉지에 "그가 미국의 가장 뛰어난 화가인가?"라는 타이틀의 특집을 게재하면서 갑자기 슈퍼스타가 되었다. 그러나 폴록은 그 기사 이후 심리적 부담을 크게 느꼈다. 자신의 작품에 회의를 느꼈고, 모든 작품이 새로워야 한다는 압박에 시달렸다. 그린버그도 폴록의 작품이 부자연스러워졌다고 비평했다. 결국 폴록은 방황하다가 교통사고로 삶을 마감했다. 폴록에 대한 이런 일화들은 역설적으로 미국이 자국 문화에 대해 열등감

리히텐슈타인, 〈행복한 눈물〉

을 가졌다는 방증이기도 할 것이다.

이런 상황에서 혜성같이 등장한 작가가 바로 앤디 워홀Andy Warhol, 1928~1987이었다. 이른바 '팝아트'의 선구자다. 〈행복한 눈물〉의 리히텐슈타인도 그의 영향에 속하는 작가다.

본디 팝아트는 영국에서 시작되었지만, 영국에서는 시작과 동시에 사그라졌다. 그러니 영국 미술이라고 하기에는 뭔가 어정쩡하다. 그걸 받아들여 자신의 예술로 표현한 인물이 앤디 워홀이었다. 그는 지식과 정보가 대중미디어에 의해 집합적으로 소비되는 현실에서 미술 작품도 대량 생산 혹은 복제될 수 있다고 생각했다. 그리고 그가 일상의 사물을 그대로 옮겨놓고 예술이라고 떠벌이자, 사람들은 처음에는 '뭐 저런 미친놈이 다 있어?' 하다가 고상한 척하지 않는 그의 매력에 빠져들었다. '그래, 예술이라고 뭐 대단하고 거창할 게 있겠냐'는 반감도 적당히 작용했다.

앤디 워홀이나 리히텐슈타인이 활약하던 전성기인 1960년대와 1970년대 미국은 자본주의의 영향 아래 소비문화와 대중문화가 만연했다. 이들은 그 상황을 정확하게 포착했다.

급속한 도시화로 비개성적이고 반복적인 생활 패턴으로 돌아가는 뉴욕의 모습은 이들의 주요 타깃이었다. 인스턴트의 경박함과 물질만능주의를 비판하면서도 만화적 낭만은 묘한 향수를 자극했다. 이들 작가들이 성가를 높인 데에는 분명히 미국 자본주의의 힘과 예술의 독창성에 대한 미국의 오랜 열등감이 한몫했다. 영국에서 잠깐 반짝하다가 소리 소문 없이 사라진 팝아트였지만 그것을 되살려 자신들의 예술로 삼았다는 사실이 미국의 자존심을 살려준 것이다. 이전까지의 유럽 콤플렉스를 벗어나 완전히 미국적 독창성과 고유성을 발견한 셈이었고, 거기에 미국의 자본이 힘을 발휘했다. 예술도 국력과 상관관계를 갖는 건 이제는 부인할 수 없는 현실이다. 그리고 비단 미국의 예에만 해당되는 것도 아니다.

# 백남준, 시간과 움직임을 품다

4

최근에 고재권, 최소영, 서도호 등 젊은 한국 작가들의 작품이 소더비나 크리스티 경매를 통해 높은 가격에 판매되고 있어 반갑다. 현존하는 원로 작가들 가운데 이우환1936~ 등에 대한 세계 컬렉터들의 관심도 높은 편이다. 그러나 가장 유명한 한국 출신 미술가로 백남준1932~2006을 꼽는 데에 이견은 없을 것이다.

흔히 비디오아트의 창시자로 평가되는 백남준은 1960년대 '플럭서스 운동Fluxus'의 중심으로 활동했고, 전위적이고 실험적인 공연과 전시로 매번 센세이션을 일으켰다. 그리고 예술에 대한 정의와 표현의 범위를 새롭게 확장시켰다는 점에서 위대하다.

우리에게 백남준의 작품은 익숙하다. 국립현대미술관에 그의 대표작 〈다다익선〉이 소장되어 있기도 하고 한국 출신이라는 이유로 많은 기업들에서 구매하기도 했다. 그러나 정작 백남준의 예술적 의미와 가치가 무엇인지에 대한 이해나 평가는 아직도 충분하지 않은 것 같다.

백남준은 예술을 순수한 '장난'으로 마음껏 유희한 인물이었다. "예술은 사기다"라거나 "종이는 죽었다"는 그의 말은 가벼운 듯하지만 매우 의미심장하다.

그는 철저히 기존의 틀을 거부했다. 아주 전면적이었다. 근엄한 척하는 예술을 마음껏 조롱했다. 그것도 전혀 새로운 소재와 방식으로. 샬럿 무어맨Sharlotte Mooreman, 1933~1991이라는 첼리스트에게 반라의 상태로 무대 위에서 연주를 벌이도록 했던 해프닝을 보며 기존의 예술계는 경악했다. 피아노를 도끼로 난도질하는 모습에 사람들은 충격을 받았다. 아마도 예술가 가운데 경찰서에 가장 많이 불려간 인물이었을 것이다. 그러나 그의 실험정신은 결국 위대한 예술로 인정받았다.

백남준 이전의 예술을 보면, 추상미술은 하나의 객체에 갇힌 틀을 벗어나 나와 세상을 제한 없이 그려냈다. 입체파 미술은 비록 평면에 갇힌 회화지만 그 평면성을 벗어나 이전까지 보여줄 수 없었던 측면과 배면을 끌어넘으로써 정면성이라는 한계를 깨려고 했다. 심지어 현대미술에서 한동안 회화가 부조浮彫에 가깝도록 다양한 마티에르matière, 질감적 표현 사용을 시도했던 것도 결국은 평면성을 깨려는 시도였다.

추상표현주의를 내세운 액션페인팅은 '순간의 행위'를 통하여 나타난 우연성의 효과를 새로운 미의식으로 표현하려고 하였다. 그러나 일단 화폭에 표현되는 순간 그 행위는 멈춘다. 미술은 그 고정성이라는 한계에서 벗어날 수 없었다.

조각에서 알렉산더 칼더Alexander Stirling Calder, 1898~1976는 이른바 움직이는 미술인 키네틱아트Kinetic Art를 통해 몬드리안의 작품을 움직이게 하고 싶다는 자신의 욕망을 구현했다. 조각을 대좌臺座, 조각을 올려놓는 대와 양감에서 해방시킨 그의 움직이는 조각은 공간의 예술인 미술이 시간과 동작을 담았다는 점에서 매우 주목할 사건이다. 그러나 모빌이 구현하는 시간과 동작은 전적으로 우연에 의존해야 했다.

백남준, 〈TV 정원〉

백남준은 새로운 표현방식을 통해 기존 미술의 한계를 벗어났다. 니체의 "신은 죽었다"를 패러디한 "종이는 죽었다"는 선언은 캔버스에 머물러 있는 미술에 대한 선전포고와 같았다. 그가 선택한 캔버스는 바로 TV였다. 미술이 뛰어넘지 못했던 시간의 표현과 보관이 가능해졌다.

모빌이 우연적 동작을 드러낼 뿐이라면 비디오아트는 철저하게 나의 의도에 따라 어떤 동작이나 표현도 가능할 수 있다. 시간과 움직임의 한계를 이렇게 단 한 방에 날려버린 경우는 미술사에서 찾아보기 어렵다. 그는 예술 창작에 대한 정의와 표현의 범위를 확장시킨 선구자다. 그의 천재성은 바로 여기에 있다. 1974년 발표한 〈TV 정원 TV Garden〉은 정원 곳곳에 TV를 설치함으로써 설치미술 장르에 새로운 가능성을 더했다.

그는 1960년대 독일에서 플럭서스 초기 전시회 때 브라운관에 자석을 대고 움직이면 전자 왜곡이 일어나는 현상을 활용해 다양한 모양들을 표현했고, 1984년 〈굿모닝 미스터 오웰〉, 1986년 〈바이 바이 키플링〉, 1988년 〈손에 손 잡고〉의 3부작 시리즈로 지구촌 여러 도시를 한꺼번에 연결시키는 위성작품을 선보였다. 세계에 단 하나뿐인 〈모나리자〉를 보기 위해서는 루브르박물관에 가야 했지만 백남준의 작품은 굳이 미술관을 찾아가지 않더라도 TV를 통해 감상할 수 있었다. 이와 같은 생각을 이전의 미술은 꿈도 꾸지 못했다. 물론 백남준의 미술은 시대의 산물을 적절히 활용한 결과다. TV라는 기기가 발명되지 않았다면 백남준의 비디오아트는 원천적으로 불가능했을 것이니까.

유럽 비교사 교수인 도널드 서순Donald Sassoon은 자신의 방대한 저서 《유럽문화사》에서 '의도적으로' 미술을 포함시키지 않았다. 그렇지 않아도 방대한 책인데 미술을 포함시키면 훨씬 더 두꺼워질까 봐 그랬다며 익살을 부리지만, 실제로 그가 미술을 배제한 이유는 매우 시니컬하면서도 날카로운 비판에 근거한다. 상대적으로 제한된 엘리트, 그러니까 수집가나 화랑주, 박물관장과 미술비평가들에게만 한정된 예술로서의 미술은 대중적이라기보다는 '투기적인' 시장의 물건이라고 본 것이다.

미술시장이 주식시장과 어느 정도 상관관계가 있다는 것과는 별도로 일반 대중에게 현대미술은 이해하기 어려워 가까이할 수 없는 존재다. 썩어가는 물고기(실제 상어를 포름알데히드 용액이 채워진 유리상자에 담아 전시했던 데미언 허스트의 〈살아 있는 자의 마음속에 있는 죽음의 육체적 불가능성〉)나 벽돌더미(장 피에르 레이노의 〈Empty Grids〉)를 작품이라 출품하는 것도 아연할 지경인데 그걸 수백만 달러에 사들이는 수집가나 화랑들의 행태는 받아들이기 어려울 수 있다.

  문학이나 음악은 누구나 언제든, 그것도 일정한 가격에 감상하거나 소비하고 소유할 수 있다. 그러나 미술품은 감상이나 소유도 제한적이고 이해마저 상식적인 수준을 벗어난다. 그런데 백남준의 예술은 감상과 소비의 틀을 일정 부분 깨뜨렸다. 기존의 미술이 갖는 공간적 한계를 넘어섰다. 전 세계 사람이 동시에 그의 예술을 감상했다. 그래서 사람들은 그의 예술을 혁명으로 보는 것이다.

# 미술과 돈, 그리고 국력

5

장샤오강張曉剛. 1958~, 위에민준岳敏君. 1962~, 왕광이王广义. 1957~, 팡리준方力钧. 1963~. 이른바 중국 미술의 '4대 천왕'이라고 불리는 작가들이다.

지난 10년간 이들의 작품 매매가는 무려 100배 이상 치솟았다. 일례로 장샤오강의 〈영원한 사랑〉은 2011년 홍콩 크리스티 경매에서 110억 원에 낙찰되었다. 쩡판즈曾梵志. 1964~ 의 〈가면연작〉도 비슷한 가격에 팔렸다. 그야말로 현대미술계의 떠오르는 블루칩들이다. 앞으로도 중국 미술의 약진은 계속될 것이라는 전망이다. 그 근거로 꾸준히 증가하는 중국의 부호들이 자주 언급된다.

틀린 말은 아니다. 워낙 중국의 갑부들이 손이 커서 일단 돈이 된다 싶으면 마구잡이로 사들이는 행태를 보여주고 있기 때문이다. 서로들 속물적인 경쟁까지 마다하지 않으니 작품가가 더욱 치솟는다. 한편, 중화 문화에 대한 자존심을 한껏 높이고 싶은 그들의 욕구도 작용한다.

자국 문화에 대한 자부심은 자연스럽다. 재력이 된다면, 자국 문화에 최대한의 가치를 부여하고 싶은 것이 당연하다. 전후 일본도 마찬가지였다. 한때 일본인들은 전 세계 미술시장에서 소비국 2위 자리를 굳건히 지켰다. 그들은 많은 미술품을 수집했다. 후쿠시마 현의 고작 인구 10만 명에 불과한 소도시에 있는 모로하시근대미술관은 살바도르 달리 Salvador Dalí, 1904~1989 의 그림만 무려 332점을 소장하고 있다.

그런데 재미있는 것은 일본인들이 선호한 그림은 주로 인상파였고, 그 가운데 특히 고흐와 모네 Claude Monet, 1840~1926 작품이 인기가 높았다는 점이다. 이는 인상파 미술이 일본의 풍속화인 우키요에 浮世繪 의 영향을 많이 받았기 때문일 것이다. 19세기 후반 유럽을 열광케 한 이른바 자포니즘 Japonism 의 영향으로, 고흐나 모네의 경우는 아예 일본 미술을 모사하거나 집안 장식마저 일본식을 따랐으니 이들 작가에 대한 일본인들의 호감도 이해가 간다. 그 가운데 고흐의 〈해바라기〉는 1987년 크리스트 경매에서 무려 3990만 달러에 거래됐다. 구입한 사람은 일본인 야스다 安田 였다. 그래서 이 작품을 아예 '야스다 해바라기'로 부르기도 한다.

중국은 전통적으로 미술에 대한 안목과 호감이 높다. 집에 그림이나 서예 작품이 한 점 정도는 있어야 최소한의 교양인이라고 여기는 문화였다. 이런 풍토가 공산주의 시대를 맞아 잠시 숨죽였을 뿐이다.

그런데 '4대 천왕'의 작품을 초기에 집중적으로 선택하고 수집에 나선 이들은 중국 애호가가 아니다. 서구 컬렉터들이다. 예를 들어 쩡판즈의 경우 오래전부터 상하이의 상아트갤러리 관장인 스위스의 울리 지그 Uli Sigg (울리 지그는 최근 '붉은 산수'의 작가인 한국의 이세현의 작품들

장샤오강, 〈영원한 사랑〉

을 수집하기도 했다)와 베이징 울렌스 재단의 창시자인 벨기에인 가이 울렌스Guy Ullens 같은 서구의 화상들과 수집가들의 지원을 받아왔다. 최근에는 영국의 찰스 사치Charles Saatchi, 1943~와 뉴욕의 아쿠아벨라갤러리의 지지를 받고 있다. 왜 그들은 중국 미술에 눈을 돌렸을까?

인상파 작품들은 미술사적 대전환점의 가치를 지녔기 때문에 르네상스 시대의 작품보다 더 높은 가격을 형성한다. 같은 이유로 중국 미술 역시 현대미술 애호가들의 시선을 붙든다. 인류 역사상 최초로 대규모의 제도적 공산주의가 실현된 시기는 20세기였고 공산주의로 인해 20세기는 이념의 시대가 되었다. 그런데 공산주의는 이내 무너졌고 새로운 시대가 도래했다. 전 세계인에게 엄청난 충격으로 다가온 이 변화로 미국과 소련의 냉전은 종식됐고 중국은 아주 빠르게 자본화하고 있다. 그리고 이 혼돈과 전환을 현장에서 목격한 이들이 중국의 예술가들이다. 더군다나 이들 중 다수는 문화혁명1966~1976까지 직접 경험했다. '4대 천왕' 작가들을 비롯해 왕성하게 활동하고 있는 작가들은 어렸을 때 문화혁명을 겪은 당사자들이다.

컬렉터들은 화가의 미래 가치를 보고 투자한다. 그들은 변화의 한복

판에 서 있는 중국 화가들을 보고 그림에 투자하기 시작했다. 2007년 기준으로 중국 미술시장에서 거래된 총액은 2억 5천만 달러를 넘어서 그 규모가 프랑스를 추월하여 세계 3위에 올랐다. 중국 미술의 부흥은 중국 경제의 급등, 신성 부호들의 부상 그리고 격변의 예술가를 주목하는 컬렉터들의 속성이 모두 작용한 결과인 것이다. 눈앞에 보이는 그림, 그 이면에 세계 정세와 돈의 흐름이 살아 움직인다.

돈과 미술의 밀접한 관계를 보여주는 예는 뜻밖에도 많다. 이를테면 청화백자가 비쌀 뿐 아니라 작품성이 높은 것도 그 안료인 코발트가 워낙 비싸 일반인은 엄두도 내지 못했고 따라서 도화사들이 그리고 관요에서 구워내는 경우가 일반적이었기 때문이다. 서양 중세의 성화에서 성모 마리아는 푸른색 옷을 입은 경우가 많은데 거기에도 경제성과 희소성이 작용했다. 푸른색 안료인 울트라마린은 아프가니스탄에서 수입한 광물인 청금석에서만 얻을 수 있었으니 결코 흔하지 않았고 엄청나게 비쌌다. 그래서 자연스럽게 성화에 고귀하고 성스러운 느낌을 부여한다는 만족감을 높였고 성모의 옷에 사용된 것이다. 이른바 한계효용의 가치 판단이 개입한 사례다.

그림은 인간이나 사회를 예술적으로 표현한 것이기 때문에 경제현상이 투영되는 경우가 많다. 르네상스 시대에 교황청과 메디치 가문이 경제권을 독점한 까닭에 로마와 피렌체가 미술의 중심지가 되었던 것, 19세기에 도시가 재건되고 돈이 모이면서 파리가 세계 미술의 중심이 된 것도 그런 배경이다. 지금 미국이 현대미술의 중심인 것도 마찬가지다. 그런 점에서 중국이 현대미술의 새로운 중심축으로 떠오르는 것은 자연스러운 일이다.

# 우리 미술, 이 얼마나 멋진가!

6

김홍도, 〈씨름도〉

아마 이 그림을 모르는 사람은 거의 없을 것이다. 거의 모든 교과서에 이 그림이 실렸다. 물론 작자도 제목도 분명하게 알고 있다. 단원 김홍도1745~1806?의 풍속도 가운데 〈씨름도〉이다. 이 그림은 보물 527호로 지정된 문화유산이다.

《오주석의 한국의 미 특강》을 읽어보면 우리가 그야말로 주마간산으로 눈길만 던질 뿐이었던 작품의 자세한 해설을 만나게 된다.

우선 이 그림은 지본담채화紙本淡彩畵다. 즉 비단에 그린 게 아니라 종이 그것도 막종이에 그렸다. 크기도 39.7×26.7센티미터에 불과한 작은 화첩 중 일부다. 그래서 낙관이나 수결手決: 자필로 글자를 써넣음이 없다. 그러니까 크게 공들였거나 왕실이나 고관대작이 따로 돈을 대서 그런 게 아니었을 것이다. 덕분에 단원의 활달하고 유쾌한 필치가 거침없이 살아 있다.

이 그림은 원형 구도이면서 중심점을 갖고 있다. 이 작은 종이에 22명이나 되는 인물을 채워 넣었음에도 답답함이 들지 않는 것은 씨름꾼 두 사람과 관객들 사이에 충분히 확보한 여백 때문이다. 게다가 그 22명의 인물 하나하나의 표정이 모두 달라 생동감이 넘친다. 그저 붓으로 쓱쓱 톡톡 그렸다는 점을 고려해보면 단원의 필력과 내공이 어느 정도인지 능히 짐작할 수 있다. 특히 아래보다 윗부분에 사람이 더 많은데도 답답하거나 눌린 느낌이 들지 않는다. 대각선 반대편인 오른쪽 아래로 두 사람을 배치해서 답답함을 상쇄시키고 있기 때문이다. 참으로 대단한 구성력이다.

위쪽의 맨 오른편 남자는 망건을 하고 있는 것으로 보아 그럭저럭 양반의 태가 난다. 그런데 바로 옆 비스듬히 누운 남자는 앞에 놓은 모자로 보아 가마꾼쯤으로 보인다. 평소에는 감히 그렇게 삐딱하게 누워있을 수 없을 텐데 단오의 축제 분위기로 이쯤은 애교로 넘길 수 있다는 단원의 유머감각을 엿볼 수 있다.

더욱 특이한 것은 그 뒤에 있는 아이들을 그린 붓놀림이다. 흔히 원근에서 가까운 것은 진하게, 먼 것은 연하게 그리는 게 일반적인데 단원은 의도적으로 이것을 뒤집었다. 각각의 표정을 살리기 위해서였을 수도 있고 일부러 아이들을 배려했기 때문일 수도 있을 것이다.

아마도 왼쪽 위에 있는 사람들은 그 동네 유지쯤 되었을 것이다. 입성이나 자세로 보아 주류 양반세력으로 보인다. 사실 조선시대처럼 위계질서가 분명한 사회에서 이렇게 반상班常이 어울리는 것은 극히 드물다. 그 예외 중 하나가 바로 단오였다.

그런데 이 씨름에서 과연 누가 이겼을까? 아마도 등을 보이고 있는 중년의 남자가 이겼을 것이다. 상대를 번쩍 들고 있어서 그럴까? 그럴 가능성은 있지만 들배지기를 되치기로 맞서면 역전할 수도 있지 않은가? 하지만 그럴 가능성은 별로 없어 보인다. 두 사람의 표정을 보면 쉽게 알 수 있다. 돌아선 남자의 앙 다문 각진 턱, 튀어나온 광대뼈, 날카로운 눈매도 그렇거니와 등이 만들어낸 선을 봐도 그의 힘을 짐작할 수 있다. 게다가 오른팔의 근육을 보라.

상대적으로 나이는 어리고 지체는 높은 (바지의 품새나 오른쪽에 벗어놓은 가죽신을 보면 알 수 있다) 상대방의 표정은 당혹스러움과 낭패감이 그대로 드러난다. 그의 왼손은 상대의 허리가 아니라 가까스로 옆구리춤을 잡고 있을 뿐이다. 힘을 쓸 도리가 없다.

왼쪽 위의 신발을 벗어놓은 선비는 다음 선수일 텐데, 무릎에 깍지를 끼고 근심스러운 표정으로 경기를 바라본다. 그 뒤에 있는 인물이나 옆에서 부채로 얼굴을 반쯤 가리고 있는 사람도 마찬가지다. 반면에 오른쪽 아래 인물들을 보라. 왼쪽 위의 사람들의 몸이 앞으로 기울어진 데에 반해 오른쪽 아래의 인물들은 화들짝 놀라 몸을 뒤로 젖히고 있다. 들린 사람이 자기네 쪽으로 팽개쳐질 것으로 판단했기 때문이다.

단원의 〈씨름도〉는 세 개의 시점視點을 갖고 있다. 화가는 전체적으로 오른쪽 위에서 왼쪽 아래로 구도를 잡았다. 또한 이 그림은 일종의

**부감**俯瞰: 높은 위치에서 피사체를 내려다보는 촬영 각도 시선으로 구성되었다. 그런데 만약 위에서 아래로 내려다보는 하나의 시점에만 맞췄다면 나머지 두 집단의 표정은 생생하게 묘사할 수 없었을 것이다. 특히 씨름하는 두 주인공의 경우 부감 시선으로만 처리했으면 납작한 형태가 되겠지만 단원은 슬그머니 구경꾼의 눈높이로 처리했다. 게다가 이 두 사람이 다른 이들에 비해 훨씬 크게 보이도록 한 것은 다시 그림 안에서 또 하나의 시선을 마련한다. 이 그림에는 나타나 있지 않지만 이를테면 심판의 시선이라고 볼 수 있다. 이렇게 이 그림에는 세 개의 시선이 교묘하게 뒤섞여 있다. 하지만 여러 시점을 설정한 것이 눈에 보이면 대단히 부자연스러울 수밖에 없다. 그것을 눈치채지 못하게 하면서 각각의 시점을 병행한 것은 단원의 뛰어난 능력이라고 할 수 있다.

이 그림이 원형구도를 취한다고 했는데 자칫 진부할 수 있는 구성 방식이기도 하다. 그런데도 답답하지 않고 생동감이 넘치는 것은 인물 하나하나의 표정과 몸짓이 살아 있기 때문이기도 하지만 씨름꾼과 구경꾼 사이의 공간을 넉넉하게 마련했기 때문이고 오른쪽 위에 있는 여백과 왼쪽 아래의 여백이 서로 통하며 마치 바람길처럼 트여 있어 시원한 느낌을 주기 때문이기도 하다. 그냥 맞바람이 아니라 사선斜線으로 이루어져서 자연스럽고 리듬감 있게 흐름을 느낄 수 있다.

왼쪽 아래에 있는 엿 파는 소년도 크게 한몫을 한다. 특히 그는 그림에서 유일하게 시선이 반대로 향한 인물이다. 모든 시선이 중앙으로 몰리면 집중력은 있을지 모르지만 지루하고 답답할 수 있다. 그런데 이 소년의 시선 하나로 그 모든 것을 날려버린다. 그뿐 아니라 씨름꾼이 벗어놓은 신발코가 안쪽으로 향하지 않고 바깥쪽으로 향한 것도 절묘한 구도다. 모든 시선이 한곳으로 모이는 단조로움을 이 신발들이 상쇄하고 있다는 것이 놀랍다.

이 얼마나 뛰어난 구도인가! 단 하나의 반대 시선만으로 지루함을 뒤집는다. 이 작은 그림 하나를 차근차근 뜯어보면 이렇게 놀랍고 즐겁기만 하다. 단원의 실력을 제대로 느낄 수 있고 자연스럽게 조선 후기의 우리 문화의 너비와 깊이도 짐작할 수 있다. 또한 이 그림 하나로 당대의 풍속이나 인물들도 만날 수 있으니 생각의 폭은 넓어지고 우리 미술과 선조들에 대한 자부심 그리고 나 자신에 대한 자존감이 저절로 생긴다.

나는 이 그림을 볼 때마다 방금 전 우리가 살펴봤던, '과연 누가 이길까?'하는 물음이 먼저 떠올라야 하지 않을까 생각한다. 알게 모르게 우리는 그림조차도 하나의 정보나 지식의 관점에서 이해하려고 한다. 그러다보니 정작 즐거움은 맛보지 못한다. 만약 아이들이 이 그림을 봤다면 제일 먼저 무엇을 궁금해했을까? 경기의 승부가 아닐까? 그 승부를 가늠해보면서 자연스럽게 그림의 구석구석을 하나씩 뜯어보게 되고 논리적으로 추론하면서 이 그림 전체의 진가를 만끽할 수 있을 것이다. 그림을 감상하는 순서가 딱 한 가지로 정해진 것은 아니다. 그러니 내가 먼저 자유로워져야 한다. 도대체 고정된 시각을 그대로 받아들이고 저장할 거라면 무엇 때문에 그림을 본단 말인가?

# 미니멀리즘으로 삶을 돌아보다

7

그림은 그 자체로 시대와 세상을 읽어내는 큰 흐름이고 방식이다. 그림들을 통해 자신의 삶을 관조하고 성찰할 수 있다면 금상첨화일 것이다. 그 한 예로 미니멀리즘을 들어보자. 미니멀리즘은 단순함과 간결함을 추구하는 예술과 문화적인 흐름을 총칭한 이름이다.

1937년 처음 소개된 미니멀리즘은 제2차 세계대전을 전후하여 시각예술 분야에서 출현하여 음악, 건축, 패션, 철학 등의 영역으로 확장됐다. 미니멀리즘이 대중화된 건 미학자 리처드 월하임Richard Arthur Wollheim, 1923~2003이 1966년 한 잡지에 '미니멀 아트론'을 발표하면서부터였다. 1960년대를 풍미한 미니멀리즘은 명칭 그대로 최소화된 형태와 내용을 추구했다. 당시 각광받던 팝아트와 나란히 주목을 받았는데, 팝아트가 대중문화에 관심을 두었다면 미니멀리즘은 예술을 사물화시키는 방향으로 전개되었다는 점에서 본질적으로 달랐다.

미니멀리즘을 다루기에 앞서 앵포르멜informal에 대해 언급해야 할 필요가 있다. 회화를 최소 구성요소로 환원시키려고 노력한 미니멀리즘은 앵포르멜의 과도한 정신주의(앞서 언급한 로스코와 같은)적인 태도와 예술지상주의적인 태도에 대한 비판에서 비롯되었기 때문이다.

앵포르멜은 기존의 미학을 폐기하고 동력학, 위상기하학, 집합론적 극미極微와 극대 등의 개념을 도입하여 '별개의 예술'을 창조하려고 했던 흐름이다. 앵포르멜은 기하학적 추상의 필수적인 것만을 수용한다는 점에서 팝아트와도 완연하게 달랐다.

미니멀리즘 예술가들은 시원하고 단순한 색채를 사용하며 화폭의 자율성과 숭고미를 추구했다. 음악에서의 미니멀리즘은 단순과 반복이라는 특징을 띠었다. 즉 가장 핵심적인 주제를 담은 선율과 리듬을 극단적으로 단순화하고 반복함으로써 결정적인 이미지와 감성만을 전달하려 했다.

미니멀리즘이 1960년대를 풍미한 것은 시대정신과도 상통하는 면이 있었다. 1960년대 말은 비판의 시대였다. 기존의 질서가 감춘 허위를 고발하는 시대였다. 반전운동이 그랬고 인종차별 반대운동이 그랬고, 68혁명이 그랬다. 1965년 이후 미니멀리즘이 급진적 행동을 택해 회화적 수단을 최소화했던 것도 시대적 흐름에 대한 공감이었다. 미니멀리즘의 극단적 환원주의는 테크놀로지가 만연한 세상에 맞서 원시주의의 한 형태로 원 재료를 그대로 사용함으로서 어떤 의도도 개입하지 못하게 하기 위한 선택이었다. 그래서 군더더기를 제거하여 기호에서나 가능한 원형의 차원으로까지 나아갔다. 미니멀리즘이 작가의 예술적 개입을 배제하고 기성의 재료를 그대로 사용하는 경우가 많은 것도 이런 이유 때문이다.

일반적으로 미니멀리즘은 1960년대 중반 미국에서 태동한 새로운 경향으로 형식상의 대칭, 전통적 의미에서 구성의 결여, 무채색 등의 회화적 특성을 지닌, 단순하고 텅 빈 기하학적 오브제를 총칭하는 미술로 정의된다. 미술작품을 어떻게 해석할 것인지, 어떤 문화적 가치를 기대할 것인지, 예술적 가치를 어떻게 평가할 것인지 등을 관객이 자각하도록 유도한 '최소한'의 미술이었고 그런 의미에서 볼 때 미니멀리즘의 효시는 마르셀 뒤샹Henri Robert Marcel Duchamp, 1887~1968이라는 주장도 가능하다.

미니멀리즘은 생존에 필요한 최소한의 소유만을 주장하는 금욕주의 철학이나 복잡한 의식을 없애고 신앙의 근본으로 돌아가려는 종교적인 흐름 등 많은 영역에 영향을 미치고 있다.

미니멀리즘은 또한 음악에서도 필립 글래스Philip Glass, 1937~의 단조롭고 반복적인 합주곡처럼 기본적으로 안정적인 박자에 반복과 조화를 강조하는 모습으로 나타났다.

미니멀리즘은 문학에서도 대두되었는데 제2차 세계대전 이후 미국의 소설가 존 바스John Barth, 1930~ 는 베트남전쟁의 후유증을 전제와 도드라짐 그리고 경제성을 토대로 그려냈다. 그의 작품은 1970년대의 에너지 위기와 그에 따른 과소비에 대한 비판 등 미국의 정치적 사회적 현실과 문화적 상황을 반영한다. 바스는 이야기를 일부는 작게 만들고 일부는 크게 만드는 굴절된 거울을 통해 전개하는 방식을 즐겨 사용했다. 그래서 그의 소설은 선택과 집중, 과도함과 소홀함의 절묘한 리듬으로 사건과 독자를 대립시킨다.

로버트 모리스, 〈두 기둥〉

미니멀리즘은 또한 디자인 분야에서도 소재와 구조를 단순화하면서도 효율성을 추구하는 방향으로 나타났으며, 패션에도 지대한 영향을 미쳤다. 장식적인 디자인을 가능한 제거한 심플한 디자인이나, 직선적인 실루엣의 선정적인 옷, 또는 최소한의 옷으로 훌륭한 옷차림을 연출하는 방법 등이 모두 미니멀리즘의 영향을 보여주고 있다.

로버트 모리스Robert Morris, 1931~ 가 1961년 발표한 미니멀리즘 작품 〈두 기둥〉은 구성주의와 재스퍼 존스Jasper Johns, 1930~ 의 영향을 받은 환원적인 기하학적 입체를 선보였다. 그는 작가일 뿐 아니라 미니멀리즘의 주요 이론가였는데, 현대조각의 특성을 공간성으로 해석하고 관람자에게 수용과 경험의 문제를 제기함으로써 조각의 영역을 확장했다.

이 작품을 보면, 직육면체 이외에는 어떤 형상도 드러나지 않는다. 그저 커다란 두 개의 기둥을 하나는 세우고 다른 하나는 눕혀놨을 뿐이다. 그러나 이 작품을 통해 우리는 모든 형상의 기본적 형태에 대해 성찰하게 된다.

칼 안드레Carl Andre, 1935~ 는 조각의 수직성이라는 전통적 사고를 깨고 아예 수평조각을 끌어들임으로써 조각에 대한 인식의 전환을 가져왔다. 그는 바닥에 납작한 사각형을 나열하거나 두세 개를 겹쳐 쌓아 옆으로 죽 늘어놓았다. 그러면서 공간의 바탕을 지면으로 환원함으로써 우리의 공간적 인식 자체가 달라야 한다고 촉구한다.

미니멀리즘의 작품들은 극도로 단순하고 간결하다. 모든 조형을 가장 단순한 형태로 환원하기 때문이다. 그것은 어쩌면 지나치게 복잡하고 어지러운 현대세계에 대한 저항이기도 하며 그런 세상에서 삶이 지닌, 감당할 수 없는 변화와 다양성에 대한 반성이기도 하다.

미니멀리즘의 작품을 보면서 굳이 미술사조 입장으로만 해석할 필요는 없을 것 같다. 그것을 우리의 삶으로 치환해보는 것도 좋을 것이다. 살아가면서 이고, 지고, 입에 물면서 내려놓지 못하는 것들이 얼마나 많은가! 탐욕일 수도 있고, 명예에 대한 갈망일 수도 있다. 그러나 그런 것들이 우리 삶의 본질은 아니다. 하나씩 내리고 버리지 않으면 제 삶의 본질을 깨닫지 못한다. 깨닫지 못하는 데 실현할 수는 없는 노릇이다. 삶의 군더더기가 많으면 많을수록 우리는 자신의 삶에서 멀어진다. 미니멀리즘 작품은 우리에게 그런 삶의 반성과 통찰을 이끌어줄 수 있다. 이 점은 추상미술에서도 이미 경험한 일이다.

추상미술이 반드시 인식미(혹은 추상미)에 의해 결정될 까닭은 없다. 추상Abstract이라는 말은 여러 가지 사물이나 개념에서 공통되는 특성이나 속성 따위를 '추출'하여 파악한다는 뜻이고, 영어 abstract나 라틴어 abstractio라는 단어도 '떼어놓음'이나 '빼냄'을 의미하는 낱말이라는 점을 생각하자. 불요한 것들을 떼어놓고 빼내면 긴요한 본질이 남는다.

이런 생각을 표현한 작품을 감상하면서 자신의 삶을 반성하고 반추하는 것은 어쩌면 자연스러운 일 아닐까? 그러니 미니멀리즘은 그저 난해하고 제멋대로인 꼴사나운 작품이 아니다.

## 《오주석의 한국의 미 특강》 오주석, 솔, 2003

이 책을 내고 이태 뒤에 오주석은 세상을 떠났다. 큰 손실이고 지금도 못내 안타깝다. 한국 미술에 대한 그의 뛰어난 안목과 날카롭고 따뜻한 해석은 발군이다. 이 책은 그의 강연을 그대로 글로 옮긴 것이다. 그래서 책을 읽다 보면 그의 목소리가 그대로 들리는 듯하다. 무엇보다 입말을 그대로 옮겨서 쉽게 이해하며 읽을 수 있다. 우리 전통 문화를 이해하는 새로운 시각과 사고의 틀을 제시하는 그의 친절하고 깊이 있는 설명을 들어보면 우리 미술에 대한 애정과 관심을 가질 수밖에 없다. 우리의 옛 그림을 제대로 이해하기 어려운 것은 그 속에 담긴 문학, 역사, 철학뿐 아니라 그린 사람의 마음과 정신까지 읽어내야 하기 때문이다. 그런데 오주석의 이 책을 읽다 보면 그것이 어렵고 까탈스런 장벽이 아니라 오히려 그 맛 때문에 미술의 이해가 훨씬 더 즐겁고 행복하다는 것을 경험하게 될 것이다.

## 《예술이 궁금하다》 마거릿 P. 배틴 외, 윤자정 옮김, 현실문화연구, 2004

'퍼즐과 함께하는 미학 산책'이라는 부제처럼, 미학 이론과 관련 사례들을 흥미롭게 짝지어 놓은 책이라서 미로에서 출구를 찾아가는 느낌이 든다. 그런데 그 미로 자체가 무척 흥미진진하다. 이 책의 장점은 딱딱하고 지루한 이론을 나열하거나 불쑥 내밀며 이해와 동의를 요구하는 것이 아니라 문제를 먼저 던져놓고 각자가 생각하도록 한 뒤에 어떻게 접근하고 이해하는지 함께 모색하게 하는 힘을 지녔다는 점이다. '선 문제, 후 해답' 혹은 '개별 사례를 통한 접근'의 방식은 무엇보다 독자를 능동적이고 주체적으로 만들어준다. 다양한 예술 장르에서 던져지는 퍼즐들은 창의적이고 자신만의 방법을 해결해나가려고 모색하는 독자를 만들어준다. 이 책에서 사용하는 예들을 하나만 골라내서 토론해도 훌륭한 대화의 장이 마련될 만큼 매력적이다.

## 《형태를 찾아서》 최종태, 열화당, 1990

조각가 최종태의 수상록이다. '아름다움의 발견 그리고 창조를 위한 기록'이라는 부제처럼 한 예술가의 담백하면서도 치열한 자기고백과 성찰을 담고 있다. 예술의 지향성을 끊임없이 모색하는 과정에서 그가 느끼고 질문을 던졌던 것들이 증발되지 않고 작품으로 표상되는 것을 옆에서 관찰하는 느낌이다. 스승 김종영과 장욱진에 대한 존경을 통해 삶과 예술의 고결함을 실감하며 자연스럽게 최종태의 예술세계를 이해하게 된다. 그의 성격만큼이나 조용하고 담백하지만 오히려 과장이나 현란한 수사보다 훨씬 더 큰 울림으로 다가온다.

## 《예술에서의 정신적인 것에 대하여》

바실리 칸딘스키, 권영필 옮김, 열화당, 2004

현대추상회화의 선구자인 칸딘스키는 회화는 대상의 구체적인 재현에서 벗어나 음악적이고 다이내믹한 추상표현으로 색채, 면, 선 등 순수한 조형 요소만으로도 감동을 줄 수 있으며 사물의 겉모습이 아니라 작가의 감정을 나타내야 한다고 믿었다. 그는 본디 법률과 국민경제학을 연구하여 학위를 받고 교수로 활동하다 사직하고 독일로 건너가 미술에 전념한 독특한 이력을 지녔다. 그는 깊은 예술적 발상과 풍부한 문학적 표현을 펜과 붓으로 표현하는 천부적 능력을 지녔다. 예술이 이미 당대가 실현한 것을 반복할 때 그것은 무기력할 뿐이고 그 풍토가 변하는 순간 예술은 정신적인 면에서 죽어버린다고 믿었던 칸딘스키의 치열한 예술혼을 엿볼 수 있는 귀한 책이다. 그는 화가이기 이전에 철학자였다는 것을 알게 된다. 현대미술을 이해하는 데에 도움이 될 뿐 아니라 예술의 본질에 대해 생각해볼 수 있는 책이다. 같은 출판사에서 나온 그의 다른 책《점, 선, 면》도 함께 읽으면 좋을 것이다.

## 《예술은 무엇을 원하는가》

크리스티안 제렌트 · 슈테엔 키틀, 정인회 옮김, 자음과모음, 2011

미술과 미술사를 전공한 미술전문기자이자 저술가인 제렌트와 키틀은 논쟁이 예술사에서 중요하다는 점에 착안한다. 이 책은 논쟁사로 풀어내는 서양미술 입문서다. 그림을 둘러싼 정치, 사회, 종교, 문화의 역사를 함께 훑어볼 수 있다. 이 책의 가장 큰 미덕은 쉽게 읽히면서도 요점을 명확하게 전달하고 있다는 점이다. 매력적인 필치가 한몫을 한다. 시대에 따라 그림을 보는 시각과 관점이 어떻게 변했는지, 예술가들이 자유를 쟁취하기 위해 어떻게 투쟁해왔는지를 알 수 있다. 이 책은 독일에서 청소년 모니터링단을 통해 지속적으로 피드백을 거쳤기에 누구나 이해하기 쉬운 대중미술 교양서의 본분을 충실하게 수행한다. 다른 미술사 책과 달리 저자들이 적극적으로 개입하고 해석하고 있는 점은 약이 될 수도 있고, 독이 될 수도 있으니 그 점은 유념하면서 읽어야 할 것이다.

**《일상, 그 매혹적인 예술》** 에릭 부스, 강주헌 옮김, 에코의서재, 2009

흔히 예술 하면 어렵고 심각한 것 또는 비실용적인 것이라고 여기는 경향이 강하다. 그러나 이 책은 제목처럼 일상과 예술을 동일시한다. '예술가에게 배우는 창조적 삶의 기술'이라는 부제에서 볼 수 있듯 예술에서 일상의 기술을 얻는다는 점을 강조한다. 에릭 부스는 예술이 그 껍질 하나만 벗겨도 우리 삶에 얼마나 멋진 자양분이 될 수 있는지를 아주 쉽고도 명쾌하게 그리고 단호하게 전달한다. 이 책 중 '빈민가 아이들에게 예술이 필요한 이유'라는 꼭지는 특히 관심을 끌기에 충분하다. 줄리어드 음대 예술교육학 교수이자 연극배우로 대학생뿐 아니라 일반인 대상의 특강을 많이 한 사람이어서 그런지 이 책은 단순히 개념으로 예술을 설명하는 게 아니라, 우리 모두 쉽게 공감하고 실천할 수 있는 구체적인 방식을 제시한다.

**《천년의 그림 여행》** 스테파노 추피, 서현주 외 옮김, 예경, 2009

최근 미술에 대한 관심이 높아지는 추세에 발맞춰 출판계에서도 이런 요구에 부응하는 다양한 미술 관련 책들을 출간하고 있다. 그러나 의외로 중세부터 18세기에 이르는 수많은 그림들의 이해를 돕는 책은 그리 많지 않다. 서양의 미술품들을 체계적이고 통사적으로 담은 책이 흔치 않은 현실에서 미술전문 출판사에서 펴낸 이 책은 화질에 최선을 다한 흔적이 역력하다. 400쪽에 가까운, 300여 명의 화가의 800여 점의 그림이 수록된 이 책은 서양화의 역사에서 가장 중요하게 언급되는 거의 모든 작품을 모아놓은 책이라고 해도 과언이 아니다. 무엇보다 충분한 그림과 풍부한 설명이 돋보인다.

**《현대미술》** 이자벨 드 메종 루주, 최애리 옮김, 웅진지식하우스, 2007

현대미술은 어렵다. 유파도 많고 내용도 복잡하며 이해하기 어렵다. 그런 고정관념을 깨뜨리는 깐깐하고 균형 잡힌 지식 문답의 책이다. 현대미술에 대한 도발적인, 그러나 철저하게 감상자의 입장에서 던지는 질문을 토대로 그 답을 추적한다. '현대미술은 엘리트의 전유물인가'라는 부제가 함축하고 있는 것처럼 현대미술이 교육을 받지 않은 사람들에게는 도무지 이해할 수 없는 것으로 보이는 까닭이 질문에서 그대로 드러난다. 일반인에게 익숙하지 않은 용어는 주석을 달아 쉽게 이해하게 도와줄 뿐 아니라 책 말미에는 따로 현대미술의 용어와 개념을 정리되어 있다. 현대미술에 관한 많은 책들이 지나치게 현학적인 반면 이 책은 일반인의 시각에서 간결하고 명쾌하면서도 핵심적인 내용을 두루 다루고 있다.

## 《반 고흐, 마지막 70일》

바우터르 반 데르 베인·페터르 크나프, 유예진 옮김, 지식의숲, 2011

우리는 흔히 고흐를 비극적인 삶을 살아간 화가로, 특히 마지막 시기를 고통과 좌절 속에서 신음하다 자살로 생을 마감한 예술가로 이해한다. 그러나 이 책은 그런 편견은 왜곡된 것이라고 지적한다. 그가 마지막 70일 동안 살았던 오베르 쉬르 와즈에서 무려 80점의 그림을 남겼다는 사실, 그리고 그곳에서 그가 쓴 편지들을 추적해보면 오베르에서 반 고흐가 그림에 대한 열정으로 가득한 충일한 삶을 살았다는 것을 확인할 수 있다. 무엇보다 오베르에서 그는 동생 테오와의 우애를 편지를 통해 생생하게 느낄 수 있었다. 한편, 이 책을 통해 테오의 아내, 즉 빈센트의 제수인 요안나가 시숙의 작품을 알리기 위해 대단히 노력했다는, 우리가 지금까지 잘 몰랐던 사실도 새롭게 알 수 있다. 고흐의 인간적인 면과 가족들, 그리고 그를 아끼고 사랑했던 사람들과의 살가운 관계 등을 통해 그의 마지막 작품들을 새롭게 이해할 수 있다. 무엇보다 마지막 70일 동안의 작품이 모두 수록되었다는 점이 최고의 매력이다.

**《감응의 건축》** 정기용, 현실문화연구, 2008

2012년 다큐영화로는 드물게 4만 명이 넘는 관객이 관람한 독립영화 〈말하는 건축가〉의 주인공 건축가 정기용이 10여 년 동안 전북 무주에서 펼친 마을회관, 면사무소부터 납골당, 버스정류장에 이르기까지 우리나라에서는 보기 드문 공공건축 프로젝트를 총결산하는 책이다. 전 세계 유일한 '등나무운동장' 등 무주의 엄청난 스토리텔링은 정기용의 땅과 사람에 대한 끈끈한 애정이 있었기에 가능했다. 그는 장소를 '공간'으로 바꿨고, 그 공간에 살 사람들과 소통했다. 그래서 '목욕탕'이 있는 면사무소라는 기상천외한 결과물도 생겼다. 그는 건축을 자연과 사람의 소통이며 감응이라고 믿는다. 그리고 공간을 완성하는 것은 시간이라고 역설한다. 그는 공급자 중심의 공공건축물을 소비자 중심으로 재창조했다. 그는 우리 곁을 떠났지만 건축계의 '공익요원' 정기용이 남긴 유산은 오래 남을 것이다. 이 책은 그 자체로 감동이다. 그에게 바쳐진 오마주와도 같은 《정기용 작품집》, 《기적의 도서관》도 꼭 읽어보길 바란다. 자연과 사람을 사랑했던 한 건축가의 겸손함과 치열함을 만날 수 있다.

**《20세기 미술사: 추상미술의 창조와 발전》** 김현화, 한길아트, 1999

추상표현주의의 개념과 미술가 개개인의 작품과 활동에 대해 일반적이고 기초적인 다양한 지식을 제공하는 책이어서 누구나 친근하게 추상미술을 이해하는 데 도움이 될 것이다. 흔히 몬드리안을 '차가운 추상'이라고 하지만 그가 끊임없이 변하는 자연의 외형보다는 자연의 본질에 더 많은 관심을 가졌다는 것, 그래서 이를 수평과 수직으로 해석했다는 것을 알면 그의 그림을 훨씬 더 이해하기 쉽다. 몬드리안과 함께 데스틸 그룹을 만들어 신조형주의를 이끈 반 되스버그를 아는 사람은 흔치 않을 것이다. 마르크 샤갈, 칸딘스키의 미술뿐 아니라 절대적 순수감정을 강조하며 러시아의 추상회화를 이끌었던 말레비치의 예술과 삶은 파란만장하기까지 하다. 알렉산더 로드첸코를 비롯한 러시아 미술가들을 만날 수 있는 것도 이 책의 매력이다. 후반부의 대부분을 차지하는 미국의 현대미술에 대한 일목요연한 설명도 많은 도움을 줄 것이다.

### 《중세의 가을》 호이징가, 최홍숙 옮김, 문학과지성사, 1997

크리스토퍼 도슨은 중세를 암흑의 시대가 아니라 오랜 안정 속에서 근대의 기틀을 마련한 화려한 시기라고 해석하기도 했다. 호이징가는 당시 유행했던 궁정소설, 연대기들을 사료로 삼고 당대의 회화를 통해 중세를 조명한다. 부르크하르트는 《이탈리아 르네상스의 문화》에서 15세기 유럽을 근대의 시작이라고 보았지만 호이징가는 그 시기를 중세의 절정이며 동시에 마감이라고 이 책을 통해 해석했다. 같은 그림을 다르게 해석하는 것을 비교해보는 것도 재미있지만 무엇보다 회화를 통해 시대와 역사를 평가하는 방식이 우리에게 많은 것을 생각하게 만든다. 그가 중세를 '가을'이라고 표현한 것도 결실의 의미와 함께 그 뒤에 이어질 겨울의 황량함을 함축하는 것이다. 이 책은 역사, 문화, 예술에 집중된 문화사다. 다양한 지식과 그것을 융합하는 능력이 필요하다는 것을 절감한다. 호이징가는 회화적 관점으로 15세기 전체의 역사를 해석한다. 더불어 중세의 종교 생활, 세속 영역의 확장, 사랑의 방식, 이미지와 상징 등 중세인들의 파토스에 대한 세밀한 설명은 감탄을 금할 수 없다. 중세의 사회를 이처럼 사실적으로 그려낸 책이 얼마나 될까. 마치 한 편의 장편 대하소설을 읽는 느낌이다. 1919년 이 책이 출간되었을 때 역사학계가 큰 충격을 받았다는 건 그만큼 새로운 방식의 역사서이며 놀라운 메시지와 방법을 가졌다는 의미다. 참고로 움베르토 에코의 《장미의 이름》을 좋아하는 독자들이라면 이 책을 꼭 읽어보기 바란다. 그 소설이 가장 많이 인용하고 차용한 것이 바로 이 책이기 때문이다. 문화사 연구에서 호이징가의 탁월한 식견과 통찰력이 왜 시간이 갈수록 오히려 더욱 명성을 얻는지 절로 알 수 있다. 풍부한 주석만으로도 많은 도움을 받을 수 있다.

## 《이탈리아 오래된 도시로 미술여행을 떠나다》 고종희, 한길사, 2009

서양미술에 관한 책들이 쏟아져나오는데 어떤 책은 너무 어렵거나 도식적이고 어떤 것들은 지나치게 피상적이다. 이 책의 미덕은 서양인들의 해설서가 아니라 우리 미술사학자가 직접 보고 느끼고 공부한 것을 버무려 현장감을 살리면서 마치 함께 여행하며 관람하는 듯 해준다는 것이다. 지나치지도 모자라지도 않은 지식과 정보, 적절한 에피소드들이 책 읽는 즐거움을 배가한다. 건축과 그림의 조화도 적절하다. 특히 미술사학자답게 각 작품들의 시대적 배경과 가치를 쉽고 알차게 설명한 점이 돋보인다.

## 《회화의 거장들》 파트리시아 프리드카라사, 김은희·심소정 옮김, 자음과모음, 2011

서양회화사에 큰 획을 그은 거장 73인의 삶과 작품을 한눈에 담았다. 이 책의 가장 큰 매력은 구성에 있다. 중세부터 20세기에 이르기까지 많은 화가들을 분명한 기준으로 선별했다. 기존 양식과의 단절이나 연속성, 화가의 성공과 귀감, 화가의 발견과 재발견, 주제의 참신함이나 조형의 혁신 등을 고려하여 선정한 화가와 그림을 일목요연하게 정리한 책은 흔치 않다. 무엇보다 서두에 해당 시기에 대한 개괄 내용을 두어서 화가와 작품에 대한 정치, 경제, 사회, 문화적 맥락에서 이해하고 화가의 생산 환경을 고려하는 데에 큰 도움을 얻을 수 있다. 또한 같은 시대 서로 다른 유럽 국가들에서 벌어진 예술적 현상을 예술양식의 측면에서 비교할 수 있다. 풍성한 내용을 대단히 균형 있게 서술하고 있다는 점이 돋보인다.

# 3장

# 음악

"시는 사람을 계발하고,
예는 사람을 성립시키며,
음악은 사람을 완성한다."
공자

# 하이든과 베토벤의
# 음악이 다른 이유

1

바흐<sub>Johann Sebastian Bach, 1685~1750</sub>는 작곡가로보다는 위대한 오르간 연주가로 존경받았으며, 교회의 음악감독으로 활동했다. 라이프치히 성 토마스 교회의 음악감독으로 일한 27년 동안 작곡한 칸타타가 무려 295곡이었다. 한편, 바흐의 위대한 음악적 유산인 〈평균율〉도 본디 친척과 제자들에게 건반 연주기법과 음악적 기교를 가르치려고 작곡한 것이었다. '음악의 아버지'로 불리는 그이지만, 살아 있을 때 그의 사회적 지위는 그리 높지 않았다. 음악가라는 직업 자체의 사회적 지위가 높지 않았던 탓이다. 당시 궁정 오케스트라 연주자 대다수가 궁정 신하의 아들이나 친척이었다. 일례로, 러시아에 부유한 귀족이 자기 영지에 오케스트라와 합창단을 만들어 음악을 향유했는데 연주자들 대다수가 서유럽의 교사들에게서 훈련받은 농노였다고 전해진다.

# 하이든의 음악은 경쾌하다

. . .

음악에는 작곡가의 개성과 능력, 그리고 그가 살아온 세상이 고스란히 담겨 있다.

아래의 악보는 하이든<sup>Franz Joseph Haydn, 1732~1809</sup>의 현악4중주 〈종달새〉 중 4악장의 일부이다. 악보에서 볼 수 있는 것처럼 이 곡의 조성은 라장조<sup>D-Major</sup>다. 하이든의 음악은 거의 장조<sup>長調, Major</sup>로 구성되어 있다. 천성이 명랑했기 때문일 수도 있겠지만, 하이든이 살았던 시대와도 밀접한 관련이 있을 것이다.

하이든은 '교향곡의 아버지'라는 별명에 걸맞게 수많은 교향곡(안토니오 반 호보켄이 분류한 것에 따르면 104곡이다)을 작곡했다. 그가 활약했던 18세기 중기의 교향곡은 악기 편성에 있어서 18세기 후반 이후의 교향곡과는 달랐다. 18세기초의 교향곡은 실내악<sup>Chamber Music</sup>에 가까웠다. 현악기와 목관악기 중심의 소규모 편성이었다. 18세기 중반 이후부터 조금씩 금관악기가 배치되더니, 19세기에 들어서면서 본격적인 대규모 편성의 교향악이 완성되었다. 하이든의 교향곡도 이 흐름에 따르고 있다.

하이든의 초기 교향곡은 현악기<sup>바이올린, 비올라, 첼로, 콘트라베이스</sup>와 목관악기<sup>오보에, 혼</sup> 중심이었다. 목관악기도 오보에와 혼 각 두 개 정도만 사용하는 소규모 편성이었다. 그러다 교향곡 32번<sup>다장조, 1766</sup>부터 금관악기가 편성되기 시작했다. 두 개의 트럼펫이 추가되었던 것이다. 그의 후기 교향곡에는 목관파트에 클라리넷이 추가되어 더욱 화려한 음향을 이뤄 냈다.

18세기에 유행했던 실내악은 귀족주의의 산물이었다. 자신들의 공간이라고 여겼던 극장에 시민들이 찾아오기 시작하자 귀족들은 자존심 때문에 자신들의 저택과 궁정에서 연주회를 열었다.

하지만 아무리 대단한 부와 권력을 가졌어도 대편성 악단을 지원할 만큼의 막대한 돈을 쏟아붓기는 어려웠고 공간 확보도 힘들었다. 그저 넓은 무도회장이면 족했을 것이다.

당시 악단이나 작곡가를 직접 고용하고 후원한 사람들이 바로 패트론<sup>patron</sup>이다. 하이든이 활동하던 시기 유럽 최고의 부와 권력을 자랑하던 인물이 에스테르하지<sup>Nikolaus I. Joseph Esterházy de Galantha, 1714~1790</sup>였다. 하이든은 바로 에스테르하지 후작의 궁정악장으로 '취업'했던 것이다. 그래서 교향곡의 악기 편성이 실내악에 가까울 수밖에 없었다.

하이든은 '중요한 하인'이고 집안의 관리인으로서 세 번째로 많은 봉급을 받기는 했지만, 에스테르하지 집안에 고용된 피고용인 그 이상도 이하도 아니었다. 음악을 이해하는 수준이 상당이 높았던 에스테르하지와 하이든이 1779년 새로 맺은 계약은 "언제든, 어디서든, 어떤 경우든 전하의 호의에 따라 전하가 명하는 음악을 만드는 것"을 하이든의 의무로 확실하게 규정했다.

음악사의 뒷이야기 중에 이 고용관계와 관계된 '작품번호'라는 게 있다. 작품번호를 본격적으로 그리고 주체적으로 매기기 시작한 것은 베토벤부터다. 바흐 작품의 BWV Bach Werke Verzeichnis는 독일 음악학자 볼프강 슈미더가 정리한 것이다. 헨델 작품의 HWV Handel Werke Verzeichnis와 하이든의 Hob호보켄, 모차르트의 K쾨헬, 슈베르트의 D도이치, 리스트의 S설 등은 훗날 음악학자 등이 악보를 정리하면서 매긴 번호다. 그런가 하면 비발디의 RV리용번호도 마찬가지다. 작곡가가 작품번호를 매기지 않은 것은 주문자의 요구에 따라 이 곡 저 곡을 왔다갔다하면서 작곡해야 했고, 작곡가 자신이 자기 작품의 일련번호를 매길 필요를 느끼지 못하는 상황 때문이기도 했다.

'고용된' 음악인 하이든에게 '주문된' 음악은 무엇이었을까? 귀족이 원하는 음악은 밝고 명랑한 것들이었다. 연회나 무도회 등에서 주로 장조의 음악이 연주되었기 때문이다. 물론 무도회의 음악에도 단조가 들어 있기는 하다. 예를 들어 미뉴에트의 경우 중간에 트리오라는 부분이 들어 있는 경우가 있는데 이때 나란한 조(예를 들어 다장조일 경우 가단조)나 같은 으뜸음조(동주음조, 다장조일 경우 다단조)로 대조를 이루는 경우도 있다. 주조主調가 장조일지라도 전조modulation를 통해서 단조가 사용될 수도 있었다.

그러나 하이든의 작품들 가운데 단조 음악들은 주로 레퀴엠Requiem처럼 죽은 이를 위한 미사곡들에서 찾을 수 있을 만큼 그의 전체적인 음악은 주로 밝고 명랑하다. 하이든의 음악 색채는 전적으로 그의 의지가 아니라 고용한 주문자의 용도였기 때문이다. 실제로 하이든은 후작의 궁정에서 평상시에는 하인의 복장을 따라야 했다고 한다. 하이든이 에스테르하지의 궁정에서 20년 동안 지내며 번 돈보다 5년에 걸쳐 두 차례 런던에 머물던 동안 번 돈이 더 많다는 사실은 무척 아이러니하다.


## 모차르트에 얽힌 오해와 편견들

· · ·

그렇다면 모차르트Wolfgang Amadeus Mozart, 1756~1791의 음악은 어떤가? 그는 짧은 생을 살다간 천재 중의 천재였다. 불과 여덟 살에 첫 번째 교향곡을 작곡했을 정도였다. 일찍이 오스트리아 합스부르크 황실과 빈 대교구장의 저택을 제 집처럼 드나들었다.

그의 음악세계에 큰 영향은 준 것은 1763~1766년 사이의 유럽일주 여행이었다. 어린 나이였지만 그는 세상의 다양한 모습에서 많은 영감을 받았다. 황실과 교회로부터 전폭적인 지원을 받았던 신동 모차르트는 경쾌한 천재였다. 그는 단조 음악도 많이 작곡했다. 그런데 베토벤의 단조처럼 음울하고 무겁지 않았다. 단조임에도 불구하고 낙관과 우아함 그리고 경쾌함이 곳곳에 배어 있다. 아래의 악보는 그의 교향곡 41번 사단조, 일명 '주피터'의 일부다.

단조의 음울함보다는 싹싹하고 부드러운 우아함이, 그리고 화려하고 경쾌하되 난삽하거나 과장이 없는, 뛰어난 조화와 다양성이 돋보인다.

흔히 그의 아내 콘스탄체의 낭비벽이 심각했다고 언급되는데, 이는 남성 중심의 시각에서 나온 편견이다. 오히려 모차르트의 낭비벽이 심했다. 그는 황실과 교회 등 권력의 중심에 드나들었던 탓으로 눈높이가 높았고 훗날 황실과 교회와 결별한 뒤에도 사륜마차를 타고 다니는 등 요즘으로 따지면 실직한 비정규직 노동자가 리무진을 타고 다닌 것과 마찬가지인 생활을 이어나갔다.

모차르트가 황실과 교회 등 당시 권력자들과 결별한 것은 1786년의 오페라 〈피가로의 결혼〉과 이듬해의 〈돈 조반니〉가 결정적 계기였다. 모차르트는 왜 이 오페라들을 작곡했을까? 그가 살았던 시기는 근대사회로 전환되는 과도기였다. 봉건제는 무너졌고 종교적 권위는 퇴색하기 시작하였으며 자유로운 개인으로서의 인간의 권리가 존중되었다. 또한 정치적으로는 민주주의가, 경제적으로는 자본주의가 점진적으로 번지고 있었다. 모차르트는 이러한 자유의 흐름이 대세임을 일찍이 유럽 여행을 통해 확인했다. 모차르트의 음악이 바뀐 것은 더 이상 궁정의 음악이 아니라 근대정신에 부합하는 음악을 만들고 싶은 열망 때문이었다.

〈피가로의 결혼〉은 프랑스의 극작가 보마르셰Pierre-Augustin Caron de Beaumarchais, 1732~1799의 원작을 바탕으로 한 작품인데 보마르셰는 자신의 희곡《세비야의 이발사Le Barbier de Séville》를 1775년 초연하여 성공을 거둔 경험이 있었다.

1781년에는 걸작 희극《피가로의 결혼 Le Mariage de Figaro》을 썼고, 1784년에 초연했다. 이 작품은 기지에 찬 종복이 주인인 귀족과 연적이 되어 대결을 펼치다 마침내 이기는 주제로 사회 풍자를 담고 있다. 프랑스혁명 전야의 시민정신과 딱 맞아떨어져 큰 성공을 거두었다. 이 두 작품과 더불어 3부작을 이루는 희곡《죄 있는 어머니》가 1792년에 완성되었다. 로시니 Gioacchino Antonio Rossini, 1792~1868는 보마르셰의 삼부작 중 첫 번째 희곡인《세비야의 이발사》를, 그리고 모차르트는 두 번째 희곡인《피가로의 결혼》을 작곡했다. 그러니까 연대상 앞선 모차르트가 2편에 해당하는 이야기를 먼저 오페라로 만들었고, 나중에 로시니가 1편의 이야기를 오페라로 만들어서 줄거리 자체가 다른 것이다.

어쨌든 보마르셰의 희곡은 프랑스에서도 귀족을 조롱하는 내용 때문에 곧바로 상연금지 판정을 받았다. 이전의 작품들이 주로 귀족의 우아한 삶을 다룬 데 반해 이 연극은 보통사람들의 관점에서 귀족의 모순과 부도덕성을 고발한 내용이었으니 그럴 만도 했다. 그런데 모차르트가 이 작품을 오페라로 만들겠다고 나섰으니 황실과 교회는 그가 귀족의 권위에 도전한다고 여겼을 것이다. 당연히 귀족들의 반감을 살 수밖에 없었다. 물론 귀족을 조롱하는 내용 때문에 대중의 뜨거운 반응은 얻었지만. 모차르트는 귀족사회가 아니라 신흥 중산층을 위해 작곡하고 싶었다. 그는 근대정신에 감응한 음악가 중 하나였다. 우리는 그의 음악에서 이 점을 놓치지 말아야 한다.

그의 오페라 〈돈 조반니〉는 비엔나에서 공연하지 못하고 비엔나와 베를린의 중간쯤에 있는 프라하에서 초연해야 할 정도였다. 그는 더 이상 후원자에 기대 살 수 없었다. 아마도 모차르트 자신도 이미 각오

했던 일이었을 것이다. 신동일 때는 각광을 받지만 나이가 들면 인기가 시들해지는 법이고 어쨌거나 모차르트는 궁정과 교회 그리고 귀족들과 결별했다. 어쩌면 당시 자신의 인기로 생계를 해결할 수 있을 것이라고 예상했을지도 모른다. 그러나 대중들의 주머니는 얄팍했다. 모차르트는 이미 슈퍼스타였고 그의 악보는 당시에도 상당히 높은 가격에 거래됐지만 황실을 드나들던 예전의 생활방식을 유지하기에는 턱없이 모자란 수입이었다.

모차르트의 음악과 그의 죽음을 근대경제학의 관점에서 바라보면 매우 흥미로운 점을 발견할 수 있다. 경제학에 '세이의 법칙 Say's law'이라는 게 있다. 공급이 수요를 창출하여 국민총수요가 항상 총공급과 일치하게 된다는 법칙이다. 모차르트는 신흥 중산층의 구매력을 믿었다. 프리메이슨의 멤버였기에 더욱 확신했던 것 같다. 귀족의 지원 없이도 음악 활동으로 돈을 벌었고 심지어 자신의 극장까지 소유하게 된 헨델의 사례도 이미 여행을 통해 확인했던 차여서 그는 중산층을 상대로 해도 충분히 자신의 상품(?)이 소비될 것이라고 믿었을 것이다.

게다가 자기가 누구인가? 유럽 최고의 천재 작곡가가 아닌가! 당연히 자신의 상품성에는 자신이 있었을 것이다. 모차르트는 공급은 마땅히 수요를 만들어낸다는 세이의 법칙을 이미 알아챘을 것이다. 그러나 그건 그의 착각이었다. 세이의 법칙은 케인즈의 유효수요이론에 의해 깨졌다. 구매력을 수반하지 않은 욕망은 단지 잠재적 수요일 뿐이다. 당시의 신흥 중산층이 근대정신에 눈을 떴고 자본을 축적하고 있기는 했지만 과거 왕이나 귀족들이 독점했던 음악은 아직 그들에게는 선뜻 구매하기 어려운 상품이었다. 공연장 마련도 어려웠다. 오페라하우스는 여전히 귀족의 손에 좌우되고 있었다. 이렇게 경제학적 분석으로 접근해보면 모차르트의 과감한 시도는 매우 위험한 도박이었음을 알 수 있다.

어찌 되었건 우리에게는 고맙게도, 모차르트는 마음껏 자기가 하고 싶은 곡을 작곡했다. 친한 연주자를 위해 다양한 악기를 위한 많은 협주곡도 작곡했다. 모차르트가 협주곡에서 사용한 독주악기는 피아노, 바이올린, 트럼펫, 바순, 오보에, 플루트, 혼, 클라리넷 등 다양했다. 고전파와 낭만파 음악에서 다양한 악기의 협주곡을 작곡한 최고의, 더 나아가 전대미문의 작곡가로 모차르트를 꼽는 것은 무리가 아니다.

물론 엄밀히 따지면, 다양한 악기의 협주곡을 작곡했다는 점에서 최고로 꼽히는 음악가는 비발디Antonio Lucio Vivaldi, 1678~1741다. 비발디는 모차르트보다 더 다양한 악기의 협주곡, 그리고 엄청난 양의 협주곡을 작곡했다. 그는 피아노, 바이올린은 물론, 트럼펫, 바순, 오보에, 플루트, 혼, 클라리넷을 비롯해, 비올라, 첼로, 다모르, 만돌린, 리코더, 플루티노 등을 위한 협주곡도 작곡했다. 그러나 가장 많이 연주되는 것은 모차르트이다.

또한 모차르트는 여러 귀족들로부터 위촉받은 곡들도 많이 썼다. 이들 가운데는 자기 이름으로 내걸어 자랑하기 위해 모차르트에게 작곡을 의뢰한 이들도 많았다. 레퀴엠의 의뢰자도 마찬가지였다. 음악 말고는 생계를 해결할 방도가 없는 모차르트는 경제적 문제를 해결하기 위해서 죽으라고 작곡에 매달려야 했다.

우리는 흔히 모차르트의 죽음에 대해, 빈곤과 병마에 시달리던 모차르트가 자신이 존경하던 아버지가 죽자 커다란 충격과 자책감에 빠졌으며 이를 이용해 살리에르가 그에게 레퀴엠 작곡을 부탁하자 계속되는 심리적 압박을 이기지 못하고 결국 죽게 되었다고 알고 있다. 영화 〈아마데우스〉의 영향 때문일 것이다. 그러나 그 영화는 연극 〈에쿠우스〉의 작가인 극작가 피터 셰퍼 Sir Peter Levin Shaffe, 1926~ 의 희곡을 바탕으로 만들어졌고(실제로 그가 영화 시나리오 각색도 맡았다) 모차르트의 죽음은 전적으로 피터 셰퍼의 해석일 뿐이다. 또한 프리메이슨이 암살했다는 그럴싸한 후문도 있고 심지어 애인이었던 막달레나의 남편인 호프데멜이 살해했다는 설도 있다. 그는 생전에 신장병, 천연두, 편도선염 등 질병을 자주 앓았으며 비타민D의 결핍으로 생기는 질병에 시달렸다고 한다. 그러나 나는 그가 병약한 몸에 과로가 겹쳐 죽음을 피할 수 없었을 것이라고 생각한다.

현실적인 생계를 유지해야 하며 적당한 사치도 누려야 하는, 그러면서도 냉엄한 현실을 경험해보지 못한 모차르트에게 그것은 엄청난 스트레스 아니었을까? 이미 언급했듯 경제적 관점에서 보면 유효수요 예측을 잘못해서 경제적으로 고통받았기에 과로한 결과였을 것이다. 그럼에도 모차르트는 낙관적인 사람이었고 유쾌한 심성을 지닌 사람이었다. 동시에 자신의 천재성에 대한 자부심이 강했으며 당시의 계급구조에 대한 반감이 강했다. 그런 모차르트에게서 장조와 단조의 음악들이 다양하게 생산된 것은 그의 기질과 더불어 당시 그의 처신과 자의식 등으로 빚어진 지배계급과의 갈등 구조 때문이기도 했다.

# 프랑스혁명이 없었다면, 베토벤의 음악이 지금과 같았을까

· · ·

베토벤Ludwig van Beethoven, 1770~1827의 음악을 이해하기 위해서는 먼저 그가 살았던 사회를 살펴봐야 한다. 하이든, 모차르트, 베토벤은 동시대를 살았지만 세 사람은 음악적 성향이 달랐다. 개인적인 기질 문제도 있었겠지만, 각자가 처한 사회적 상황이 달랐기 때문이다.

그 시대를 가로질렀던 중요한 사건이 바로 프랑스혁명1789이다. 이미 우리가 3부 2장 〈미술〉에서 본 것처럼, 전 유럽의 왕족과 교회는 공포와 공황 상태에 빠졌다. 왕이 처형되고 교회가 무너진 현실을 목격한 지배계층이 한가롭게 예술에 신경 쓸 겨를이 없었던 건 당연한 일이었다. 패트론십patronship은 사라졌다(모차르트, 베토벤, 슈만, 멘델스존 등처럼 후원이나 급료를 받는 자리에 기대지 않고 출간된 작품의 판매만으로 잘 살았던 첫 작곡가로 꼽히는 이가 바로 브람스다).

베토벤은 이 와중에도 후원자를 두고 있던 음악가였다. 그가 유명한 피아노소나타 다장조 작품번호 53번 일명 '발트슈타인'을 헌정했던 발트슈타인Ferdinand von Waldstein, 1762-1823 백작은 베토벤에게 큰 도움을 주었다. 그러나 프랑스혁명 전과 같은 패트론십은 누리지 못했다. 그의 음악이 철저하게 자기 위주의 음악으로 전개된 것은 그런 상황 때문이었다. 기껏해야 친한 대공들의 배려와 작은 지원이 전부였다. 루돌프Archduke Rudolf of Austria, 1788-1831 대공 같은 인물이 대표적이다.

베토벤은 프랑스혁명 정신에 열정적으로 호응한 음악가였다. 그의 교향곡 3번 〈영웅〉은 본디 나폴레옹Napoleon Bonaparte, 1769~1821에게 헌정하려 했던 것이다. 베토벤은 나폴레옹을 개혁과 변화의 주도자로 여겼다. 비단 베토벤만 그렇게 여긴 것은 아니었다. 괴테 역시 나폴레옹을 숭배했고 1808년 그를 직접 만나기도 했다.

유럽의 지식인들과 예술가들이 나폴레옹을 흠모한 것은 그가 공화주의를 표방했기 때문이었다. 베토벤은 공화주의자였고 당연히 프랑스혁명 정신의 전도사를 자처하던 나폴레옹에게 경도되었다. 그가 프랑스혁명과 나폴레옹을 기리며 3번 교향곡을 썼다는 것은 이 곡이 갖는 특성으로도 짐작할 수 있다. 곡의 길이, 구조, 직설적인 표현과 박력이 당시로서는 획기적인 변화를 담았다. 예를 들어 하이든의 교향곡에 비하면 길이가 반 이상 길었을 뿐 아니라 전통적으로 미뉴에트Minuet로 채워지던 제3악장은 당시로서는 아주 낯설게 활기찬 스케르초Scherzo였고 4악장은 하나의 테마와 그 변주곡들로 채웠다. 특히 제2악장은 장송행진곡 형식으로, 이전의 교향곡들과 완전히 달랐다. 1805년 이 곡이 초연되었을 때 관객들이 몹시 당혹스러워 할 정도였다.

베토벤의 새로움에 대한 갈망은 나폴레옹의 공화정과 프랑스혁명 정신의 이상과 완전히 부합되었다. 낭만의 시대가 바로 이 교향곡 〈영웅〉에서 열린다는 평가는 지나치지 않다. 그래서 이 곡은 프랑스혁명 이후의 정치적 사회적 대변동을 반영하는 예술계의 새로운 사조인 낭만주의 운동의 일부로 간주되었다.

그러나 나폴레옹이 1804년 5월 스스로 황제가 되자 화가 난 베토벤은 헌사가 적힌 제목면을 찢어버리고 교향곡을 "위대한 이에 대한 추억"에 재헌정했다고 한다. 오스트리아 빈에 보관돼 있는 악보 표지에 '보나파르트'라는 글자를 북북 지워버린 흔적이 고스란히 남아 있다고 한다.

베토벤에게 원형적 영웅은 그리스 신화에서 인류에게 불을 가져다 주고 끝없는 형벌을 받게 된 프로메테우스였다. 베토벤은 프로메테우스의 불을 새로운 도덕과 질서라는 의미로 받아들일 만큼 공화주의자의 이상을 지녔던 인물이었다. 실제로 〈영웅〉 교향곡을 쓰기 몇 해 전에 〈프로메테우스의 창조물〉이라는 발레음악을 작곡한 바 있었다. 그 곡에는 3번 교향곡의 모티프가 등장한다. 그런 베토벤에게 황제에 오른 나폴레옹은 사기꾼에 불과할 뿐이었을 것이다.

베토벤이 자신의 생각을 음악에 담을 수 있었던 것은 그가 프랑스혁명의 시기에 살았기 때문이다. 그리고 혁명정신의 전파와 함께 당시의 사회구조가 획기적으로 변하고 있었던 것도 그의 삶과 정신에 크게 영향을 끼쳤다. 또한 베토벤은 '자유로운 개인'이라는 시대정신을 선구적으로 받아들였다. 베토벤은 피아노 연주와 레슨 등으로 생계를 꾸려나갈 수밖에 없었지만 대신 자신의 음악세계를 구축할 수 있었다.

음악가에게는 치명적인 귓병 때문에 '하일리겐슈타트의 유서'를 남기고 자살까지 생각했던 베토벤은 삶에 대한 고뇌와 통찰이 깊었다. 그의 작품에 하이든이나 모차르트와 달리 단조 음악이 많은 것은 결코 우연이 아니다. 그의 삶이, 특히 사회적 조건이 앞의 두 사람과 확연하게 달랐기 때문이다.

하이든은 프랑스혁명이 일어났을 때 이미 노년이었고 평생을 궁정의 악장으로 살았기 때문에 혁명은 그의 삶과 예술에 직접적인 영향을 주지 못했다. 모차르트는 누구보다 유럽의 다른 지역에서 일어난 근대정신을 직접적으로 목격하고 도박에 가까울 만큼 과감한 선택을 하였지만 삶이 너무 짧았다. 그는 혁명이 일어난 지 두 해 뒤에 세상을 떠났다. 본격적인 변화를 목격하지 못하고 삶을 마감한 것이다. 그러나 분명한 건 모차르트가 근대정신을 예민하게 감지했고 음악가로서 자신의 생활에 이를 반영했다는 점이다. 어떤 점에서 그는 세 사람 가운데 가장 과감한 사람이다. 베토벤은 혁명이 일어났을 때 뜨거운 피의 청년이었으며 혁명정신에 호응한 영혼이었다. 무엇보다 그가 앞의 두 사람과 완전히 다른 삶을 산 것은 혁명의 여파를 가장 직접적으로 겪었기 때문이다. 따라서 단순히 기질이나 기법의 차이가 아니라 그들이 발 담그고 있던 세상의 차이가 그들의 예술관과 태도를 서로 다르게 만들었던 셈이다.

아래의 악보는 그의 교향곡 5번 〈운명〉의 첫 대목이다. 이 교향곡을 단순히 음악적으로만 판단할 수 있을까? 그가 겪은 맵고 쓴 삶의 질곡이 없었다면 과연 이런 곡이 탄생할 수 있었을까? 그리고 프랑스 혁명이 없었다 해도, 베토벤의 음악적 성향이 그대로 나타났을까?

예술가들이 직관적으로 파악하는 시대정신이 위대한 이유는 바로 시대에 대한 통찰력 때문이다. 우리는 그걸 읽어내고 공감해야 한다.

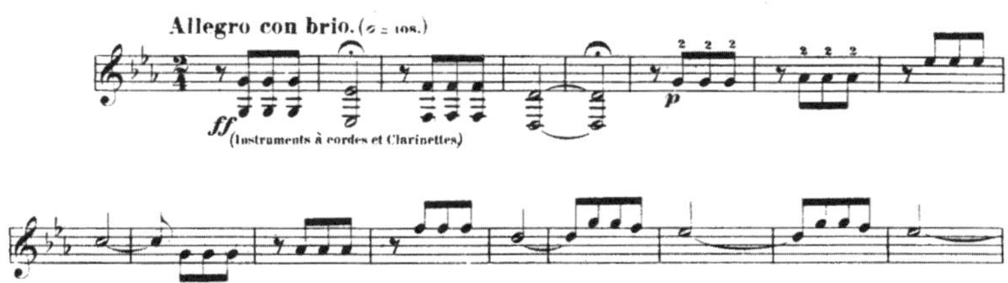

# 존 케이지, 침묵도 음악이다

2

누구나 피아노 독주를, 그것도 현대음악의 대표곡(?)을 연주할 수 있다면 믿을 수 있을까? 가능하다. 곡만 잘 고르면. 바로 존 케이지John Milton Cage Jr., 1912~1992의 〈4분 33초〉이다.

이 음악은 1952년 8월 뉴욕의 우드스탁에서 초연되었다. 곡은 적어도 형식상으로는 소나타 양식을 지니고 있는데 1악장은 33초, 2악장은 2분 40초, 3악장은 1분 20초 동안 연주(?)된다. 악보에는 단지 '조용히TACET'라는 악상만 적혀 있다. 곡의 연주는 단순하다. 연주자가 피아노 앞에 앉아서 아무것도 하지 않는다. 적어도 피아노를 치는 일은 없다는 의미다. 그는 스톱워치를 들고 시간만 잴 뿐이다. 이 무슨 해괴한 곡이며 연주인가?

케이지가 이 음악을 통해 우리에게 던지는 의미는 무엇인가? 이 곡은 기존의 음악이 전문연주가가 나와서 악기를 연주하고 청중은 잠자코 듣기만 하는 것이라는 통념을 송두리째 거부한다.

음표로만 포착되는 음악만 음악이 아니다. 청중이 내는 다양한 소리와 침묵도 어엿한 음악이라는 것이다. 모든 소리와 소리 없음 자체도 음악이라는 케이지의 해석은 멜로디, 리듬, 화성이라는 전통적 이해를 거부한다. 연주자와 청중 사이의 긴장, 당혹스러움, 수근거림, 야유, 웃음, 기침소리 등 모든 것이 음악이다.

처음 연주자가 무대에 등장할 때는 뜨겁게 박수로 맞는다. 그가 피아노 앞에 앉으면 곧 연주할 것이라 기대해서 관객들은 일순 긴장한다. 얼른 기침도 미리 하고 목도 다듬는다. 그런데 1악장도 시작할 기미가 보이지 않는다. 관객은 궁금하다. 아주 낮은 목소리로 옆 사람에게 묻는다. "왜 저러는 거야?" 그러나 그라고 알 수는 없다. 시간이 조금 더 지나면 앞 사람에게 묻는다. "무슨 일이 있나요?" 고작 한 줄 앞에 있다고 그 상황을 더 잘 아는 건 아니다. 그런데도 심리적으로 그 사람은 나보다 잘 알 것 같다. 목소리도 아까보다 조금 커진다.

2분쯤 지나면 슬슬 짜증이 나기 시작한다. 몇 줄 앞에 있는 사람에게 아까보다 큰 소리로 묻는다. "뭐가 잘못되었나요?" 물론 그도 상황을 이해할 수 없다. 그런데 이렇게 묻는 과정을 잘 보면 일종의 크레센도 Crescendo 다. 소리가 점점 커지고 있는 것 아닌가! 케이지는 이것도 일종의 음악일 수 있다고 말하고 있는 것이다.

심지어 덜덜대는 에어컨 소리도 음악이다. 당연히 이 음악은 매번 다르게 연주된다. 케이지의 의도는 청중은 음악의 단순한 수용자나 소비자가 아니라 음악의 생산자이며 유통자라는 것이기도 하다.

또한 기존의 형식에 함몰된 인간의 주체성에 대한 철학적 성찰을 요구하는 것이기도 하다. 처음 이 음악을 들었을 때 사람들은 그를 이단자나 음악의 무정부주의자라고 공격했다. 그러나 어떤 이들은 그를 음악을 해방시킨 위대한 예술가로 칭송했다. 물론 이제는 모두가 그의 음악과 의도를 알고 있기 때문에 연주할 일도 별로 없고, 연주를 해도 관객들도 같이 낄낄대며 웃을 뿐이다.

20세기 초반 쇤베르크Arnold Schönberg, 1874~1951는 조성의 법칙을 적극적으로 부정하고 조와는 다른 구성 원리를 찾으려 노력한 결과 이른바 무조음악을 내놓았다.

19세기 후반기에 들어서면서 유럽 음악은 기존의 정형적인 음계Scale를 탈피하려는 움직임이 두드러졌다. 기본음계인 7음 이외에 1옥타브 내의 12 반음들이 부단히 나타나고 또한 심한 조바꿈에 의해 조성의 윤곽이 점차 애매해졌다. 화성학적 규칙으로부터 자유로워지면서 으뜸음이라고 하는 하나의 중심음에 결부되는 필연성에서도 벗어날 수 있게 되었다. 그러다 20세기에 들어서면서 이런 경향은 조성과 음계의 파괴로 이어졌고, 그 결과 나타난 실험적 음악 세계가 바로 무조음악이었다.

쇤베르크의 제자 베베른Anton von Webern, 1883~1945은 아예 철저하게 수학적으로 계산하여 조성감을 배제한 음악을 작곡했다. 당시로서는 매우 낯선 이런 음악은 오래 지속되지는 않았지만 스트라빈스키Igor Stravinsky, 1882~1971나 힌데미트Paul Hindemith, 1895~1963 등이 부분적으로 차용하기도 했고 무엇보다도 기존의 틀에서 벗어나려는 하나의 실험이었다. 익숙함이라는 굴레를 극복하려는 태도가 나타났던 현대서양음악의 흐름에서, 케이지의 음악은 또 다른 도전이었다.

케이지의 이 음악은 결국 "음악이란 무엇인가?"라는 근원적 질문을 던진다. 음악이란 전문음악인에 의해 생산되고 전달되는 일방적인 것이 아니라 개개인이 찾아내고 만들어내며 즐기는 것이다. 또한 엄격한 형식 속에 제한된 소리의 집합이 아니라 장소와 시간에 따라 달라지는 다양하고 자유로운 표상들이다.

합리성, 법칙성, 필연성, 정형성 등 기존의 음악적 특성들을 일거에 일회성, 무작위성, 비결정성, 우연성으로 치환시켜버린 이 음악적 테러(?)는 처음에는 당혹스러웠지만 이제는 익숙해져서 그것마저 웃으며 즐기는 음악적 해프닝쯤으로 받아들여진다. 그 이후 다양한 퍼포먼스아트가 출현한 것만 봐도 케이지의 음악이 던진 시대적 의미를 이해할 수 있다. 그만큼 우리가 음악의 영역과 각 개인의 주체성을 새롭게 인식한 결과로 해석할 수 있다.

침묵이라는 개념을 음악화했다는 것은 그야말로 획기적인 발상이다. 현대음악의 흐름과 변화를 눈여겨보면 뜻밖에 세상에 대한 너른 시야를 가질 수 있다. 요즘 떠들썩한 이른바 '한류'나 'K팝'도 넓은 관점 아래 훨씬 더 생산적이고 지속적인 상품이 될 수 있다. 관습과 통념을 깨야 한다.

# 랩의 바탕은 저항정신이다

모든 시대마다 당대를 대표하는 음악이 있다. 이는 단순히 뛰어난 작곡가 몇 명의 영감에서 비롯되는 것이 아니다. 음악은 그 시대의 사회 변화와 관계를 맺기 때문이다. 현대의 대중음악도 마찬가지다. 물론 이전보다 빠르고 다양하게 변화가 나타나고 사라지는 것은 그만큼 사회의 변화가 이전보다 훨씬 빠르기 때문이다.

아마도 지금 우리가 살고 있는 시대가 지닌 음악의 큰 특징 가운데 하나는 랩<sup>rap</sup>이 아닐까 싶다. 랩은 분명 이전에는 보기 어려웠던 전혀 새로운 양식의 대중음악이라 할 수 있다. 아버지는 "오늘도 걷는다마는~"을 부르는데 자녀들은 "나란 놈은 답은 너다…… 내 맘이 그래 나 죽어버릴까, Yeah"라고 노래한다. 왜 부모들은 랩을 따라 부르는 건 고사하고 그 가사마저 제대로 들리지 않는 걸까?

# 차별, 분노, 저항, 그리고 랩

· · ·

랩을 본격적으로 전파시킨 건 흑인들이다. 랩은 1970년대 말 뉴욕 외곽의 브롱크스의 흑인과 히스패닉 10대들 사이에서 시작되었다. 히스패닉도 그렇지만, 왜 흑인들은 랩에 빠졌을까? 그들의 삶을 보면 이해할 수 있다.

일반적으로 노래 한 곡의 시간은 대략 3~5분가량 된다. 그런데 전주, 간주, 후주, 후렴 빼면 정작 노래에 얹은 가사는 지극히 짧을 수밖에 없다. 그러니 아주 축약적인 가사가 된다. '떠나는 너의 뒷모습이 내 가슴을 울리네.' 뭐 이런 감상을 담는 것이 일반적 가사다. 그러니 거기에 외침이나 메시지를 넣는 것은 쉬운 일은 아니다.

외침이나 사회적 메시지는 누구의 욕구인가? 그것은 억눌리고 강제된 삶을 살아가야 하는 사람들의 욕구와 분노다. 미국 사회에서 흑인들의 삶이 그렇지 않았던가? 미대륙에 노예로 끌려온 이래, 흑인들의 삶은 억압과 착취로 피폐했다. 역사책에 기록된 이상의 고통이었다. 문제는 지금도 크게 다르지 않다는 점이다. 눈에 보이지 않게 사회 전반에 이런 인식이 깔려 있다. 그래서 유색인종, 특히 흑인이 미국 사회에서 인정을 받기는 녹녹치 않은 일이다.

흑인음악은 소수의 애호가들이나 즐기는 일종의 장르음악 수준이었고 당연히 주변부의 음악이었다. 많은 가수들이 있었지만 중심을 차지한 이들은 없었다. 가수의 경우 마이클 잭슨<sub>Michael Joseph Jackson, 1958~2009</sub>이 유색인종 뮤지션으로는 최초로 메이저가 된 인물이다. 1982년에 발표한 앨범 〈스릴러<sub>Thriller</sub>〉는 아홉 곡의 싱글 중 일곱 개가

"

톱 10에 들었으며, 전 세계에서 1억400만 장 이상 팔린 것으로 알려졌고, '역대 가장 많이 팔린 앨범'으로 기네스북에 등재되었다.

어디 음악뿐이겠는가? 거의 모든 분야에서 여전히 유색인종은 묵시적 차별에 노출된다. 대기업의 CEO도 대부분 백인들이다. 2009년에 드디어 흑인대통령이 선출되었지만 노예해방이 선언된 지 140여 년이 훌쩍 지난 뒤였다. 지금도 유색인종들의 삶이 크게 바뀌지는 않았다.

법적으로야 인종차별은 온전히 철폐되었다. 하지만 현실에는 여전히 차별과 격차가 존재한다. 그리고 그 양상은 세습된다. 기회조차 공정하게 주어지지 않는 게 현실이다. 그러니 그들의 분노와 절망, 좌절이 어떨지 짐작하기 어렵지 않다. 불과 몇십 년 전의 현실을 따져보면, 현재의 흑인 세대에까지 전승된 그 절망을 알 수 있다.

1950, 1960년대 흑인들은 노예는 아니었지만 백인과 평등한 대우를 받지 못했다. 식당, 영화관, 백화점, 학교 등 거의 모든 공공시설에서 흑인과 백인의 이용 공간이 분리되었다. 심지어 수영장과 골프장에 흑인을 출입시켜야 한다는 판결이 나오자, 백인들은 수영장과 골프장을 아예 폐쇄시켰다. 또한 경찰의 3분의 1이 인종주의 집단인 KKK Ku Klux Klan 소속이었다.

법으로 보장된 참정권조차 교묘하게 제한됐다. 흑인이 선거인명부에 등재하기 위해서는 시험을 통과해야 했다. 그런데 그 문제라는 게 앨라배마 주의 67개 카운티의 이름을 모두 외워 쓰라거나 심지어 "비누 한 개에는 얼마나 많은 거품이 있는가" 같은 내용이었다.

시간이 흐르면서 더 이상 인종차별이 노골적으로 자행되지는 않았지만 이미 구조적으로 흑인을 비롯한 유색인종이 미국에서 성공할 수 있는 기회는 상대적으로 위축되고 있었다. 이런 상황에서 흑인들의 마음을 빼앗은 것이 랩이다. 선율과 시간의 제약을 벗어나 마음껏 분노를 표출할 수 있는 것이 랩이었기 때문이다. 속사포처럼 쏟아내는 외침은 기존의 가사로는 꿈도 꾸지 못하던 메시지였다. 초기에는 클럽에서 음악을 틀어주던 디제이들이 트랙을 바꿀 때 스크래칭을 곁들이며 날려대던 멘트에서 아이디어를 따왔다. 그 자체로 훌륭한 음악이 되고 자신들의 억눌린 분노를 표현할 수 있었다.

해머MC Hammer, Stanley Kirk Burrell, 1962~ 는 랩을 본격적인 음악 장르로 편입시켰다. 랩은 선율을 포기하고 얻게 된 자유로운 가사의 힘으로 흑인들뿐 아니라 젊은이들의 뜨거운 호응을 얻었다. 기성세대로부터 억압된 젊은이들의 열망은 랩에 딱 들어맞았다.

흔히 어른들은 욕설이 있는 랩에 기겁하고 가사가 거칠고 직설적이라며 얼굴을 찡그린다. 갱스터랩Gangster Rap을 듣고서는 아주 '헉'한다. 하지만 젊은이들이 왜 그렇게 거칠고 직설적인 가사를 그토록 열렬하게 지지하는지는 굳이 알고 싶어 하지 않는다. 그러니 랩이라는 것 자체가 마음에 들 수가 없다. 가사를 따라하고 싶은 마음도 없고 들리지도 않는다.


## 한국 랩의 시작, 서태지

· · ·

1992년은 한국 가요계에서 큰 분수령이 된 해였다. '서태지와 아이들'이라는 3인조 그룹의 〈난 알아요〉라는 노래가 엄청난 인기를 구가했다. 먼저 환호한 것은 젊은이들이었다. 랩, 댄스, 헤비메탈의 요소들이 적절하게, 부담스럽지 않은 비율로 섞인 새로운 음악은 단숨에 대중을 사로잡았다. 서태지와 아이들의 노래는 한국 가요계에서 랩의 본격적인 등장을 알린 신호탄이었다.

서태지본명 정현철, 1972~ 가 천재적인 뮤지션이라고 평가되는 이유는 음악적인 면에서뿐만 아니라 음운론적인 면에서도 찾을 수 있다. 서태지는 대학 국문과에서 언어학이나 음운학을 전공한 사람이 아니다. 그는 공고를 다니다가 중퇴하고 그룹 시나위에 들어가 일찌감치 음악을 했던 뮤지션이다. 그런데 그는 언어의 음성학적 구조를 절묘하게 구사했다.

서태지 전까지 우리 언어는 랩에 그다지 적합하지 않다고 생각했다. 'ㄱ, ㄷ, ㅂ, ㅈ'으로 끝나는, 즉 무성음으로 끝나는 말들은 발음을 짧고 강하게 만들기 때문에 연음에 적절하지 않다. 영어의 경우는 유성음들이 많아서 이어서 발음하는 데에 매끄럽다.

그래서였을까? 서태지와 아이들의 1집의 대표작 〈난 알아요〉의 가사에는 무성음으로 끝나는 단어들이 별로 없다.

"난 알아요. 이 밤이 흐르고 흐르면, 누군가가 나를 떠나버려야 한다는 그 사실을 그 이유를 …… 울잖아요. 난 알아요. 이 밤이 흐르면 Yo!"

대단한 감각이다. 하지만 그건 시작에 불과했다. 그의 음악은 진화를 거듭했다. 2집의 대표작 〈하여가〉는 강렬한 기타 연주에 전통악기를 조합하는 파격을 선보이며 음악적으로 진보했다. 여전히 가사는 유성음 받침으로 끝나는 낱말들이 많았다. 다만 조금씩 무성음 받침이 사용되었다.

"너에게 모든 걸 뺏겨버렸던 마음이 다시 내게 돌아오는 걸 느꼈지. 너는 언제까지나 나만의 나의 연인이라 믿어왔던 내 생각은 틀리고 말았어……."

3집은 사회 비판적인 가사로 화제가 되었다. 비로소 랩의 근본정신인 비판과 저항의 싹을 드러내기 시작했다. 음악적으로도 이전보다 헤비메탈Heavy Metal의 요소가 두드러졌다. 〈교실 이데아〉가 그것이다. 그리고 무성음 받침으로 끝나는 가사들이 본격적으로 나타나기 시작했다.

"됐어(됐어), 이제 됐어(됐어), 이제 그런 가르침은 됐어(됐어), 그걸로 족해(족해), 이젠 족해(족해)……."

반복이 따르는 가사의 첫 글자가 모두 무성음 받침이서 자연스럽게 그 말에 강세가 들어가고 그게 반복되면서 저절로 리듬이 된다. 점점 더 랩의 본질에 가까워진 작업이다.

그룹이 해체되기 직전 그들의 마지막 앨범이 된 4집은 힙합 계통에 갱스터랩 스타일이 가미되며 변화했다. 그 가운데 〈시대유감〉의 경우는 사전심의제도로 방송불가 판정을 받아 아예 가사가 없는 연주곡이 되기까지 했다.

서태지와 아이들은 점진적으로 진화하는 랩을 펼쳐갔다. 그룹 해체 후, 솔로로 복귀한 서태지는 음악에 얼터너티브록Alternative Rock과 하드록Hard Rock의 요소를 넣었고 가사에도 무성음 단어들을 더했다.

서태지는 한국 대중가요에 큰 획을 그었고 대중적으로 랩 음악의 폭발적 증가를 이끌었다. 서태지가 '젊은이들의 대통령'이라는 별명을 얻게 된 이유 중 하나는 어설프게 해서 꺾이지 않고 세련된 방식으로 한국 음악에 랩을 정착시켰기 때문이다.

일단 랩이 대중적 인기를 얻게 되면서 오히려 무성음 종결어미가 많아서 딱딱하다는 한국어의 속성은 랩에서의 강점으로 바뀌었다. 이것은 대단히 중요한 포인트다. 발상의 전환과 관련 있기 때문이다.

앞에서 무성음 받침으로 끝나는 말은 연음에 적절하지 않으며, 격음화되기 쉽다고 했다. 처음에는 그게 약점이라고 여겼으나 일단 랩이 친근해지자, 랩의 특징인 리드미컬한 비트를 적극적으로 수용하게 되었고 무성음이 자연스럽게 강한 비트를 만든다는 사실을 저절로 체득할 수 있었다.

일본 대중음악은 다양한 장르를 수용하고 있지만, 의외로 랩은 미국이나 한국처럼 큰 인기를 끌지 못했다. 최근에 힙합이 성장 추세를 보이고는 있지만 이른바 갱스터랩의 범주에 드는 랩은 크게 유행하지 않았다. 이는 어쩌면 일본어의 특성 때문일지도 모른다. 일본인들은 좁은 구강구조의 특성상 'ㅡ' 모음이 어렵다고 한다. 경음이나 격음도 어렵고 무성음 받침도 여의치 않다. 그런 까닭에 랩에서의 핵심인 리듬, 즉 비트가 약해진다.

이와 달리, 서태지는 처음에는 무성음을 피해서 매끄럽게 랩을 구사하다가 점차 격렬한 비트감을 살릴 수 있는 방식으로 발전시켰다. 그리고 DJ D.O.C와 신해철 등은 라임[각운]을 적극적으로 가미해 음악적인 면과 가사의 수사법에서 랩의 진화를 이끌어냈다. DJ D.O.C의 가사는 국어교과서에 실리기도 했다. 마치 '사설시조'와도 같은 그들의 랩을 교과서에 읽을 수 있다는 사실이 얼마나 반갑던지!

기성세대가 즐겨 부르는 노래들은 서정성에 바탕을 둔다. 그래서 자연스럽게 가사의 내용도 감성적이고 시적이다. 그에 반해 젊은이들의 노래는 역동적이고 직설적이다. 우회하거나 비유적으로 표현하기보다는 내재된 분노와 외침을 그대로 드러낸다.

서정성과 역동성. 이것이 대중가요에 대한 세대 간 관심과 반응의 핵심이다. 내용뿐 아니라 형식도 그래서 중요하다. 그건 그만큼 세대 간의 간극이 예전보다 크다는 뜻이고 동시에 변화의 흐름이 빨라서 새로운 흐름을 이해하거나 과거의 정서를 받아들이기 쉽지 않다는 뜻이기도 하다. 대중가요란 말 그대로 한 시대의 많은 사람들이 표현하고 수용하는 음악의 방식이다. 따라서 사회적 요소와 시대적 요인들이 담겨 있을 수밖에 없다.

음악에도 매우 유기적인 사회적 연관성이 담겨 있다. 앞의 예에서 보듯 랩의 배경과 흐름만 대략적으로 살펴봐도 우리가 살고 있는 시대와 사회를 조금은 더 넓고 깊게 이해할 수 있다. 랩은 그냥 불량한 젊은이들 주절거리는 시끄러운 소음이 아니다. 거기에는 저항이 담겨 있고, 꿈과 역동성이 분출한다. 기존의 질서에 순응하는 것은 젊음이 아니다.

이제는 랩이 저항이나 고발, 비판과 절규의 성격은 줄어들고 한탄이나 체념, 절망과 분노 등 개인의 감정 표현으로 변모하는 경향이 있지만, 그것은 사회의 현실에 대한 자연스러운 실망과 분노의 표현일 뿐이다. 여전히 기존의 것에 대한 '삐딱하고 유쾌한 조롱과 저항'은 사라지지 않을 것이다. 그게 랩의 근본정신이기 때문이다. 그런 점에서 갈수록 저항은 사위고 말장난에 가까운, 조롱을 빙자한 특정 구절을 단순반복해 대중들에게 빨리 어필하려고만 하는 상업주의적 속성이 강화되는 것은 안타까운 일이다.

　저항은 단순한 분노가 아니다. 그것은 자신의 현실에 대한 진지한 이해며 도전이다. 이는 젊은 대중의 시대정신이다. 그 시대정신이 요청하고 표현하는 인간상이 어떤 것인지 주목해야 하는 이유가 여기에 있다.

# 왜 FM 라디오에서
# 팝송이 사라졌을까?

4

1980년대까지만 해도 FM 라디오를 켜면 대부분 팝송이 흘러나왔다. 한국 대중음악은 고작해야 한두 시간 구색 맞추듯 끼어넣은 게 전부였다. 젊은이들은 팝송에 열광했다.

유명한 팝가수가 내한공연을 오면 공연장이 만원이었고 1992년 뉴키즈온더블락New Kids On the Block의 내한공연에서는 여고생 한 명이 압사한 경우도 있었다. 그러던 것이 1990년대 들어서면서 서서히 팝송보다는 우리의 대중가요를 듣는 젊은이들이 늘었다. 장르도 다양해졌다. 그러더니 2000년대에는 완전히 역전되어 FM에서 팝송이 방송되는 시간은 오전에 한두 시간, 그것도 올디스벗구디스oldies but goodies라고 하는 흘러간 노래 중심이고 요즘 유행하는 컨템퍼러리 팝송은 저녁에 두 시간 방송되는 〈배철수의 음악캠프〉 정도만 남았다.

우리 대중음악 역사는 20세기초 일제강점기부터 시작되지만 본격적인 발흥은 해방 이후라고 할 수 있다. 대중음악은 서민의 힘겨운 삶을 위로하고 미래에 대한 희망을 주며 대중들의 열렬한 호응을 얻었다. 대부분 음악이 트로트 위주였기에 색다른 음악을 갈망하는 젊은 세대들에게는 아쉬움을 남겼다.

미8군 무대 출신의 뛰어난 가수들과 작곡가들이 있었고 그들을 통해 팝 음악을 맛볼 수 있었지만 매우 제한적이었다. 마침내 1960년대에 방송에서도 팝송을 들을 수 있는 길이 열렸는데, 1962년 MBC 라디오 〈한밤의 음악편지〉는 방송 최초로 팝 리퀘스트를 도입했고, 1963년에는 동아방송DBS이 개국하면서 〈탑튠쇼〉를 개설했다. 그리고 그다음 해에 담당 PD였던 최동욱1937~ 이 직접 진행을 맡으면서 '본격 DJ 시대'를 열었다. 우리나라에서 이른바 팝 음악의 전성기는 1965년 FM 방송이 개국되면서부터다. 이후 FM은 그야말로 팝의 천국이었다.

젊은이들에게 팝송은 구세주와도 같았다. 뜻은 잘 몰라도 음악 그 자체만으로도 즐거웠다. 때론 몇 곡쯤 흥얼거려야 대접받는 풍토 때문에 우리말로 영어 발음을 옮겨적어 가사를 외우기도 했다. 그러니 젊은이들이 주로 듣는 FM 방송은 팝송으로 도배할 수밖에 없었다.

우리의 노래가 없었던 것은 아니다. 바로 포크송이다. 본디 포크송은 민요나 민속가요를 의미하는 것이지만, 대중가요에서는 간단하게 통기타만으로도 어디서나 부를 수 있는 음악이라는 뜻으로 포크Folk라고 불렀던 것 같다.

처음에 번안곡 위주였던 포크송의 대표주자는 트윈폴리오였다. 1970년대 들어 대학가에서 싱어송라이터들이 대거 출현하기 시작했다. 당시 정치적 암흑기의 청년들은 팝송과 포크송을 통해 울분을 해소하고 연대감을 형성했다. 그러면서 음악은 크게 '어른들의 음악'과 '젊은이들의 음악'으로 세대 간 구별이 생겼다. 자기 세대의 음악을 갖는다는 것은 단순한 일이 아니다. 자신들만의 감성의 공감대를 형성했다는 것이고 그 세대가 세상과 호흡하고 호응하는 방식을 독립적으로 갖게 되었다는 의미이기 때문이다.

1980년대 후반 들어서면서 서서히 국내의 대중음악이 풍요로워지기 시작했다. 팝송을 들으면서 성장했던 젊은이들이 팝송 수준에 육박하거나 때론 뛰어넘는 곡들을 창작하기 시작했다. 외국에 나가 대중음악을 공부한 유학파들도 생겨났다. 자연스럽게 수준 높은 곡들이 만들어졌고 장르도 다양해졌다.

한국의 대중음악이 팝송을 퇴조하게 만든 계기는 아마도 서태지와 아이들이 아닐까 싶다. 아무리 팝송의 음악적 수준이 높다고 해도 가사의 이해나 전달에 한계가 있어서 정서적 공감이 어렵던 차에 자신들에게 호응하는 음악이 등장하니 젊은이들은 자연스럽게 열광했다. 그 결과 팝송은 퇴조하고 한국의 대중음악이 FM 방송의 대부분의 시간을 차지했다. 뜻도 모를 남의 나라 노래 흥얼거리며 겨우 음악적 갈증을 해소하던 것에 비하면 놀랍고 행복한 변화다. 하지만 모든 게 긍정적인 것만은 아닌 듯하다.

어떤 음악은 처음 들을 때 귀에 착 감긴다. 그와는 반대로 처음 들을 때는 낯설지만 자꾸 들으면서 그 진가를 알게 되고 맛을 느낄 수 있는 곡들도 있다. 그러나 방송국도 대중들의 선호에 맞춰 음악을 틀어야 하니 늘 엇비슷한, 쉬운 음악들이 반복적으로 흐른다. 그래서인지 팝송을 밀어내고 우리 대중음악 편성 시간이 엄청나게 늘었음에도 다양성이 나아지진 않았다. 이는 방송의 공영성 이전에 우리 대중음악의 발전을 저해하는 것이다. 듣기 편하다고 내 나라 음악만 듣다 보면 세계의 다양한 음악에는 무관심해진다. 그것이 과연 바람직한 일일까? 한류시대에 무슨 소리냐고 타박할 일이 아니다. 교류도 피드백도 없으면 그 생명력은 짧아진다. 당장 먹기에 곶감이라고 쉬운 음악에만 빠지는 건 그래서 위험하다.

대중음악은 빠르게 변화한다. 대중의 욕구에 맞는 음악이 호응을 얻고 인기를 끄는 것은 당연한 일이다. 한류 열풍에 힘입어 우리의 대중가요들이 세계에서 인기를 끄는 일은 분명 반갑고 신나는 일이다. 하지만 여전히 댄스곡 위주라는 점과 방송에서도 주로 그런 곡들이 많이 선곡되는 것은 아쉬운 대목이다. 분명 대중음악은 소비자인 대중의 입맛에 맞춰 생산되겠지만 그것이 사회적 구조와 양태를 반영한다는 점에서 다양성의 부족은 가볍게 볼 문제가 아닐 것이다.

말이 나온 김에 KBS 1FM의 경우를 보자. 이 방송은 클래식음악 전문방송이다. 오전 한 시간, 오후 한 시간 국악이 편성되고 저녁 시간에 30분 한국 가곡이 편성되기는 하지만, 주로 서양의 클래식음악이 편성된다. 그런데 이 또한 지속적으로 들어보면 문제가 있다는 것을 느끼게 된다. 대부분의 음악이 주로 고전파와 낭만파 음악이다. 신고전주의 이후 음악으로 확대되지 않는다. 그러니 현대음악은 거의 듣기 어렵다. 현대음악이라고 해봐야 빌라-로보스<sub>Heitor Villa-Lobos, 1887~1959</sub>, 레너드 번스타인<sub>Leonard Bernstein, 1918~1990</sub>, 아론 코플랜드<sub>Aaron Copland, 1900~1990</sub>, 아스트로 피아졸라<sub>Astor Piazzolla, 1921~1992</sub>, 클로드 볼링<sub>Claude Bolling, 1930~</sub> 같은 음악가의 작품들 정도를 가끔 들어볼 수 있다. 현존하는 현대음악가들의 작품을 만나기는 거의 하늘의 별 따기와 같다.

그 까닭은 두 가지일 것이다. 하나는 워낙 고전파와 낭만파 시대의 음악이 질적으로나 양적으로 뛰어나기 때문이다. 바흐, 헨델, 하이든, 모차르트, 베토벤, 브람스의 음악만 해도 엄청난 양이다. 그러나 현대 음악 또한 결코 적지 않은 수라는 점을 고려해보면 그것만으로는 설명이 부족하다.

두 번째 이유는 익숙한 것을 벗어나지 못하는 습성 때문일 것이다. 낯선 것은 아무래도 꺼려진다. 그러나 클래식음악 방송은 상업방송이 아닌 까닭에 다른 방송국에 비해 청취율에 좌지우지되는 형편이 덜한 편이다. 청취자 입장에서도 동시대의 음악을 듣지 못하고 항상 고전음악만 들어야 한다는 것은 아쉬운 대목 아닐까. 각 프로그램마다 한 곡쯤 현대음악을 틀어주고 설명해주는 시간을 마련한다면 어느 정도는 불균형이 해소되지 않을까?

음악은 미술보다 직설적인 소구력을 가진다. 의식해서 살펴보면 우리가 하루에 듣는 음악만 해도 엄청난 양임을 깨달을 수 있다. 우리 일상이나 생각에 미치는 음악의 영향력이 새삼 무겁게 느껴진다. 더 좋은 음악, 더 다양한 음악을 듣는 것 역시 우리 삶을 윤택하게 하는 하나의 방편임은 너무나 당연하다.

# 피아노는 '가구'가 아니다!

5

우리나라는 세계에서 피아노 보급률이 가장 높은 나라 가운데 하나다. 아마 피아노 교습률도 가장 높을 것이다. 어렸을 때 피아노 학원 다녔던 사람이 매우 많다. 집집마다 웬만하면 피아노도 있다. 바이올린과는 달리 피아노는 방문객의 눈에 바로 띈다. 그래서 그 집이 세련되고 교양 있음을 웅변적으로 보여준다.

그런데 정작 어른이 되어서 피아노를 치는 사람은 별로 없다. 언제부터인가 골방에 천덕꾸러기처럼 처박힌 신세로 전락했다. 조율도 하지 않아서 정확한 소리도 나지 않는다. 그러면서도 처분하지 않고 이사할 때마다 웃돈까지 얹어주며 끌고 다닌다. 아마 대개의 집들이 그럴 것이다. 그런 집에서 피아노는 더 이상 '악기'가 아니라 '가구'일 뿐이다. 그것도 아주 성능이 낮은 선반쯤 되는. 도대체 왜 그렇게 되었을까?

부모들은 왜 아이들에게 피아노나 바이올린을 배우게 했을까. 전문음악가가 되게 하려고 그러지는 않았을 것이다.

우리나라처럼 전문음악가가 되기 위해 지나치게 많은 비용을 쏟아야 하는 곳에서는 오히려 어설픈 재능 때문에 마음이 혹해서 음악가 되겠다고 나설까 봐 솔직히 겁난다. 그러니 처음부터 무대에서 스포트라이트 받는 음악가를 꿈꾸며 교습시키는 부모는 별로 없을 것이다. 아이들이 보다 더 행복한 삶을 누리게 하기 위해 음악 교습을 시킬 것이다. 물론 다른 아이들에게 꿀리지 않게 한다거나 나중에 음악 점수 잘 받아서 수행평가 등에서 유리하도록 하기 위한 목적도 조금은 있겠지만 대개는 아이의 행복을 위해서다.

그러나 아이들에게는 그다지 매력이 없다. 대개의 아이들은 밖에 나가 노는 게 더 즐겁다. 게다가 레슨도 별 재미없다. 그 원인 가운데 하나는 교재 때문이기도 하다.

아직도 우리는 피아노 레슨 때 《바이엘》,《체르니》를 사용하고 중간에 《하논》(사실 정확한 발음으로는 '하농'이라고 해야 한다. Charles-Louis Hanon, 즉 샤를-루이 아농, 혹은 하농이라고도 하기 때문에 하농이 맞다. 그런데도 '하논'이라는 이름을 붙이는 경우가 여전히 많다)도 배우게 한다. 그런데 그 《바이엘》은 19세기 때 만들어진 교본이다. 서양음악의 기본 요소인 멜로디, 리듬, 화성을 연마하기에는 적절하지만 정작 음악의 즐거움은 잠시 유보해야 한다. 체르니Carl Czerny, 1791~1857는 어떤가? 체르니는 베토벤의 제자였고 리스트Franz von Liszt, 1811~1886의 스승이었던 인물이다. 뛰어난 피아노 교습자였고 작곡가이기도 했던 그의 교본은 그 자체로 뛰어난 작품이다. 러시아의 위대한 피아니스트 니콜라예바Tatiana

Nikolayeva, 1924~1993가 연주한 체르니를 들어보면 그 진가를 알 수 있다.

그리고 《하농》은 또 어떤가? 《하농》은 이른바 '4번 손가락'을 집중적으로 연습시키는 교본이다. 다른 손가락과 달리 4번 손가락은 뼈의 연결이 독립적이어서 자유롭게 연주하기 위해서는 그 연마가 필수적이다. 그런데 그만큼 뼈와 근육의 연결 관계상 부자연스럽고 어렵다. 그래서 그 손가락만을 집중적으로 훈련하기 위한 교본이 《하농》이다. 불편한 4번 손가락을 집중적으로 연마하려니 힘들고 도대체 재미있을 수가 없다.

외국에서는 《바이엘》이니 《체르니》니 하는 교재가 희귀도서란다. 그럴 법도 한 게 이전 세기에 사용하던 교본이고 현대에는 거의 쓰이지 않는다. 미국 대학교의 한 음악대학 도서관에는 유리 전시관에 보관돼 있단다.

19세기만 해도 음악을 배우는 사람들은 자신의 교양과 즐거움을 위해서라기보다는 하나의 직업으로 받아들였고, 따라서 교본도 즐거움보다는 음악적 훈련 자체를 위한 것들이었다. 당연히 대위법과 화성학을 익히기 위한 구조일 수밖에 없다. 그런데도 우리에게는 거의 유일한 교재였고, 21세기에도 여전히 주류가 되어 아이들이 이것으로 연습하고 있으니, 아무래도 즐거움이 덜한 건 당연할 것이다. 기본기가 탄탄하게 마련되는 부수적인 결과는 얻겠지만.

우리만 그런 건 아닌 것 같다. 일본도 비슷한 현상을 보인다. 아마도 우리가 일본의 영향을 받아서 그들의 텍스트와 교습법을 따르고 있기 때문이다.

실제로 치히로 무라타의 《음악의 사고술音樂の思考術》이란 책에서 제3

부 10장의 소제목이 '《바이엘》을 사용하는 것은 일본뿐?'이다. 무라타도 역시 그 책에서 일본 피아노 음악교육의 문제점을 짚고 있다.

일본이 서양의 문물을 받아들일 때 네덜란드를 모범으로 삼았고 거의 대부분 독일의 제도와 내용을 수용했기 때문에《바이엘》과《체르니》도 그때 들어왔을 것이다. 그리고 일본을 통해 교육받았던 한국의 초기 음악가들도《바이엘》과《체르니》를 별 저항 없이 받아들였을 것이다.

《바이엘》과《체르니》가 잘못되었다는 게 아니다. 그러나 아이들이 훈련보다는 즐거움을 먼저 누리게 하는 것이 중요하지 않을까? 돈 들이고 여러 해 시간 들이고 에너지 쏟으며 배운 피아노이건만 정작 중학교 진학 이후 피아노와는 작별하는 우리들의 음악 소비에는 문제가 있어 보인다. 차라리 재즈도 배우고 가곡도 반주하는 방법을 배우면서 자연스럽게 음악적 수준을 높여가며 삶에서 음악을 즐기는 법을 배우고 누리는 게 더 중요하지 않을까? 관성이나 타성에서 벗어나야 한다.

너무 희귀한 교재로 이어가던 레슨은《체르니 40번》이나《체르니 100번》쯤에서 멈춘다. 초등학교 졸업과 동시에 일찌감치 수험생 처지가 되는 우리 교육 풍토상 중학교에서도 레슨을 하는 게 무의미하다고 여긴다. 별다른 흥미를 느끼지 못하던 터여서 아이들에게도 피차 반가운 일이다. 그러면서 피아노는 골방으로 쫓겨나고 조율은 사치이며 고작해야 가끔 두드려보는 향수일 뿐이다. 그렇게 피아노는 악기가 아니라 가구가 된다. 그리고 그 순간 피아노와는 이별이다. 《체르니》까지 연마했으면서도 정작 음악의 즐거움이나 메커니즘을 제대로 습득하지 못했기 때문에 다른 곡 연주하고 변용하는 능력도 떨어진다. 다만 피아노는 일종의 문화적 자부심의 상징처럼 각인되어 처분하지도 못한다.

독일의 한 음악 수업에서는 아이들에게 호스를 나눠주고 그 호스를 흔들어 붕붕거리는 소리로 '기쁜 마음' '슬픈 감정' '맑은 날씨' '우중충한 날씨' 등을 표현해보라고 한단다. 악기를 다루는 기능보다 음악을 통해 자신의 정서를 표현할 줄 아는 게 먼저라는 뜻이다. 독일의 작곡가이자 음악교육자인 칼 오르프Carl Orff, 1895~1982의 음악교육방법은 즉흥창작을 통한, 아이의 음악적 창의성을 개발하는 것이 핵심이다. 음악이 인격 형성에 중요한 경험으로 이용될 수 있다는 전인교육론이 그 바탕이다. 그런데도 우리의 음악교육은 공교육이건 사교육이건 가리지 않고 그저 '노래 잘 부르고, 악기 잘 다루는' 재주에만 관심을 기울이는 건 아닌지 걱정이다.

세계적인 피아니스트, 바이올리니스트가 배출되는 건 뿌듯한 일이다. 그러나 그보다 더 중요한 것은 보통사람들이 자신이 연마한 악기를 평생 즐기며 인생을 보다 행복하게 사는 것이다. 다행히 최근에는 《바이엘》과 《체르니》를 벗어나 여러 교습 교본으로, 그리고 다양한 방식으로 레슨을 하는 선생님들이 늘고 있다. 끝까지 기억해야 할 점은 아이가 행복할 수 있도록 하는 음악교육이다.

# 국악에 대한 단상

6

음악은 단순히 흥을 돋우거나 문화적 소양을 드러내는 장치가 아니다. 일찍이 공자는 《논어》 〈태백편〉에서 "시는 사람을 계발하고, 예는 사람을 성립시키며, 음악은 사람을 완성한다興於詩, 立於禮, 成於樂"고 했다. 시가 사람을 계발한다고 할 때 시는 '생각'이다. 시는 성정을 계도하고 심지를 계발하여 사람으로 하여금 인성의 길을 갈 수 있게 하고, 예는 사람으로 하여금 행위의 규범을 얻고 인성을 구체적으로 함양하고 인격을 수양하여 집단의 성원이 될 수 있는 자격을 얻게 한다. 그리고 음악은 인성의 완성에 도달하게 해준다. 리쩌허우李澤厚는 그 이유를 《논어금독》에서 음악을 통해 사람다운 정서와 인생의 경지가 성립될 수 있기 때문에 인성의 완성이 가능하며 그래서 음악이 사람을 완성한다고 말하는 것이라고 해석한다. 그러니 음악은 결코 가볍게 여길 부분이 아니다. 삶과 세상을 느끼고 표현하며, 또한 깨닫는 창이다.

동서양을 막론하고 음악은 늘 모든 종교와 의식, 그리고 제례에 사용되었다. 서양의 음악이 기독교 교회음악에 뿌리를 두고 있듯 불교의 범패, 그리고 일반 대중의 무속음악 등도 마찬가지다. 고대 그리스의 피타고라스 학파는 음악을 종교적, 수학적 차원에서 이해했다. 실제로 서양의 화성은 일찍이 피타고라스가 만들었다. 고대 인도의 브라만은 종교적, 철학적 음악 문화를 발전시켰고, 힌두스타니 음악은 11세기 이후 이슬람의 영향을 받기도 했다. 브라만교의 《베다》는 고대 창법을 그대로 계승하고 있어서 음악적 측면에서도 매우 중요한 사료의 의미를 갖는다.

중국에서도 주술적 노래가 일찍부터 발전했다. 노래를 뜻하는 낱말인 악樂은 무녀가 방울을 흔들면서 춤추는 형태를 형상화한 것이다. 훗날 공자가 주창한 유교의 예악사상 중에서 음악은 중요한 위치를 차지하면서 발전했다. 그런 점에서 음악은 인류의 역사에서 일찍부터 나타났으며 문화와 삶 속에서 다양한 형태로 계승되어왔다고 볼 수 있다.

우리의 역사에서도 음악은 꽤 일찍부터 등장했다. 중국의 여러 역사서에 기록된 것만 봐도 이미 예사 수준을 넘어섰음을 짐작할 수 있다. 한국인들은 유난하게 음악을 사랑한다. 노래방이 아예 문화로 자리 잡은 것을 보면 《위지동이전魏志東夷傳》의 '가무를 좋아한다'는 기록이 빈말이 아님을 알 수 있다. 그런데 학교와 학원에서 기껏 배우고 익힌 음악은 여전히 찬밥 신세를 면치 못한다. 아이들은 동요의 서정성보다는 단순하면서도 자극적인 CM송을 먼저 따라 부르고 아예 일찍부터 대중음악의 멜로디와 율동에 빠져든다. 그것들이 음악이 아니라는 의미는 아니지만 단 것을 먼저 먹었으니 간이 덜 뱄지만 약간 기본적이고 심심한 건 입에 대지 않는 관습은 바람직하지 않다는 뜻이다.

하물며 우리의 음악인 국악에 대해서는 아예 고개를 돌린다. 국악이라고 하면 그저 사물놀이나 농악쯤이 거의 전부라고 해도 과언은 아닐 것이다. 정악正樂을 듣거나 판소리 공연을 감상하는 이들이 얼마나 될까? 내 음악을 모르면서 남의 음악에는 '귀명창'이다.

우리는 악보라고 하면 곧바로 '오선지'를 떠올리지만 정작 우리의 고유 악보인 정간보井間譜에 대해서는 잘 모른다. 동양에서 가장 오래된 유량악보有量樂譜인 정간보는 조선 세종 때 창안된 뛰어난 발명품으로, 음의 높이와 길이를 정확하게 표현하였다. 이 악보는 '우물 정井' 자 모양으로 칸을 질러놓고 1칸—井間을 1박으로 쳐서 음의 시가를 표시하고, 그 정간 속에 음의 고저를 나타내는 여러 보譜를 넣는다. 이 악보를 가지고 연주해보면 꽤 과학적이라는 걸 확인할 수 있다. 그만큼 우리의 음악적 유산이 결코 만만하지 않았다.

국악이라는 용어 자체도 의견이 분분하다. 일반적으로 국악은 아악雅樂·당악唐樂·속악俗樂 곧 향악鄕樂을 모두 포함하며, 전통음악과 최근의 한국적 창작음악까지를 포함하는 우리나라 음악을 뜻하는데 국악이라는 용어가 대한제국이 몰락하고 일본에 완전히 강제 합병되기 직전, 당시 통감부에 파견된 메가다 다네타로目賀田種太郎가 일본의 전통음악을 뜻하는 고쿠가쿠國樂, 곧 국악의 명칭을 소개한 결과물이기 때문에 이 용어를 과연 계속 써야 하는지에 대한 견해가 엇갈린다. 일제강점기에는 '일본의 국악'과 구별하는 의도로 국악이라는 말 대신에 아악雅樂 또는 조선음악이라는 용어가 주로 사용됐다. 그래서 국악이라는 명칭을 20세기 후반까지의 전통음악을 지칭하는 과거지향적 용어로 규정하고 새로운 창작곡을 포괄하는 한국음악이라는 또 하나의 용어기 필요하다는 의견이 최근에 주목을 받고 있다.

한편으론 이미 한국에 뿌리를 내린 음악을 전통음악으로 부르기도 하는데 주로 일제강점기 이전의 음악을 지칭한다. 그리고 국악이란 이름은 일본의 침략 이전 조선 말기 고종 때 장악원掌樂院에서 처음 사용된 까닭에 전혀 문제될 것이 없다는 견해도 있다. 국악에 1930년대 이전부터 있었던 음악까지 포함시키는 경우도 있다. 어찌 되었건 전통음악 혹은 국악은 우리 민족의 고유성과 전통성을 지닌 음악이다.

흔히 음악의 3요소를 멜로디, 리듬, 화성이라고 하는데, 우리 전통음악에서는 화성이 빠진다. 화성악기라야 생황 정도이다. 그래서 어떤 이는 우리 음악이 결핍돼 있다고 평가하기도 하는데 그것은 전적으로 잘못된 견해다. 우리 음악은 화성이 없어도 이미 그 자체로 완성된 뛰어난 음악이다. 화성 운운하는 것은 서양음악에 먼저 익숙해져서, 그리고 그에 대한 열등감 때문에 생겨난 견해일 수 있다. 국악합주곡인 〈수제천壽齊天〉을 들어보면 화성이 전혀 필요없다는 것을 체감할 것이다. 그렇다고 무조건 화성을 배격하는 것이 능사는 아니다. 그래서 현대국악에서는 화성적 요소를 상당히 수용하기도 한다.

의도했건 의도하지 않았건 우리의 전통음악인 국악에 대해 이해도 감상도 부족한 것이 사실이다. 그것은 우리의 전통음악에 대한 가치관이 제대로 그리고 충실하게 확립되지 못했고 그것을 제대로 가르칠 음악 교사를 충분히 양성하지 못했기 때문일 것이다. 서양음악을 전공한 이들이 대부분 교사인 까닭에 음악 시간에 국악을 가르치더라도 제 맛을 느낄 수 있을 만큼 충분하게 가르치지 못하고 그저 구색 맞추기에 급급한 형편이다. 또한 국악을 활성화하고 친근한 상품이 되도록 하는 작업이 미비했던 점도 무시할 수 없다. 이제라도 우리의 음악에 대한 관심과 애정, 그리고 이해와 향유가 필요하다.

**《천년의 음악여행》** 존 스탠리, 이창희 옮김, 예경, 2008

앞서 언급한 《천년의 미술여행》과 짝을 이루는 책이다. 1100년경부터 오늘날에 이르기까지 서양음악의 거의 모든 것을 두루 살피는, 입문서로는 꽤 적절한 책이다. 특히 우리가 거의 듣지 않는 현대음악가들과 그들의 대표작품들을 일목요연하게 정리해서 크게 도움이 된다. 음악은 그 곡이 작곡된 시대를 반영하는 거울이며, 다른 것들과 마찬가지로 시대 배경을 이해하면 훨씬 곡을 이해하기 쉬울 뿐 아니라 많은 것을 느끼고 생각하게 된다. 이 책은 150여 명의 작곡가와 그의 작품들을 통해 클래식음악의 방대한 역사를 쉽게 이해할 수 있게 이끈다. 더불어 각 시대의 주요한 사건과 사상, 그리고 예술사조를 함께 소개함으로써 그 곡들이 지니고 있는 의미를 확장시켜준다. 아마도 이 방대한 분량을 전혀 지루하지 않게, 그리고 다양하게 구성할 수 있었던 것은 지은이 스탠리가 본디 미술을 전공한 사람이며 사진과 영화 제작에 종사하면서 미디어, 방송과 엔터테인먼트 산업에 종사해온 전문가이기 때문이다. 그는 예술 매니지먼트와 음반 제작에도 뛰어들었고 클래식음악 보급을 위한 멀티미디어 사업도 계속하고 있다.

## 《한국 음악의 거장들》 송지원, 태학사, 2012

이 책은 한국 음악 명인열전이라는 부제답게 천 년의 한국 음악사를 인물을 중심으로 서술했다. 악기의 거장, 가객, 음악제도, 이론가와 작곡가, 그리고 후원자와 감식가로 구분하여 한국 음악의 전통에 흐르고 있는 힘과 매력을 풍부하게, 그러면서도 쉽게 이해할 수 있도록 이끈다. 다양한 자료들을 수집하고 분석하며 재해석한 지은이의 공력이 대단하다. 도판에도 크게 신경 쓰고 비용도 아끼지 않은 노력이 고스란히 드러난다. '손끝이 아닌 마음의 음악'이라는 우리 음악 정신의 진수를 마음껏 맛볼 수 있다. 한국 음악을 빛낸 52명의 다양한 분야의 거장들의 삶을 읽다 보면 우리 국악이 결코 서양음악에 밀려야 할 까닭이 없다는 것을 깨닫게 된다. 화려하지 않았지만 기꺼이 고통을 감내하면서도 음악을 향한 열정이 뜨거웠던 선인들을 만나보라. 더불어 아마도 역사소설에 관심이 있는 작가라면 이 책에서 좋은 소재를 얻게 될 수 있을 것이다.

## 《정조의 음악정책》 송지원, 태학사, 2008

박연이라는 출중한 인물 덕에 세종 시대의 음악을 다룬 경우는 있지만 정조의 음악정책을 논한 책으로는 처음일 것이다. 정조의 마르지 않는 지적 욕구는 음악에까지 다다랐다. 그는 음악을 바로 세워 조선의 화합을 실현해야 한다고 확신했던 군주였다. 이른바 '지악지신知樂之臣'의 음악 철학이다. 조선 후기의 정치와 음악을 이해하고 그 연결 고리를 찾을 수 있는 소중한 책이다. 2008년 대한민국학술원 우수학술도서로 선정된 학술서여서 역사에 관심 있는 사람들이라면 크게 도움이 될 것이다. 정조 시대에 간행된 다양한 서적과 자료를 통해 조선 후기의 음악정책의 전모를 세밀하게 파악할 수 있다.

《주머니 속의 대중음악》 윤호준, 바람의 아이들, 2011

청소년을 위한 본격적인 대중음악 이야기인 이 책은 10대 독자들을 대상으로 하고 있다. 편집도 그들의 눈길을 끌 만한 독특한 방식이다. 지은이가 각 잡고 힘주는 현학적인 책이 아니라 청소년들의 눈높이에 맞춰 자신의 경험과 여러 뮤지션에 대한 다양한 정보를 담았다. 아마 여기에 추천된 뮤지션에 대해 모두 아는 사람들이라면 대단한 대중음악 애호가라고 해도 무방할 만큼 다양한 장르와 앨범을 담았다. 무엇보다 대중음악을 소비하는 주체로서의 청소년들의 역할을 자각하게 한다는 점에서 매력적이다. 동시에 10대들을 이해하기 위해 어른들이 읽어도 도움이 될 책이다.

## 《예술음악과 대중음악, 그 허구적 이분법을 넘어서》

최유준, 책세상, 2004

이 책은 음악담론이 민주화되기 위해서는 음악에 대해 잘 안다고 하는 허위위식을 버려야 한다는 토대 위에서 전개된다. 동시에 19세기까지 이어져 온 클래식음악과 20세기를 지배한 대중음악을 연속선상에서 이해하기 위해서는 20세기 음악사를 다시 써야 한다고 주장한다. 그럼 예술음악과 대중음악의 허구적 이분법을 극복하기 위해서는 어떻게 해야 하는가? 음악을 바라보는 관점과 입장의 차이를 기준으로 구분해서 음악 내적인 것과 음악 외적인 것으로 재해석하는 것이다. 다시 말해 작곡가와 텍스트를 중시하는 자율음악과 연주자와 청중을 중시하는 실용음악의 구분이다. 물론 그것 역시 결국은 예술음악과 대중음악의 이분법으로 환원하는 것이 아닌가 하는 의구심은 있다. 하지만 음악의 소통에 대해 새롭게 조명하고 있다는 점은 분명하다. 일제시대 음악비평가 김관을 발굴하고 조명했다는 점도 새롭다.

**《조윤범의 파워클래식》** 조윤범, 살림, 2008/2009, 전 2권

조윤범은 콰르텟엑스의 리더 겸 바이올리니스트일 뿐 아니라 탁월한 음악 해설가이며 기획자다. 케이블음악방송 예당아트에서 처음 접한 그의 강의는 그야말로 눈과 귀를 쏙 잡아당기는 마력을 지녔었다. 명쾌한 해설과 다양한 지식이 어우러질 뿐 아니라 그 설명에 대한 연주를 즉석에서 직접 실연해보임으로써 현장감과 입체감을 주는, 전혀 새로운 방식이었다. 그걸 보면서 책으로 내면 좋겠다 싶었는데 아마도 누구나 그런 생각을 했던 모양이다. 그를 통해 소개되는 클래식은 딱딱하고 어려운 게 아니라 유쾌하고 행복한 것이다. 그에게 클래식과 대중음악의 이분법은 무의미하다. 모차르트도 당대의 팝스타라고 외치는 그에게 클래식은 애초부터 그랬고 지금도 대중음악일 뿐이다. 글솜씨까지 뛰어나 읽는 맛도 경쾌하다. 그러나 거기에도 풍부한 철학적 사유가 담겨 있음을 놓쳐서는 안 될 것이다.

**《과학으로 풀어보는 음악의 비밀》** 존 파웰, 장호연 옮김, 뮤진트리, 2012

이런 책이 가능한 것은 지은이가 작곡과 물리학을 동시에 전공했기 때문일 것이다. 음악과 과학이 상관관계가 있다는 것은 고작해야 주파수나 공명쯤으로만 이해하고 있었는데 일상에서 느끼는 궁금증을 중심으로 음악의 속성과 특징을 과학적으로 풀어내고 있다. 게다가 지은이의 유머러스한 글솜씨까지 가미되어 읽는 내내 유쾌하다. 과학이라고 하면 딱딱하게 여길지도 모르지만 적어도 이 책에서의 과학은 전혀 어렵지 않고 친근하다. 모차르트의 조성에 관한 비밀 등은 음악을 전공하는 사람들조차 별로 생각해보지 않았을 것이다. 협화음과 불협화음에 대한 물리학적 설명이라든지 베토벤의 〈월광 소나타〉와 레드 제플린의 〈스테어웨이 투 헤븐〉의 공통점에 대한 설명은 무릎을 치게 한다. 악기의 원리와 음계 등에 관한 정보도 유익하다. 부록인 '알아두면 좋고 몰라도 상관없는 음악 상식'도 도움이 될 것이다.

## 《나의 서양음악 순례》 서경식, 한승동 옮김, 창비, 2011

저자는 한국 정부에 의해 구속된 두 형의 석방을 위해 민주화와 구호활동에 앞장섰던 사람이다. 이 책을 보고 먼저 떠오른 것은 전작인 《나의 서양미술 순례》였다. 기존의 감상과 지식 전달이 아니라 시대적 사유와 철학적 성찰이 묵직하지만 무겁지 않게 전달된 터여서 이번 책도 기대했고 그런 기대가 어긋나지 않았다. 음악에 대한 다양한 사유와 성찰이 가득하다. 무엇보다 자신의 일상적 체험과 사유의 범위 내에서 서양음악을 풀어내는 솜씨가 남다르다. 현학이나 꾸밈과는 애당초 거리가 먼 사람답게 담백하되 깊은 사색이 담겨 있다. 그렇다고 예술로서의 음악의 본연의 모습이 퇴색했느냐 하면 전혀 아니다. 오랜 시간 자신은 무엇인지, 어떻게 살아가야 하는지 치열하게 고민한 학자의 삶과 취향을 살짝 엿보는 재미도 쏠쏠하다.

## 《배철수의 음악캠프 20년 그리고 100장의 음반》

배철수 · 배순탁, 예담, 2010

방송에서 유일하게 남은 정통 팝송 프로그램인 〈배철수의 음악캠프〉의 지킴이 배철수가 자신의 방송 20년을 기념하여 펴낸 책이다. 1950년대부터 1970년대에 이르기까지의 뮤지션을 중심으로 선정한 음반과 그에 관한 설명을 곁들였다. DJ로서의 배철수뿐 아니라 음악평론가이자 〈음악캠프〉의 작가이기도 한 배순탁이 상세한 해설을 채웠다. 삽화를 그린 남무성도 재즈 평론가이자 음반 프로듀서여서 아티스트들의 특징과 분위기를 아주 잘 살려냈다. 장르 또한 다양해서 록, 재즈, 헤비메탈, 포크, 힙합에 이르기까지 거의 모든 팝음악의 갈래들이 실렸다. 팝을 듣고 사랑하는 사람들에게는 아마도 교과서적인 리스트이지 않을까? 정일서가 쓴 《365일 팝 음악사》(돋을새김, 2009)도 도움이 될 것이다.

## 《뮤지코필리아: 뇌와 음악에 관한 이야기》

올리버 색스, 장호연 옮김, 알마, 2010

아주 독특한 책이다. 뇌와 음악에 관해 이처럼 다양하고 깊은 정보를 만나기도 어려울 것이다. 인간 본성 속에 깊숙이 자리 잡은 음악적 성향은 선천적이라고 주장하는 색스는 음악을 일종의 생명사랑으로 간주한다. 음악이 인간의 마음에 작동하는 독특한 방식을 다양하게 설명한다. 신경과 의사로서 그가 경험한 많은 환자들의 다양한 사례를 통해 음악의 놀라운 힘을 확인한 색스는 특히 음악이 뇌 기능의 거의 모든 측면과 삶 그 자체에 어떤 영향을 미칠 수 있는지를 생생하게 보여준다. 그런 점에서 음악치료에 관심 있는 사람들에게는 크게 도움이 될 것이다. 특히 2장 '기억과 동작의 문제'나 3장 '정서와 정체성의 문제'는 주목해야 할 내용들이다.

## 《클래식음악에 관한 101가지 질문》

아네테 크로이치거헤르 · 빈프리트 뵈니히, 홍은정 옮김, 경당, 2010

지은이들은 현직 쾰른음대 교수들이다. 이 책은 클래식음악에 관한 여러 질문들을 학생들과 함께 정리하여 답변한 책이다. 누구나 대충은 알고 있지만 자세하게 혹은 정확하게 알지는 못하는 것들이 있다. 묻기도 애매해서 그냥 넘어가는 경우가 많은데, 지은이들은 마치 사람들의 속마음을 들여다보듯 친절하고 세밀하게 설명한다. 여러 장르의 음악, 음악의 역사, 다른 예술과의 관계, 미래의 전망 등 다양한 분야의 관심사들을 뽑았다. 심지어 예술가들의 감춰진 이야기들까지 속속들이 밝혀낸다. 그리고 이런 물음들을 총괄하여 철학적 문제로까지 이끌어간다.

## 《문학과 음악의 황홀한 만남》 이창복, 김영사, 2011

문학과 음악은 아주 가까운 사이다. 그럼에도 불구하고 그 둘을 아우르는 책도 학자도 일천한 게 현실이다. 지은이는 문학적 이상과 음악적 영감이 만나 세계를 구원한다고 주장한다. 원로 독문학자인 이창복은 실러의 시가 없다면, 혹은 그것을 모른다면 베토벤의 가장 위대한 교향곡 9번 〈합창〉이 가능했겠는지, 혹은 그것을 제대로 이해할 수 있는지 반문한다. 서양문화에서 다양하게 문학과 음악이 교류하고 소통하면서 서로에게 영감을 주고 보다 더 위대한 예술작품을 탄생시킨 과정을 세밀하게 그려낸다. 다방면의 문화예술 영역을 가로세로로 넘나드는 내공은 분명 지은이의 오랜 연구와 천착의 결과일 것이다. 그러나 더욱 중요한 것은 보기 드문 국내의 융합 미학 예술서라는 점이다. 친필 원고, 초판본 표지, 악보, 서신 등 책에 수록된 다양한 자료들 가운데 쉽게 보기 어려운 것들도 포함돼 있어서 자료로서도 소장가치가 있다. 다만 한 가지 아쉬운 점이 있다면 이 책에서 소개되고 언급되는 문학과 음악이 거의 전적으로 독일의 문화에 국한되어 있다는 점이다. 독문학자로서 어쩔 수 없는 집중일 수 있겠지만, 다양한 융합의 측면에서 보자면 아쉽다.

## 《가수를 말하다》 임진모, 빅하우스, 2012

'영혼으로 노래하는 우리 시대 최고의 가수 41'이라는 부제로 신중현에서 조용필, 서태지와 크라잉넛에 이르기까지 한국 대중음악의 빛나는 별들을 그려냈다. 이 자체만으로도 한국 대중음악의 역사적 사료가 될 만한 책이다. 기자 출신답게 철저한 취재와 인터뷰를 바탕으로 써낸 알찬 내용들이다. 또한 음악평론가답게 날카로운 분석과 비평이 담겨서 결코 가벼운 터치가 아니다. 쉽게 읽히면서도 가수들의 삶과 노래의 속살까지 적절하게 풀어냈다. 임진모 특유의 필치가 읽는 맛을 더한다.

# 4부

## 인문학은
## 관계 맺기다

정치  경제  환경  젠더

4부에서는 너와 나, 더 나아가 우리 사회를 위한 인문학을 이야기해 보았다.

정치의 핵심은 권력을 얻고 유지하는 데 있지 않고 사람들 사이의 의견을 조율하고 갈등을 해결하는 데 있다. 그렇기에 정치는 관계 맺기다. 공자는 정치를 덕으로 하는 것이며, 진심의 문제이고, 백성의 신뢰를 얻는 것이라고 정의했다. 또한 정치는 그릇된 것을 바로잡는 것이며, 관료들이 솔선수범하는 것이고, 작은 허물을 용서해주며 현명한 인재를 등용하는 것이라고 했다. 《논어》의 〈자로〉편을 보면 초나라 대부 섭공이 정치가 무엇이냐고 묻자 공자가 "가까이 있는 사람을 기쁘게 하면 멀리 있는 사람이 찾아온다[近者悅遠者來]"고 대답했다고 한다. 정치의 궁극적 목표가 사람들에게 기쁨과 희망을 주는 데 있다는 평범한 진리를 강조한 셈이다. Politics의 어원부터 시작해서 정치가 무엇인지 인문학을 통해 따져보는 일은, 우리 시대의 정치를 올바른 방향으로 돌려 세우기 위한 의미 있는 시작이 될 것이다.

경제력은 현대인의 자아정체성을 규정하는 매우 중요한 요소가 됐다. 경제력을 인생의 목표로 삼는 사람들에게 돈은 삶의 방식에 결정적인 영향력을 행사한다. 그러나 신자유주의의 횡포와 몰락에서 보듯 돈에 대한 경향성은 오히려 인간을 비인격적으로 만드는 것도 사실이다. 이 책에서는 마르크스Karl Heinrich Marx, 1818~1883 경제학을 다루지는 않았다. 그것은 두 가지 이유 때문이다. 하나는 내가 마르크스의 《자본론》을 완독하지 못했기 때문이다. 예전 군부 정권 시대 숨어서 읽으면서도 솔직히 잘 몰랐다. 최근에 제대로 번역돼 나온 《자본론》도 결국 끝까지 읽지 못했다. 또 하나의 이유는 공산주의가 몰락한 현실에서 제한된 지면을 할애해《자본론》을 다루는 것이 어려웠기 때문이다. 물론 마르크스의 경제학이 지닌 인간적인 모습에 대해서는 결코 그냥 지나칠 수 없다. 그래서 〈열린사회의 초석이 되어야 하는 경제〉라는 글에서 자본주의에 대한 비판적 시각의 한 틀로 조금 녹여냈다.

3장과 4장에서는 '타자'인 환경과 젠더를 다뤘다. 조각난 빙하 위에서 갈 곳을 몰라 서성이는 북극곰이 나와 무관하다고 여기는 순간, 지구를 살리는 일은 물거품이 된다. 지금의 환경 위기는 탐욕을 절제하고 그 비용을 기꺼이 지불하겠다는 자세, 자연과 사람의 관계에 대한 진지한 성찰과 그에 따른 실천을 요구한다. 과연 인간과 지구는 화해할 수 있을 것인가? 20세기 후반에 대두된 가이아 이론은 지구를 환경과 생물로 구성된 하나의 유기체, 즉 스스로 조절되는 하나의 생명체로 보아야 한다는 주장을 담고 있다. 가이아는 그리스 신화에 나오는 '대지의 여신'이다. 가이아는 하나의 범지구적 실체다. 지구를 생물과 무생물이 서로에게 영향을 미치는 생명체로 본다는 것은 거시적 인식의 변화다. 가이아 이론은 하나의 가설에 불과하지만 그것이 던지는 화두는 분명하다. 인간은 더 이상 지구의 유일한 주인도 아니고, 마음대로 사용할 수 있는 대리인도 아니다. 자연을 비인격적으로 대하는 것은 결국 인간에 대한 비인격적 태도와 다르지 않다.

성 차별도 마찬가지다. 인류에게 가장 오래된 차별의 역사가 바로 성일 것이다. 여성 사회학자 거다 러너는 "남성과 여성은 다르다. 그것은 차이다. 그 차이에 대해 남성은 여성에게 열등감을 부여했다. 그게 이데올로기가 되면 차별이 된다"라고 날카롭게 지적했다. 인문학은 차이를 인정하는 사회의 시작이어야 한다.

# 1장

# 정치

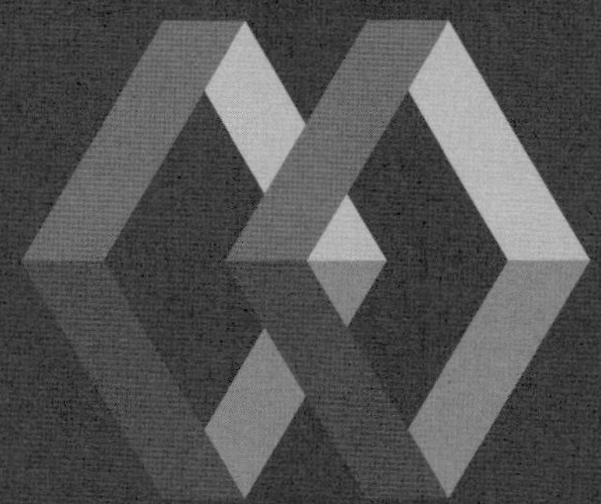

일찍이 '인간은 사회적 동물이다'라고 한 아리스토텔레스의 말은
인간이 정치적 동물이라는 말과 다르지 않다.

# 정치는 삶이다

정치는 매력적인 분야다. 좋은 정치는 좋은 삶을 가능하게 해주기 때문이다. 나라를 다스리는 일이라는 측면에서 정치를 보면 지배와 피지배의 관계처럼 보인다. 예전의 정치는 분명 그랬으나 지금은 주권재민의 민주주의 이념을 보편적으로 따르고 실천한다. 그런 의미에서 이제 정치는 다스리는 일이 아니라 관리하고 봉사하는 일이다. 적어도 명목상으로는 그렇다.

일찍이 "인간은 사회적 동물이다"라고 한 아리스토텔레스의 말은 인간이 정치적 동물이라는 말과 다르지 않다. 사회를 작동시키는 가장 근원적인 힘이 바로 정치다.

정치란 사회구성원이 자신의 사회를 다스릴 규율을 선택하는 과정이기도 하다. 그래서 정치에 대한 무관심은 매우 위험하다. 그러나 정치에서 '최선의 선택'이라는 결론은 이상일 뿐이다. 정치가 현실이라는 점에서, 현실이 이상적인 조건과 환경 속에 있지 않는 한 결코 최선을 실현할 수는 없다. 그렇다고 무작정 이상적이라고 치부할 건 아니다. 최선과 이상이 있어야 차선도 가능한 것이기 때문이다.

이상은 방향성을 잡아준다. 그것을 현실 불가능한 것이라고 애당초 포기하면 정치는 필연적으로 타락하게 마련이다. 이상은 밤하늘의 별과 같아서 손으로 딸 수는 없지만, 어두운 밤길에 길잡이 역할을 확실하게 해준다. 플라톤조차 자신의 이상국가를 실현하기 위해 아테네를 떠나 시라쿠사로 갔다. 결과는 환멸뿐이었지만.

정치는 어렵다. 복잡하게 얽힌 사회적 양상을 해소해야 하고, 이념과 가치에 대한 다양성을 포괄해야 하며, 인간의 무한한 욕망을 능가할 수 있는 제도나 체제를 구축해야 하는 등 거의 불가능한 지향들이 우리의 삶 도처에 깔려 있기 때문이다.

그럼에도 불구하고 정치의 문명사는 꾸준히 진보해왔다. 저절로 얻어진 것은 아니다. 수많은 사람들이 죽음을 대가로 치렀다. 독재와 전횡, 그리고 야만과 탐욕은 자유로운 개인의 권리를 침탈하였지만 끝내 막지는 못했다. 그 결과를 현 세대가 누리고 있다. 여전히 완전하지는 않다. 힘겹게 얻은 가치조차 쉽게 다시 빼앗기는 경우도 허다했다. 그 과정에서 수많은 사람들이 또다시 다치고 죽어나갔다.

우리의 헌정사만 봐도 알 수 있다. 정상적인 선거로 정권이 이양된 경우조차 권력과 개인의 자유는 늘 긴장과 갈등 관계였다. 이렇다 보니 정치에 대한 환멸과 절망을 느끼지 않을 수 없지만, 그렇기에 더더욱 정치에 대한 관심을 집중해야 한다. 권리를 빼앗긴 것은 무관심과 방관 때문에 빚어진 결과였기 때문이다. 아무리 많은 균형적 제도나 제한적 장치를 마련한다 해도 권력은 언제나 자신의 전횡을 꿈꾸게 마련이다. 예나 지금이나 방식과 정도의 차이일 뿐 그 속성은 크게 변하지 않는다.

정치는 결코 정치가들의 일이거나 나와는 무관한 별개의 대상이 아니다. 삶 자체가 하나의 정치다.

# 민주주의는 인간회복이다

2

민주주의가 왜 그리스에서 시작되었는가에 대한 정설은 없다. 어느 정도 추론이 가능한 몇 가지 상황은 있다. 우선 아테네에서 민주주의가 시작된 것은 열등한 환경 덕택(?)이다. 물론 솔론Solon, 기원전 640?~560? 같은 위대한 개혁가가 출현한 것도 역할을 했겠지만, 인구도 물산도 부족한 아테네가 자신들을 지켜내기 위해서 선택한 것이 민주주의이기 때문이다.

같은 조건에 처한 다른 나라들이 똑같이 민주주의를 선택하지는 않았다는 점에서 아테네의 정치제도는 분명히 독특하고 현명한 선택의 결과였다. 극명한 대비를 보여주는 곳이 바로 스파르타다. 스파르타가 끝내 군사 국가의 형태를 포기하지 못한 것은 그리스에서 보기 드물게 드넓은 평야 지대를 차지하고 있었기 때문이다. 지리적 조건과 경제적 요인 때문에 스파르타는 군사력을 강화해야 할 필요성이

높았다. 그래서 군사 훈련에 몰두했고 실제로 막강한 군사력을 가질
수 있었다.

그것이 과연 최선이었을까? 보다 나은 방법을 모색할 수는 없었을
까? 어찌 보면 지리적 조건이니 경제적 요인이니 하는 것들은 권력을
장악한 자들의 핑계일 수 있다.


## 왜 아테네에서 민주주의가 가장 먼저 시작되었는가

· · ·

아테네도 기원전 7세기까지 귀족들이 돌아가며 통치했다. 그러나 폴
리스의 방비를 농민과 장인 계급에서 자원하는 군대에 의존했기에
귀족들은 언제든 그들에 의해 권력이 위협받을 수 있다는 사실을 자
각했다.

아테네가 민주주의를 선택한 가장 큰 이유는 급속한 인구 증가와
그에 따른 평등주의 의식이 싹텄기 때문이다. 아테네의 농민은 다른
지역에 비해 급속히 증가했는데, 아테네의 젊은 귀족 킬론이 쿠데타
를 일으켰을 때 이들이 막아낸 것도 결정적으로 민주주의의 정착에
힘을 실었다. 그리고 솔론이 있었다. 그는 농민의 채무를 탕감해 빚으
로 저당잡힌 농지를 풀어주었고 빈민들의 요구를 수용했다. 또한 부
채로 인해 아테네인들이 노예로 팔려가는 것을 금지해 노예가 되었
던 시민들을 해방시켰다. 또한 솔론의 개혁기원전 594으로 시민들이 배심
원으로 활동할 수 있었고 부유층은 경우에 따라 권한을 제한당했다.
그렇게, 고등평의회, 400인 평의회(훗날 500인 평의회로 발전), 민회, 배

심원 법정 등 기원전 5세기에서 4세기에 이르는 아테네 민주주의의 주춧돌이 마련됐다.

이 토대는 향후 700년간 작동되었다. 솔론 이후 페이시스트라토스가 다시 세 번의 시도 끝에 참주 자리를 차지해 개혁을 보장하고 빈민들의 지지를 이끌어냈지만 그의 자리를 이은 아들 히피아스는 클레이스테네스Cleisthenes of Athens, 기원전 570?~508?에 의해 쫓겨났다.

클레이스테네스 치하에서 아테네는 부유하고 강력한 국가로 부상했다. 거의 모든 그리스의 도시들이 페르시아에 패퇴한 상태였는데, 아테네는 그런 페르시아를 격퇴하였다. 그것은 민주주의의 승리였다.

10년 뒤 페르시아의 황제 크세르크세스Xerxes, 기원전 519?~465가 직접 군대를 이끌고 왔다. 그러나 아테네는 살라미스 해전기원전 480과 마라톤 전투기원전 490에서 승리했다. 육군과 달리 해군은 상당수가 최하급 시민인 노동자들이었다. 그들이 노를 젓지 않으면 배는 움직일 수 없었다. 해전의 승리는 이들 노동자 계급의 자신감을 높였고 권리를 넓혔다. 이것은 아테네 민주주의의 성격을 크게 바꿔놓았다. 이들의 권한이 강해지면서 다수 노동자 계급은 개혁안을 통과시켰고 마침내 평등한 체제를 구축했다. 이런 상황에서 아테네 민주주의를 확고하게 발전시킨 인물이 페리클레스Pericles, 기원전 495?~429였다. 페리클레스는 '아테네 전쟁 전몰자 추도사'에서 자유를 찬양하는 유명한 연설을 남겼다.

우리의 헌법은 이웃 나라의 법률을 모방하지 않습니다. 우리는 남의 것을 베끼는 사람들이 아니라 오히려 귀감이 되는 민족입니다. 아테네의 정치는 소수가 아닌 다수를 위한 것입니다. …… 우리의 법률은 개개인을 차별하지 않고 모두에게 평등하게 정의를 실현해줍니다. 국가에 봉사할 능력이 있다면 누구나 신분 조건에 구애받는 일이 없습니다.

## 고대 그리스 철학자들이 언명한 민주주의

・・・

플라톤과 아리스토텔레스의 정치관도 이런 배경에서 마련되었다. 플라톤은 《국가론》에서 질서와 자유라는 폴리스의 지향과 개인의 욕구 간에 발생할 수 있는 갈등을 해소하고 해결하는 것을 정치의 핵심으로 파악했다. 그는 합리적인 사람들이 정립해서 경영하는 정의로운 정치체제를 구현해야 한다고 보았다. 그렇다 보니 플라톤은 모든 이들이 엄격하게 규칙을 준수하는 국가를 강조했다. 이는 귀족주의에 입각한 정치 모색으로 이어졌다.

반면 아리스토텔레스는 모든 시민에게 발언권을 주고 참주들의 권한을 제한할 수 있는 민주주의를 강조했다. 지식과 덕성을 갖춘 자들로 시민권을 제한해야 한다고 주장했기 때문에 플라톤의 노골적 귀족주의보다는 진일보했지만 여전히 귀족 중심의 민주주의에서 벗어나지 못했다는 평가를 받는다. 그것은 아마도 시대적 한계라고 할 수 있을 것이다.

프로타고라스Protagoras, 기원전 485?~410는 사회구성원의 갈등을 제거해야 한다고 주장한 플라톤이나 아리스토텔레스와는 달리 이를 제거할 수 없고 제거해서도 안 된다고 주장했다. 여기서 우리는 프로타고라스의 의도를 정확하게 이해해야 한다. 그가 주장한 정치는 갈등을 수용하고 공개적으로 토론함으로써 해결하는 과정이며 장치다.

'인간은 만물의 척도'라는 그의 격언도 철학적 명제로 국한되지 않는다. 그가 주장한 정치는 모든 시민이 자신의 의사를 자유롭게 표현하며 권력을 행사하고 동시에 집단적 자기절제를 통해 질서를 이끌어낼 수 있어야 하는 것이었다. 다시 말해 자아를 실현하고 자유를 누리는 것이다. 그랬을 때 비로소 만물의 척도로서의 인간이 가능해지는 것이다.

데모크리토스Demokritos, 기원전 460?~370?는 정치란 아무리 골치 아프고 헷갈려도 제거의 대상이 아니라 관리의 대상이라고 보았다. 투키디데스Thucydides, 기원전 5세기 후반는 정치가 인간의 갈등을 인식하고 해소해주지 못하면 필연적으로 전쟁이나 독재로 흐르게 된다고 경고했다.

이런 지적들은 지금의 우리에게도 고스란히 적용된다. 우리가 철학자라고만 알고 있던 고대 그리스의 사상가들은 정치에 대해 관심이 높았고 열정적으로 참여했다. 그런 점에서 철학자는, 더 나아가 지식인은 현실의 문제에 대해 늘 두 눈 부릅뜨고 감시하고 비판해야 한다. 그 태도가 없다면 사회는 바뀌지 않을 것이다.

기원전 4세기 마케도니아에 의해 멸망하기 전까지 아테네의 민주주의는 화려하게 꽃을 피웠다. 그들이 마련한 민주주의의 가장 중요한 가치는 바로 개인의 인격을 평등하고 자유롭게, 즉 정의롭게 보장했다는 점이다.

# 로마의 민주주의

· · ·

로마도 기원전 6세기부터 공화정을 시행했다. 후기 공화정에서는 시민 등급 간 이동도 가능했고, 심지어 원로원까지 진출할 수도 있었다. 크라수스Marcus Licinius Crassus, 기원전 115~53, 폼페이우스Gnaeus Pompeius Magnus, 기원전 106~48 등이 대표적인 경우다. 이후 그들의 가문은 귀족으로 올라섰지만 그들 자신은 평민 출신이었다.

공화정의 대표적인 관직이 호민관이다. 호민관이 되려면 늘 심한 경쟁을 겪어야 했고, 그래서 눈과 귀를 열고 시민들을 자신의 세력으로 끌어들이는 게 중요했다. 이른바 인기에 영합한 대중정치가 본격적으로 시작되었다. 이를 포퓰리즘의 잣대로 폄하할 일은 아니다. 정치의 근원이 시민이라는 인식이 엄연히 작동되기 때문이다. 그러나 율리우스 카이사르Julius Caesar, 기원전 100~44가 종신 독재관이 되고 황제의 자리까지 노리면서 공화정은 유명무실해졌다. 결국 그는 살해되었지만 옥타비아누스Gaius Octavius, 기원전 63~기원후 14가 아우구스투스 황제Caesar Augustus가 되면서 로마의 공화정도 막을 내렸다. 그러나 로마 공화정은 오랫동안 유럽인들의 정치적 자산이었고, 마침내 1789년 프랑스혁명이 일어났을 때 정치체제의 모델로서 영감을 주었다.

프랑스혁명의 결과로 국민의회가 발표했던 '인간과 시민의 권리 선언문'은 다음의 구문으로 압축된다.

인간은 자유롭고 평등하게 태어나서 생활할 권리를 가진다. 모든 주권의 근원은 본질적으로 국민으로부터 유래한다. 어떤 단체나 개인도 명백히 국민으로부터 유래하지 않은 권력을 행사할 수 없다.

지금이야 주권재민이라는 가치를 아무도 의심할 까닭이 없지만, 이런 선언을 이끌어내는 데에 아테네 민주주의의 몰락 이후 무려 2200년이 걸려야 했다.

'자유로운 개인'이라는 가장 근본적인 가치의 실현을 가능하게 한 것은 바로 정치적 혁명의 결과였다. 프랑스혁명처럼 직접적이고 과격한 방식도 있었고, 홉스나 로크 등 영국의 정치철학자들의 지적 혁명의 방식도 있었다. 이후 인류의 역사는 바로 자유로운 개인의 완전한 실현을 향한 지속적인 투쟁과 타협, 갈등과 화해의 연속이었다. 그것은 바로 진정한 인간 회복의 걸음이었다.

그런 의미에서 정치는 우리의 인격적 삶을 가능하게 하는 가장 기본적인 바탕이며 따라서 삶의 조건일 수밖에 없다. 그리고 민주주의는 수많은 삶의 표현이다. 달성되고 완료되는 것이 아니라 늘 진행되고 있는 것이다.

때로는 그 과정에서 퇴보하기도 한다. 정치는, 그리고 민주주의는 공동체적 창의성의 줄기찬 발로다. 따라서 민주주의의 가치를 포기하면 우리의 삶은 위축되고 참혹하게 된다. 그런 불행을 막아내야 하는 것이 정치의 제1의 덕목이자 가치다. 민주주의는 사회의 권력 집단이 민주주의가 유리하다고 판단될 때에만 살아남을 수 있다.

# 분노하라,
## 그리고 저항하라

3

독일 출생의 프랑스 사회운동가인 스테판 에셀Stephane Frederic Hessel, 1917~2013
은《분노하라》에서 무관심이야말로 최악의 태도라고 경고한다. 레지
스탕스 운동의 백전노장이며 '자유 프랑스'의 투쟁 동력이었던 세대
가 외친다. "이제 총대를 넘겨받으라. 그리고 분노하라!"

정치계, 경제계, 지성계의 책임자들과 사회구성원 전체가 주어진
사명을 외면해서는 안 되며, 우리 사회의 평화와 민주주의를 위협하
는 국제 금융시장의 독재에 휘둘리지 말라고 경고한다. 분노할 줄 아
는 능력이야말로 정치와 사회를 발전시킨 힘이다.

가장 경계해야 할 것은 바로 체념의 내재화다. 에셀은 정치권력과
시장권력의 오만과 횡포, 불법과 탈법을 감시하고 비판해야 한다고
역설한다. 그 첫 번째이자 가장 중요한 행동은 바로 투표다. 그래서
그는 투표하지 않는 자는 암묵적 찬동자라고 비판한다.

# 저항의 역사

· · ·

고대나 중세에는 일반 대중이 권력에 저항할 힘이 없었다. 체념과 순응만이 전부였다. 그렇지 않으면 죽음으로 그 대가를 치러야 했다. 그러나 근대 이후 대중은 시민으로 각성했고 권력도 시민의 투표로 만들어졌다. 16세기 초반의 인물 마키아벨리Niccolò Machiavelli, 1469~1527는 '지도자 없는 군중은 아무 가치도 없는 존재나 다름없다'거나 '힘이 없는 선은 악보다도 못하다'면서 권력의 효율성을 강조했지만, 근대 정치적 사유는 더 이상 그런 일방적 권력의 가치의 위험성을 용납하지 않았다.

17세기 후반의 사상가 홉스Thomas Hobbes, 1588~1679는 《리바이어던》에서 '권력이란 각자의 이익을 위해 사람들이 계약으로써 국가를 만들어 자연권을 제한하고 국가를 대표하는 의지에 그것을 양도하여 복종하는 것'이라고 보았다. 그의 개념은 적어도 정치사상사에서는 엄청난 혁명이었다. 전제군주국가를 이상적인 국가형태로 보았다는 점에서 시대적 한계를 벗어나지는 못했지만, 권력이 계약에 의해 형성된 것이라는 매우 대담한 주장은 대단히 획기적이었다.

로크John Locke, 1632~1704는 한걸음 더 나아가 저항권을 주장했다. 계약이란 일방적인 것이 아니라 쌍무적인 것이기 때문에 어느 한 쪽에서 계약의 내용을 제대로 이행하지 못하면 마땅히 파기되어야 한다고 주장했다. 당시로서는 대담한 주장이었다. 서양에서 로크를 민주주의의 가장 중요한 전범으로 삼는 것은 바로 그런 이유 때문이다.

로크의 주장은 17세기 말의 산물이었지만, 동양에서 이미 기원전

4세기에 맹자孟子, 기원전 372?~289?가 역성혁명을 주창했던 것을 고려하면 동양의 정치가 낙후되었다고 가볍게 폄하할 일은 아니다. 맹자는 인仁을 해치고 의義를 해치는 자는 이미 군주가 아니며 일개 야인에 불과할 뿐이고, 그런 일개 야인인 걸왕과 주왕을 죽였다는 말은 들었지만 군주를 반역했다는 말을 듣지 못했다'라고 말했다. 이른바 폭군방벌暴君放伐, 즉 '폭군을 쫓아내고 무찔러야 한다'는 사상의 핵심이다. 인의와 왕도를 저버리고 백성을 학대하는 패도를 행할 때는 천자나 군주라도 쫓아내야 한다는 맹자의 주장은 엄청난 혁명이었다.

동양의 여러 왕조에서 특히 조선 왕조에서 의도적으로 맹자를 배척한 건 그런 대담한 주장 때문이었다. 고려 왕조를 무너뜨릴 때는 맹자에 의지했으면서 말이다. 어쩌면 맹자로 혁명을 했기에 그 위험성을 너무나 잘 알고 있어서 그랬는지도 모른다. 맹자만 그런 게 아니었다. 묵자 또한 인간평등을 과감하게 주장했다. 그런 점에서 동양사상의 정치적 성숙은 당대로서는 가히 충격적일 만큼 모범적이었다. 그러나 문제는 그런 사상이 일반 대중의 생각으로 전파되거나 일반화되는 과정이나 절차로 이어지지 못하고 지배계층 혹은 지식인 계층의 논리에만 머물렀다는 점이다. 그러니 정치적으로 진보는 없고 늘 답보 상태였다. 그 결과 충과 효를 강조하는 공자의 사상만 시대와 공간을 막론하고 주창되었다. 청나라의 멸망으로 전제군주정이 중국의 역사에서 퇴장할 때까지 거의 변하지 않았다. 그게 서양과 동양의 정치 발전의 차이를 빚었다.

## 촛불로 지핀 저항, 그리고 청년의 좌절

...

민주주의 사회는 선거라는 정당한 절차로 지도자를 선출하고 지도자는 시민을 위해 봉사하는 것을 기본 원리로 삼고 있다. 체제를 전복하거나 부정하는 것은 용납되지 않는다. 여기에는 선출된 지도자가 약속대로 민주주의의 가치를 수호하고 복지를 실천하며 시민들에게 봉사한다는 대전제가 요구된다. 그렇지 않은 경우에는 그를 소환하거나 탄핵할 수 있는 제도적 장치도 있다. 시민들은 정치인 특히 절대권력을 휘두르는 대통령의 잘못에 대해 잘못을 지적하고 비난하면서 집회를 열기도 한다. 그러나 대부분의 경우 그런 저항은 좌절되기 일쑤였다.

지난 2002년 미군 장갑차에 두 여학생이 숨진 사건으로 처음 열린 촛불집회는 과거의 화염병을 대신해 2000년대 집회와 시위의 아이콘이 되었다. 2008년 미국산 쇠고기 수입에 대한 항의로 열린 촛불집회는 우리나라 시위 문화의 한 획을 그었다고 해도 과언이 아니다. 당시의 시민들의 분노와 저항이 촛불로 타올랐다. 화염병의 열기보다 더 뜨거웠다.

이 촛불시위는 정치권과 시민 간의 의사소통의 부재가 어떤 결과를 초래하는지 여실히 보여주었다. 문제의 관건은 시민들로부터 권력을 위임받은 정부가 시민들의 의사를 무시하고 자의적으로 검역주권마저 스스로 포기 혹은 방기한 외교적 절차를 수행한 데에 대한 분노, 즉 불통의 결과라는 점이었다.

약 2개월 간 매번 수만 명에서 수십만 명이, 연인원으로는 수백만

명의 시민이 참여했다. 그 긴 기간 동안 시민들이 자발적으로 모여서 외쳤지만 체제를 위협하는 특별한 폭력시위는 벌어지지 않았다. 이는 시민의식의 성숙함을 보여주는 바로미터이기도 했다.

그러나 정부는 철저히 이들의 외침을 외면했다. 대통령이 직접 대국민 사과문을 발표했지만, 말로 하는 사과였을 뿐 변한 것은 없었다. 오히려 이적행위라는 색깔론을 덧씌워 시대착오적인 정치로 회귀했다.

우리는 그 현상과 결과에 대해서만 관심을 가졌을 뿐 더 큰 문제는 미처 보지 못했거나 외면했다. 정말 심각하고 위험한 것은 바로 시위에 참여한 청년들의 절망과 체념이었다. 1987년 6월 항쟁과 다른 점은 바로 그것이었다. 지금의 기성세대가 참여했던 6월 항쟁은 잔인한 군사 정부조차 굴복시켰지만, 그보다 더 많은 인원이 평화적으로 참여했던 촛불집회는 아무런 결과를 얻지 못했을 뿐 아니라 야비한 복수까지 감당해야 했다. 그런 청년들에게 돌아가는 것이라고는 '아프니까 청춘이다'라는 어설픈 위로였다. 청년들의 '너나 아프면서 청춘하세요'라는 반응이 무색할 뿐이다.

청년들은 현실에 좌절했고 절망을 학습했다. 사회에 대한 희망을 스스로 포기하고 정치에 대해 냉소했다. 결국 정치에 대한 무관심은 권리에 대한 무관심으로 돌아갔다. 폭발적인 등록금 인상에 대해서도 대규모의 만성적 청년실업 문제에 대해서도 정치인들은 큰 관심을 갖지 않았고 노력을 기울이지도 않았다. 체념을 학습시킨 기성세대의 고약한 정치가 빚어낸 비극이다. 이 점은 앞으로 한국이 건강한 민주주의를 성장시키는 데에 큰 부담으로 작용할 것이다.

# 그래도 분노하라

...

스테판 에셀의 '분노하라!'는 외침은 그래서 우리의 민주주의와 정치, 경제, 지식사회에 대한 경고로 다가온다. 에릭 홉스봄<sub>Eric Hobsbawm, 1917~2012</sub>이 '사회의 불의는 여전히 규탄하고 맞서 싸워야 한다. 세상은 저절로 좋아지지 않는다'라고 갈파했던 말은 언제나 유효하다. 2011년 미국에서 일어난 월스트리트 점령 운동도 겉으로는 1퍼센트의 기득권층의 부도덕성에 대한 분노의 표현이었고 저항의 표상이었지만, 궁극적으로는 정치적 무능력과 부패에 대한 질타였다.

분노와 저항은 단순히 자신의 권리만을 위해 싸우는 투쟁에 그쳐서는 안 된다. 일찍이 솔론은 '피해를 입지 않은 자가 피해를 입은 자와 똑같이 분노할 때 정의가 실현된다'고 설파했다. 미국에서 흑백 인종차별 철폐 운동을 승리로 이끈 것은 단순히 흑인들의 저항 때문만은 아니었다. 인간의 보편적 가치에 대해 동의하고 흑인들에 대한 비인격적 대우에 분노한 다수의 백인들이 연대했기 때문이다.

자신의 권리뿐 아니라 타인의 정당한 권리가 침탈되는 것에 분노하고 저항할 수 있을 때 사회가 정치적으로 건강해진다. 수구 기득 세력이 여전히 부패와 탐욕에만 빠져 있는 것은 자신의 권리만을 생각할 뿐 의무는 지키지 않으며 타인의 권리에 대해서는 무관심하거나 무시하기 때문이다. 1퍼센트가 모든 권력과 이익을 독점하고 세습하는 사회는 인간에 대한 존중과 희망조차 존재하지 못하게 만든다. 그런 사회를 감싸는 정치는 우리를 비인격적 존재로 추락하게 만들고 인간에 대한 존중도 사라지게 만든다.

# 정의란 무엇인가

마이클 샌델Michael J. Sandel, 1953~ 의《정의란 무엇인가》가 베스트셀러가 된 까닭은 무엇일까? 많은 분석이 나왔다. 한국의 독자가 어려운 그 책을 선뜻 선택한 이유는 여러 가지일 수 있다. 내가 가장 일리 있다고 생각하는 주장은, 목숨 걸고 싸워 쟁취했던 민주주의의 가치, 사회 정의, 인권 등이 회복되고 성장했을 때는 그것이 당연한 줄로 여기고 있었는데, 정부의 반민주적, 반인권적 행태를 보니 정의에 대한 갈망이 폭발적으로 샘솟았기 때문이라는 것이다.

정의와 인권은 산소와 같다. 산소가 풍부할 때는 그것의 존재를 모른다. 보이지도 않으니 더더욱 그렇다. 그러나 사라지면 금세 그 부재를 알아챈다. 실제로 숨 쉬는 것이 힘들어진다. 그제야 산소의 소중함을 알게 된다.

# 아무 말도 하지 않는 내가 되지 않기 위해

· · ·

예전 잠수함에서는 남은 산소의 양을 측정할 수 없어서 토끼를 태웠다고 한다. 산소 결핍을 예민하게 느끼는 토끼가 반응하면 수면 위로 올라가야 했다. 게오르규<sup>Constantin Virgil Gheorghiu, 1916~1992</sup>는 예민한 감수성을 지닌 시인을 일컬어 '잠수함 속의 토끼'라고 비유하기도 했다. 이때 시인은 지식인으로 혹은 정치인으로 치환해도 무방하다. 사회적 불의를 경고하고 맞서 싸워야 할 사회적 의무를 지닌 사람들이다. 그러나 정의라는 관점에서 볼 때 토끼는 바로 사회의 약자들이다. 약자들의 고통을 외면하는 사회는 불의를 묵인하는 사회다.

히틀러의 나치 시대를 비판한 마틴 니묄러<sup>Martin Niemöller, 1892~1984</sup>는 〈그들이 왔다〉라는 시에서 이렇게 노래했다.

처음에 그들은 공산주의자를 잡으러 왔다.

나는 아무 말도 하지 않았다.

나는 공산주의자가 아니었으니까.

그들은 유태인을 잡으러 왔다.

나는 아무 말도 하지 않았다.

나는 유태인이 아니었으니까.

그들은 노동조합원을 잡으러 왔다.

나는 아무 말도 하지 않았다.

나는 노동조합원이 아니었으니까.

그들은 가톨릭 신자를 잡으러 왔다.

나는 아무 말도 하지 않았다.

나는 개신교 신자였으니까.

그들은 나를 잡으러 왔다.

그런데 이제 말해줄 사람은 아무도 남아 있지 않았다.

부당한 대우에 항의하면 해고시키고, 해고에 항의하면 공권력을 동원한다. 체포에 항의하면 업무집행 방해로 구속한다. 누구 하나 죽어도 눈 하나 깜빡하지 않는다. 자신의 일이 아니기 때문이다. 그런 사람들이 줄을 잇는다. 스스로 죽음을 택해도 모른 척한다. 그런 사회에서 정의를 기대할 수 있겠는가? 불행히도 지금 우리 사회가 그렇다. 우리에게도 그런 죽음이 바로 곁에 와 있다. 애써 외면하고 있을 뿐이다. 두려워서 혹은 당장 내 일은 아니라고 여겨서.

## 존 롤스의 정의론

...

존 롤스John Rawls, 1921~2002는 《정의론》에서 공리주의의 폐해를 지적하면서 그릇된 공리주의는 다수를 위해 소수의 피해를 불가피하게 여기는 것이라고 비판했다. 이른바 '공리적 처벌'이다.

그는 정의를 실현할 수 있는 가장 근본적이고 우선적인 방도는 그 사회의 최소수혜자The Least Advantaged에게 우선적으로 분배하는 것이라고 주장했다. 최소수혜자는 누구인가? 해고된 노동자와 급식비를 마련하지 못해 굶어야 하는 어린이들이다. 철저하게 소외되고 무시되는 가난한 노인들도 포함된다. 그런데도 철저하게 무시하고 방기한다. 복지국가와는 정반대의 길이다.

존 롤스가 주창한 정의는 정당한 절차가 결과의 정당성을 담보한다고 보는 철학적 성찰이며 동시에 방법론이기도 하다. 결과를 중요시하는 결과주의는 공리주의적 사고를 토대로 하기 때문에 효율성에 집착할 수밖에 없다. 우리가 겪은 개발독재의 전형이 바로 그것이었다. 그에 반해 절차주의는 정당한 절차를 통해 누구나 정의의 보호와 혜택을 받을 수 있다는 입장이다. 올바르고 정당한 절차는 특정한 결과를 얻어내도록 설계된 것이 아니다. 이런 태도의 바탕은 서양에서 17세기에 대두된 사회계약론의 정치원칙이다.

자유롭고 평등한 사람들이 모여서 계약한 대로 정치를 운영한다는 사회계약론은 계약의 당사자들이 자유롭고 평등한 상태에서 자발적으로 계약을 맺는다는 대전제 아래에서 정당하며 구속력을 갖는다. 절차주의 정치철학의 바탕은 로크 이후 굳건하게 자리 잡은 자유주의 정치의 전통에 있다. 그것은 정치의 내용보다 시민들이 자유롭고 평등하게 정치에 참여할 수 있는 절차를 중요하게 여기는 민주주의의 핵심이다.


## 법과 정의, 그리고 에밀 졸라

· · ·

정의를 확립할 수 있는 가장 가시적이고 강력한 방안 가운데 하나는 바로 법이다. 법정신의 바탕은 바로 약자를 제도적으로 보호하는 것이다. 그렇게 하지 않을 때 그 사회나 국가는 존경과 신뢰를 얻지 못하고 민심은 돌아설 것이며 종국에는 거부되기 때문이다.

함무라비 법을 예로 들어보자. 흔히 '눈에는 눈, 이에는 이'로 대표되는 이 법에 대해 잔인한 복수법이라 여기는 경우가 있는데, 그것은 왜곡된 이해다. 여기서 말하는 복수법이란 복수를 하라는 뜻이 아니라 '복수의 한계'를 설정하였다는 의미다.

권력자의 아들과 노비의 아들이 칼싸움 놀이를 하다가 실수로 권력자의 아이가 눈에 찔려 실명했다고 치자. 권력자는 길길이 뛰며 노비의 아들뿐 아니라 가족 전체를 죽여서 분을 풀지도 모른다. 그런데 법은 거기에 제동을 건다. 실명한 경우 복수할 수 있는 한계는 상대를 실명하게 하는 것까지다. 실제로 눈을 뽑거나 하는 복수를 한다고 다시 눈을 뜰 수 있는 것도 아니니 현실적으로는 일정한 배상을 하게 하는 것이 함무라비 법의 집행 방식이다. 법은 그런 힘센 자들의 폭력의 남용을 막는 것이다. 그것이 지켜지지 않으면 법은 존재의미가 없다. '무전유죄, 유전무죄' 혹은 '집권무죄, 실권유죄'로 집행되는 법에 대해 우리가 분노하는 것은 당연하다. 그건 이미 국가로서의 존재 이유를 스스로 부인하는 꼴이다.

온전한 정의의 실현은 생각보다 쉽지 않다. 그러나 최소한 타인의 불행을 담보로 한 행복을 스스로 거부할 수 있다면 정의는 자발적으로 실행할 수 있다. 불의를 보고 침묵하는 것은 불의를 지지하는 것과 다르지 않다. 곰팡이가 어둠과 습기를 좋아하듯 불의는 침묵 속에서 독버섯처럼 자라난다.

19세기 프랑스에서 유태인 장교 드레퓌스Alfred Dreyfus, 1859~1935가 누명을 뒤집어쓰고 체포되어 유죄 판결을 받았을 때 모두 침묵했지만, 에밀 졸라Émile François Zola, 1840~1902는 의연히 일어나 〈나는 고발한다〉라는 글로 불의를 고발했다. 에밀 졸라는 드레퓌스와 아무런 연고도 없었다.

저는 진실을 말할 것입니다. 법적인 권한을 부여받은 사법부가 완전무결한 진실을 말하지 않는다면 제가 말할 것을 맹세했습니다. 이것은 제 의무이기도 합니다. 공범이 되고 싶지 않기 때문입니다. 그러지 않으면 세상을 잃어버린 먼 곳에서 결코 저지르지 않은 범죄의 대가로 고통을 겪고 있는 저 불행한 자의 망령이 밤마다 저를 찾아올 것입니다.

에밀 졸라는 일순간에 프랑스의 공공의 적이 되었다. 수많은 사람들이 그를 공격했고, 언론은 그를 몰지각한 지식인으로 몰아세웠다. 잔혹한 권력과 무지한 대중은 에밀 졸라의 신념 따위는 철저하게 무시했다. 진보 세력들조차 드레퓌스의 반역행위를 옹호하는 에밀 졸라를 반국가적 원흉이라고 비난했다. 결국 3천 프랑의 벌금과 1년 징역형을 선고받은 그는 영국으로 잠시 망명해야만 했다. 그러나 에밀 졸라의 탄원과 가족들의 거듭된 투쟁 덕택에 마침내 무고한 유태인 육군 장교 드레퓌스는 5년 만에 석방되었다.

정치는 이런 정의를 수호하고 실현하며, 정의를 실천하려는 사람들을 돕는 일을 수행해야 한다. 정치가 정의를 수호하고 실천하는 체제를 견고하게 구축할 수 있어야만 시민은 모두 자유로운 개인으로서 자신의 인격적 삶을 실현할 수 있다.

# 좌파와 우파에 대한 이해

5

우리가 흔히 쓰는 '좌파'와 '우파'라는 용어는 1789년 프랑스혁명 이후 소집된 국민의회에서 의장석에서 볼 때 오른쪽은 왕당파가 앉고 왼쪽은 공화파가 앉은 데서 유래했다. 공화파가 장악한 1792년 국민공회에서도 왼쪽에 급진파인 자코뱅파가 오른쪽에 보수적인 지롱드파가 그리고 가운데에 중간파인 마레당이 앉았다.

이후 우파는 보수적이거나 혁명의 진행에 소극적이고 온건한 세력을, 좌파는 상대적으로 급진적이고 개혁적인 세력을 지칭하는 말로 관행화되었다. 이런 관행이 지금도 이어져서 유럽의회에서 공산당, 녹색당, 사회민주주의 정당 출신 의원들은 의장석에서 보아 왼쪽에, 보수정당 출신의 의원들은 오른쪽에 앉는다.

유럽에서는 전통적으로 정책에 따라 확연하게 좌파와 우파가 구분된다. 진보, 혁신 혹은 사회주의적 사상이나 성향을 띠면 좌파, 자본주의적 사상이나 보수적 성향을 띠면 우파로 지칭한다. 그러나 엄밀한 의미에서 이는 절대적 기준이 아니라 상대적인 것이라고 봐야 한다. 양측의 입장은 경제와 기업에 관한 정책에서 가장 대조적이다.

좌파는 시장의 부패와 불합리의 요인을 인정하고 그것을 극복하기 위해서 국가가 개입하거나 통제해야 하며 국가의 기간산업에 대해서도 국유화해야 소수 독점의 폐해를 막을 수 있다는 입장인 반면, 우파는 국가가 개입하면 불필요한 규제로 인해 기업의 성장을 저해하고 결과적으로 고용을 축소시킬 수밖에 없으며 설령 불합리한 요소가 있다고 하더라도 시장 스스로 해결할 수 있다고 본다. 또한 국영기업이나 공기업은 불필요하게 조직만 커져서 과다한 비용만 초래하고, 무엇보다 치열한 경쟁이 없기 때문에 결과적으로 소비자와 시민만 불이익을 당한다는 이유를 들어 민간 기업에 매각하는 것이 옳다고 주장한다. 양측은 세계화의 문제에서도 다른 시각을 지닌다. 그러나 그 점은 각국의 상황에 따라 다르기 때문에 단순하게 판단하기 어렵다. 실제로 좌파와 우파 혹은 진보와 보수에 대한 이해와 판단에 있어서도 유럽과 미국은 다르다.

또 한 가지 주목해야 할 것은 민주주의의 역사를 되돌아볼 때 19세기 이후의 세계 정치에서 민주주의를 파괴시킨 주범은 바로 우파 권위주의 정권이었다는 사실이다. 대표적인 경우가 바로 무솔리니의 파시스트당이었다. 그들은 과거 이탈리아의 영광을 그리워하는 정서에 호소하는 한편, 공산주의의 위협도 정치적 목적으로 적극 활용했다. 전통과 혁명을 교묘하게 결합한 것이다. 무솔리니가 플라톤의 《국가론》을 신봉한 정치인이었다는 것도 우연이 아니다.

이런 파괴적 모습은 미국의 1950년대를 부끄럽게 만든 매카시즘에서 다시 변형된 형태로 나타난다. 심지어 매카시즘이 허위였으며 매카시가 위선자라는 것이 밝혀진 이후에도 반공주의 매카시즘의 망령은 쉽게 사라지지 않았다. 또한 1961년, 누구보다 군을 잘 아는 아이젠하워 대통령이 고별사에서 군산 복합체military-industrial complex의 위험성을 경고했음에도 불구하고 연방정부는 끊임없이 이들에게 시달려야 했다. 이들이 자신을 포장한 방식이 바로 우파 정부의 후원자라는 사실을 직시해야 한다.

문제는 우리가 좌파와 우파, 진보와 보수를 어떻게 이해하고 있느냐 하는 점이다. 우리는 엉뚱하게 좌파는 공산주의 체제의 신봉자, 우파는 자유민주주의 체제의 신봉자로 극단적으로 양분화시켜 정치적 굴레로 묶어버리고 있다.

일반적으로 우파는 체제의 안정을 중요시한다. 급격한 변화와 개혁은 자칫 사회와 체제를 불안정하게 만들어서 무질서와 혼돈으로 치달을 수 있다고 경계하는 반면, 좌파는 진보적이고 개혁적이다. 그들은 올바른 가치와 체제를 만들어야 더 나은 사회를 구축할 수 있는데 이런 변화를 거부하는 세력은 기득권을 포기하지 않으려 하기 때문에 걸림돌이 된다고 본다.

우리의 경우, 해방 이후 군정과 이승만 정권을 거치면서 업무 효율성의 연장선이라는 이해관계로 친일세력이 계속해서 관료로 등용되었고, 1949년 반민족행위특별위원회(반민특위)조차 무산시킬 만큼 기득권을 손에 쥔 그들의 횡포는 엄청났다. 그리고 1950년에 발발한 한국전쟁은 역사 청산 문제를 완전히 무산시켰으며 결국 이들에 대한 응징과 처벌은 지금까지 미제로 남았다.

쿠데타로 집권한 군부 정권을 결속시키고 무소불위의 힘으로 무장시킨 것도 반공주의였다. 이들은 조금이라도 개혁과 진보를 내세우면 용공으로 혹은 빨갱이로 몰아세워 탄압하거나 심지어 생명까지 앗아갔다. 이승만 정권에서 진보당 당수였던 조봉암을 공산주의자로 몰아 사형시켰고, 박정희 정부는 1964년과 1974년 두 차례에 걸쳐 '인혁당 사건'을 자행했다.

한국에서의 진보와 보수, 좌파와 우파의 대립은 제대로 된 개념 정리조차 없이 정치적 목적에 따른 이념 갈등의 양상으로 이어져왔다. 그런 조잡하고 유치한 구분이 21세기에도 여전히 작동될 만큼 한국의 정치적 환경과 자질은 퇴행적이다.

엄밀히 말하자면 한국 사회에서는 보수가 진정한 보수적 가치를 실천한 적도, 진보가 참된 진보적 가치를 실현한 적도 없다고 볼 수 있다. 미래의 한국 정치와 사회의 올바른 정립을 위해서라도 이 문제에 대한 정확한 인식과 이해는 필수적이다.

# 국제정치는 힘만으로 움직이지 않는다

정치의 문제는 비단 국내에만 국한되는 것은 아니다. 이미 국내의 정치는 국제정치의 영향을 받을 수밖에 없기 때문이다. 국제정치를 국가 대 국가의 문제로 접근하면 외교가 되겠지만 국경을 초월한 시민주권의 측면에서 보자면 세계사회 속의 일원으로 거대한 지구촌 정치가 된다.

세계사회론은 정치보다는 경제 분야에 속한다고 할 수 있다. 그러나 이 담론에는 이미 정치와 경제가 하나의 묶음으로 담겨 있다. 사회변동을 이해하는 방식일 뿐 아니라 자본주의를 넘어서는 대안적 사회체제의 모색이기 때문이다.

세계사회는 각 국가 혹은 지역사회의 국지적 기반에 토대한 독립된 시민사회들이 지구 전체로 확장되어 상호 연결된 결과라고 이해해야 한다. 그런 경우 개인의 생활은 더 이상 전통적인 국가 간 체제에 제한받지 않는다. 그래서 대두한 개념이 바로 세계시민주권이다. 좁게는 유럽연합의 경우를 참고할 수도 있겠지만 세계사회론은 그런 결합조차 국지적 연대 혹은 집단에 불과할 뿐이라고 간주한다.

국가라는 국지성에서 먼저 벗어난 것은 정치가 아니라 경제였다. 이미 자본의 프레임에서 국경 개념은 허물어진 지 오래다. 이를 깨닫지 못해서 몰매를 맞은 게 1997년의 외환위기였다. 그것을 다른 의미로 말하면 당시 우리는 여전히 근대화론의 틀에서 벗어나지 못했었다.

이매뉴얼 월러스틴Immanuel Maurice Wallerstein, 1930~ 은《근대세계체제》에서 이런 사고가 현실을 이해하는 데 장애가 되고 있다고 비판한다. 따라서 근대화론의 틀을 해체해야만 단선적이거나 진화론적인 발전의 허상을 깰 수 있다. 근대화론이 안고 있는 가장 큰 문제는 한 나라에만 관심을 갖는다는 점이다. 즉 일국적 접근이다.

현대세계에서 발전하는 것은 이미 개별국가가 아니라 세계체제다. 한 국가의 부가 늘었다고 해서 곧바로 모든 시민에게 고루 분배되지 않는 것은 그 때문이다. 따라서 분배나 계급의 문제 역시 한 국가로 환원되는 것이 아니라 국가를 넘어서는, 즉 국제적인 혹은 세계사회적 문제다.


## 변화의 방아쇠, 68혁명

· · ·

이런 시각의 발원지는 68혁명이었다. 그 혁명은 기성 체제에 대한 반감과 저항에서 비롯되었고, 자연스럽게 반체제운동으로 번졌으며 미국과 소련의 양극 체계에 대한 도전이었다.

68혁명은 1968년 5월 프랑스에서 일어난 사회변혁운동이다. 그해 3월 미국의 베트남 침공에 대해 항의하기 위해 아메리칸익스프레스의 파리 사무실을 습격한 여덟 명의 대학생이 체포된 데에서 발단했다. 이들의 석방을 요구하는 학생들의 대규모 시위가 진행됐다. 칸대학과 파리대학 낭테르분교의 시위가 이어졌고 이에 대한 정부의 탄압에 대한 분개한 학생들과 청년근로자들이 합세하면서 총 400만 명이 파업과 공장 점거, 대규모 시위에 참여했다.

시위가 지속되면서 학생들은 대학교육의 모순과 관리사회에서의 인간 소외, 다양한 사회 모순에 대해 정부가 해결책을 제시할 것을 요구했고, 노동자들의 파업이 겹치면서 프랑스 전역에 권위주의와 보수체제 등 기존의 사회질서에 저항하는 운동으로 확장되었다. 더 나아가 남녀평등과 여성해방, 학교와 직장에서의 평등, 미국의 반전, 히피운동 등 사회 전반의 문제로 확산됐다.

이들은 프랑스에서의 종교, 애국주의, 권위에 대한 복종 등 보수적인 가치들을 평등, 성해방, 인권, 공동체주의, 생태 등 진보적 이념의 사회적 가치로 전환해야 한다고 주장했다. 여전히 이런 경향이 현재의 프랑스를 주도하고 있다.

이 혁명은 교육체계와 사회문화에서 구시대 질서를 뒤바꿔놓은 결정적 사건이었다. 68혁명은 프랑스에 국한되지 않고 세계 각지로 퍼져나가 전 세계 젊은이들의 체제저항운동으로 이어졌다. 그래서 동서양 양 진영에서 어느 정도 민주화를 이끌어내는 성과를 거두기도 하였다. 또한 미국과 소련에 의해 좌지우지되는 세계에 대해서도 비판하는 움직임을 적극적으로 태동시켰다. 녹색당과 그린피스, 국경 없는 의사회 같은 환경 및 인권 운동 등이 성장하는 데 밑거름이 된 것도 바로 68혁명이었다. 기존의 국가 중심적 사고를 깨지 않으면 이런 문제에 대한 본질적 해결은 불가능하다고 보았기 때문이다.

## 세계사회론의 대두

· · ·

월러스틴의 세계체제론이 이런 문제에 대한 근원적 해결책을 제시하는 것은 아니다. 그러나 적어도 연구와 관심의 대상이 되는 체제는 더 이상 하나의 국가나 사회에 국한되는 것이 아니라 세계체제여야 한다는 분석은 유효하다.

여기에서 오해해서는 안 될 것이 세계체제를 분석과 연구의 대상으로 삼는다는 월러스틴의 주장이 국가를 경시하는 것은 아니라는 점이다. 그는 국가권력은 개별국가가 세계경제와 사회에서 어느 진영 혹은 구역에 속하는가에 의해 명확하게 분류되고 인식되어야 한다고 주장한다. 또 한 가지, 이것은 신자유주의에 의한 세계화와는 명백하게 다르다. 월러스틴이 지적하는 문제의 핵심 가운데 하나는 기존의 보편주의라는 것이 사실은 미국 등을 중심으로 한 지역편파주의였다는 점이다. 이런 태도는 자연스럽게 객관성의 정치적 함축을 염두에 두면서 동시에 지식의 파편화를 거부한다.

이런 논의는 자연스럽게 세계사회론으로 이어진다. 그것은 새로운 정치, 경제, 사회적 환경을 요구하며 하나의 국가의 범위나 한계를 넘어서 세계사회의 형성으로 이어져야 한다는 주장이다. 이미 세계사회는 단순한 지리적 혹은 제도적 결합을 벗어나 구체적인 문화규범과 보편적 가치의 구현을 기치로 내세운다. 물론 그것이 실현될 수 있느냐의 여부는 차치하고.

이런 흐름을 가속화시킨 것은 정보통신기술의 발전 덕택이다. 이미 북아프리카의 민주화 과정을 통해 그 위력을 전지구적으로 실감했다. 환경이나 무역 등의 문제에서 한 국가 혹은 블록의 노력만으로는 결코 해결될 수 없다는 현실인식도 존재한다. 정부나 국가의 공적 권한만으로는 결코 개개인의 인격과 인간의 존엄성을 완전히 실현할 수 없기 때문이다.

세계사회론은 분명 월러스틴의 세계체제이론의 영향을 받았지만, 그의 이론의 문제를 지적하고 그 한계를 극복하는 대안을 마련한다는 점에서 확연히 다르다. 세계사회론을 내놓은 것은 1980년대 스탠퍼드대학을 중심으로 한 신제도주의자들이었다. 이들의 사상적 연대성은 하버마스Jürgen Habermas, 1929~ 의 이론에 가깝다. 즉 목적의 추구가 아니라 각 지역사회간의 이해를 제공하여 발전시키면서도 그것이 보편적 가치의 실현에 어긋나지 않아야 한다는 입장이다. 그래서 이들에게는 하버마스의 발언처럼 세계사회에서의 연대가 매우 중요하다.

이런 입장을 가장 잘 반영하는 집단이 바로 다양한 국제적 NGO들이다. 이들의 연대의 결실이 바로 INGOInternational NonGovernmental Organization, 국제민간기구다. 세계시민사회는 보편적 세계주의에 따른 공통의 정체성, 즉 인류의 보편적 가치를 정립하고 성장시키기 위해 어떻게 판단하고 행동해야 하는지에 따라 성패가 결정될 것이다. 이것은 냉전 구도가 소련 붕괴로 무너진 이후 단일 초강대국 체제를 형성한 미국과 중국에 따라 세계 질서가 다시 재편되면서 지속적으로 주목받을 것이다. 어떤 방향이든 국제정치는 새로운 세계시민의 주권을 마련하는 방향으로 나아가야 할 것이다.

# 새로운 정치적 대안,
# 거버넌스

정치에서 가장 중요한 요소 하나를 꼽으라면 소통이 아닐까? 정치는 본질적으로 서로 다른 가치관이 충돌할 때 발생하는 불협화음을 해소하는 방법을 모색한다. 재화의 부족, 인간의 이기심, 편협함, 신념의 차이 등이 필연적으로 빚어내는 의견 불일치를 어떻게 극복하느냐가 관건이다.

정치는 다양하고 지속적인 커뮤니케이션을 모색하고 실천해야 한다. 권력을 쥔 자들이 언론을 통제해 자신들의 입장만 일방적으로 선전하려는 건 커뮤니케이션을 포기하는 것이다.

현대정치는 기본적으로 생명이나 자유, 인간성 존중 같은 보편적 권리를 정치적 신념의 근간으로 삼고 있으면서도 다원주의를 인정하고 서로의 차이를 인정한다.

또한 이런 다원성을 극복하고 보편적 정의를 실현할 수 있는 정치적 모델로 절차주의를 강조하기도 한다. 그런 절차주의는 자유민주주의의 정치 전통을 형성해온 이념이다. 그러나 아무리 자발적인 계약이라도 모두 정당한 것은 아니며 아무리 정당한 절차를 거쳤다 해도 그 절차 자체를 무력화하는 시도에는 자칫 무기력해질 수 있다. 시민의 각성, 감시, 비판, 저항이 필요한 것은 바로 그런 이유 때문이다.

권력은 언제든 남용되기 쉽다. 그렇게 부패하고 타락한다. 그런 경험들이 정치에 대한 실망을 가속시켜왔다. 이를 극복하고자 시민들은 새로운 대안을 모색했다. 그 결실 가운데 하나가 바로 협치, 즉 거버넌스Governance, 協治다. 국정관리, 국가경영, 공공경영 등 다양하게 번역되는 이 단어는 아직은 생소하다. 번역어에서 알 수 있는 것처럼 통치나 지배라는 의미보다는 경영의 뉘앙스가 강하다. 이는 통치기구 등의 조직체를 뜻하는 정부Government와 구별된다. 거버넌스는 전통적인 국정 운영방식에 문제가 있다는 한계를 인식하면서 정부를 대신할 역할과 기능을 찾다가 도달한 '잠정적' 해법이다.

거버넌스는 정부보다 포괄적이고 유연한 관리 시스템으로, 본질적 측면에서 보면 문명화된 방식을 통한 질서 창조와 갈등 해소의 메커니즘을 가지고 있다. 정치의 본질이 질서 창조와 갈등 해소라는 점에서 거버넌스에 대한 이해와 호응은 증대하고 있다.

거버넌스는 정부와 민간부문과 시민사회를 포함하는 광의의 개념이고, 지속가능한 인간개발을 위해 참여와 협력을 요구한다. 거버넌스를 '국가경영' 혹은 '공공경영'이라고 부르는 것도 그런 때문이다.

이처럼 거버넌스는 정부와 준정부, 그리고 반관반민, 비영리, 자원봉사 등의 다양한 조직이 연대하여 공공활동을 수행한다. 즉 공공서 비스의 공급체계를 구성하는 다원적 조직체계 내지 조직 네트워크가 상호 작용하는 패턴으로서, 인간의 집단적 활동을 의미한다.

사실 새로운 패러다임으로서 거버넌스를 운운하지만 정작 어떤 것이 그 대표적인 경우인지 가려내는 일은 뜻밖에 쉬운 일이 아니다. 그것은 아직 우리 사회 속에 거버넌스가 주로 선언적 의미로 사용되지, 실천적 단계에 이르지 못했음을 뜻한다.

아직 완전한 거버넌스의 사례라고 단언하기에는 이르지만 국세청이 홈텍스 시스템을 통해 시민의 참여를 유도하고 신용카드 사용과 현금영수증제를 도입해서 세정의 투명성을 향상시키고 동시에 부패인식지수를 낮추고 납세자 만족도를 개선시키며 시민의 신뢰를 회복하는 것도 그 초기 사례라고 할 수 있다.

아마도 거버넌스가 가장 활발하게 이뤄지는 분야는 환경과 소비자 운동 분야일 것이다. 주민투표에 의한 핵폐기장 선정 무산, 전문가위원회를 통한 한탄강 댐건설 문제, 시민배심원에 의한 울산 북구의 음식물 자원시설 설치 문제 등에서 그 가능성을 모색했다. 울산 북구의 경우 국내 최초의 환경거버넌스 모형을 적용했다는 평가를 받았다.

이처럼 지방정부와 지역주민 간의 갈등을 해소하는 데에 거버넌스 방식이 차용되기 시작했고 앞으로 더욱 확산될 것이다. 소비자 단체들을 통한 소비자피해구제, 소비자소송지원, 소비자정보제공, 소비자교육 등 여러 소비자 관련 업무에 민간이 참여하도록 지원하고 있다. 소비자 행정을 담당하는 공무원들 스스로 소비자단체가 거버넌스 파트너로 일할 수 있도록 지원함으로써 지속적인 협업의 성과를 거두고 행정비용까지 절감할 수 있게 된다. 이른 협치를 통해 공무원 조직을 늘리는 것보다 훨씬 효율적이며 민주적이고 자발적인 협력을 통해 보다 성숙한 민주사회로 나아갈 수 있을 것이다.

근래에 회사에 관련된 이해 관계자들의 이해를 조정하고 의사를 결정하는 기업거버넌스나 정보기술거버넌스로 응용 확대되는 것도 바로 그런 특장 때문이다. 이것은 매우 의미심장한 부분이다. 왜냐하면 거버넌스라는 시스템을 국가, 사회, 기업 등이 공유하면서 그 방법론뿐 아니라 가치도 공유하기 때문이다. 가치를 공유한다는 것은 갈등 해소와 질서 유지에 대한 공약수를 갖게 된다는 것을 의미한다.

물론 여기에도 함정은 있다. 정부나 사회의 시스템이 기업의 그것과 유사해지면, 서로의 본분을 망각하고 단점과 문제점까지 무비판적으로 수용할 수 있기 때문이다.

거버넌스는 상호독립적인 구성원들로 이뤄진 네트워크다. 정부는 전통적 정부처럼 우월하지 않으며 동등한 입장에서 전체 네트워크를 관리하는 조정자의 역할을 수행한다. 이런 네트워크 구조의 영향에 따라 정부와 사회의 역할분담의 균형점도 변한다. 전통적인 하향적이고 권위적인 정부의 집권적 조정 방식을 탈피한 사회의 자기조향능력이 강조된다. 또한 공동규제, 공동조향, 공동생산, 공동지도 등 상호협력과 견제가 수반된다.

일반적으로 거너번스는 네 가지 목표를 지향한다. 첫째, 정부나 정부 이외의 제도 및 조직들의 조화를 통해 정치적인 문제들을 해결하는 데 관심을 갖는다. 둘째, 문제해결 및 위기관리의 문제에 대해 직접적인 효과를 거둘 수 있다. 셋째, 국가체제와 관련된 문제와 집단의사결정 과정이 투명해야 한다. 넷째, 전통적인 방식으로 선출된 정치인들과 관료들에게만 제한되었던 정책 결정 과정에 시민들의 참여를 확대시킨다. 이런 목표를 지닌 거버넌스가 성공하기 위해서는 무엇보다 시민에 대한 정부의 책임성을 높여야 한다.

거버넌스가 주목을 받는 이유는 사회의 불확실성이 증대하고 있기 때문이다. 점점 고도화하는 국제 정세와 사회관계의 변화 속에서 그동안 정부나 기업들이 미처 경험하지 못했던 복잡한 문제가 야기되고 있다. 전통적인 의미의 정치나 경영으로는 그 문제를 해결하기 어려워진 것이다. 그 어떤 조직도 이런 문제를 혼자의 힘으로는 해결할 수 없기 때문에 구성원간의 협조가 절실히 요구되고 있다.

거버넌스는 이런 불확실성을 제거하고 격동하는 현실에 대응하고자, 공통된 가치를 실현하려는 의지로 각각의 구성원이 쌓아온 경험의 힘을 모아내는 현대정치가 지향하는 소통의 한 방식이다.

**《비그포르스, 복지국가와 잠정적 유토피아》** 홍기빈, 책세상, 2011

스웨덴의 복지제도에 대해서는 제법 아는 사람들도 비그포르스라는 인물에 대해서는 금시초문이라는 경우가 많다. 그만큼 우리에게는 낯선 인물이다. 스웨덴 복지국가의 설계자 비그포르스는 인간이 품은 가치와 이상이 결코 이루어질 수 없는 꿈이 아니라는 신념으로 일관한 사람이다. 그는 꿈과 상상력, 그리고 끊임없는 설득과 토론을 통해 끝내 복지국가라는 가치를 실현시켰다. 어떤 정치적 선입견이나 편견에 휘둘리지 않고 인간의 보편적 가치, 당위적 가치로서의 복지를 왜 실현해야 하는지 뚝심 있게 보여주었다. 오랫동안 재무장관을 지내면서 재정과 통화에도 엄격했고 물가안정을 위해 공헌한 정치인이었다.

**《정치학》** 아리스토텔레스, 천병희 옮김, 숲, 2009

아리스토텔레스는 정치학을 윤리학의 일부로 보았다. 개인의 참된 행복은 도덕과 질서가 바로 선 국가공동체 안에서만 이루어질 수 있고, 따라서 도덕과 질서를 바로 세우는 것이 정치가들의 임무라고 여겼다. 플라톤이 《국가론》에서 주장한 이상국가가 아닌, 현실에서 가능한 국가와 정치에 대해 말하고 있는 아리스토텔레스는 이 책을 통해 근대정치학에서 마키아벨리, 홉스, 헤겔, 마르크스에 이르기까지 영향을 널리 미쳤다. 아리스토텔레스는 '개체의 철학자'답게 국가의 형성, 구조, 그리고 바람직한 국가의 형태에 이르기까지 국가와 정치에 대한 주제를 다양하게 기술하고 있다. 인간 본성에 대한 심리학적 이해와 관심의 깊이에 놀라움을 경험한다. 그 내용이 먼 옛날 그리스에 머물지 않고 지금 우리의 현실에도 그대로 적용해도 될 만큼 구체적이다. 무엇보다 그 어떤 정치체제보다 민주주의가 질적으로 가장 우월한 정치제도라는 혜안은 지금 보아도 신선하고 생생하다. 또한 그리스 원전의 대가인 옮긴이의 번역은 신뢰할 수 있을 뿐 아니라 문장도 단단해서 읽는 맛이 좋다.

## 《시민정부론》 로크, 마도경 옮김, 다락원, 2009

우리말로 옮긴 책의 부피도 고작 100쪽 조금 넘는 분량이다. 전체를 옮긴 게 아니라 그 정수만 뽑아서 옮긴 탓이다. 그렇다고 결코 허술하지 않다. 핵심을 간결하고 명료하게 정리해놓은 일종의 안내서다. 하버드대학의 학생들이 고교생이나 대학 초년생들을 위해 쓰였기 때문에 누구나 쉽게 이해할 수 있다. 로크는 이 책에서 먼저 자신의 경험주의 철학의 바탕을 언급하고 그 토대 위에서 평등과 자유에 대해 서술한다. 생명, 자유, 재산에 대한 천부적 권리를 보장받아야 하는 동시에 분쟁의 소지를 극복하고 여러 권리를 향유할 수 있는 사회를 구성하기 위해서는 스스로 동의한 계약을 통해 시민사회 구성원이 되어야 한다는 그의 주장은 여전히 신선한 메시지로 다가온다.

## 《국가는 왜 실패하는가》

대런 애쓰모글루 · 제임스 A. 로빈슨, 최완규 옮김, 시공사, 2012

불의, 반인권, 부패, 빈곤, 교육의 부재는 국가가 극복해야 할 가장 근본적인 화두다. 이 책의 저자 가운데 한 사람은 MIT의 경제학 교수이고 다른 한 사람은 하버드대학교의 정치학과 교수다. 이들은 국가에서의 성공과 실패의 근본 문제는 지금까지 생각해온 것처럼 지리, 역사, 인종, 문화 등의 요인이 아니라 제도의 차이 때문이라고 진단한다. 노벨경제학상을 수상한 폴 새뮤얼슨은 구 소련의 국민소득이 1984년쯤이면 미국을 따라잡을 것이라고 예측했다. 그러나 그의 예측은 너무나 황당하게 어긋났다. 그 까닭은 무엇일까? 포용적 경제와 정치제도의 차이가 얼마나 중요한지 깨닫지 못했기 때문이다. 이 책은 그런 오류를 다시 한 번 확실하게 밝혀준다. 이 책의 미덕은 다양한 사례들과 역사의 종횡을 가로지르는 탐구, 그리고 오늘날 나타나는 실패한 국가들의 사례 등 풍부한 자료에 근거했다는 점이다. 이 책이 신국부론이라는 평가를 받는 것은 세계불평등에 대해 새롭게 해석하고 그 해결 방안을 구체적으로 제시했기 때문이다.

## 《진보와 저항의 세계사》 김삼웅, 철수와영희, 2012

지은이는 세상은 저절로 좋아지지 않는다고 강조한다. 마땅한 말이다. 그 말이 힘찬 울림으로 다가오는 건 잘못된 지도자를 선출한 뒤 한국 사회가 인권과 인격이 말살되고 만신창이가 되는 현실을 목격하면서 느낀 분노와 절망감 때문일 것이다. 그래서 이 책은 철저하게 민주주의와 인권의 관점에서 세계사를 바라본다. "역사는 달리 말하면 곧 저항사"라는 지은이의 외침은 태초부터 있어왔던 인간의 저항과, 우상과 싸운 종교의 시대와 천부인권을 탄생시킨 혁명의 시대는 물론 동양과 서양을 두루 섭렵하며 곳곳에서 반향된다. 이런 책을 읽지 않아도 좋을 시대를 기다린다.

**《처음 만나는 민주주의 역사》** 로저 오스본, 최완규 옮김, 시공사, 2012

지은이가 지질학을 전공했기 때문일까? 민주주의의 역사를 추적하면서 마치 지질탐사하듯 어떤 것은 망치로 두드리고 어떤 것은 솔로 털어내면서 우리가 무심하게 지나쳤던 민주주의에 대해 새로운 각성을 촉구한다. 이 책은 '역사'라는 제목에 걸맞게 고대 그리스의 아테네에서 시작하여 프랑스, 영국, 그리고 미국의 민주주의 역사뿐 아니라 중국과 아프리카 남미에 이르기까지 광범위한 민주주의의 발자취를 꼼꼼하게 추적한다. 읽다 보면 과연 우리가 제대로 민주주의를 실천하고 실현하고 있는지 되묻게 된다. 민주주의의 이론과 분석에 치중하기보다는 실제로 역사 속에서 민주주의가 어떻게 존재했는지, 그리고 지금 세계는 어떤 민주주의를 실천하고 있는지에 집중한다.

**《세계 분쟁 지도》** 프랑수아 제레, 전혜영 옮김, 현실문화연구, 2012

라루스 세계지식사전 시리즈로, 세계지도를 펴놓고 어디에서 분쟁이 일어나고 있는지, 그 분쟁의 원인은 무엇인지, 그리고 앞으로 어떤 흐름으로 이어질지 일목요연하게 짚어본다. 이스라엘과 팔레스타인 분쟁에서 북한의 핵무기에 이르기까지 전쟁의 공포와 위험성은 전 지구적으로 깔려 있다. 당장 내 일이 아니라고 외면했던 일들이 사실은 우리의 코앞에서 일어나고 있다는 자각은 전쟁 없는 평화가 얼마나 소중한 가치인지, 왜 그것을 추구해야 하는지의 고민으로 이끈다. 깔끔하고 간결하되 문제의 본질을 정확하게 지적하고 우리가 취해야 할 방법과 태도까지 구체적으로 알려준다는 점에서 도움이 될 것이다. 이 문제에 대해 이렇게 간결하되 충실한 책을 찾기 어렵다.

마스다 다카유키의 《한눈에 보는 세계 분쟁 지도》(이상술 옮김, 해나무, 2004)도 분쟁 상황을 시간 순으로 기술하면서 가볍게 읽을 수 있게 구성했다. 다만 현재 일어나고 있는 분쟁의 세밀함은 아무래도 출간시기 탓에 한계를 지니고 있다.

## 《왜 어떤 정치인은 다른 정치인보다 해로운가》

제임스 길리건, 이희재 옮김, 교양인, 2012

제임스 길리건은 폭력의 원인을 연구하던 정신의학자다. 그런데 왜 그가 뜬금없이 정치인과 정치에 대한 책을 썼을까? 처음 이 책을 집었을 때 들었던 의문이다. 그러나 '정치와 죽음의 관계를 밝힌 정신의학자의 충격적 보고서'라는 부제를 보고 흥미가 당겼다. 지은이는 자살의 가장 큰 이유는 자존감의 상실이라고 진단한다. 무력감과 수치심은 빈곤, 불평등, 실업이 증가함에 따라 커지고 그 결과 자살과 살인이 증가한다. 그런데 놀랍게도 그는 조사를 하다가 보수적 정당이 집권하면 자살률이 증가하고 진보적 정당이 집권하면 감소한다는 충격적인 사실을 발견한다. 일반적으로 보수는 상대적으로 부패하긴 해도 경제에 강하다고 하는 통념과 반대되는 결과라는 점에 지은이는 관심을 기울인다. 공화당이 집권하면 자살률이 증가하는 것은 그들이 자유경제를 내세우면서 경제를 활성화시킬 것 같지만 실제로는 기업이 규제는 철폐하도록 로비하면서 정작 자신들의 이익을 위해서 경영 합리화니 구조조정이니 하면서 고용을 위축시키기 때문에 오히려 실업자가 늘기 때문이라고 분석했다. 그래서 그는 정치가 삶과 죽음을 가른다는 충격적인 결론을 던진다. 보수가 집권하면 언제나 사람들이 더 많이 죽는다는 것은 진보적 정치인들의 거짓 선전이 아니라 정신의학자의 임상적 사실에 근거했다는 점에서 놀랍기만 하다.

## 《문화는 정치다》 장 미셸 지앙, 목수정 옮김, 동녘, 2011

우선 우리도 이런 정치적 비전을 누릴 수 있었으면 좋겠다는 생각이 들었다.

책을 읽으면서 왜 프랑스가 문화강국인지, 왜 그들의 삶의 질이 높은지 부러운 마음으로 알게 되었다. 프랑스의 문화정책을 통해 문화와 정치의 관계를 짚어본다. 지은이는 프랑스의 문화정책을 연구한 학자이면서 동시에 문화 관련 일에 종사한 이력을 갖고 있고, 옮긴이 목수정은 프랑스에 유학해서 문화 공공성에 관한 논문을 썼으며 지금도 파리에 살면서 날카로운 시선으로 프랑스의 정치, 사회, 경제, 문화에 관한 에세이를 지속적으로 써온 경력의 소유자다. 프랑스에서 정치와 문화의 결합은 문화권력의 기틀을 마련한 프랑수아 1세 시대로 거슬러 올라간다. 이 책은 자본이 잠식한 세상을 극복하고 치유하는 방법은 문화정치로 가는 일이라고 역설한다. 우리는 흔히 정치하면 정권과 정당을 반사적으로 떠올리지만 사실 문화는 권력이자 이데올로기이며 사회를 움직이는 힘이라는 점은 애써 무시한다. 그런 생각이 얼마나 어리석고 무모한 것인지 프랑수아 1세부터 미테랑 정권이 다양하고 왕성한 문화정치 실험을 어떻게 전개했는지를 통해 자연스럽게 깨닫게 될 것이다.

### 《정치를 말하다》 가라타니 고진, 조영일 옮김, b, 2010

고진은 딱히 어느 한 분야에 가둬둘 수 없는 인물이다. 그야말로 전방위 평론가이다. 그러나 이제는 이미 시대사상가로 우뚝 섰다는 느낌이다. 게다가 그의 진가는 서구적 시각을 완전히 벗어나 서양의 근현대사상을 종횡무진으로 누비며 자신만의 색깔로 세계적인 보편성을 얻고 있다는 점이다. 그가 짧게나마 한국의 정치에 대해 논하는 점도 바로 그런 시선이다. 이 책은 고진 자신의 정치사적 이력의 고백이라고 봐도 무방할 것이다. 전공을 경제학에서 영문학으로 바꾸면서 자신이 직접 겪어온 시대에 대한 성찰과 문학평론가에서 다시 사상가로 전환 혹은 확장한 자신의 삶의 이력을 솔직하게 털어놓는다. 대담 형식의 책이어서 현장감을 주면서도 짧게 이어지는 대화라기보다는 질문에 대한 긴 설명이어서 저작의 느낌이 살아 있다. 단순히 자신의 개인의 이력에 대한 회상이 아니라 향후에 그가 나아갈 방향과 작업에 대한 전망도 담겨 있다.

## 《정치와 삶의 세계》 김우창, 삼인, 2000

한국 인문학의 거장인 김우창 교수의 글을 다소 지루하게 여기는 독자들도 있을 것이다. 요즘의 가벼운 글에 익숙한 독자들로서는 그런 느낌을 받을 수도 있다. 그러나 그의 글을 계속 읽다 보면 금세 견고함을 느낄 수 있다. 그가 이 책에서 다루고 있는 정치의 영역은 곧 삶의 테두리와 일치한다. 그의 진단은 위기, 도덕, 삶에 대한 반성과 성찰로 시작한다. 특히 외환위기 이후 한국사회가 겪어온 피폐한 현실에서 우리가 어떻게 구체적 삶을 구현할 수 있을 것인가 묻는다. 그의 정치적 담론은 거창하지 않다. 그가 관심을 기울이는 부분은 바로 지역공동체와 소사회다. 그는 투명성과 합리성을 정치와 사회가 갖춰야 할 가장 핵심적 가치로 두고 대학과 지역공동체가 어떤 역할을 제대로 수행해야 할지 성찰한다. 정치에 대한 그의 성찰은 특히 제대로 된 정치지도자와 제대로 된 사회적 이성이 문명된 삶을 실현할 수 있는 최소한의 바탕이라고 본다.

## 《민주화 이후의 민주주의》 최장집, 후마니타스, 2002

한국 사회와 민주주의에 대해 집요하게 파고드는 최장집 교수가 2002년 펴낸 저작을 2005년에 개정했다가 2010년 다시 개정하여 출간한, 그러니까 개정 2판인 책이다. 이 책의 부제처럼 '한국 민주주의의 보수적 기원과 위기'에 대한 체계적 분석을 담았다. 그의 책은 차분하지만 매섭다. 특히 현실정치와 무관한 정치학적 담론에 대해 질타하는 그의 어조는 따끔하다. 그가 생각하는 정치학은 현실적이며 실현가능한 당위적, 이상적 목표를 탐구하는 학문이다. 또한 기존의 정치학을 답습하는 것이 아니라 변증법적이고 실용주의적이며 포괄적으로 발전하는 학습으로 규정한다. 2부에서 다루고 있는 보수적 민주주의에 대한 서술은 보수 진보를 막론하고 관심을 기울여야 할 대목이다. 그가 진단하는 우리의 민주주의에 대한 진단과 풍부한 이론과 현실에 대한 구체적 분석은 왜 그가 이 시대 최고의 정치학자인지 수긍하게 만든다.

## 《근대세계체제》 이매뉴얼 월러스틴, 나종일 외 옮김, 까치, 1999, 전 3권

월러스틴의 세계체제론은 일국 단위 분석을 넘어 중심부와 주변부, 반ᴙ주변부가 세계 자본주의 체제 안에서 한 덩어리로 움직이는 메커니즘을 분석한 이론이다. 이 책은 500년 전부터 현재까지 근대세계 체제를 하나의 체제로 존속해온 방식을 역사적으로 서술했다. 월러스틴은 한 사회체제를 연구할 때 기존의 여러 사회과학 내에서의 구분은 무의미하다고 본다. 그래서 이 책은 정치, 경제, 사회, 역사 등이 다양하게 씨줄과 날줄로 엮여 있다. 그의 진단의 옳고 그름을 떠나 세계를 조망하고 인식하며 구체적이고 현실적인 방법을 모색하면서 우리가 과연 어떤 시각을 지니고 있는지, 앞으로 어떻게 인식해야 하는지를 짚어볼 수 있다는 점에서 꼭 한 번은 읽어봐야 할 책이다.

## 《좌우파 사전》 김기원·최현 외, 위즈덤하우스, 2010

대한민국을 이해하는 두 개의 시선인 좌파와 우파에 대해 제대로 서술하고 있는 책이다. 열네 명의 학자들이 집필했으면서도 22개의 의제들이 모두 오늘날 한국 사회가 직면한 쟁점들이다. 건강한 보수와 실천적 진보의 정립이 요구되는 현실에서 적절한 책이다. 보수든 진보든 각각의 정체성을 정확하게 인식하고 재정립하며 상대의 진정성을 이해할 수 있을 때 한국의 정치와 사회가 발전할 수 있다는 점에서 도움이 될 것이다. 다만 프랑스, 영국, 미국의 좌우파 개념과 역사 등 역사적 접근이 부족하다는 약점은 아쉽다. 아마도 문제의 초점을 우리 현실의 정치에 맞췄기 때문이겠지만 어쩌면 그래서 더욱 그런 접근이 필요하지 않을까?

《중간에 서야 좌우가 보인다》(이진우, 책세상, 2012)도 간결하면서도 시의적절한 책이다.

### 《평등, 자유, 권리》 이종은, 책세상, 2011

2011년 한국출판문화상을 수상한 저작답게 치밀함과 풍부함에서 높은 평가를 받는 책이다. 이종은 교수는 이 책에서 '자유, 평등, 우의'라는 일반적 순서와 달리 평등을 먼저 논한다. 그것은 우리가 자유민주주의의 정상적 길을 밟아오지 못했기 때문에 현실에서 평등을 제대로 구현하지 못했다는 반성적 사유에서 비롯된다. 이처럼 이 책은 우리가 상투적으로 이해하고 있는 개념과 인식에 대해 꼼꼼하게 파고들며 그 근거와 역사를 치밀하게 제시한다. 평등과 자유의 조화라는 문제가 권력 행사의 도덕적 정당성이라는 문제에 귀착된다는 저자의 주장은 또한 자유지상주의나 공동체주의 혹은 공화주의의 입장과 대비하면서 많은 것들을 깨우치게 만들어준다. 같은 출판사에서 나온 그의 또 다른 저작 《정치와 윤리: 정치권력의 도덕적 정당성에 대한 탐구》(2010)도 도움이 될 것이다. 정치학을 공부하는 사람이라면 꼭 읽어봐야 할 책이다.

### 《전체주의의 기원》 한나 아렌트, 이진우, 박미애 옮김, 한길사, 2006, 전 2권

전체주의는 끝났는가? 아렌트는 단연코 아니라고 대답한다. 이 책은 전체주의의 속성은 결코 사라지지 않았으며 그것은 결국 인간성의 파괴로 이어질 수밖에 없다고 경고한다. 그녀는 단순히 역사적 사실을 기술하는 것이 아니라 그 안에 감춰진 인간 존엄성의 말살이 어떻게 이루어지며, 대중들이 어떻게 그 사실을 묵인하거나 합리화하는지를 예리하게 추적한다. 그녀의 시선은 유태인에 대한 홀로코스트에서 비롯된 것이기는 하지만 그것이 단순하게 유태인에 대한 편견으로 그치지 않으며 제국주의적 속성을 포기하지 않는 한 결코 멈춰지지 않는 반인류적 범죄라는 점을 고발한다. 1권에서 기술되는 드레퓌스 사건은 심지어 당시의 진보적 지식인들조차 어떻게 그 폭력에 가담하며 또한 그것을 제대로 인지하지 못하는지 생생하게 보여준다. 아렌트의 성찰은 단순히 피해자로서의 고발이 아니라 인간의 보편적 속성에 대한 고발이라는 점에서 공감을 얻는다. 전체주의는 현대의 변종 제국주의에서도 고스란히 드러나고 있다는 사실을 알게 될 것이다.

—

# 2장

# 경제

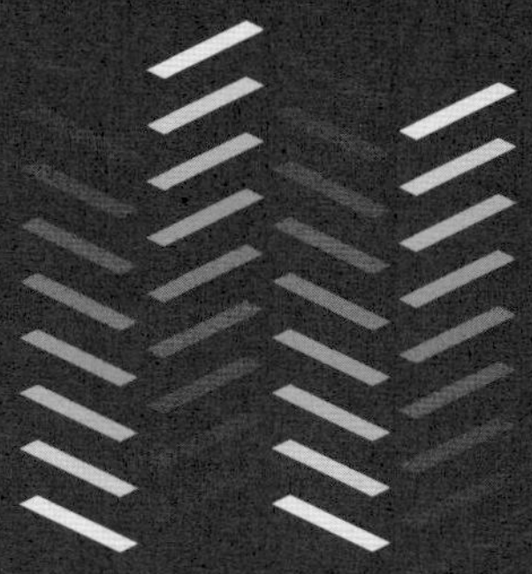

"경제학은 부의 축적에 관한 연구인 동시에
인간에 관한 연구의 일부다."
알프레드 마샬

# 인간의 욕망과 자본주의

## 1

고딕건축은 12세기말에 발생한, 그러니까 로마네스크 건축과 르네상스 건축 사이에 있는 건축양식이다. 프랑스를 중심으로 전개된 고딕건축은 파리의 생드니수도원 원장이던 쉬제르Suger, 1081~1151가 생드니수도원의 대성당(바실리카)을 재건하면서 처음 선을 보였다. 그는 기존의 성당 건축과는 전혀 다른 문법으로 새로운 성당을 지었다. 사람들은 낯선 그 양식에 대해 어떻게 정의해야 할지 몰랐다. 쉬제르는 새로운 양식Post Modus이라고 명명했다. 요즘 식으로 해석하자면 포스트모던쯤 될 것이다. 그러나 사람들은 이 거대한 건축물에 대해 그다지 호의적이지 않았던 것 같다. 그래서 붙여진 이름이 바로 고딕Gothic이다. 우리식으로 풀어쓰자면 '오랑캐풍'쯤 될 것이다.

본디 고딕이라는 뜻은 '고트족의 양식 같은'쯤 되는 것이다. 고딕양식은 고트족과는 아무런 상관이 없다. 로마 이후 당시 유럽인들이 가장 야만적 종족으로 폄훼한 것이 바로 고트족과 반달족이다. 로마의 입장에서는 골칫거리였고 툭하면 저항하고 반란을 일으켰던 부족이니 좋게 여겼을 리 없다. 고딕이라는 본디 뜻은 그런 거였다.

처음에는 낯설었던 것도 자꾸 보면 익숙해져서 거부감이 없어진다. 사람들은 고딕 성당에 그럴싸한 의미를 부여했다. 즉 하늘을 찌를 듯한 뾰족한 첨탑은 상승감을 느끼게 하며 그것은 곧 하늘을 향한 신자들의 마음을 표현하는 것이라고 포장했다. 고딕양식은 그리 오래 지속되지 않았다. 그런데도 첨탑은 교회 건물의 대표 양식이 되었다. 그렇다면 고딕 성당의 이면에는 무엇이 있었을까?

고딕양식의 교회 건물은 과시욕의 산물이었다. 물론 첨두아치, 리브볼트Rib Vault, 플라잉 버트레스Flying Buttress 등 새로운 건축기술의 발달과 유리공업의 발달이라는 환경적 요인도 작용했다. 그러나 가장 중요한 동인은 돈이었다. 이 거대한 건축물의 건축에는 상당한 재원이 소요되었다.

고딕 성당은 대부분 큰 도시에서만 볼 수 있다. 그것은 도시의 부가 아니면 불가능한 산물이었기 때문이다. 북부 이탈리아와 프랑스, 남부 영국과 중남부 독일 등의 대도시에서 고딕 성당이 경쟁적으로 지어진 것은 도시의 부와 세를 과시하기 위해서였다. 인간은 욕망의 존재다. 그리고 그런 욕망을 실현하는 데에 필수불가결한 것이 바로 돈이다. 돈은 인간의 욕망을 충족시켜주고 인간은 돈을 과시하려는 속성을 지닌다.

중세에는 돈을 더러운 것으로 여겼다. 그러나 교회는 신자들에게 가르치는 바와는 달리 정작 자신은 열심히 돈을 모았다. 1517년의 교회의 분열과 종교개혁도 따지고 보면 돈 문제 때문에 생겨난 사단이었다. 겉으로는 고상한 척하지만 누구나 돈의 욕망에서 온전히 자유롭기란 참으로 어렵다.


## '보이지 않는 손'은 누구인가

· · ·

1776년은 두 가지 점에서 주목해야 할 연대다. 미국이 독립을 선언한 해이고, 애덤 스미스가 《국부론》을 출간했던 해이기 때문이다.

책의 정확한 제목은 《An Inquiry into the Nature and Causes of the Wealth of Nations》, 즉 '국가의 부의 성질과 원인에 관한 고찰'이다. 흔히 경제학의 바이블이라고 평가되는 《국부론》은 본격적인 경제학의 서막을 알리는 신호탄이었고, 그것으로 인해 경제학이 비로소 독립된 학문으로 자리를 잡았다. 《국부론》은 단편적인 정책 주장만을 해오던 이전의 저술들과는 달리 최초의 체계적이고 획기적인 저작이다. 그러나 애덤 스미스는 정작 이 책보다는 《도덕감정론》을 더 중요하게 여겼던 도덕철학자이기도 했다. 사실 '보이지 않는 손'도 이 책에서 먼저 언급했던 개념이었다.

경제학이란 학문이 생겨난 것은 전적으로 산업혁명 덕분이다. 막스 베버는 《프로테스탄티즘의 윤리와 자본주의정신》에서 개신교의 근검금욕 정신이 자본을 축적한 것에서 비롯되었다고 주장했지만, 최근에는 개신교 윤리 때문에 자본이 생긴 것이 아니라 스위스의 시계공업이 이미 자본을 축적하기 시작했고, 개신교는 그것을 뒷받침했을 뿐이라는 주장들이 나오기도 한다. 베버는 진정한 의미에서의 자본의 축적은 대량생산과 노동착취 등에서 비롯된 것으로 보았다. 자본이 생겼고 시장이 변모했다. 그리고 그에 따라 사회도 변했다. 심지어 윤리도 바뀌어야 했다. 이런 배경에서 공리주의가 생겨났다.

자본주의란 이윤추구를 목적으로 하는 자본이 지배하는 경제체제, 혹은 생산수단을 사유화한 상태에서 상품생산이 행해지는 경제체제를 의미한다. 자본주의라는 개념은 애덤 스미스 등의 경제학자들이 만들어낸 것이 아니라 놀랍게도 마르크스 등 사회주의 경제학자들이 만들어낸 용어다. 그들은 근대경제체제의 구조와 그 운동법칙을 밝히기 위해 자본주의라는 개념을 도입했고, 그 폐해에 대해 비판했다.

자본주의의 역사는 일반적으로 16세기부터 시작되었다고 말하지만, 18세기 후반 이후 산업혁명의 발전에 따라 서구사회에서 일반화된 것으로 봐야 한다. 그리고 이제는 아시아, 아프리카에 이르기까지 거의 대다수의 사회가 추종하는 경제체제가 되었다. 1990년 이후 공산주의 국가들이 일거에 몰락하면서는 거의 유일한 경제체제로 등극했다. 거기까지는 후쿠야마가 《역사의 종말》에서 지적한 것과 어느 정도 일치한다.

자본주의는 자본주의의 정체와 시장 확장의 한계에 대한 우려가 제기되자 자본의 힘이 정치를 압도하는 상황을 이용해 신자유주의라는 옷을 입게 되었다. 자본주의의 특징인 자유경쟁주의 또는 경제활동의 자유라는 점을 오직 자본의 입장에서만 해석하려는 것이 신자유주의 경제다.

신자유주의경제는 누구도 말릴 수 없는 대세였다. 그러나 21세기

초반 미국이 경제위기에 놓이자 금세 추한 모습이 드러났다. 월가의 탐욕이 빚어낸 필연적 결과였기에 돈에 대해 윤리를 따지지 않았던 사람들이 분노했고 경제에 윤리의 의무를 요구하기 시작했다. 그러나 경제가 그런 윤리에 대한 요구를 선선히 받아들일 것 같지는 않다. 2001년 노벨경제학상 수상자 조지프 스티글리츠는 정보의 비대칭성이 작동되는 여러 양상을 연구했다. 그런 상태에서 시장을 그대로 내버려두게 되면 비대칭성에 따라 정보의 불균형이 일어나고 배분은 왜곡되며 도덕적 해이가 발생하기 때문에 시장 그 자체로서는 최고의 결과를 내지 않는다고 비판했다. 이런 비판은 국제무역에도 그대로 적용될 수 있다.

## 자본주의와 노동

· · ·

앞서 잠시 언급했듯이 자본주의에서 기업의 목적은 최대이윤의 추구다. 누구도 그것을 부정하지 않는다. 그러나 그다음 질문으로 넘어가봐야 한다.

도대체 기업은 왜 그렇게 최대이윤을 추구해야 하는가? 돈 싫어하는 사람 없다. 게다가 기업은 자칫하면 망하거나 적자를 감수해야 할 위험까지 안아야 한다. 그러니 이윤의 극대화는 필수불가결하다. 하지만 기업은 단순히 자본으로만 이루어진 게 아니다. 자본, 기술, 토지, 노동, 경영능력, 아이디어 등 많은 가치들이 복합적으로 만들어낸 주체다. 기업이 이윤을 극대화하는 것은 바로 기업에 참여한 사람들에게 더 많은 분배를 해주기 위함이고, 그것은 그들로 하여금 보다 나은 삶, 더 나아가 자아를 실현할 수 있는 보다 나은 조건을 마련할 수 있게 하기 때문이다. 그럼에도 불구하고 기업은 경기가 나쁠 때는 노동자나 직원들에게 고통 분담을 요구하며 해고나 감봉을 감행하고 경기가 좋을 때는 아주 조금 생색을 낼 뿐이다.

이런 논리가 통용되는 건 초기의 고전경제학에서 설정된 임금노동에 대한 해석이 여전히 작동하기 때문이다. 자본, 토지, 노동의 3대 요소에서 앞의 두 가지는 위험부담을 안아야 하는 것이지만, 노동은 미리 임금을 계약했으니 위험부담이 없고, 따라서 그 결과에 상관없이 계약한 만큼의 대가만 지불하면 된다는 것이었다. 얼핏 맞는 말 같지만, 당시 자본과 토지의 위험부담은 별로 없었다. 오히려 불안한 건 노동이었다.

결국 모든 이익은 자본가들의 차지가 되었다. 마르크스가 비판한 것도 이 부분이 아니었던가. 마르크스는 자본주의의 특징으로 이윤 획득을 목적으로 상품 생산이 이루어지며 노동력이 상품화된다는 점을 꼽았다.

노동력의 상품화는 자본주의의 가장 큰 특징 가운데 하나다. 노동자는 자기의 노동을 시장에서 자유롭게 판매하고 자본가는 이들을 고용하여 상품을 생산한다. 상품화되면서 노동 역시 자유처분의 원칙에 따라 결정될 수 있다는 긴장이 늘 존재한다. 약자인 노동자는 노동3권에 의해 최소한의 권리를 보장받도록 법에 명시되어 있다. 그러나 신자유주의경제는 모든 규제를 철폐해야 한다고 주장하면서 엉뚱하게 노동3권까지 위협하려 든다. 이른바 '노동의 유연성'이다. 그것은

‘자유로운 해고’를 보장해달라는 것과 다르지 않다. ‘유연성’이라는 부드러운 용어로 분식粉飾하려는 말장난일 뿐이다. 이런 의미에서 보자면 우리가 자본주의라고 부르는 건 자본과 노동 등이 융합된 경제 체제이기는 하지만 자본의 논리와 의도에 의해 이루어지고 자본의 목적에 따라서만 운용되는 체제가 아닌가 하는 생각이 들기도 한다.

## 자유방임은 방종이 아니다

. . .

역사적으로 경제학의 흐름은 자본주의와 밀접한 관계를 맺어왔다. 때론 ‘수정자본주의’ 등의 반론이 없었던 것은 아니지만 대개는 밀월관계였다고 볼 수 있다. 특히 우리나라의 경우 사회주의 경제학은 의도적으로 철저하게 무시되거나 탄압되었던 까닭에 경제학이 마치 자본주의의 이론적 배경인 것처럼 착각하는 것도 이상하지 않을 정도다.

서울대학교에서 유일한 마르크스 경제학자였던 김수행 교수가 정년퇴직할 때 서울대 당국은 정년 바로 전 학기까지 후임 교수를 선임하는 관례를 무시하고 버티다가 김 교수가 퇴직하자 이른바 주류 경제학자를 뽑았다. 서른 명이 넘는 주류 경제학자들이 있음에도 불구하고 비주류 경제학자들은 뽑지 않는 이 무시무시한 불균형 감각과 철옹성 같은 지식카르텔을 보면 참담하다.

그들은 걸핏하면 정부의 규제 철폐를 요구한다. 한목소리로 그러는 걸 보면 대기업의 대변자들 같다. 하기야 상당수의 경제학자들이 이런 저런 모습으로 대기업과 관련을 맺고 있다. 사외이사로, 산학협동을 빙자한 프로젝트로, 관변학자로 그들이 다양하게 관련을 맺고 있는 것이 부인할 수 없는 사실이다. 그런 형편에 시장만능주의와 대기업의 폐해 등에 대해 비판하는 것은 쉽지 않을 것이다.

주류 경제학자들이 전가의 보도처럼, 그러나 낡은 축음기 돌리듯 늘 반복해서 언급하는 것이 바로 애덤 스미스의 '보이지 않는 손'이다. 이 '보이지 않는 손'과 늘 함께 따라다니는 것이 바로 자유방임Laissez-Faire이다.

자유방임은 그냥 내버려두라는 게 아니라 인간의 합리성을 토대로 최적화 가능성을 시장 스스로 실현할 수 있으므로 불필요한 간섭을 배제하라는 요구였다. 자유방임주의의 진정성은 바로 개별적 인간, 즉 자유로운 개인에 대한 신뢰와, 권력의 비인격적이고 불합리한 억압과 간섭에 대한 저항이었다. 이전의 관행이던 왕권과 귀족의 억압과 독점의 폐단을 배격하라는 것이 이 문제의 핵심이었다. 그것을 보지 못하고 오로지 자신의 이익만을 극대화하기 위해 모든 규제와 간섭을 철폐해야 한다는 것은 자유방임의 뜻을 왜곡하는 것이고 실제로 그런 결과를 초래해왔다.

현실에서 보이지 않는 손은 바로 기업들의 로비와 그들의 대변자인 정부의 경제정책 담당자, 그리고 주류 경제학자들의 카르텔이다. 애덤 스미스가 '보이지 않는 손'을 언급한 상황을 고려하는 이들은 별로 없어 보인다. 애덤 스미스가 주장한 시장의 자율성은 문맥과 상황을 올바르게 고려해서 해석해야 한다. 즉 이전에는 모든 것을 정부가 관여하고 관리해왔던 것을 비판했던 것이다.

정부나 귀족들은 자신들의 합리성을 강조하여 당연히 자신들이 관여하고 관리하는 것을 정당하다고 여겼다. 어느 정도의 차이는 있을 수 있겠지만 본질적으로 인간의 합리성은 보편적이다. 그런데 그걸 무시하고 오로지 자신들만 그런 합리성을 가졌다고 주장하는 것은 자기 이익을 위한 궤변에 불과할 뿐이다. 애덤 스미스는 그런 편견에 대항하여 인간의 보편적 합리성을 강조했고 불필요한 간섭과 규제 따위를 제거하라고 요구했다. 정부도 그렇거니와 시장은 강자의 논리가 아니라 합리적 판단 능력을 가진 보편적 인간의 논리에 의해 결정된다는 것이다. 그게 애덤 스미스 사상의 철학적 바탕이다.

애덤 스미스의 주장은 당대의 사회에 받아들여졌다. 그래서 이른바 '작은 정부'의 수립이 요구되었다. 정부의 역할은 단지 도둑을 막아주는 야경국가의 기능만 충실히 수행하면 될 뿐이기 때문이다. 그러나 만약 그 합리성에 왜곡이 가해지거나, 예를 들어 독점이나 과점처럼 어느 세력의 일방적 주도로 이끌어질 때 합리성의 보편성은 깨지고 작은 정부론 또한 힘을 상실한다.

주류 경제학자들이나 기업가들이 요구하는 자유방임은 수단과 방법을 가리지 않고 기업의 이윤을 극대화할 수 있도록 보장하라는 것에 불과하다. 거기에는 기업의 책임은 개입하지 않는다. 이익에는 철저하게 집착하지만 책임은 무관심으로 일관한다. 그래서 이런 변종자본주의 혹은 천민자본주의는 이익은 사적으로 독점하고, 실패와 책임은 공적으로 분배한다는 비판에서 자유롭지 못하다. 그게 과연 올바른 자유방임일 수 있는가? 그게 애덤 스미스가 요구한 자유방임의 철학과 동일한가? 20세기 초중엽 세계를 위기에 빠뜨린 대공황의 근본적인 원인은 바로 개인의 탐욕과 정부의 무방비에 있었다. 누가 봐도 근거 없는 주가상승으로 엄청난 이익을 취하는 집단이 출현하자 너도 나도 주식투자에 몰려들었다. 그들에게는 오로지 주가 이익만 보일 뿐 그 위험성이나 음모는 보이지 않았다. 그 상황의 위험성을 전혀 모르지는 않았을 것이다. 만일 경제학자들마저 그것을 몰랐다면 자격이 없는 것이고 모른 척했다면 직무유기를 한 셈이었다. 결국 탐욕과 허위의 이중주는 끔찍한 결과를 빚었다. 이미 단물을 빨아먹을 대로 빨아먹은 세력은 뒤로 슬쩍 빠져서 그다음의 이익에 눈을 돌리고 있었다. 이것은 2008년 미국에서도 고스란히 재현되었다.

경제학은 부의 축적에 관한 연구인 동시에 인간에 관한 연구의 일부다.

19세기 후반 신고전학파를 창시한 영국의 경제학자 알프레드 마샬Alfred Marshall, 1842~1924이 자신의 대표적 저서 《경제학 원리》 첫 페이지에서 했던 말을 기억할 필요가 있다. 그는 또한 "경제학자는 냉철한 머리, 뜨거운 가슴을 가져야 한다"고 말했다. 중요한 것은 시장이냐 정부냐의 이분법이 아니라 어떤 방법이 인간의 행복을 위해 더 필요한가 하는 인간 중심의 시각이다.

# 케인즈와 프리드먼

시카고대학 교수였던 조지 스티글러<sup>George Stigler, 1911~1991</sup>는 경제학을 '제국주의적 학문'이라고 비판했다. 경제학이 단순히 경제 현상만을 다루는 것이 아니라 거의 모든 사회적 문제에 직간접적으로 영향을 미치면서 정치학, 사회학, 인류학, 심리학뿐 아니라 문화나 철학에 이르기까지 거의 전방위적 파급력을 행사한다는 의미였다.

고전주의경제학이 시장의 기능을 중시하고 자연가격의 역할을 높이 평가했다면, 거기에 인간의 물질적 욕망을 충족시키는 힘인 효용을 중심으로 한 가치체계를 도입한 것이 바로 신고전주의경제학이다. 신고전주의경제학은 시장경제의 움직임을 본격적으로 탐구하였다는 평가를 받았다.

1930년대에 학계에서 확고한 입지를 다진 신고전주의경제학은 유럽뿐만 아니라 미국 등 이른바 경제 선진국들의 주요한 경제적 입장을 대변했다. 아마도 미국이 신고전주의경제학의 메카가 된 것은, 제 2차 세계대전 후 여러 나라에서 미국으로 유학한 인재들이 본국으로 돌아가서 그 전도사가 된 것도 한몫을 했을 것이다. 그 점은 우리나라도 예외가 아니다.

시장경제학자들의 자유방임주의에 뿌리를 둔 고전경제학은 불황과 실업도 자연스러운 경제 순환의 일부이며 자동수정된다고 보았다. 그래서 정부가 간섭할 필요가 없다고 여겼으며 1930년대 전후의 경제위기에 대해 아무런 처방도, 대안도 마련하지 못했다. 그 대안을 제시했던 것이 바로 케인즈<sub>John Maynard Keynes, 1883~1946</sub>의 경제학이었다. 거시경제학 분야에서 20세기에 가장 큰 영향력을 행사한 것이 바로 케인즈의 경제학이다.

케인즈는 세계대공황 시기에 공황 발생의 원인을 경제 전체적 시각에서 관찰했다. 이른바 거시경제학이다. 그는 경제 전체의 소득수준은 개인만 관찰해서는 설명할 수 없으며 집단 속에서 사람들의 성향을 관찰해야 한다고 주장한다. 이것을 달리 말하자면 경제 전체의 유효수요를 결정하는 소비와 투자는 사회심리적 성향의 산물이라고 할 수 있다. 그에 따르면 한 번 위축된 경기는 시장경제를 통해 저절로 조정되거나 회복되지 않는다. 즉 전통적인 미시경제학적 믿음을 더 이상 신뢰할 수 없다는 것이다. 따라서 유효수요를 회복하기 위해서는 기업과 시장의 합리적 조정 능력에 의존할 게 아니라 정부지출을 늘려서 대공황에서 탈출해야 한다는 처방을 제시하였다.

대공황과 제2차 세계대전 이후 각국은 거시경제학을 수립하여 경제의 안정과 성장을 도모하는 데에 집중했으며, 많은 경제학자들이 정부의 정책 수립에 적극적으로 참여하였다. 오죽하면 1970년대 초 케인즈를 비판하던 프리드먼Milton Friedman, 1912~2006조차 "우리는 모두 케 인즈주의자"라고 했을까.

그러나 케인즈경제학은 1, 2차 석유파동을 겪은 1970년대 중반 이후 동력을 잃었다. 석유파동은 세계 각국에서 실업과 인플레이션이 공존하는 현상을 초래했다. 불황 속의 인플레이션, 즉 스태그플레이션이 다발적으로, 그리고 지속적으로 발생하면서 케인즈경제학에 대한 믿음은 희석되었다. 그 대안으로 떠오른 게 바로 시카고학파를 중심으로 한 신고전경제학의 부활이었다.

그 대표적 자유주의자가 시카고학파의 프리드먼이었다. 프리드먼은 케인즈의 거시경제학은 시장의 합리성을 인위적으로 통제하거나 조작함으로써 한계에 봉착할 수밖에 없고, 따라서 정부의 지출을 늘리더라도 소비와 투자의 증가는 일시적 미봉책에 불과할 것이라고 비판했다. 결국 그런 지출의 증가는 이자율을 상승시킬 뿐이며 이는 민간소비투자를 오히려 위축시킴으로써 경제를 악화시킬 수 있다는 비판이었다. 시카고학파는 개인이 미래를 예상하는 데에 모든 정보를 동원함으로써 자연스럽게 합리적 선택을 하게 된다는 믿음을 견지했다. 그들은 어떤 거시경제정책도 일시적 효과만 있을 뿐이기 때문에 정부는 시장이 잘 작동되도록 하면 된다고 보았다. 즉 시장에 의한 자원배분을 통해 경제성장과 안정을 동시에 달성할 수 있다고 본 것이다.

'시장은 스스로는 제대로 작동하지 않는다'는 케인즈의 경제학이 정부의 역할과 의무를 강조하는 것은 당연한 듯 보였다. 그러나 앞서 말한 것처럼 1970년대 후반, 세계의 경제적 상황이 예기치 않은 변화를 겪었고, 미국의 레이건 행정부와 영국의 대처 정부가 밀턴 프리드먼의 통화주의를 채택하면서 케인즈경제학은 급락했다.

프리드먼은 케인즈의 국가의 재정을 통한 총수요의 조절을 비판하면서 그것은 단지 통화량의 문제일 뿐이기 때문에 정부는 인플레이션을 억제하기 위해 준칙을 정해 통화량을 조절하는 것 외에는 다른 모든 자유를 침해하는 활동을 억제해야 한다고 주장했다.

이런 신고전주의는 세계화로 발전했다. 그들은 자유무역협정, 금융혁신, 변동환율제도, 자본의 자유로운 이동, 낮은 법인세 등을 통해 경제활동 자체를 활성화시키는 것을 유일한 해결책으로 보았다. 신자유주의의 등장이었다.

# 신자유주의의 등장과 폐해

신자유주의가 가속화된 것은 앞서 역사를 다룬 장에서 잠깐 언급했던 것처럼 미소 냉전이 붕괴된 1989년부터였다. 그리고 그에 앞서 영국의 대처 수상과 미국의 레이건 대통령이 당면한 경제적 난관을 헤쳐 나가는 방법으로 선택한 처방이 어느 정도 효과를 거두면서 신자유주의가 득세하기 시작했다. 그러나 결정적인 것은 소련의 붕괴였다고 보는 것이 타당할 것이다.

자본주의와 민주주의는 쌍둥이였고, 공산주의와 사회주의라는 쌍둥이와 대결할 수밖에 없었다. 후쿠야마가 예고했던 것처럼 궁극에는 자본주의와 민주주의 진영이 승리할 것이라는 믿음은 있었어도 정작 그것이 실현되기 이전까지는 결코 자신들의 이익을 극대화하는 데에만 몰두할 수 없었다. 게다가 자본주의는 높은 생산성에도 불구하고 평등이라는 중요한 가치에 대해서는 공산주의에 대해 드러내놓고 말하지 못하는 열등감을 가진 것도 사실이었다. 그런데 갑자기 공산주의가 붕괴한 것이다. 물론 여전히 중요한 한 축인 중국은 공산주의를 포기하지 않았지만 이미 자본주의화된 중국을 더 이상 냉전의 시선으로 보는 것은 무의미한 일이었다. 이제는 걸림돌이 없어졌다. 서구의 열강들이나 기업들은 더 이상 그런 굴레를 쓸 필요가 없어졌다. 그 굴레를 벗으면 이전에 누리지 못한 새로운 이익이 창출되는 걸 뻔히 알면서 몸을 사릴 까닭이 없었던 것이다.

신자유주의가 20세기 후반 들어 기세를 올린 것은 그런 배경과 밀접한 관련을 맺고 있다. 그들은 개인의 자유와 시장경제의 중요성을 강조하면서 가능한 한 기업 활동의 자유와 계약의 자유, 자본이동의 자유를 보호하고, 국가의 경제 간섭은 최소화해야 한다고 요구했다. 신자유주의에 따르면 경제위기의 가장 큰 원인은 시장의 탓이 아니라 정부의 불필요하고 그릇된 간섭 때문이다. 따라서 정부는 경제 활동에서 빠져야 한다. 그러므로 신자유주의는 모든 부문에서의 탈규제와 민영화를 부르짖을 수밖에 없다.

심지어 그들은 복지후생의 문제도 정부가 간섭하거나 개입하면 안된다고 주장한다. 자생적으로 형성되는 시장경제의 결과가 저절로 복지 문제도 해결할 수 있다고 본다. 그들에 따르면 복지는 시장경제를 정부가 조종하고 통제해서 생기는 것이 아니다. 그것은 불필요한 비용만 증가시키고 그 부담은 고스란히 경제활동의 위축으로 이어지며 그 결과 고용이 줄어들 수밖에 없다고 해석한다. 무엇보다 그들은 정부의 간섭과 개입은 인간의 지적 능력과 도덕적 역량을 초월하는 것이라고 비판한다. 신자유주의자들은 기업 활동이 활성화되면 자연스럽게 고용이 증가하고 그렇게 되면 임금을 받게 되어 스스로 자신의 삶을 영위해갈 수 있기 때문에 노동 회피 등 도덕적 해이도 막을 수 있고 복지 문제도 저절로 해결될 수 있다고 주장한다. 공공정책은 최소한의 생활만 보장해주면 될 뿐 결코 적극적인 복지정책을 시행하면 안 된다고 주장한다.

## 신자유주의의 맹점

...

신자유주의에는 최소한 세 가지 맹점이 있다. 하나는 결코 기업은 스스로 사회적 이익을 위해 활동하지 않는다는 점이다. 기업은 이윤 극대화라는 속성을 지닌다.

또 다른 하나는 이미 현대의 경제 양상이 고용 없는 성장<sup>Jobless Growth</sup> 혹은 저성장 고실업이 보편화되었다는 점이다. 이익의 증가가 고용을 증대시키는 것은 대부분 제조업의 경우이다. 그러나 최근 들어 가장 큰 이익의 수혜자는 금융업인데 이들의 이익 증대가 고용 증대로 이어지지 않는다.

쉽게 생각해보자. 100억 원의 예탁자본을 운영하는 직원이 1000억 원의 자본을 운용하는 데에 큰 문제가 없다면 굳이 새로운 직원을 충원할 까닭이 없다. 그러므로 금융업에서의 고용 증대는 결코 그 이익에 비례하지 않는다. 금융업뿐 아니라 정보기술산업 같은 기술과 자본집약형 산업도 그 특성상 고용 창출력은 상대적으로 낮다. 문제는 갈수록 이런 업종들이 경제의 주도 세력이 된다는 점이다. 그리고 자본과 노동의 경쟁에서 자본 경쟁력이 우세한 산업구조에서는 노동 가격인 임금은 지속적으로 상승하기 때문에 기업들은 노동 수요, 즉 고용을 줄이는 데에 몰두하게 된다. 물론 저성장 고실업의 질병은 평등주의 패러다임으로는 결코 해결될 수 없다. 그 패러다임을 바꿔야 한다는 절박한 사정이 신자유주의를 정치적 무대의 전면으로 이끌어 낸 것이다. 문제는 그것이 과연 유일한 대안이고 최선의 가치인가 하는 점이다.

마지막으로 신자유주의경제학자들이 주장하는 것처럼 과연 인간의 합리성이 항상 보장되느냐 하는 문제이다. 대니얼 카너먼이 주창한 행동경제학은 인간의 심리에 작동되는 어처구니없는 비합리성을 실증적으로 보여주었다. 그런 실례들은 너무나도 많다.

한 조사에 따르면 헌혈을 활성화하기 위해 스웨덴에서 자발적으로 헌혈하는 사람들에게 50크로네(약 8,500원)를 지급하기로 했다. 그런데 예상과는 달리 헌혈지원자가 현저히 감소했다. 좋은 뜻으로 자신을 희생하는 데에 돈을 주겠다는 것은 합리성을 넘어 자신의 자발적 가치에 대해 모욕감을 주었다고 느꼈기 때문이다.

행동경제학자들은 이처럼 인간의 의사결정이 복잡한 개인적 특성과 사회적 힘에 의해 영향을 받는다는 사실에 주목하라고 요구한다. 행동경제학은 인간의 행동이 완전히 합리적이고, 자제적이며, 이기적이라는 점을 부정한다. 하지만 경제학자들은 인간의 행동은 전적으로 합리적이고 자제적이며 이기적이라는 점만 강조한다. 그러면서 개인의 합리성 혹은 시장의 합리성에 전권을 이양하라고 말한다. 그들의 주장이 설득력을 갖기 위해서는 개인과 시장의 합리성이 보편타당하

며 어느 정도의 필연성도 확증할 수 있다는 점을 분명하게 보여주어
야 한다. 그것을 설득하지 못하는 한 신자유주의경제는 높은 효율성
에도 불구하고 위험할 수 있다.


## 자본주의는 스스로를 통제하기 어렵다

· · ·

애덤 스미스의 고전경제학은 당시의 부당하고 무지하며 탐욕적인 지
배계급의 불필요한 간섭을 배제함으로써 개인의 합리성을 강조한 것
이다. 고전경제학으로부터 힘을 얻어 태동한 자본주의는 불행히도 탐
욕과 불법, 왜곡과 착취라는 악습을 벗어버리지 못했다. 탐욕스러운
지배권력이 관료에서 기업가로 바뀐 것뿐이었다. 이로 인해 자본주의
와 자유주의에 대한 회의가 커졌고, 수정자본주의 등 자본주의를 비
판하는 조류가 등장하기도 했지만, 결국 자본주의의 세계화 버전인
신자유주의 탄생을 저지하지는 못했다.

신자유주의는 이런 자기 원죄에 대한 반성 대신, 정부의 개입과 간
섭은 불필요한 비용만 증가시킬 뿐이며 개인의 합리성을 저해하는
것이라는 주장만 되풀이하고 있다. 이는 기업의 이익 극대화라는 논
리에만 충실한 주장이라는 비판이 제기되고 있다.

물론 자본주의도 끊임없이 문제를 자각하고 수정해왔다. 그러나
이익에 대한 탐욕을 스스로 통제할 수 없다는 것은 이미 지난 역사를
통해 경험했다. 독점과 과점뿐 아니라 온갖 로비를 통해 자기 이익을
극대화시키는 것이라면 사회의 이익이나 보편적 가치를 침해하는 것

이라도 마다하지 않는 것이 기업의 생리이다.

실제로 신자유주의는 간섭주의 시대의 배경에서 등장했다. 그것은 제2차 세계대전 이후 포괄적인 권력을 쥐고 경제에 간섭하는 비대한 정부를 억제하기 위해 등장한 개념이다. 미제스Ludwig von Mises, 1881~1973, 하이에크Friedrich August von Hayek, 1899~1992, 프리드먼으로 대표되는 신자유주의는 개인의 자유는 극대화하고 국가의 경제 간섭은 최소화하는 것만이 경제를 발전시키고, 그에 따라 사회적 이익을 얻어낼 수 있다는 입장이다.

간섭주의에 우호적인 입장에 서 있는 사람들은 정책 담당자들이 시장경제의 결과를 정부정책의 목표에 합당하게 수정할 수 있는 지적 능력을 지녔으며, 도덕적 능력의 소유자라는 전제에 동의한다. 그러나 신자유주의자들은 그것은 위선이며 착각이라고 일축한다. 좀 더 노골적으로 말해서 알지도 못하면서 아는 체하고 도덕적이지 못하면서 도덕적인 체하는 자들이 경제를 망쳤을 뿐만 아니라 정치를 비대화하여 불필요한 비용만 지출하게 만들었고 더 나아가 부패를 자초하였다고 비판한다.

따라서 신자유주의자들은 정책 담당자는 물론, 모든 인간은 이기적이며 제도에 의한 합리적 선택은 이런 본성에 반하는 것이며, 불가능하다고 본다. 그런 점에서 그들의 인간관은 매우 현실적이다.

하지만 그들의 주장대로 부패의 원인이 공공부문의 확대와 정부의 간섭과 개입 때문인가? 또한 공공부문을 축소하고 시장의 자생적인 힘에 의존하면 그들이 제시하는 세상이 구현되는가?

시장경제에서는 경쟁을 통해 이기적 행동을 적절히 통제할 수 있지만 정부부문은 그런 통제가 불가능하기 때문에 부패할 수밖에 없다는 그들의 주장은 매우 독선적이고 위험한 측면이 있다.

이기적 행동을 스스로 적절히 통제할 수 있기 위해서는 '공정한 경쟁'이 보장되어야 한다. 그러나 시장은, 이윤의 극대화를 추구하는 기업들이 주도하는 시장은 결코 공정한 경쟁을 선호하지 않는다. 그들은 자신의 힘은 극대화하고 경쟁자의 그것을 무력화시키기 위해 온갖 시도를 마다하지 않는다.

"제발 도덕적인 척 위선 떨지 말라"는 신자유주의가 도덕적 능력에서 매우 겸손하다는 주장이야말로 위선적인 포장에 지나지 않는다는 것이 2008년 미국의 금융위기에서 그대로 드러나지 않았던가. 신자유주의자들은 교육, 복지, 의료, 주택 등 공공부문을 완전히 자유 시장에 맡길 것을 요구한다. 그들은 자유시장만이 까다로운 교육, 의료 수요 및 연금 수요를 충족시킬 수 있다고 주장한다. 심지어 사회인프라조차도 시장에 이양하라고 요구한다. 하지만 그 결과가 그들이 주장한 것처럼 장밋빛이기는커녕 오히려 사회적 양극화를 가속시키고 있는 현실은 어떻게 설명할 수 있을 것인가.

신자유주의의 또 다른 문제 가운데 하나는 경영에서의 노동자 역할을 축소한다는 점이다. 그들은 노동자의 경영 참여를 극도로 반대한다. 정보의 비대칭성과 자본의 비대칭성이라는 면에서 노동자의 권리는 위축될 수밖에 없다. 게다가 신자유주의는 법적으로 보장된 최소한의 노동자 권리마저 제한하기를 요구한다.

신자유주의 입장을 선호하는 게 바로 '주주 자본주의'라는 점을 간과해서는 안 된다. 그들이 염두에 두는 시장은 단지 주주에게 기여하는 것이고, 그로 인해 자신에게도 이익이 돌아오게 하는 것뿐이다. 물론 신자유주의는 상황의 변동에 유연하게 대처할 수 있는 능력을 보유하고 있지만 경제 활동의 주체인 노동을 위축시킨 것은 결과적으로 지금까지 어렵사리 축적해온 가치를 무너뜨린 것으로 볼 수 있다. 노동조합과 노동시장이 지나치게 경직되어 초래한 폐해들이 존재한 것은 분명한 사실이다. 레이건과 대처가 노동조합에 적대적 시각을 가졌던 것은 그들이 보기에 지나친 노조의 요구에 굴복하면 아무것도 지켜낼 수 없다는 절박성이 어느 정도 작동되었기 때문이었다. 그리고 분명 그 효과를 얻었다. 하지만 그 효과라는 것도 잠깐이었을 뿐 오히려 인간의 가치를 위축시키고 사회의 불안정성을 가속화했다는 비판에서 결코 자유로울 수 없다.

# 다시 애덤 스미스로

경제 혹은 경제학의 문제를 다루다 보니, 다시 애덤 스미스로 돌아갈 만한 가치가 충분하다는 생각이 든다.

애덤 스미스는 자신을 경제학자라고 부른 적도 없고 그렇게 불리는 건 질색했다. 그도 그럴 것이 그가 살았던 당시에는 Economist라는 말이 '자린고비'쯤의 의미로 쓰였기 때문이다(경제학이라는 게 독립적 학문으로 자리 잡은 건 20세기 들어서이다).

그렇다면 그는 자신을 뭐라고 불렀을까? 그는 자신을 철학자라고 자임했다. 그리고 실제로 그는 스코틀랜드의 글래스고대학에서 논리학 교수와 도덕철학 교수를 지냈다.

사실 18세기 영국에서 신학자나 철학자들이 경제 문제에 관심을 갖게 된 이유는, 당시 급변하는 사회적 상황 속에서 새로운 경제 질서에 도덕성을 부여할 필요가 강하게 대두되었기 때문이었다.

시장경제의 등장과 더불어 물질적 성공도 중요한 일이라는 인식이 싹텄지만 드러내놓고 물질적 성공만을 추구할 용기도 없었다. 그래서 사람들은 심각한 갈등을 느낄 수밖에 없었다. 이에 대해 애덤 스미스는 세속적이고 물질적인 가치체계로 정착된 새로운 경제윤리를 제시했다. 그리고 그가 열어놓은 길은 마치 모세가 홍해를 가른 것처럼 사람들이 더 이상 죄책감을 갖지 않고 마음대로 물질적 욕망을 추구할 수 있게 길을 터줬다.

그의 철학자, 특히 윤리학자로서의 면모가 여실하게 드러나는 책이 바로《도덕감정론》이다. 이 책으로 명성을 얻었을 때 사람들은 그를 '철학자 스미스'라고 불렀다. 당시의 도덕철학은 오늘날의 사회철학에 해당한다. 도덕철학자 애덤 스미스의 강의가 책으로 열매를 맺은 것이 바로《도덕감정론》이다.

## 철학자 애덤 스미스의《도덕감정론》

· · ·

그는 물리세계의 일반 원리를 체계화한 뉴턴을 모범으로 삼아 사회세계의 일반 원리를 체계화하려고 하였다. 그는《도덕감정론》에서 공감共感, Sympathy에 근거해 도덕적 행위의 원리를 설명하고, 이를 바탕으로《국부론》에서 정치경제학 원리를 설명하고 있다.

애덤 스미스는 자연적 자유 체계를 인간사회의 현실적인 이상으로 설정했다. 자연적 자유 체계의 사회란 모든 구성원이 인간의 자연스런 본성을 자유롭게 표현했을 때 이루어지는 사회의 모습을 말한다.

그는 한 사회가 인위적 통제 체계에 가까울수록 도덕적 능력이 부패하여 생산력이 위축되고, 반대로 자유 체계에 가까울수록 도덕적 능력이 건강하여 생산력이 증대될 수 있다고 주장하였다. 자연적인 자유 체계의 사회 안에서 공감에 바탕을 둔 도덕적 행위와 경제적 생산력은 상호보완적이다.

그렇다면 인위적 통제는 무엇일까? 말할 것도 없이 권력이다. 여기에서 다시 주목해야 한다. 일반적으로 애덤 스미스의 국부론 하면 '작은 정부' 혹은 '야경국가'를 주장하는 자유방임을 떠올릴 것이다. 물론 그는 그렇게 주장했다. 애덤 스미스는 자신의 고백처럼, '생각은 자유롭고 행동은 신중한' 사람이었다. 하지만 당대 현실에 대한 비판적 사고는 날카로웠다.

유럽에서 17~18세기는 절대왕정이 성행하던 시기다. 다행히 영국에서는 엘리자베스 여왕 시대의 절대왕정이 미혼의 여왕 사후, 시민혁명으로 넘어갔다. 하지만 언제든 왕의 권력은 예전의 절대적 권위를 소망한다. 그런데 애덤 스미스는 국가의 간섭과 통제가 비합리적이며 오히려 부패할 수 있을 뿐 아니라 '자유로운 개인'을 말살할 것이라는 점을 통찰했다. 국가는 개인과 사회의 일, 특히 경제적 행위에 간섭하지 말아야 한다는 그의 주장은 당시의 현실로 비춰본다면 아주 대담한 발언이었다.

오늘날 부패한 자본주의적 폐해를 보면서 애덤 스미스의 경제이론이 자본가의 탐욕을 정당화해준 것으로 오해하는 건 이런 상황에 대한 무지에서 비롯된 것이다.

애덤 스미스는 도덕적 행위는 풍요로운 부를 창출할 수 있는 사회적 환경을 제공하고, 또 이로 말미암은 풍요로운 부는 도덕적 행위를 더욱 강화하기 때문에 이 둘은 서로 선순환의 관계에 있다고 보고 있다. 그는 바로 이런 생각에 근거해 사회 전체의 도덕적 행위 원리는 《도덕감정론》에서, 사회의 한 부분으로서의 정치경제학 원리는 《국부론》에서 탐구하였던 것이다.

애덤 스미스가 철저한 경험론자라는 사실은 그의 사상을 이해하는 데 매우 중요한 요소다. 경험론은 인간의 모든 지식이 인간의 감각 경험에 근거한다고 주장한다. 또한 경험론은 인간이 유한하고 불완전하므로 오류를 범할 수 있는 존재라는 전제에서 출발한다. 애덤 스미스도 이런 경험론을 따라 인간을 불완전하고 유한한 존재로 보았다.

경험론은 공리주의라는 윤리학을 만들어냈다. 공리주의는 흔히 '최대 다수의 최대 행복'이라는 효율성을 강조하는 원리로 생각하는 경향이 강한데, 더 중요한 것은 그 진정성이다. 즉 감각의 주체인 모든 인간은 본성상 이기적이며(심리적 이기주의), 선은 곧 쾌락 혹은 행복이다. 따라서 누구나 행복을 추구할 권리가 있다는 것이다. 이게 바로 공리주의의 진정성이다.

그런데 그건 보지 못하고 오로지 효율성에만 매달리면서 소수의 희생을 정당화하는 철학적 명제로 생각하는 오류를 범한다. 산업화와 그에 따라 발생한 자본주의도 인간의 이기심과 효율성의 제고라는 바탕을 깔고 있다는 점에서 경험론과 공리주의와 '자유로운 개인의 욕구의 실현'이라는 공통분모를 지니고 있는 셈이다. 그러나 효율은 단순히 전체적 행복의 합 이전에 각 개인의 행복의 극대화라는 점에서 이해해야 한다.

애덤 스미스가 시장의 자율적 기능을 강조하면서 보이지 않는 손을 언급한 것(사실 그의 저술 전체에서 세 차례 언급될 뿐이며, 《국부론》에서는 단 한 차례만 나온다)은 각 개인의 합리적 판단능력에 대한 신뢰에서 비롯한다.

국가의 통제와 간섭은 개인의 합리적 능력과 자율성에 대한 무시에서 일어난다. 따라서 이 둘이 충돌할 때 더 강한 국가 혹은 권력자의 힘이 승리하는 것이 상례였다. 그러나 애덤 스미스는 개인의 합리적 판단능력과 자율성의 손을 들어준다. 앞서 말했듯이 지금의 관점에서 보면 그가 주장하는 야경국가 혹은 최소정부론과 자유방임주의는 오로지 자본가의 욕구실현만 강조하는 것처럼 보일지 모르겠지만, 당대의 관점에서 보자면 가히 혁명적인 발상인 셈이다.

그렇지만 그는 개인의 합리적 판단능력이 결코 욕망을 전적으로 조절하고 통제할 수 있다고 믿는 순진한 사람은 아니었다. 그가 경제를 도덕의 관점에서 접근하는 건 행복의 추구, 즉 쾌락의 향수라는 도덕적 가치의 실현뿐 아니라, 공공의 규범적 가치의 설정이 중요하다고 여겼기 때문이다. 그렇다면 어떻게 이기적 인간의 욕구실현의 추구가 충돌하지 않고 자율성을 유지할 수 있는가?

애덤 스미스는 모든 형태의 사적인 이익 추구를 바람직하다고 보지는 않았다. 그는 경제적 집중과 독점적인 이익에 반대했다. 경제적 집중은 자유시장의 본질적인 능력을 왜곡시킨다. 그 능력이란 토지, 노동, 자본 등에 공정하고 합당한 대가를 제공하는 가격을 형성시키는 능력이다. 승자독식의 독점적인 이익도 마찬가지 결과로 이어지면서 시장을 왜곡시키고 사회와 국가 전체의 이익을 해친다.

# 공감, 도덕의 출발점

· · ·

애덤 스미스는 인간 사회를 지탱하는 도덕의 일반 원칙이 다른 모든 일반 원칙들과 마찬가지로 감각 경험에 대한 관찰로부터 도출된다고 보았다. 도덕의 일반 원칙은 매우 다양한 사례들에 대한 관찰하여 그 결과를 일반화하는 귀납적 논리로 확립된다. 애덤 스미스는 도덕의 일반 원칙이 도출되는 인간의 경험을 공감이라고 보았다.

공감이란 인간들 사이에서 일어나는 인간으로서의 동료감정을 말한다. 국적, 인종, 종교, 나이, 성별에 관계없이 인간이면 누구나 서로 공유하는 그런 감정 말이다. 사람은 누구나 기뻐하고 슬퍼하고 분노하고 즐거워하는 감정을 갖고 있다. 아마 이런 감정들을 한 번도 느껴보지 못한 사람은 없을 것이다. 그런데 놀라운 것은 다른 사람이 기뻐하는 상황을 보고 나도 덩달아 기쁜 마음이 생기고, 다른 사람이 슬퍼하는 상황을 보고 나도 같이 슬픈 마음이 생긴다는 것이다. 이것은 너무나 자명한 사실이라서 특별히 증명을 하려고 노력할 필요가 없다. 《도덕감정론》에 그런 점이 잘 나타나 있다.

인간이 아무리 이기적인 존재라 하더라도, 그 천성에는 분명히 이와 상반되는 것이 몇 가지 존재한다. 이 천성으로 인해 인간은 타인의 운명에 관심을 가지게 되며, 단지 그것을 바라보는 즐거움밖에는 아무것도 얻을 수 없다고 하더라도 타인의 행복을 필요로 한다. 연민과 동정심이 이런 종류의 천성에 속한다. 이것은 타인의 고통을 보거나 또는 그것을 아주 생생하게 느낄 때 우리가 느끼게 되는 종류의 감정이다. 우리가 타인의 슬픔을 보고 흔히 슬픔을 느끼게 되는 것은 그것을 증명하기 위해 예를 들 필요조차 없는 명백한 사실이다.

애덤 스미스는 자연적인 이기심에도 불구하고 제3의 입장에서 타인을 평가할 수 있는 공감 능력을 강조한다. 공감 능력을 바탕으로 다른 사람들을 관찰할 때 사람들은 스스로 자신을 일깨우고, 자기 행동의 도덕성을 인식하게 된다는 것이다. 더구나 사람들은 자신에게 공감해주는 외부 관찰자를 원하는 욕구를 지니고 있다. 공감 능력을 바탕으로 이루어진 사회관계가 도덕적 판단과 행동의 근원이라고 보는 셈이다.

애덤 스미스는 일방적 시장의 자율성을 옹호하지 않았다. 아니 정확히 말하면 옹호하긴 했다. 단, 시장이 형성되기까지의 전제가 충실히 형성되었다는 조건이 붙는다. 애덤 스미스는 이 책을 통해 자본주의가 성립할 수 있는 근거를 설명한다. 결국, 자본주의도 인간이 만든 체제다. 비유적으로 표현하자면, 애덤 스미스의 사상에서 공감의 원리가 인간 사회라는 건물 전체를 받치고 있는 기초에 해당한다면, 도덕적 행위 원리는 건물의 1층이고, 정치경제학 원리는 2층이라고 할 수 있다.

애덤 스미스의 관심은 단순한 정치경제학 원리가 아니라 그것을 포함한 인간 사회 전체의 작동원리에 있었다. 과연 우리가 지금 경제학의 할아버지인 애덤 스미스의 진짜 속내를 알고 있기는 한 것일까?

간디Mahatma Gandhi, 1869~1948는 경제학의 비극은 경제학이 도덕철학으로부터 유리되면서 시작되었다고 하였다. 즉, 애덤 스미스가《도덕감정론》의 세계로부터 도덕철학을 버리고 《국부론》의 세계로 들어간 것이 비극의 시작이라고 한 것이다.

애덤 스미스가 1759년 저술한 《도덕감정론》은 그 자체의 내용도 중요하지만, 《국부론》에 앞선 저술로서 그의 경제학 체계를 떠받치고 있는 인간관을 드러내 보여준다는 점에서도 중요하다. 애덤 스미스는 경제를 사회 전반적인 맥락에서 보았으며, 그 때문에 그의 경제학은 도덕철학과 떼어 생각할 수 없다.

17~8세기 영국 도덕철학의 논쟁점 가운데 하나는 도덕적 선악을 판단하는 인간의 능력이란 무엇인가 하는 것이었다. 애덤 스미스는 인간의 옳고 그름과 선악을 비판하는 능력이 이기심도 이성도 아니고 도덕감정이라는 특수한 감정이라고 주장하였다. 그는 개인에 내재하는 상식적인 도덕감정에서 사회질서 원리를 끌어내고 있다.

인간은 이성적이고 논리적인 판단에 의존하지 않더라도 어떤 행위의 선과 악을 직관적으로 감지할 수 있는 도덕감각을 가지고 있다.

과연 현대의 경제학은 애덤 스미스의 이런 진정성을 제대로 실천할 의지가 있는가? 자본주의는 욕망의 추구와 자유로운 개인의 자아실현이라는 두 가지 가치를 윤리적으로 실천하고 있는가?

# 경제와 정치는
# 동전의 양면이다

5

다음 사진은 '같은 이름의 두 도시'이다. 하나는 미국 애리조나 주의 노갈레스Nogales 시이고, 다른 하나는 멕시코 소노라 주의 노갈레스 시다.

담장을 경계로 한 도시는 풍요를 누리고, 다른 도시는 사진처럼 판잣집들이 즐비하다. 소득도, 기대수명도, 교육과 치안 수준도 극명하게 대조적이다. 도대체 무엇이 그 두 도시의 현실을 이렇게 차이가 나게 만들었을까? 민족이나 인종의 수준 차이 때문일까? 유럽에서 건너온 이민의 후손과 아즈텍의 후손이어서? 그렇지 않다.

이 도시는 본디 멕시코의 영토였다. 1846~1848년 미국과 멕시코가 전쟁을 치렀고, 1853년 주 멕시코 공사 제임스 개즈던James Gadsden, 1788~1858이 멕시코로부터 지금의 애리조나 남부와 뉴멕시코 남서부를 사들이면서 운명이 갈라졌다. 그러니까 인종이나 문화의 차이란 사실

별로 없다고 해도 무방하다. 그렇다면 도대체 무엇이 이 두 도시를 이토록 다르게 했을까?

## 노갈레스의 운명

· · ·

미국의 제도가 완전하지는 않지만 분명히 세계 최고 수준의 민주주의를 누리고 있는 것은 엄연한 사실이다. 반면에 멕시코는 표면적으로는 민주주의를 표방하고 있지만, 집권세력의 부패가 오랫동안 지속되었다. 미국은 자유로운 이민자들이 세운 국가이고, 멕시코는 탐욕스러운 에스파냐의 식민주의자들이 정복한 국가이다. 미국은 영국과 독립전쟁을 통해 자신들의 가치를 지켜냈다. 그리고 그들은 민주주의를 발전시켰으며 가능한 한 투명한 정책과 제도를 수립했다. 물론 흑인노예에 대한 착취와 차별이 오랫동안 지속되었지만 그들의 민주주의는 차근차근 발전했다.

반면 멕시코를 정복한 에스파냐의 식민주의자들은 인디오들을 제도적으로 착취했다. 그들은 억압과 착취를 효율의 경제라고 여겼을 것이다. 어쩔 수 없이 민주주의 제도를 수립해야 했지만 그들의 속성은 변하지 않았다. 또한 원주민들을 비롯한 시민들은 고착화된 착취와 억압에 대해 체념했다. 물론 그들도 저항했지만 기득권의 이익 수호라는 철밥통은 결코 깨지지 않았다.

멕시코가 상대적으로 낙후된 것은 바로 정치와 경제의 부도덕한 유착과 야합의 결과라고 해도 무방하다. 아무리 민주적인 정치제도를 마련하고 투명한 사회제도를 도입해도 권력의 독점한 세력이 자신들의 탐욕을 포기하지 않는 한, 그리고 시민들의 지속적인 저항과 각성이 뒤따르지 않는 한 그 본질은 바뀌지 않는다. 결국 포용적 사회와 수탈적 체제의 차이가 두 도시를 이토록 극명하게 대조적으로 만들었다.

멀리에서 찾을 것도 없다. 인공위성에서 남북한의 밤의 모습을 찍은 사진을 보면 확연하게 알 수 있다. 북쪽은 거의 암흑이다. 그에 비해 남쪽은 대낮처럼 밝은 빛으로 나타난다. 남북한은 기껏해야 60년 남짓 서로 나뉘었을 뿐 민족도 문화도 동일하다. 그런데 어떻게 그 짧은 시간을 통해 이토록 달라질 수 있는가?

북쪽의 공산주의 정부는 철저한 계획주의경제와 비탄력적 제도 그리고 정치적 이해관계 등에 의해 계속해서 경제가 위축된 반면, 남쪽은 완전한 민주주의를 실현하지는 못했지만 적어도 포용적 사회로 점진적으로 발전해왔다. 그와 더불어 경제도 여러 부작용을 겪으면서도 지속적으로 변모하고 발전했다.

자원의 측면에서 보자면 북쪽이 남쪽보다 훨씬 유리했다. 1970년대 초반까지만 해도 경제적으로 북쪽의 형편이 나았다. 그러나 남쪽의 경제는 창조적 파괴를 마다하지 않은 반면, 북쪽은 일당독재의 비포용적 제도 속에서 고착되어 오히려 퇴행하고 말았다.

## 시장과 정부라는 두 개의 바퀴

• • •

이 두 가지 사례는 무엇을 의미하는가? 남미와 아프리카의 정치와 경제를 탐구하는 세계적인 권위자인 애쓰모글루Daron Acemoglu, 1967~ 는 정치학 교수인 로빈슨James A. Robinson, 1932~ 과 함께 쓴《국가는 왜 실패하는가》에서 경제적 번영으로 가는 길로 들어서기 위해서는 포용적 사회가 필수적이라고 역설한다.

제도를 만드는 것이 정치이고 정치는 사람이 하는 것이다. 따라서 어떤 정치를 마련하느냐, 그리고 어떤 사람이 정치를 하느냐에 따라 그 나라의 경제적 상황이 다르게 나타난다고 말한다. 제도적 포용성이 밑받침되어야 지속적인 발전이 가능하다는 점은 정치와 경제가 서로 떨어져 있는 것이 아니라 마차를 이끄는 두 개의 바퀴, 혹은 동전의 양면과 같이 필연적으로 함께 묶여 있는 틀이라는 말이다.

따라서 무조건 시장경제에 맡기자는 경제학자들의 주장도, 필연적으로 정부가 시장에 개입해야 한다는 논리도 문제가 있다. 공정한 경쟁의 조건이 마련되지 않은 시장은 반드시 부패한다. 그것은 경제가 정치와 제도보다 우위에 서서 자신들의 원하는 목적을 획득하기 위해 어떤 수단도 마다하지 않기 때문이다.

멕시코에 세계 최고의 부자인 카를로스 슬림<sub>Carlos Slim Helú, 1940~</sub> 이 있지만 만약 그가 미국에서 활동했다면 과연 그런 부를 마련할 수 있었을까? 그의 부는 물론 그의 노력과 날카로운 분석에 따른 투자의 결과물이기는 하지만, 돈으로 정부와 관리들을 매수하여 자신에게 절대적으로 유리한 방식으로 경제활동을 한 결과물이라는 점을 부인하기 어렵다. 그가 막대한 부를 토대로 미국에 진출했지만 결국 성공하지 못하고 물러난 것은 미국의 제도는 그에게 일방적 혜택을 결코 제공하지 않았으며, 거기에 적응하지 못한 그의 한계 때문이기도 하다.

애쓰모글루와 로빈슨은 영국과 미국이 부유해진 것은 시민이 권력을 쥔 엘리트층을 무너뜨려 정치권력을 고르게 분배했고, 시민에 대한 정부의 책임과 의무를 강조했으며, 일반 대중이 경제적 기회를 균등하게 누릴 수 있는 사회를 만들었기 때문이라고 분석한다. 즉 시민이 투쟁을 통해 더 많은 정치적 권리를 획득했고 그런 권리를 사용해서 경제적 기회를 확대했기 때문이다.

그러나 멕시코는 식민지 사회의 조직과 그 사회가 남긴 제도적 잔재가 끈질기게 살아남았기 때문에 정상적인 경제의 성장과 분배가 어려웠다. 그래서 나라는 빈곤하지만, 재벌인 카를로스 슬림은 세계 최고의 부자가 될 수 있었다. 그가 기업을 성장시켜 일자리를 마련해 주었다며 그를 천사로 숭배해야 하는가? 천만의 말씀이다. 그는 독점을 통해 자신의 기업을 키웠다. 그리고 그 과정에서 정치인들과 유착하였고, 따라서 멕시코는 그의 독점을 막아낼 수 없었다. 그것은 결국 시장의 왜곡과 노동의 착취로 이어졌다.

한 나라의 정치제도는 시민이 정치인을 통제하고 그들의 행위에 영향을 미칠 수 있는 행동의 수준을 결정한다. 따라서 정치가 올바르게 작동되면 다양한 그룹이 결탁해서 집단이익을 추구하거나 다른 집단의 이익 추구를 막을 수 있다. 그 과정에서 공정한 인센티브를 제공하고, 안정과 계속성을 보장해주는 것은 바로 정치제도이다.

그러나 그 정치와 제도를 장악하고 있는 자들이 더 큰 이익을 취할 수 있는 제도를 꾀하는 한 무용지물이 된다. 부정직한 기업인은 부정직한 정치인들을 통해 자신의 사업을 보호해주는 진입 장벽을 마련하기 위해 안간힘을 쓴다. 그게 무너지면 새로운 기업이 자신의 영역에 진입하여 자신의 이익을 축소시킬 수 있기 때문이다. 따라서 그들은 새로운 기업이 진입해서 많은 시민들이 보다 나은 삶을 누릴 수 있는 가능성 따위에는 아무런 관심이 없다.

카를로스 슬림은 멕시코에서 자신이 원하는 것을 얻을 수 있는 권력을 쥐고 있기 때문에 막대한 부를 축적할 수 있었다. 그리고 그만큼 멕시코인들에게 돌아갈 수 있는 이익은 사라질 수밖에 없었다.

두 개의 노갈레스 시의 극명한 대조는 바로 그런 구조악 때문에 생겨난 것이지 시민들이 게으르기 때문이 아니다.

# 한국 경제의 그늘

· · ·

그런데도 우리는 여전히 정치와 경제를 하나의 유기체로 보는 시각이 부족하다. 정치경제학이라는 분야도 최근에야 본격적인 연구가 이루어지고 있는 현실이다.

아이러니컬하게도 한국은 정치와 경제가 이면동체二面同體의 형태를 이루어왔다. 이른바 정경유착의 모습이다. 그 폐해를 숨기거나 모른 척하고 지나칠 수 있었던 것은, 경제의 비약적 발전에 그 민낯이 가려졌기 때문이다.

오늘날 대기업들이 거둔 경제적 성과는 각 기업 나름대로의 노력과 투자, 그리고 경영의 합리화 덕분이기는 하겠지만, 상당 부분은 기존의 저임금과 노동 탄압 등을 통한 착취에 의한 이익 창출이었다는 점을 부인하기 어렵다.

정부는 경제발전을 위해 기업에 최대한 유리한 제도와 장치를 만들어주었다. 그 과정에서 정치인과 기업인이 유착이 강고해졌다. 심지어 헌법이 보장하는 노동3권조차 철저하게 외면했다. 저임금과 장시간 노동의 결실은 결국 유착된 정치인과 기업인이 나눠가진 꼴이 되고 말았다. 착취적 제도에서도 성장은 가능하다. 그 착취적 제도를 움켜쥐고 있는 엘리트층이 경제성장을 정권 유지에 이로운 밑거름으로 여기면서, '이런 성장이 국부의 증가이며 따라서 개인에게도 유익한 결실'이라고 선전하는 것은 바로 그런 현실을 반영하는 것이다. 그게 이른바 개발독재의 논리이다.

그 결과 경제는 성장했지만 그 분배는 공정하지 못했고, 몇 차례의 경제위기 때마다 그 고통은 노동자와 일반시민이 떠맡아야 했다. 시민의 혈세인 공적자금으로 가까스로 회생한 금융기관은 시민들의 이익은 철저하게 외면한 경영으로 자신들의 배만 불렸으며, 일반 기업들 또한 마찬가지였다. 기업의 이익이 일반 시민의 이익으로 돌아갈 것이라며 기업에는 온갖 혜택을 제공한 정치인들은 지표상의 성과만 강조할 뿐, 심화와 악화를 반복하는 양극화는 애써 외면했다.

그럼에도 불구하고 일반 시민들은 특정기업의 성장이 자신의 성장인 양 착각하고 그런 기업을 더욱 성장시켜야 한다는 정치인들에게 표를 던지는 계급 배반적 선택을 반복했다. 여전히 근대화이론의 자장에서 벗어나지 못하고 있는 정치경제의 카르텔이 깨지지 않는 한 실질적인 경제적 성과의 공정한 분배는 어려울 것이다.

무엇보다 근대화이론이 착취적 제도의 다른 얼굴이라는 점을 인식해야 한다. 근대화이론의 강력한 논거로 제시되는, '부유한 국가가 민주적 정권을 가졌고, 시민권과 인권을 존중하며, 제 기능을 하는 시장이 있으며, 대체로 포용적 경제제도를 시행한다'는 주장에 대해 냉정한 분석과 평가가 수반되지 않는 한 '정경유착'의 꼬리를 끊어내긴 어렵다. 이런 방식으로 해석하려는 태도는 포용적 정치경제 제도가 경제성장에 미치는 결정적인 영향을 무시하는 것일 뿐이다.

과연 한국에 포용적 정치경제 제도가 건강하게 마련되어 있는지, 그리고 경제정의에 대한 확고한 신념을 공유하고 있는지 성찰해야 할 것이다. 권위주의적 성장은 결코 민주주의나 포용적 정치제도로 이어질 수 없다.

# 열린사회의 초석이 되어야 하는 경제

6

누구나 부자가 되고 싶어 한다. 가난은 죄가 아니고 다만 불편할 뿐이라고 하지만, 현실에서는 가난이 사람을 주눅들게 하고 심지어 죄가 될 수 있음을 노골적으로 드러낸다.

근대의 자본주의는 인간이 욕망을 자유롭게 실현할 수 있는 기회를 제공했다. 그 과정에서 인간을 돈의 노예로 전락하게 만들거나 불의를 자행하도록 유인하기도 했다.

시대에 따라 경제학도 스스로 문제를 수정하며 발전해온 것 또한 사실이다. 그러나 여전히 경제는 우리의 삶에서 가장 중요하면서도 곤혹스러운 주제인 것만은 부인할 수 없다. '과연 경제는 사회의 비인격성을 야기하는가' 하는 물음은 경제학자건 기업가건 비경제학자건 누구에게나 항상 반성적으로 고찰해야 하는 문제다.

# 열린사회와 경제

· · ·

칼 포퍼는《열린사회와 그 적들》에서 플라톤, 헤겔, 마르크스 등의 이데올로기 혹은 도그마에 의해 지배되는 전체주의를 비판했다. 그는 '열린사회'야말로 인류가 살아남을 수 있는, 혹은 살아야 하는 유일한 사회로 규정했다.

열린사회의 적은 전체주의다. 그리고 역사주의는 전체론에 빠질 수밖에 없다. 포퍼가 플라톤을 비판하는 이유도 아테네의 민주정을 위협하는 폐쇄적인 역사주의적 시각을 고수했다고 보았기 때문이다. 헤겔의 역사적 법칙론이나 마르크스의 유토피아주의가 열린사회의 적이 되는 것은 바로 개인의 가치를 무시하기 때문이다.

열린사회는 개인의 존재와 가치를 토대로 부분적인 개혁을 시도하는 점진주의적 사회로 규정된다.

포퍼는 플라톤의 철인정치조차 자기 자만심의 발로였다고 간주했다. 자유로운 토론과 비판과 공론화 절차를 무시한다면, 필연적으로 독선과 독단에 빠지게 된다. 그런 사회에서 개체는 희생되고 전체의 가치만 난무한다. 경제에 있어서도 전체주의의 폐해는 정치에서의 그것과 다르지 않다. 이른바 주류 경제학의 독주는 필연적으로 독선과 편견에 빠질 수밖에 없다.

신자유주의경제학이 주류 경제학으로 행세하면서 기업의 이익을 대변하고 사회적 가치를 퇴화시키는 역할을 담당하고 있다. 신자유주의경제학이 의도했건 의도하지 않았건 사회적 위상을 양극화시키고 계층의 이동이나 순환을 원천적으로 불가능하게 만든다면 그것은 독소적일 수밖에 없다. 열린사회의 힘은 자유로운 토론과 비판, 더불어 계층의 이동이 자유롭게 보장될 때 비롯된다.

인문학도 경제에 대해 자기 영역 밖의 일로 치부하고 경제학도 인문학적 가치를 비화폐적이고 비실용적인 요소로 경시하였을 때 인간의 가치는 과연 무엇으로 귀결될 것인지 고민해야 한다. 인간의 실존적 조건 가운데 가장 직접적이고 현실적인 것은 어쩌면 정치나 사회보다는 경제의 요인이 더 크다고 할 수 있다. 갈수록 물질적 가치에 휘둘리게 되는 상황에서 경제학에 대한 근본적 성찰이 요구되는 것도 그런 때문이다.


## 인문학의 눈으로 본 경제

· · ·

1960~1980년대에 다국적기업을 매판자본과 동일시하던 추세가 있었다. 물론 당시에 그런 평가를 받을 만한 사례도 많았기 때문에 전적으로 그릇된 판단이라고 할 수는 없었다. 그러나 시대가 변했다. 우리나라 대기업 가운데 다국적기업이 아닌 곳이 있는가? 자본에 국경이 없다는 것은 보편적 사실이 된 지 오래다. 인문학적 관점에서 본다며, 다국적기업을 매판자본 운운하며 그 현존을 부정하는 것은 잘못된 일이다. 인문학도 그릇된 시각을 바꿔야 한다. 과거의 관성에 빠져 안주하는 것은 인문학의 본질이 아니다. 인문학은 언제나 현실 세계의 흐름을 감지하고 자신의 학문 영역으로 끌고 들어와 비판하고 해석해야 하며, 그 결과물을 다시 현실 세계에 돌려줘야 하는 게 임무다.

이런 관점으로 우리가 현실에서 만나고 있는 경제 문제를 돌아보자.

경제는 이미 인간의 삶을 좌우하는 중요한 요인이다. 그러기에 경세제민經世濟民의 거창한 이념은 아니어도 최소한 인간의 존엄성과 삶의 실현이라는 보편적 이상에 반하는 경제에 대해서는 사회적으로 단호하게 응징할 수 있는 제도적 장치가 필요하다.

불행히도 우리는 그렇지 못하다. 대기업 총수는 온갖 비리를 저지르고도 아무런 처벌을 받지 않으면서, 생존을 위해 투쟁하는 해고노동자에 대해서는 공권력을 동원해서라도 끝끝내 응징하고야 마는 이런 사회구조 속에서 과연 누가 그 가치 실현에 헌신할 것인가?

대기업들은 시민이나 노동자를 경제주체로서 인식하는 것이 아니라, 타기팅targeting, 즉 객체로서만 인식할 뿐이다. 대기업은 오로지 이익만이 그들의 핵심 가치일 뿐이다. 이런 인식은 외환위기 상황에서도 그대로 드러난다.

1997년 한국의 외환위기는 금융기관의 부실, 차입 위주의 방만한 기업 경영 등으로 인한 대기업의 연쇄 부도, 대외신인도 하락, 단기외채 급증으로 인한 것이었지만, 자본의 탈 국경화 흐름에 둔감했던 것도 한몫을 했던 것이 사실이다. 그만큼 국제경제의 흐름에 둔감했던 탓이다. 이는 전적으로 대기업 자신들과 국가 정책당국의 책임이다. 결코 시민들의 책임으로 돌릴 수 없는 일이다. 경제 전문가들은 수출 위주의 무역에 의존한 국가로서는 이해하기 어려울 정도라고 냉정한 사후 판단을 내리기도 했다. 다행히 온 국민이 고통을 분담하고 금 모으기 등 자발적 자구책을 모색했던 덕분에 빠르게 위기를 극복했다. 이 과정에서 정작 책임져야 할 정책 담당자나 기업의 경영인은 그 위기 극복의 장막 뒤로 숨어서, 반성은커녕 자신들의 새로운 이익을 모색하기에 바빴다.

대기업의 이런 이기적인 태도는 여러 곳에서 발견된다. 정권은 유한하지만 부는 영원하다며 내부고발자를 사회적으로 매장시키고 사법권까지 농락하는 재벌과 총수의 행태는 이를 지켜보는 사람들로 하여금 어떤 경우에도 다시는 그들과 맞서 싸울 엄두조차 내지 못하게 만들고 있다.

과연 그들에게 공정한 규제와 간섭은 전적으로 불필요한 것이라고 확신할 수 있는가? 미국에서 유수한 기업이던 엔론이 회계부정으로 인해 퇴출된 것을 간과하면 그 부담은 고스란히 모든 시민이 떠안게 된다는 사실을 직시해야 한다.

사농공상士農工商이라는 전통적 계층관을 '사적 이익이 가져오는 폐해'라는 시각에서 반성적으로 살펴볼 필요도 있다. 장사[商]를 가장 낮게 평가한 것은 아마도 두 가지 이유 때문이었을 것이다. 하나는 사회적 안정이다. 상업에서는 농업보다 큰 이익을 얻을 수 있다. 물론 위험부담도 있고 자본이 들기는 하지만 부가가치가 더 크다. 게다가 돈은 사람의 욕망을 흔들 수 있는 요물이어서 돈 맛을 보면 관리들이 부패할 수 있다고 여겼을지도 모를 일이다.

둘째는 이익을 좇는 상업인들은 아무래도 국가에 대한 충성도가 낮다고 여겼기 때문일 것이다. 상인들에게는 국익보다 사익이 더 중요하다. 불가피하게 이동이 잦은 상인들의 경우 다른 곳과 정보를 교환하다가 자칫 국가의 기밀마저 넘길 수도 있다. 무엇보다 그들은 위기 상황에서 언제든 국가를 저버리고 이익을 선택할 수 있어서 경계했을 수 있다.

여불위呂不韋, 기원전 291~기원전 235 같은 사람이 국기를 흔들 수 있었던 것은 그가 본디 대상인大商人이어서 수완이 뛰어나고 이재에 밝았으며 급기야는 미래의 권력마저 돈의 힘으로 살 수 있었기 때문이었다. 물론 그의 뛰어난 재능도 있었지만 그 힘의 원천은 돈이었다.

돈은 국부를 증대시키고 복리민복을 높일 수 있으며 인간다운 삶을 살 수 있는 중요한 수단이 될 수도 있지만, 사람을 타락시키고 사회를 혼란하게 만들 수도 있고 심지어 국가의 존안마저 뒤흔들 수 있는 막대한 힘을 가졌다.

또한 돈의 매력은 이미 영국의 산업혁명 시기에 경험한 것처럼 신분을 상승시킬 수 있는 힘을 제공한다. 그런 점에서 건강한 경제는 열린사회를 가능케 하는 또 다른 동력이기도 하지만, 그 돈이 계급의 순환을 오히려 방해하고 계층의 양극화를 고착시키며, 사회규범을 농락하고 도덕적 타락을 촉발할 수도 있다는 점은 경계해야 한다.

## 경제학은 만능이 아니다

· · ·

지나친 경제학 만능 사조는 자칫 '경제학 깡패의 시대'를 초래할 수 있다. 흔히 경제학을 '사회과학의 여왕'이라고 부른다. 어떤 분야보다 과학적이고 체계적이기 때문이다. 그러나 경제학이 그다지 과학적이지도 않고 체계적이지도 않다는 비판도 제기된다.

2008년 미국발 세계 경제위기를 방조했거나 인식하지 못했다는 점은 경제학이 얼마나 무능할 수 있는지 생생하게 보여주었다. 그들의 예측이나 설명이 제대로 맞아본 적이 거의 없으며 변명으로만 일관했다는 비판도 엄연히 그들의 몫이다. 무엇보다 경제학자들이 일반 대중의 생각이나 정서와는 동떨어진 채 자신들만의 분석 틀을 유일한 설명 체계라고 오판하는 경우도 많다.

그러기에 경제학을 정상과학의 영역에 가둬놓을 것이 아니라 인문학의 영역으로 돌려놓아야 한다. 그러기 위해서는 경제라는 주제로 인간들이 생각해왔던 것을 다시 숙고해야 한다. 그리고 현재의 상황에서 '경제적 인간'의 가치와 본질에 대해 반성적으로 성찰해야 한다. 더불어 경제학자들은 인간에 대한 성찰에 더욱 귀를 기울여 강자와 부자의 논리만 추구할 것이 아니라 보편적 인간 가치를 증대시킬 수 있는 진단과 대안 마련에 한층 더 심혈을 기울여야 할 것이다.

**《도덕감정론》** 애덤 스미스, 박세일, 민경국 옮김, 비봉출판사, 2009

애덤 스미스가 품고 있던 경제학의 원형을 알기 위해서는 이 책을 꼭 읽어 봐야 한다. 경제학자는 물론이고 철학자도 마찬가지다. 감정이 사회와 관계를 맺는 방식에 대해 공감과 동류의식을 토대로 설명하는 대목을 읽다 보면 흄의 모습이 엿보인다. 자본주의가 천박하게 변질되는 면모가 보일 때마다 읽고 또 읽어보면 정신이 번쩍 들 것이다.

**《프로테스탄티즘의 윤리와 자본주의정신》**

막스 베버, 김덕영 옮김, 길, 2010

이 책을 사회학의 고전이라고만 말하기는 어렵다. 일종의 독립된 문화사라고 해도 무방하다. 경제학, 심리학, 신학, 철학, 미학, 예술에 이르기까지 다양한 분야에서 바라보는 서구 시민계층 발달사다. 이 책은 서구 근대문화의 특성을 이해하기 위해서 꼭 읽어볼 가치가 충분하다. 같은 책을 여러 출판사에서 펴냈는데 이 책이 가장 충실하게 여겨진다. 특히 해제는 그것 자체만으로도 독립된 하나의 책이 될 만큼 풍부하다. 그러나 최근 이 책에 대한

반론이 상당수 제기되는 것도 사실이다. 네덜란드와 영국 등 주로 프로테스

탄트 국가가 근대에 가장 먼저 경제적 성공을 거둔 것은 사실이지만 종교

와 경제적 성공 간에는 상관관계가 거의 없다는 것이다. 가톨릭이 주도하는

프랑스가 19세기 네덜란드와 영국의 경제성과를 빠르게 따라잡았다는 사실

을 사례로 들기도 한다.

## 《죽은 경제학자의 살아있는 아이디어》

토드 부크홀츠, 류현 옮김, 김영사, 2009

경제학 전공자가 아니면 경제사, 경제사상사를 다룬 책은 막상 손이 잘 가

지 않는다. 이 책의 매력은 비경제학 전공자들도 쉽게 읽을 수 있다는 점이

다. 무엇보다 지은이의 입담이 읽는 즐거움을 키워준다. 그렇다고 내용까지

가벼운 것은 아니다. 딱딱하게 여겨질 수 있는 경제학 이론과 경제학자를

통해 많은 것을 느끼고 생각하게 해준다. 제목 그대로 '살아 있는' 지식으로

살려내는 맛이 경쾌하다.

## 《자본론의 현대적 해석》 김수행, 서울대학교출판부, 2011

서울대학교출판부에서 2002년에 처음 출간된 이후 같은 책을 2, 3년 간격

으로 거듭해서 다시 펴내고 있다는 점만 봐도 이 책의 저력을 알 수 있다.

한국의 대표적 마르크스 경제학자인 김수행 교수는 일반 독자뿐 아니라 경

제학 전공자가 읽어도 어렵게 느낄 수 있는 마르크스의 《자본론》을 현대적

으로 해석하면서 알기 쉽게 풀어냈고 핵심적 내용에 대해서는 자세하게 설

명해주고 있다. 마르크스를 그냥 자본주의의 적이라고만 여기는 것은 위험

하다. 자본주의를 제대로 알기 위해서라도 마르크스를 알아야 한다. 지금

우리에게 이만한 책이 있다는 것만으로도 고마워해야 한다. 지은이가 전문

인터뷰어 지승호와 함께 펴낸 또 다른 책 《김수행, 자본론으로 한국경제를

말하다》(시대의창, 2009)도 추천할 만하다. 새로운 사회로 가는 상상력이 우리에게 얼마나 절실한지 깨달을 수 있다. 마르크스의 전체적 사상의 핵심을 잘 간추려 요약한 《경제학·철학초고/자본론/공산당선언/철학의 빈곤》(김문현 옮김, 동서문화사, 2008)도 도움이 될 것이다.

### 《마르크스가 내게 아프냐고 물었다》 류동민, 위즈덤하우스, 2012

이 책을 추천하는 이유는 두 가지이다. 하나는 요즘에는 희귀(?)해진 마르크스의 노동가치론을 연구한 학자가 썼다는 점이고, 다른 하나는 마르크스도 이렇게 말랑말랑하게 가공(?)될 수 있다는 점이다. 문학과 철학에 대해서도 상당한 애정과 관심을 가진 것으로 보이는 지은이의 글이 조금은 물렁하다는 느낌도 들지만 문학적 수사쯤으로 여기면 읽는 즐거움도 쏠쏠하다. 특히 마르크스에 대해 아예 관심조차 없는 젊은이들에게는 제법 유익할 책이다.

### 《경제학을 리콜하라》 이정전, 김영사, 2011

지은이는 "국민의 행복을 증진하기 위해서 경제성장을 필요로 하는 나라는 후진국이다"라고 단언한다. 이 책은 이른바 주류 경제학자의 이론에 함몰된 사람들이라면 꼭 읽어볼 가치가 있다. 경제학에 숨겨진 위험한 진실들을 꼼꼼하게 따지며 폭로한다. 편향적인 경제학은 위험하다. 그래서 지은이는 경제학 교과서를 리콜하라고 당당하게 요구한다. 애덤 스미스와 마르크스에 대한 충실하면서도 신선한 해석이 돋보인다. 실제로 이 책의 경제 꼭지를 쓰면서 가장 많은 영감을 얻은 책이기도 하다.

### 《생각에 관한 생각》 대니얼 카너먼, 이진원 옮김, 김영사, 2012

노벨경제학상을 수상한 최초의 심리학자인 카너먼은 이른바 행동경제학의 창시자라고 평가받는다. "직관은 결함을 수반한다"는 카너먼의 판단은 기존의 경제학의 바탕인 인간의 합리적 사고 체계라는, 즉 의사결정의 성격과 경제주체들은 합리적이라는 가정에 근거한 경제학 원칙들이 얼마나 허약한지 폭로한다. '가용성 휴리스틱(고정관념에 기초한 추론적 판단)'이 얼마나 많은지 아무리 설명해도 수긍하지 않으려 하지만 몇 가지 실험만 해도 그 허상은 금세 밝혀진다.

**《발칙한 경제학》** 스티븐 랜즈버그, 이무열 옮김, 웅진지식하우스, 2008

'세상을 움직이는 힘에 관한 불편한 진실'이라는 부제처럼 발칙하면서도 때론 충격적인 사실들에 대해 정작 저자 본인은 담담하게 반론을 제기하면서 철저하게 논리와 증거를 들이대는 책이다. 본디 칼럼으로 연재되었던 것을 묶은 까닭에 어렵거나 까다로운 대목이 없어서 읽는 데에 전혀 어려움이 없는 대중서라고 할 수 있다. 경제학이 딱딱하고 칙칙하다는 고정관념을 깨뜨리는 즐거움을 만끽할 수 있다. 소재와 내용들을 보면 '어, 이런 것도 경제학이야?' 하는 물음이 절로 생긴다.

**《경제민주화를 말하다》** 조셉 스티글리츠, 노암 촘스키, 김시경 옮김, 위너스북, 2012

경제학은 일반적으로 강자들의 이익을 대변하는 것으로 착각하는 이들이 있다면 이 책을 반드시 읽어봐야 한다. 노벨경제학 수상자이면서 주류 경제학의 허위를 날카롭게 비판하는 스티글리츠와 행동하는 지성의 대표적 인물인 촘스키는 약자들에게 좀 더 많은 경제적 이익이 돌아가야 한다고 주장한다. 실패한 시장의 프레임을 버리지 않으면 인류에게 재앙일 뿐이며 따라서 모두를 위한 지속가능한 경제를 위해서는 세계 경제가 재편되어야 한다는 주장은 이른바 세계화의 허상을 고발한다. 경제적 다원주의를 주장하는 이들의 논리는 신자유주의의 족쇄를 벗어나야 한다는 결론에 다다른다.

경제부터 환경에 이르기까지 반복되는 위기가 가져온 근본적 물음에 대한 진지한 성찰이다. 스티글리츠의 《모두에게 공정한 무역》(송철복 옮김, 지식의숲, 2007)도 추천하고 싶은 책이다.

## 《경제성장이 안되면 우리는 풍요롭지 못할 것인가》

더글러스 러미스, 김종철 옮김, 녹색평론사, 2002

강대국들이 남쪽의 국가에서 유능한 청년들을 데려다가 경제성장 이데올로기를 주입하여 본국으로 돌려보낸 뒤에 일어난 일은 당연히 경제성장 지상주의였다. 우리도 예외는 아니다. 아니 어쩌면 그 대표적 케이스다. 지은이는 특이한 이력의 소유자이다. 미 해병대에 입대하여 오키나와에서 근무한 뒤 버클리에서 박사학위를 받은 후 일본에서 활동했다. 러미스는 경제성장 지상주의는 결국 타이타닉 현실주의를 고착시킬 뿐이라고 진단한다. 무엇보다 경제성장 이데올로기는 경제적 개념이 아니라 정치적 개념이라는 러미스의 비판이 지금 우리 현실에 그대로 재현되고 있다는 사실이 뼈아프다. 경제성장이 정치적 개념이라는 점에서 시민의 각성에 의한 현명한 정치적 선택만이 그 프레임을 바꿀 수 있다는 말은 경청할 가치가 있다.

## 《세계경제의 지배자들》 장 클로드 드루앵, 김모세 옮김, 현실문화연구, 2012

자본주의 세계를 좌지우지하는 힘의 실체는 과연 무엇인가? 금융과 기업은 세계화의 기치 속에서 자신들의 이윤을 극대화하기 위해 악마와도 손을 잡는다. 초국적기업들이 개발의 도구인지 지배의 도구인지 묻지 않고서 세계화나 세계 경제를 논하지 못하는 시대가 되었다. 이른바 세계경영의 움직임의 속살은 어떤지, 세계 경제를 손아귀에 틀어쥐고 마음대로 흔들어대는 나라들의 실체는 어떤지 등을 간결하면서도 꼼꼼하게 다루고 있다. 라루스 세계지식사전 시리즈 중의 한 권이다. 같은 시리즈로 나온 《세계경제사》(피에르 베즈바크, 박상은 옮김)와 《세계화의 진화》(베르나르 기요숑, 윤인숙 옮김)도 도움이 될 것이다.

## 《불황의 경제학》 폴 크루그먼, 안진환 옮김, 세종서적, 2009

2008년 노벨경제학상을 수상한 폴 크루그먼의 블로그 제목은 '자유주의자의 양심The Conscience of Liberal'이라고 한다. 그는 자신의 진보성을 당당하게 밝힌다. 미국의 경제위기를 일찍이 감지하고 경고했지만 그의 의견은 묵살되었다. 그러나 이제 누구나 그의 경고를 듣지 않은 것을 후회한다. 그는 세계 경제위기를 진단하면서 대공황의 교훈과 케인즈의 가르침을 다시 기억해야 한다고 강조한다. 역설적으로 불황의 시기야말로 어쩌면 탐욕의 프레임을 깨고 새로운 프레임을 짤 수 있는 기회로 살려야 한다는 그의 진단은 결코 가볍게 여길 수 없다. 이 책을 읽어보면 경기부양을 위해 더 많은 공적자금을 풀고 썩어빠진 거대금융기관들을 국유화해야 한다는 그의 의견을 과격하다고 고집하지는 못할 것이다.

## 《복지국가의 정치학》

알베르토 알레시나·에드워드 글레이저, 전용범 옮김, 생각의힘, 2012

두 사람의 지은이들 모두 하버드대학 경제학과의 석좌교수이다. 이들의 관심사는 불평등과 가난이다. 특히 미국과 유럽의 복지제도의 차이를 비교하면서 소득 재분배의 시스템이 어떠냐에 따라 국가의 복지정책과 내용이 달라진다는 점을 밝힌다. 무엇보다 복지에 대한 이데올로기의 차이는 정치적 목적으로 조작하여 장기적으로 세뇌시킨 결과물이라는 지적은 어쩌면 지금의 한국의 정치와 경제 현실에 아프게 와닿는다. 오로지 미국의 주류 경제학에만 함몰된 채 정치적 이데올로기의 틀 안에 갇혀 있는 우리의 시선이 얼마나 편향적인 것인지 알 수 있다. 이른바 정치경제학의 좋은 표본이 될 책이다. 가난한 사람들에 대한 시각은 정치에 의해 형성된다는 대안적 견해는 특별히 주목해서 읽어야 할 대목이다.

**《불평등의 재검토》** 아마르티아 센, 이상호 옮김, 한울, 1999

아시아인으로는 최초로 노벨경제학상을 수상한 아마르티아 센은 '빈곤경제학'의 선구자이자 정치평론가이고, 철학자라는 평가를 받는다. 후생경제학 또는 사회선택이론에서 탁월한 능력을 발휘한 그의 주된 관심사는 기아와 빈곤, 그리고 불평등의 퇴치이다. 그는 경제학에 윤리와 철학을 복원시켰다는 평가로 노벨상을 수상했다. 인도의 비극적 기아를 목격한 센은 그것이 단순한 식량 감소 때문만이 아니라 사회경제적 요인들이 복합적으로 작용해서 빚어냈다고 밝혀냈다. 센은 빈곤과 기아를 해소하기 위한 필수적인 요건이 민주주의라고 믿지만 권위주의적인 정부에 의해 좌절되고 있다고 비판하면서 전 싱가포르 총리 리콴유와 뜨거운 논쟁을 벌이기도 했다. 이 책은 2008년에 이상호와 이덕재가 우리말로 옮겨서 이덕재한울아카데미 이름으로 재출간되었다. 센의 다른 책들, 《자유로서의 발전》(박우희 옮김, 세종연구원, 2001)과 《윤리학과 경제학》(박순성·강신욱 옮김, 한울아카데미, 1999)도 읽어보면 좋을 것이다. 또한 《정체성과 폭력》(이상환 옮김, 바이북스, 2009)도 추천하고 싶은 책이다.

윤리학과 경제학에 대해 천착해온 국내학자 이재율 교수의 《경제윤리》(민음사, 1995)와 《경제논리와 윤리》(탑북스, 2012)도 읽어볼 책이다.

**《소유의 종말》** 제레미 리프킨, 이희재 옮김, 민음사, 2001

지은이는 이제는 더 많은 것을 배타적으로 소유하려는 경쟁이 부질없어지고 있다고 진단한다. 네트워크 시대의 핵심을 '접속'이라는 핵심개념으로 풀어내면서 열린 관계, 가치의 공유의 시대로 바뀌고 있다고 설명한다. 그러나 문제는 그런 연결망의 접속 여부에 따라 새로운 사회적 불평등이 구조화될 수 있다는 점이다. 또한 불균형한 네트워크는 양극화와 착취구조를 악화시킨다. 리프킨이 더욱 걱정하는 것은 문화자원의 고갈이다. 문화산업 자본이 문화의 잉여지대를 훑어내면서 문화자원을 고갈시키기 때문이다. 리프킨의 예지가 돋보이는 책이다.

## 《몬드라곤에서 배우자》

윌리엄 F. 화이트·캐서린 K. 화이트, 김성오 옮김, 역사비평사, 2012

해고 없는 기업이 과연 가능할까? 기적은 스페인의 작은 협동조합에서 시작되었다. 소유와 나눔과 성장, 그리고 공동체인 몬드라곤이 스페인 3위의 기업군으로 성장하여 인격적 경제의 희망과 가능성을 확실하게 보여준 실체를 오롯이 만날 수 있다. 만약 그들이 성공하지 않았다면 주류 경제학자나 보수우파들은 공산주의적 이상주의의 필연적 실패라고 떠들어댔을 것이다. 그러나 안타깝게도 그들은 모른 척 눙치고, 진짜 알아야 할 노동자들은 이 기적을 모른다. 호세 마리아 신부의 헌신과 예지, 그리고 조합원들의 상호 신뢰와 토론이 어떻게 이 불가능을 가능하게 했는지 꼭 읽어볼 일이다. 희망과 감동을 만날 것이다.

이 책의 짝으로 《몬드라곤의 기적》(김성오, 역사비평사, 2012)을 함께 보면 좋을 것이다.

—

# 3장

# 환경

자연은 결코 불필요하게 낭비하는 법이 없다.
인간은 우주와 자연의 질서에서 삶의 질서를 배운다.

# 자연은 더 이상
# 재화의 대상이 아니다

1

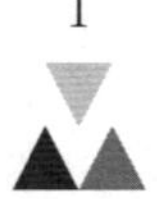

구약성서의 〈창세기〉에 천지창조 사건이 나온다. 엿새 동안의 창조의 일정을 보면, 신은 닷새 동안 자연계를 창조했고, 마지막 날에 인간을 창조했다. 철저하게 인간을 중심에 둔 생각이다. 신은 사람을 지어낸 뒤 강복하였다.

자식을 낳고 번성하여 온 땅에 퍼져서 땅을 정복하여라. 바다의 고기와 공중의 새와 땅 위를 돌아다니는 모든 짐승을 부려라!

위의 〈창세기〉 1장 28절은 신의 천지창조가 자연계와 우주의 독립적인 창조가 아니라 인간을 위한 창조로 해석되는 부분이다. 훗날 기독교 문명의 유럽인들이 세상 구석구석까지 휘저으며 유린과 약탈을 일삼았던 생각의 바탕에 창세기의 바로 이 대목이 한몫했다는 것을 부정할 수 없다. 참으로 위험한 가치관이다. 이제 시대가 바뀌고 상황이 변하였다. 그런데도 여전히 이런 생각을 버리지 못하는 사람들이 많다.

어쨌든 창세기 시대에 자연은 인간이 극복해야 하는 두려움의 대상이며 또한 재화의 대상이어야 했기 때문에 그런 가치관을 정립했을 것이다.


## 탈공포와 풍요의 이상향, 파라다이스

· · ·

일반적으로 인류문명사에서 자연은 양가적 대상이었다. 하나는 두려움의 대상이고, 다른 하나는 재화로서의 가치다.

고대인들에게 자연은 두려움 자체였다. 자연은 그 변화무쌍함과 예측 불가능성 때문에 경외와 공포의 대상이었다. 고대인들의 자연에 대한 대처 능력은 자연에 최적화된 본능을 지닌 동물의 적응력에 미치지 못했다. 도구를 사용하게 되면서 대처 능력은 증대되었지만 자연은 여전히 두려움의 대상이었다. 이 양상은 현대에 와서도 큰 변화는 없었다.

또한 자연은 점차 인간이 문명화되면서 엄청난 재화의 대상으로 변모했다. 자연에 대한 태도와 문명의 수준과 정도의 차이에 따라 재화로 보는 정도가 차이가 나기는 했다.

유럽의 식민지 개척은 결국 그런 재화의 추구에서 온 결과였다. 산업화는 재화로서의 자연을 최대한 개발하도록 추동한다. 그렇게 개발된 자연은 가치를 창출하는 도구며 수단으로 변모했다.

인간의 탐욕으로 촉발된 자연에 대한 착취는 자원 고갈과 환경 파괴라는 결과를 가져왔다. 20세기 후반부터 이런 사실을 자각하면서 자연을 더 이상 재화의 대상이 아니라 삶의 조건이며 동반자로서 바라보기 시작했다.

이상향을 뜻하는 파라다이스는 두려움은 제거되고 풍성한 재화만 남은, 인간이 꿈꾸는 최적의 자연을 상징하고 있다. 이상적 삶의 공간을 뜻하는 낙원은 '행복한 정원'이라는 개념이었다. 정원은 집도 아니고 숲도 아닌, 동시에 집의 연장이고 숲의 내현이었다. 그것은 집의 안전과 숲의 풍요를 동시에 담은 곳이었다. 실제로 파라다이스라는 말의 어원은 고대 페르시아어 아피리다에자Apiri-Daeza인데 그 말의 뜻은 '벽으로 둘러싸인 과수원'이라는 뜻이라고 한다. '벽으로 둘러싸인' 곳은 안전한 곳이고 '과수원'은 풍요로운 곳이다. 안전하고 풍요로운 곳이라는 이상적인 공간이 바로 낙원이었던 것이다. 이 페르시아어가 고대 히브리어에 받아들여져서 파르데스가 되었고 구약 성서에서 파라데이소스Paradeisos로 사용되었다고 한다.

어쨌건 이 말 속에는 자연을 두려움과 동시에 재화의 대상으로 여기고 있음이 그대로 녹아 있다. 그러나 그런 곳은 이상일 뿐이고 당장 급한 것은 '안전하게 주거할 공간'이었다. 그 단적인 예가 주거를 뜻하는 영어 단어 Shelter에 나타나 있다. 그것은 피난처 혹은 숨을 곳을 의미한다. 자연의 재해와 무서운 동물의 위협에서 벗어나는 곳이 주거지였기 때문이다.

그에 비해 동양의 낙원관은 달랐다. 동진의 시인 도연명陶淵明, 365~427

의 《도화원기桃花源記》에 나오는 무릉도원은 강을 거슬러 올라가다 물 위에 떠내려 오는 복숭아 꽃잎의 향기에 취해 따라간 곳이었고, 계곡 밑 작은 동굴을 간신히 빠져나와 발견한 확 트인 밝은 세상이었다.

중국인들이 꿈꾸던 낙원은 바로 자연 속에서 자연과 동화하고 일치하는 세상이었다. 실제로 동양화에서 수많은 산수화들은 바로 그런 꿈의 표현이었다. 또한 노장사상에서 보듯 최상의 경지는 바로 물아일여의 상태이고 그것은 곧 자연과 내가 하나 되는 경지다.

## 현대의 파라다이스, 유리 건물

...

자연을 여전히 재화의 대상으로 보면서 동시에 그곳에서 살고 싶어하는 태도를 반영한 것 중 하나가 바로 유리 건물Glass Tower이다.

도심 곳곳에 우뚝 솟는 많은 건물들이 유리로 외벽을 마감한다. 우리나라의 경우는 1985년에 완공된 63빌딩이 대표적인 케이스다. 실제로 그 건물 건축 이후 유리 외벽 건물들이 유행처럼 번졌다. 심지어 멀쩡하던 건물을 부수고 다시 유리 외벽 건물로 짓거나 기존 건물의 외벽만 유리로 다시 마감하는 경우도 생겼다.

한국 건축사에서 본격적으로는 최초로 알루미늄 새시로 마감하여 제법 의미 있는 건물이었던 구 조흥은행 본점이나 구 상업은행 본점의 경우도 리노베이션을 내세워 유리 외벽으로 모양을 바꿨다.

그렇게 우리의 근대화 과정에서 중요한 의미를 지녔던 건물들까지 모조리 엉뚱한 성형수술을 가함으로써 더 이상 건축사적 의미를 지니지 못하게 된 것은 안타까운 일이다.

왜 이런 글래스타워들이 우후죽순으로 생겨나고 있을까? 도심 속의 건물들은 좁은 공간에서 최적의 효율을 얻기 위해서 높이 지을 수밖에 없다. 예전의 고층건물들은 무게의 압력을 견뎌내기 위해서 내벽과 외벽 모두 강한 자재를 사용할 수밖에 없었다. 또한 공간은 외부와 차단된, 안전하고 편안한 공간이라는 심리 작용과 건축공학적 한계는 그런 건물의 모습을 당연한 것으로 여기게 만들었다. 그러나 그런 공간이 효율과 심리적 안정감을 준다는 생각은 오래 가지 못했다.

건물은 더 이상 피난처가 아니다. 인간은 자연에서 약자가 아니라 강자였고, 자연은 인간의 재화일 뿐이었다. 그러면서 자연스럽게 자연을 인간의 방식으로 순치시키고 다듬는 것이 익숙하게 되었을 뿐 아니라, 그 자체가 인간의 우월성을 과시하는 방편이기도 했다.

그러나 자연이 점차 파괴되고 훼손되면서 비로소 자연의 가치를 깨닫기 시작했다. 자연과 차단되고 괴리된 공간에서 인간은 자신의 삶이 피폐해지는 것을 절감했다. 자연이 인간의 파괴행위를 감당할 수 있을 때까지는 그것을 몰랐지만 그 임계점에 다다르자 자연이 바로 인간의 삶의 근원적 조건임을 깨닫기 시작했다. 그래서 자연을 보호하고 환경을 보존하는 것이야말로 가장 중요한 삶의 방식이자 의무라는 사실이 보편화되었던 것이다. 그러나 도심의 건축물이 갖는 한계 때문에 달리 방도가 없었다.

그런데 건축기술이 발달하고 새로운 자재도 개발하면서 이런 한계를 극복하고 사람들에게 새로운 가능성을 보여주게 된다. 그 중 하나가 바로 유리 외벽 건물이다.

차단된 실내공간은 이제 안정감이 아니라 답답함으로 바뀐 상황에서 유리는 공간의 장소적 효율성을 유지하면서 시각적으로는 외부 혹은 자연과 차단된 것이 아니라 연결된 느낌이 들 수 있도록 했다.

예전에는 유리는 시야는 확보해주지만 단열과 보온 등 에너지 효율이 지극히 낮을 뿐 아니라 중력 등의 문제 때문에 파괴의 위험이 있어서 유리창문 이외에 외벽을 유리로 두른다는 것은 상상하기 어려웠다.

그러나 기술의 발달로 강화유리를 비롯한 신소재 제품들이 나오면서 에너지 낭비를 비롯한 여러 단점을 보완하게 되었고, 건축에서 이를 받아들이면서 마침내 건물 외벽 전체를 유리로 마감할 수 있게 되었다. 이것은 마치 중세 후반기에 고딕 교회가 스테인드글라스를 마련한 것에 비견될 수 있는 일이었다.

이렇게 이전의 건물이 자연과의 차단을 통한 보호 기능을 담당했다면 이제는 자연 속에서 그 자연과 공존하는 방식으로 전환했다. 최근 각 학교와 공공건물뿐 아니라 일반주택에서도 담을 허물고 나무를 심거나 딱딱한 느낌을 주지 않는 자연물로 대체하는 것도 이런 심리가 발현된 방식이다. 글래스타워는 공간의 확보와 자연과의 '시각적 공감'의 모색이 빚어낸 결과물이다. 이처럼 우리의 삶은 이미 자연에 대한 친근감을 강조하는 방향으로 전환되고 있다.

인간은 자연환경 속에서 살아간다. 자연에서 나서 자연과 더불어 살다가 자연으로 돌아가는 존재다. 그러나 현실 속의 자연은 이미 피폐하고 풍요로움을 상실했다. 인간의 탐욕조차 여전히 자연을 재화로만 인식하는 것이 어리석은 짓이라는 걸 깨우쳤다. 자연은 이미 인간의 폭력과 탐욕으로 착취당하고 그 미래의 생존조차 위험한 상황에 빠졌다. 이는 인간을 비롯한 지구 생명체의 위기이며 나아가 지구 자체의 위기이기도 하다. 자연이 살면 인간도 살고, 자연이 죽으면 인간도 죽는다.

# 환경에서 생태로

최근에는 환경이라는 단어 대신 생태라는 말이 많이 쓰인다. 환경과 생태는 어떻게 다른가? 우선 한자로 풀어보자.

환경의 환環은 고리라는 뜻이다. 즉 무엇을 에워싸고 있다는 뜻이거나 둘레를 뜻한다. 무엇을 둘러싼다는 것인가? 바로 인간이다. 따라서 환경은 중심에 놓인 인간이라는 주체에 종속적으로 존재하는 대상 혹은 객체로 규정된다. 영어 Environment도 마찬가지다. 그 낱말도 무엇을 에워싼다는 뜻이다.

'환경'이라는 단어가 품은 세계관은 기술문명의 세계관이며 인간중심주의다. 인간을 중심에 두고 다른 것을 가장자리로 내모는 것이다. 이 개념은 기술의 발전을 낳았지만 결국 자연 파괴로 이어질 수밖에 없었다. 물론 이런 인간 중심의 사회는 현대사회를 이룩한 근간이기 때문에 쉽게 포기할 수 없는, 일종의 속성이 되고 말았다. 그런 방식으로 이해되는 인간 가치 혹은 휴머니즘은 기술문명 속에서 자연에 대한 지배자의 위상을 포기하지 못하게 만들었다.

그에 반해 생태는 주체와 객체로 분리되는 것이 아니라 공존하는 각각의 주체로 파악된다. Ecology라는 단어도 마찬가지다. eco의 어원인 그리스어 OIKOS는 집을 의미한다. 생명이 거주하는 공간이라는 뜻이다. 그러므로 생태는 자연과 분리되어 인간 중심으로 자연을 바라보는 것이 아니라, 자연 속의 인간, 자연과 공존하는 인간이라는 보다 적극적인 개념이라고 볼 수 있다. 생태는 유기체가 생존을 유지해가는 데 미치는 환경이다. 인간도 그 유기체의 한 종일 뿐이다. 따라서 환경보다는 생태라는 개념이 더 널리 쓰이는 것이다.

이전에는 인간과 다른 생물 간의 경쟁, 즉 이종 간 경쟁으로 인한 천연서식지의 파괴가 필연적이었다. 그러나 그런 자연의 파괴는 결국 인간의 서식 환경을 위협하는 결과로 귀착되었다.

수많은 생물들이 그 과정에서 사라져갔다. 멸종된 혹은 멸종위기에 처한 생명체가 속출하는 것은 곧 인간의 멸종으로 이어질 수 있다는 증거가 된다는, 뒤늦은 자각이 종 보존의 중요성을 깨닫게 했다. 현재 지구상의 동식물 가운데 최소한 5,400종의 동물과 4,000종의 식물이 인간의 활동으로 인해 멸종위기에 직면하고 있다.

또한 자연 파괴는 기후를 변화시키고 지구온난화를 막는 천연 방패를 제거해버렸다. 그리고 곡물의 생산이 한계에 봉착하면서 유전자 조작 등의 새로운 유형의 자연 변형도 이루어졌다.

매트 리들리<sub>Matt Ridley, 1958~</sub> 같은 낙관주의자들은 인간의 합리적 이성의 힘은 언제나 그 난관을 극복해왔다며 자연 파괴도 인간의 이성으로 극복할 수 있다고 주장하고 있다. 그러나 그것은 지나친 낙관이다. 또한 리들리의 관점은 단순히 생산능력의 관점에서만 보는 것이지 손상된 자연에 대한 성찰은 전혀 없다는 점에서 위험하기까지 하다. 그에 반해 헬레나 노르베리 호지 Helena Norbery Hodge, 1946~ 의《오래된 미래》는 지속가능한 발전과 평등한 삶의 방식에 대한 진지한 성찰이 돋보인다. 아마도 우리에게는 리들리의 시각과 호지의 시각을 동시에 볼 수 있는 시야가 필요할 것이다.

자연의 질서는 인간 세상의 질서 그 이상의 것이다. 그리고 자연은 결코 불필요하게 낭비하는 법이 없다. 인간은 우주와 자연의 질서에서 인간 삶의 질서를 배운다. 인간은 자연의 일부일 뿐이다. 참 인간이 된다는 것은 자연의 질서 안에서 인간이 얼마나 다른 생물들과 서로 의존적인 존재인지를 깨닫는 데에 있다.

생태의 위기는 결국 생활의 터전으로서의 자연뿐 아니라 참 인간의 가치관의 근간으로서의 자연이 파괴되면서 재난에 처한 인간과 다른 모든 생물이 위기에 빠졌다는 것을 의미한다.

불필요한 낭비가 없는 자연과 화해하기 위해서는 인간의 생활에 만연한 불필요한 낭비를 줄여야 한다. 인간과 만물이 생활하는 터전으로서의 자연과 인간이 어떤 관계를 맺으며 살아가는가를 구명하는 생태관을 마련해야 한다. 기술문명의 세계관의 연장선에서 바라보는 인간 중심의 환경이 아니라 자연 속에서 공존하는 생태의 개념으로 확장하는 패러다임의 전환이 필요하다.

# 환경 문제의 핵심은
# 돈이다

3

흔히 환경 혹은 생태의 문제를 다룰 때 가장 먼저 떠오르는 색을 고르라고 하면 거의 다 초록색을 선택한다. 아마도 초록색 풀과 나무, 그리고 산을 떠올리기 때문일 것이다. 실제로 대부분의 환경 생태를 다루는 포스터나 브로슈어에도 초록색이 가장 많이 쓰인다. '녹색' 운운하는 조직이나 용어들이 점증하는 것도 같은 생각에 바탕을 두고 있다. 그러나 그 초록색은 다른 의미도 함축하고 있다. 바로 돈의 색깔이다. 달러나 만 원권 지폐의 색깔.

이미 환경은 돈이라는 걸 체감하기 시작했다. 탄소배출권을 보면 쉽게 알 수 있다. 또한 쓰레기 종량제도 큰 비용은 아니지만 분명히 경제적 관련을 맺고 있다. 환경을 보호하기 위해 개개인의 실질적 비용을 지출해야 한다는 사실은 기존의 생활 방식에 대해 반성해볼 수 있는 기회를 제공했다.

과거에 자연이나 환경을 대하던 태도를 한 마디로 말하자면, 전형적인 카우보이 경제Cowboy Economics였다. 서부개척 시대의 카우보이가 임자 없는 땅을 마음대로 개척해서 지배할 수 있었던 것처럼, 자연을 그저 무한한 자원의 보고로만 여겼다.

그랬던 것이 이제는 우주선 경제Spaceship Economics로 바뀌고 있다. 이 말은 지구를 우주선에 비유한 것으로, 자원이 유한한 우주선이 인류를 태운 채 우주 대항해를 하는 것을 상상하면 된다. 우주선 내부는 한정된 공간이므로 지속적으로 배출되는 쓰레기로 인해 삶의 터전은 점점 좁아지고 있다.

제한된 영토에서 보다 높은 질의 삶을 영위할 수 있기 위해서 자연을 활용해야 한다. 그러나 자연을 훼손하지 않고 공존하고자 한다면 많은 비용을 지불할 용의가 있어야 한다. 당장 먹기 좋은 곶감이라고 마구잡이로 빼 먹는 것처럼, 지구의 환경과 자원을 대책 없이 파헤치는 것은 사실 정당한 비용을 지불하지 않으려는 절도행위와도 같다.

실제로 쓰레기 종량제가 시행된 이후 쓰레기의 배출이 눈에 띄게 줄었고, 쓰레기 재활용 정책도 제대로 정착되고 있다는 사실은 시사하는 바가 크다. 쓰레기봉투 값이 아주 비싼 것은 아니다. 그러나 쓰레기를 버리는 데에도 돈이 들어간다는 사실을 인식함으로써 가능한 한 쓰레기를 줄이는 생활방식이 저절로 실천될 수 있게 만들었다. 돈의 위력이다.

경제적 부담을 가능한 한 피하고 싶은 것은 인간의 본능이다. 그것이 집단화된 대표적 사례가 제국주의다. 그들은 자연의 회복에 힘쓰는 것조차 비용이 아까워서 무시했다. 그 결과 풍요롭던 땅은 불모의

땅으로 전락했다. 심지어 자신들의 자연은 아끼고 보존하면서 식민지
나 약소국의 자연은 철저하게 유린했다. 그것은 지금도 마찬가지다.
예전처럼 함포를 이끌고 가서 정복하고 약탈하지는 않지만 오늘날의
제국주의는 기술과 자본을 앞세우고 신자유주의로 포장해서 자유무
역 운운하며 힘없는 나라들을 농락하고 있는 게 현실이다.

세계의 자연을 파괴하는 각종 오염의 80퍼센트는 산업화에 성공한
기술 선진국에 의한 것이다. 비용은 지불하지 않고 혜택은 극대화하
려는 천박성은 이성과 양심에 호소하는 것이 아니라, 타당한 비용을
지불하라고 요구할 때 해결된다.

그러나 국제사회에서 힘의 불균형은 여전히 진행형이다. 교토의정
서를 이행하지 않은 미국의 경우가 대표적이다. 1997년 일본 교토에
서 개최되어 기후변화협약에 따른 온실가스 감축을 목표로 합의한
이 의정서는 지구온난화를 규제하고 방지하는 국제협약의 구체적 이
행 방안이었다. 협약국들은 2012년까지 이산화탄소, 메탄, 이산화질
소, 불화탄소PFC, 수소화불화탄소HFC, 불화유황SF6 등 여섯 가지 감축대
상 가스에 대해 온실가스 감축을 위한 정책과 조치를 취해야 한다고
합의했다. 그 분야에는 에너지 효율을 향상시키고 온실가스의 흡수원
과 저장원을 보호하며, 신재생에너지를 개발 연구하는 것도 포함되었
다. 그러나 전 세계 이산화탄소 배출량의 28퍼센트를 차지하고 있는
미국은 자국의 산업을 보호해야 한다는 명목으로 2001년 3월에 탈퇴
했다.

국내에서도 마찬가지다. 대기업들이 무단 방류하는 폐수로 인한 오
염을 해결하기 위해 서민들의 세금이 사용되는 경우를 생각해보라.

환경 혹은 생태를 보존하기 위해서는 분명히 그 비용을 지불할 용의가 있어야 한다. 그러나 거기에는 반드시 수행되어야 할 전제조건이 있다. 강자가 먼저, 그리고 더 많은 비용을 부담해야 한다는 합의와 자발성이다.

자연은 그냥 아름답게 푸르른 색으로 도색된 이미지가 아니라 지폐의 색깔로 대표되는 녹색을 먼저 떠올릴 것을 요구한다.

# 지속가능한 성장과
# 분배 정의로 바라본 환경

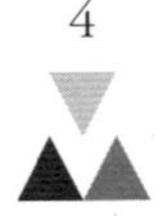

2050년이 되면 지구상의 인구는 대략 100억 명에 달할 것이라는 예측은 유한한 자원의 개발이 그 한계점에 도달하고 있다는 위기감을 가속시키고 있다. 이런 가운데 지금 우리가 직면한 딜레마는 경제와 환경 두 가지 토끼를 다 잡아야 한다는 것이다. 그러나 아직은 환경보다는 경제 문제에 우선권을 두고 있다. 이 딜레마는 비단 우리만의 문제는 아니다. 전 세계가 함께 떠안고 있는 숙제다.

그래서 꺼내 든 카드가 바로 지속가능한 발전Sustainable Development 또는 지속가능한 성장Sustainable Growth 이라는 개념이다. 환경과 경제가 서로 한 발짝씩 양보하며, 공멸의 한계점을 비켜가보자는 의미다. 그런데 이 표현은 매우 위험한 해석을 내포하고 있다. 자칫 '지속가능'과 '발전'이 결합하여 그것이 마치 '지속가능한 경제성장'으로 왜곡되기 쉽기 때문이다.

천연자원은 고갈되고 빈부 격차는 급증하고 있는 현실에서 지속가
능한 발전은 우리가 후손들이 누려야 할 자연마저 가불하듯 미리 빼
먹고 있는 것 아니냐는 반성과 경고를 담고 있다. 살기 좋은 자연을
후대에 물려주기 위해서는 정치적, 경제적, 사회적으로 새로운 규범
을 마련하고 생산의 방식이나 소비 습관, 그리고 관리 방법 등을 모두
다시 생각해봐야만 한다.

## '지속가능한'의 역사, 세계 환경 회의

### ● ● ●

1992년에 열린 리우회의는 "지속 가능한 발전과 관련된 배려의 중심
에는 바로 인간이 자리하고 있다. 인간에게는 자연과 조화를 이루면
서, 건강하고 생산적인 삶을 살 권리가 있다"고 천명했다. 그러면서
"발전에 대한 권리는 현세대와 후세대 모두의 발전 및 환경과 관련된
필요를 공정하게 충족시킬 수 있는 방식으로 실현되어야만 한다"고
정의했다.

지속가능한 발전은 환경보호와 분리될 수 없다. 그러나 양립가능
성보다는 회의적 시각이 우세한 것도 사실이다.

1972년 인류의 미래 문제를 연구하는 과학자들과 경제학자들이
모인 '로마클럽'은 〈성장의 한계〉라는 보고서를 통해 화석 원료는 곧
고갈될 것이기 때문에 '제로성장'을 하지 않으면 안 된다고 경고했
다. 당시에는 이 보고서에 대해 조롱했던 이들이 더 많았다. 새로운
유전이 발견되고 새로운 기술이 발전하기 때문에 제로성장을 요구하

는 것은 미련한 짓이거나 어리석은 자들의 불필요한 공포라고 폄하했다.

같은 해 6월에 스톡홀름에서 개최된 유엔인간환경회의(일명 스톡홀름회의)에서도 막연한 불안감은 감지되었다. 참석자들은 산업의 발전이 자연계 파괴의 주범이라며 제로성장 개념을 언급했다. 그래서 그들은 인간이 손대지 않은 곳은 더 이상 개발을 명목으로 파헤쳐서는 안 되는 신성한 곳으로 남겨두어야 하며 더 나아가 인간의 손이 타지 않도록 철저하게 보호해야 한다고 주장했다.

환경의 문제에 대한 국제사회의 자각이 1970년대에 본격화된 것은 무엇을 의미하는가? 이른바 '자연의 역습'을 자각한 것이 그 발단이다. 자연보호를 외치는 건 이미 자연을 보호하지 않으면 자신의 삶이 위험하다는 것을 뒤늦게나마 깨달았다는 뜻이다.

그러나 환경파괴에 대한 방법론으로 제시된 제로성장은 극단적 선택이다. 과연 인류가 기꺼이 제로성장을 택할 수 있을까? 이것은 인간의 탐욕의 차원이 아니다. 그 범위를 넘어서는 것이다. 그래서 모색한 것이 지속가능한 발전이라는 개념이다.

이 개념은 1971년 스위스 푸넥스에서 열린 한 심포지움에서 탄생했다. 거기에 모인 과학자들과 경제학자들은 부의 창출 및 재화의 생산과 자연에 대한 존중이 양립할 수 있다는 이론을 처음으로 수립했다. 물론 삐딱한 시선과 눈총도 있었다. 그들은 대부분 선진국 학자들이었고, 그렇기에 가난한 국가의 산업화에 제동을 걸려는 술책일 뿐이라는 비판이었다. 그간 선진국과 부유층이 보여온 행태를 보면 그런 시선도 무리는 아니었다.

다소 추상적으로 자연을 신성시했던 스톡홀름선언은 1984년 수천 명의 생명을 앗아간 인도의 보팔참사와 우크라이나의 체르노빌사건 등을 통해 구체적 해법을 모색해야 한다는 긴박감으로 변화했다. 기존의 '화석연료'와 그 부산물로 인한 환경 파괴의 위험에다 '원자력과 방사능'에 의한 돌이킬 수 없는 환경재앙의 두려움이 더해진 것이다.

1987년 유엔의 주문에 따라 구성된 브룬틀란의 위원회는 〈우리 공동의 미래〉라는 보고서를 통해 후세대를 위한 성장을 생각해내야만 한다고 주장했다. 이 보고서는 중단기적으로 지구 전체에 영향을 미칠 위험요소로 온실가스로 인한 기후의 변화와 프레온 가스 등으로 인한 오존층의 심각한 훼손에 대한 대책을 촉구했다.

이후 부룬틀란보고서는 '지속가능한 발전'으로 명명되었다. 1992년의 리우회의는 바로 그런 시도의 1차적 결실이었다. 리우회의에서 채택된 의제21 Agenda 21은 경제, 환경, 그리고 사회적 진전의 영역에서 지속 가능한 발전을 실현할 수 있는 방대한 작업이었다.

자원의 배분을 합리적이고 정의롭게 이끌어내고 선진국들이 개발도상국들을 위해 막대한 노력을 기울이게 했다는 평가도 있었지만, 모든 게 순조로울 수는 없었다. 그런 평가가 무색해진 일이 일어났다.

2002년 요하네스버그에 각국 대표들이 모인 것은 지속가능한 발전의 진전된 상황과 의제21의 수행 현황을 파악하기 위해서였다. 그러나 그들은 선진국들과 개발도상국들의 격차가 오히려 더 커졌고, 환경은 더 파괴되었음을 확인했을 뿐이다.

온실가스 감축에 관한 교토의정서를 반대한 미국은 아예 조지 W. 부시 대통령마저 불참했다. 지속가능한 발전에 대한 선언적 도출은 어렵지 않았지만, 그 실천은 매우 어렵다는 것을 상징적으로 보여주는 회의였다.

## 지속가능한 성장을 위한 제언

· · ·

지속가능한 성장을 위해서는 최소한 분배 정의에 대한 합의와 실천이 반드시 따라야 한다. 분배 정의는 사회재화, 특히 사회의 경제적 생산물을 합리적으로 공정하게 분배하는 것을 말한다.

재화에는 사적 재화와 공적 재화가 있다. 자원은 좁게 보면 사적 재화일 수 있지만, 넓게 보면 공적 재화인 이중적 속성을 지닌다. 그러나 자연은 공적 재화일 뿐 아니라 이미 재화라는 개념 자체가 탈색되는 상황이다. 분배 정의는 사회윤리적 측면과 사회경제 구조의 측면을 모두 충족시킬 수 있어야 한다.

자연과 자원의 분배 정의에 대한 가장 위협적인 요소는 강대국 위주의 신자유주의경제다. 그들은 완전한 자유경쟁을 통해, 즉 시장을 통해 자율성과 공정성이 확보될 수 있다고 강변한다. 그러나 이미 스티글리츠가《공정한 무역》에서 비판한 것처럼 그것은 애당초 어불성설이다. 거의 모든 조약은 정보의 비대칭성 때문에라도 공정할 수 없다. 세계무역기구WTO도 강대국의 논리와 힘에 휘둘리는 한 그것은 결코 문제의 해결 주체가 될 수 없다. 왜냐하면 그것으로는 어떤 절차적 정의도 실현될 수 없기 때문이다.

롤스는《정의론》에서 절차적 정의를 강조한다. 완전한 절차적 정의, 불완전한 절차적 정의, 그리고 순수한 절차적 정의다. 완전한 절차적 정의는 공정한 분배가 어떤 것인지에 대한 독립된 기준뿐 아니라 공정한 분배를 도출할 수 있는 절차도 지닌다. 그에 반해 불완전한 절차적 정의는 올바른 결과에 대한 독립된 기준은 있지만 그 결과를 보장할 수 있는 절차를 마련하지 못한다. 아무리 올바른 결과가 무엇인지 알아도 적용되는 절차가 그것을 보장해주지 못한다면 정의로울 수 없다.

순수 절차적 정의는 올바른 결과에 대한 독립된 기준은 없지만, 공정한 절차가 있어서 누구나 그 과정의 절차에 따라 결과의 내용에 관계없이 그 결과를 공정하게 간주할 수 있다. 롤스는 그런 순수 절차적 정의에 따라서만 분배의 문제를 해결할 수 있다고 보았다.

자원의 공정한 분배라는 측면에서 전지구적인 차원에서 순수 절차적 정의에 입각한 합의를 도출할 수 있어야 한다. 이를 마련하지 않고서는 지속가능한 발전은 언제나 기존의 약자의 피해를 정당화시키거나 혹은 이전까지의 피해에 대해 배상과 보상의 가능성조차 막아버리기 쉽다. 이런 상황이 변하지 않은 상황에서 건전한 생태계를 유지하기 위해 일부 인간이 불가피하게 희생되어야 한다면, 아마도 그 대상은 저개발국가의 민중이거나 소외계층일 것이다. 그런 점에서 생태중심주의가 일부 인간이 나머지 인간을 지배하고, 다른 인간의 희생을 정당화하는 윤리로 악용될 수도 있음을 기억해야 한다.

환경보호, 자원절약, 새로운 생산방식, 새로운 무역규정, 새로운 사회규범, 대안적 소비방식 등 여러 문제들을 실효적으로 해결할 수 있는 방법은, 바로 지속가능한 발전과 분배 정의 문제의 해결의지가 과연 있는지, 그리고 기꺼이 강대국들이나 강자들이 기득권을 포기하고 이전의 해악에 대한 보상의지가 있는지에 달려 있다.

결국 이 또한 돈 문제와 직결된다. 그러니 환경과 생태의 문제는 언제나 녹색이다.

# 천부적 권리와 자연의 권리

5

인간은 생태계를 이루는 하나의 구성원에 불과하지만, 다른 어떤 구성원보다도 생태계에 가장 결정적인 영향을 미칠 수 있는 존재다. 또한 동시에 인간은 생태계 내에서 반성적 사고를 할 수 있는 특별한 존재다. 그러므로 인간이 초래한 생태계 위기는 전적으로 인류의 반성 위에서만 극복 가능하다.

근대 이후 문명사는 바로 천부적 권리Natural Right로서의 인권의 가치를 선언하고 쟁취한 과정이다. 지금까지 우리는 인간의 권리와 가치에 대해서만 이야기해왔을 뿐이다. 권리만 강조했지 책임은 의도적으로 눈감았다. 그런 점에서 자연 파괴는 인권 신장의 부작용이라고 볼 수도 있다.

근대 문명이 인권 확립에 주력했다면 이제는 자연의 권리Right of Nature를 인정해야 한다. 이런 자연의 권리에는 마땅히 모든 사람들에 대한 공정하고 평등한 권리가 포함된다. 따라서 자연의 권리는 기존의 천부적 권리로 규정한 인권보다 더 넓고 깊은 개념이다.

천부적 권리로서의 인권은 사람과 사람 사이의 문제만 다뤘다. 사람은 목적인 동시에 주체다. 자연의 권리는 자연을 목적인 동시에 주체로 보라고 요구한다. 인간의 권리도 제대로 확립하지 못했는데 무슨 자연의 권리냐고 타박할 게 아니다. 오히려 그 반대로 생각해야 한다. 자연의 보편적 권리 속에서 인간의 권리는 박탈되는 것이 아니라 오히려 전인적 인격의 권리로 존중된다. 사람과 자연이 주체 대 객체가 아니라 주체 대 주체의 관계를 맺는다면, 억압받고 권리가 제한된 약자도 더 큰 거대한 주체인 자연의 일부로 간주할 수 있게 되고, 인간의 보편적 평등성도 보다 전향적인 방향으로 확립할 수 있게 된다. 그러기 위해서는 기존의 기술문명적 세계관을 극복하고 새로운 윤리적 방안을 모색해야 한다.

자연, 환경, 생태에 대한 새로운 세계관과 가치관은 새로운 인간관과 자연관을 요구한다. 따라서 그에 걸맞은 규범을 새롭게 만들어야 한다. 이런 인식과 실천의 토대 위에서 자연을 새로운 시각으로 보고, 진지한 태도로 대하지 않는 한 이 문제는 오히려 갈등과 분쟁을 심화시킬 뿐이다. 자연과의 관계 회복은 결국 모든 존재의 관계 회복으로 이어진다. 더 이상 자연을 배제해서는 안 된다.

더 나아가 생명에 기반을 둔 생명의 정의를 구현하는 새로운 관계를 모색해야 한다. 그것은 인간이 자연과 맺는 새로운 관계이며, 자연과 새롭게 만나는 길이다. 마틴 부버Martin Buber, 1878~1965 식으로 말하자면, 사람과 자연은 이전의 '나와 그것Ich und er/es/sie'이 아니라 '나와 너Ich und

Du'의 관계, 즉 인간과 자연이 서로의 본래의 모습을 존중하는 인격적 관계로의 전환이 필요하다는 것이다.

'사람은 자연보호, 자연은 사람보호'라는 표어가 자연의 역습으로 인류가 위협받을 수 있다는 것을 뒤늦게 깨달은 반성의 표현이었다면, 이제는 보다 적극적이고 능동적이며 수평적 관계로 나아갈 수 있는 방향성을 분명하게 천명해야 할 때다. 인간이 탐욕을 버리고 대자연과 존중하는 연대감을 가질 때, 비로소 우리는 자기 자신을 발견하는 길을 찾고 본래의 자신을 회복하게 된다.


## 웰빙과 유다이모니아

· · ·

나는 이 문제를 고민할 때마다 떠오르는 게 있는데 바로 웰빙 열풍이다. 웰빙의 가장 오래 되고 심오한 개념은 아리스토텔레스의 윤리학으로부터 기인한다.

아리스토텔레스는 가장 완벽한 목적Telos의 완성을 유다이모니아Eudaimonia라고 규정했다. 그 말은 최선을 다해야 할 곳에 최선을 다하고, 그 탁월함에 대한 대가를 거둔다는 의미로서의 행복을 뜻한다.

그리스어 유다이모니아를 문자 그대로 풀면 '잘 존재함Well-Being'이다. 그것은 덕과 일치하는 영혼의 활동으로서의 '행복'이다. 그런데 영어 Well-Being은 복지라는 개념으로 쓰이기도 하지만, 1980년대 들어 서구에서 새로운 의미로 쓰이기 시작했다.

미증유의 물질적 풍요를 누리던 사람들이 갑자기 뭔가 공허하다는 것을 느꼈다. 물질적 풍요 속에서 오히려 정신적 가치는 황폐해지고 영혼은 방황하고 있다는 자성이 일었다. 그래서 나타난 것이 바로 웰빙이다. 즉 웰빙은 물질적 가치에만 함몰되었던 삶을 반성하고 정신적 영역과의 조화로운 균형을 되찾기 위한 자각이었던 것이다.

그래서 그들은 잊고 잃고 살았던 정신적 가치를 되찾기 위한 노력을 기울이기 시작했다. 1990년대에 들어설 무렵, 일본에서 이것을 고령화 사회에 적용하기 시작하면서 우리에게도 친숙한 용어가 되었다.

환경 문제의 진정한 의미와 가치는 이것을 통해 우리가 생명 자체에 대한 존중과 다른 사람과 존재에 대한 관심과 배려로 이어지는 법을 배우고 실천하는 것이다. 그래서 인간의 존엄성과 가치에 대한 인격적인 사고와 반성을 통해 전인적 인격으로 성숙할 수 있는 계기로 확장되어야 한다.

더 나아가 여기에 동물권Animal Rights까지 포함할 적극성을 지녀야 할 것이다. 동물의 권익을 지칭하는 동물권은 단순히 고통을 피할 수 있는 권리뿐 아니라 인간권에 대한 인식을 바탕으로 그 권리 개념을 동물에 확대시킨 것이다.

지구는 인간만 존재하는 것이 아니다. 다른 동물들도 똑같이 지구에서 살 권리를 갖는다. 그럼에도 불구하고 우리는 여전히 동물을 하나의 상품으로서, 음식으로서, 옷의 재료로서, 실험 도구로서, 오락을 위한 수단으로서 다루는 것이 현실이다.

동물은 우리와 지구를 나눠 쓰는 존재다. 따라서 동물권에 대한 인식을 가지고 그것의 증진을 위해 노력해야 한다. 인간처럼 지구상에 존재하는 하나의 개체로서 받아들여져야 한다는 적극성을 가지고 환경의 문제에 접근해야 한다.

자연自然은 문자 그대로 '스스로 그런'이라는 뜻이다. 존재하는 모든 것의 근원과 원인이 바깥에서 오는 것이 아니라 그 자체 안에 있음을 함축한다. 그 말 속에는 자연이 인간의 의미나 가치보다 더 포괄적이고 또한 상위에 있다는 의미가 담겨있다. 영어 Nature의 어원인 라틴어 NATURA는 '앞으로 태어날 자'라는 뜻이다. 거기에는 모든 생명의 과정이 담겨 있다.

인간이 스스로 자신의 위상을 자연 속에 혹은 적어도 자연의 일부로 인식해야 탐욕의 억제와 겸손을 깨달아야 한다는 당위를 도출할 수 있다.

# 세계시민권으로서의
# 환경 문제

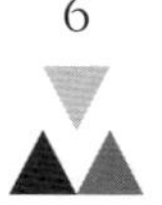

6

오늘 인류가 직면한 환경 문제는 전지구적이며 거의 모든 영역에서 발생하고 있다. 현재 환경 문제에는 오염된 대기, 담수와 해수의 오염, 경작지의 과도하고 무분별한 개발뿐 아니라 그에 따른 질병의 발생 등도 포함된다. 이런 문제들은 국가나 민족, 종교나 이념의 범주에 제한되지 않는다. 그래서 다양한 국제협약들이 도출되고 있다. 그러나 미국이 교토의정서를 탈퇴한 사실에서 보듯 구체적 강제성을 띠고 있지 않기 때문에 언제든지 실질적으로 무효화되는 경우가 많았다.

국가, 민족, 종교, 이념 등의 제한을 벗어나 인류 전체의 문제로 인식되는 환경 문제를 해결하기 위해서는 친환경사회를 실천할 수 있는 구체적 합의와 방법을 모색해야 한다. 따라서 적어도 환경 문제는 세계시민으로서 마땅히 실천해야 할 도덕적, 실용적 의무라는 사실에 대한 동의가 필요하다. 자연을 보호하기 위해서는 행동과 사고의 변화에만 머무를 것이 아니라 적극적인 설득을 통해 규율과 제한 조치를 마련해야 한다.


## 대안세계화운동과 글로벌 거버넌스

...

1970년대 환경운동가들의 접근방법과 매우 유사한 저항운동이 등장한 것도 환경 문제야말로 세계화 문제의 핵심이며 세계시민으로서의 의무임을 재천명한 것이다.

세계 무역을 지배하는 새로운 규율이 생겨나고 선진국과 개발도상국 간의 경제적 격차가 지속적으로 벌어지면서 환경오염의 폐해는 고스란히 가난한 나라들에 떠넘겨지는 상황이다. 이런 가운데 얼마 전부터 환경운동가들이 제시한 방법이 바로 대안세계화운동Alterglobalization이다.

세계화라는 것이 명목상 허울뿐이고 실제로는 격차를 더 견고하게 만들 뿐 아니라 일방적 효율성에만 의존하는 것임을 비판하며 신자유주의적 세계화에 반대해서 또 다른 세상을 모색하려는 것이 대안세계화운동이다. 예전에는 이 운동을 반세계화운동Antiglobalization이라 부른 것도 무리는 아니었다. 물론 이 운동이 완전한 것은 아니다. 여전히 세계적인 문제를 경제 원리에 기준을 두고 바라보고 있다는 점에서는 분명 한계를 지닌다. 그러나 이들은 보다 현실적이고 구체적인 대안의 방식을 추구한다. 그리고 그 바탕에는 약소국에 대한 우선적 배려가 존재한다.

　모든 정부는 공청회, 지역정보위원회, 지방여론조사 등을 통해 시민의 여론을 수렴하고 그것을 바탕으로 국가 간 협약까지 이끌어내야 한다. 그리고 그 바탕에는 적어도 환경 문제에는 어떤 격차나 차별도 없이 모든 세계 시민이 수긍할 수 있는 규범으로 도출해야 한다.

　이런 과정을 거쳐 환경 문제는 글로벌 거버넌스로 이어진다. 실제로 글로벌 거버넌스는 유럽에서 추진한 제도로 미국의 반대에도 불구하고 정착하는 데에 성공했다. 세계적 규모의 협동 관리 또는 협치라는 완전한 틀에는 도달하지 못했지만, 각종 국제 의정서나 협약들의 비일관성과 이행불능 상황에 대한 깊은 우려가 이런 결실을 도출했다. 전 세계가 함께 자연을 보전하고 각종 오염에 대항하여 싸우기 위해서 국제기구 사이의 조화를 이끌 글로벌 거버넌스가 필요했기 때문이다. '거버넌스'라는 말에서 보듯 이 문제는 결코 각국의 정부 차원의, 그리고 국가 간의 문제가 아니다. 그래서 국경을 초월해서 세계의 여러 기구와 단체가 함께 참여하고 정보를 공유하며 대책을 모색하고 상호지원의 협력체제를 발전시키고 있다.

　환경 문제에 있어서는 한 사람 한 사람 모두가 세계 시민으로서의 의무를 자발적으로 실천해야 한다. 이렇게 환경 문제는 단순히 자연 보호 등의 범주에 국한되지 않고 보다 적극적인 개념과 실천 방안으로 이어지면서 새로운 세계시민권의 중요한 발단으로 대두되고 있다.

　이런 점은 환경 문제가 단순히 자연을 보호하고 생태를 보전하는 데에 그치지 않고 우리가 세계시민으로서 국가와 민족, 종교와 이념을 초월하여 지구의 한 주민으로 연대할 수 있다는 점에서 매우 큰 의미와 가능성을 지니고 있다고 할 수 있다. 더 나아가 글로벌 거버넌

스의 구성과 이에 따른 개별 시민들의 적극적인 참여모델은, 세계시
민권을 토대로 한 국제평화를 실현하는 데 모범사례가 될 수 있다. 우
리의 시각도 그에 맞춰 변모하면 뜻밖의 큰 수확을 얻을 수 있는 중
요한 기회와 계기가 될 수 있다는 점도 기억해야 할 것이다.

**《지구환경보고서 2006》** 월드워치연구소, 오수길 옮김, 도요새, 2006

환경 분야에서 세계 최고의 권위를 인정받는 월드워치연구소에서는 매년 '지구환경보고서'를 발표한다. 우리나라에서는 1990년대에 출간하다가 중단된 뒤 2001년부터 다시 간행되고 있다. '도요새'라는 출판사는 대표적 멸종 조류인 새의 이름에서 따온 것처럼 환경 문제에 특별한 관심을 가진 출판사다. 월드워치연구소에서 발표하는 이 보고서는 매년 다양한 주제와 상세한 현황을 보고하면서 대안까지 제시한다는 점에서 주목해야 할 일종의 백서와 같다. 2006년판을 소개하는 까닭은 특집으로 중국과 인도를 다루고 있기 때문이다. 미국에서는 이 보고서가 1,300여 개 대학 강좌에서 생물학에서 정치학에 이르기까지 교재로 채택되고 있다고 한다.

**《성장의 한계》** 이영직, 스마트비즈니스, 2012

로마클럽보고서는 꼭 읽어볼 가치가 있다. 내가 가지고 있는 책은 예전 삼성문화문고에서 출간한 《로마클럽보고서, 인류의 위기》(1971)인데 이 책은 헌책방에서 발품을 팔아야 가까스로 구할 수 있을 것이다. 그러던 차에 로마클럽에서 《성장의 한계》를 펴낸 지 40년이 지난 지금 이 문제를 전체적으로 재조명하는 책이 나와서 반가웠다. '한 시대의 성장 동력이 다음 시대 발전의 발목을 잡는다'는 서문에서 밝히고 있는 것처럼 로마클럽에서 제기한 문제를 다시 환기시키고 있다. 다만 이 문제를 사회과학으로 읽고 경영학으로 깨우치게 하려는 책의 의도는(그래서 '자기계발로 읽는 생존철학'으로 부제를 달았다) 약간 변색된 느낌은 있지만 본질의 문제는 충실하게 다루었다.

## 《바이탈 사인 2003》 월드워치연구소, 환경정책연구회 옮김, 도요새, 2003

월드워치연구소가 간행주체이지만 UN환경계획(UNEP)의 적극적 후원과 개입으로 만들어졌다는 점에서 일종의 공동 저작물이라고 할 수 있다. 객관적인 도표와 그래프 등 정확한 자료를 바탕으로 날카로운 분석을 통해 전 세계적으로 안고 있는 인구, 에너지, 식량, 보건 등 여러 문제를 파헤치고 있다. 특히 2003년판에서는 인류가 극심한 빈부의 격차를 해소하지 못하는 한 지구의 생태를 보호하고 인류의 미래를 향상시킨다는 목표는 달성하기 어렵다고 경고하고 있다.

## 《환경 수도, 프라이부르크에서 배운다》 김해창, 이후, 2003

생태마을 건설을 위한 시민자치모임 '보봉포럼'이 1995년 출범한 이후 어떻게 모범을 보였는지를 환경전문기자인 지은이가 꼼꼼하게 취재한 내용을 바탕으로 쓴 책이다. 자급적 에너지정책, 창조적 교통정책, 쓰레기제로 정책을 내세운 프라이부르크 시가 어떻게 그것을 구체적으로 실현하고 있는지 알 수 있다. 벤치마킹의 좋은 사례로서 읽어볼 가치가 있다.

**《오래된 미래》** 헬레나 노르베리 호지, 김태언 옮김, 녹색평론, 2003

'라다크로부터 배우다'라는 문장은 이제 하나의 독립된 명제가 되었다. 언어학을 전공했고, 실제로 뛰어난 언어능력을 가졌던 지은이가 언어 연구를 위해 찾았던 라다크에서 생태적 지혜를 보여준 사람들과 삶을 보고 받은 신선한 충격이 결국 그녀의 삶 전체를 바꿔놓았다. 경제적 합리성과 물질적 풍요 속에 살아가는 현대인들이 잊고 있던, 그리고 잃어버렸던 삶의 고갱이들을 이 책을 통해 만나게 되면서 사람들의 삶을 바꿔놓을 만큼 파급력이 컸다. 미래를 위한 반성과 성찰을 통해 흑백논리 없는 라다크 프로젝트는 우리에게 많은 것을 깨우치게 한다. 아마도 이처럼 짧은 시기에 고전이 된 경우도 드물 것이다.

**《야생초 편지》** 황대권, 도솔, 2002

13년 넘게 감옥에서 억울하게 갇혀 지낸 지은이가 안동교도소에서 풀을 통해 삶의 가치를 깨닫고 풀을 기르고, 먹고, 대화하면서 얻은 성찰이 진솔하게 묻어난 책이다. 생태와 영성, 자연회귀 등의 이야기들이 담백하게 펼쳐진다. 뛰어난 삽화도 있어서 풀에 무지한 현대도시인들에게 신선하게 다가오기도 한다. 흔히 그냥 잡초라고 부르는 야생초들의 이름과 특성을 조목조목 따라 읽다 보면 지은이가 조용하고 나직하게 건네는 목소리가 우리의 삶에 묵직하게 울리는 것을 느끼게 된다. 2012년에 같은 출판사에서 나온 《고맙다 잡초야》는 이 책의 속편과도 같다. 성찰한다면, 자연 속 삶은 즐겁다는 지은이의 철학과 영성이 더욱 따뜻한 시선과 깊은 성찰로 담겼다.

**《조화로운 삶》** 헬런 니어링, 류시화 옮김, 보리, 2000

좌파 경제학자로서 실천적인 삶을 살았던 스코트 니어링과 그의 아내 헬런 니어링이 버몬트 시골에서 최대한 자연과 일치하는 삶을 살았던 내용을 담았다. 그들은 집도 직접 짓고 생계도 단풍시럽을 만들어 파는 것으로 해결했다. 이 책은 그들이 최대한 자급자족하면서 살아온 20년 동안의 기록들이지만 결코 만만하지 않았던 삶의 역정을 통해 과연 진정한 삶이 무엇인지의 물음을 우리에게 던진다. 내용 하나하나가 아름답고 가슴이 뻐근해지는 책이다.

**《도둑맞은 미래》** 테오 콜본 외, 권복규 옮김, 사이언스북스, 1997

지은이들 가운데 한 사람인 테오 콜본은 기이한 자연현상들에 주목해서 그 원인을 추적했다. 그 결과 수많은 위험한 화학물질이 인간과 동물의 체내에 들어가 엄청난 부작용을 야기했다는 것을 고발했다. 이 책은 분명히 화학물질의 위험성과 화학물질의 남용이 부른 생태계의 극심한 파괴를 경고하고 있다. 그러나 거기에 그치지 않고 이 문제가 인류의 미래까지 파괴시킬 수 있다는 각성을 촉구한다. 아예 환경호르몬 등 갖가지 내분비호르몬처럼 작용하는 생체의 파멸을 깨닫지 못한다면 미래는 더욱 암울해질 것이다.

**《에코페미니즘》** 반다나 시바 · 마리아 미스, 손덕수 외 옮김, 창작과비평사, 2000

에코페미니즘은 1970년대 후반에 등장한 생태여성론으로 환경운동과 여성해방운동 사상을 통합한 것이다. 이들은 이성과 합리성을 내세우는 남성중심주의가 생태 재난을 일으켰다고 비판하며 새로운 사회는 이런 것에 대한 반작용으로서의 여성성으로 포용해야 한다고 주장한다. 시바와 미스가 따로 발표했던 글들을 모아 묶어낸 책으로, 녹색자본주의는 더욱 많은 자연을 사유재산과 상품으로 바꾸는 일에 기여할 뿐이라고 경고하며 이른바 에코마케팅을 내세우며 환경 조직을 후원하는 기업들의 자본주의적 녹색화 전략의 속살까지 까발린다.

**《에코스캠》** 로널드 베일리, 이상돈 옮김, 이진, 1999

환경 문제가 본격화되면서 늘 제기되는 것이 바로 환경위기론을 넘어선 환경종말론이다. 물론 위기에 대처하고 문제를 해결, 극복하도록 경계하는 것은 중요하지만 지나친 비관은 자칫 협박처럼 여겨질 수 있다. 이 책은 환경재앙론자들의 허구성과 비현실성, 그리고 과격함의 문제를 비판하고 반박한다. 그렇다고 매트 리들리 같은 지나친 낙관론의 입장을 취하는 것도 아니다. 우리의 삶의 방식이 언제나 갈등과 투쟁을 통한 진보에 의해 발전해왔다는 기본적 믿음을 바탕으로 인간 스스로 개선하고자 노력한 의지를 강조한다. 지나친 비관론의 문제점을 파악하는 데에 도움이 되는 책이다. 비외른 롬보르 등이 지은 《회의적 환경주의자》(홍욱희 옮김, 에코리브르, 2003)도 환경주의자들의 미래 비관론을 비판하며 인류의 미래를 낙관하는 책이다.

**《환경의 세기》** 에른스트 울리히 폰 바이츠제커, 권정임 옮김, 생각의나무, 1999

이 책은 바이츠제커의 지속가능한 사회를 향한 미래 구상을 담고 있다. 지은이는 미래에도 지금과 같은 낭비적 삶이 지속된다면 환경위기는 극심해질 것이라고 경고한다. 그렇지만 이 책은 그에 대한 다양한 실천적 대안을 제시하고 있다는 점에서 매력적이다. 우리가 사용하는 여러 상품과 재화에 담긴 물질과 에너지의 사용분을 서술하고 있는데, 생태적 배낭을 덜기 위해 거기에 들어가는 원료 및 에너지를 4분의 1로 줄이면 순환경제 시스템을 마련할 수 있다는 혜안은 주목해야 할 대목들이다.

**《위기의 지구》** 엘 고어, 이창주 옮김, 삶과꿈, 2000

미국의 부통령이었고 대통령후보자였던 엘 고어가 환경 문제의 전도사로 나선 것은 이제 더 이상 뉴스도 아니다. 정치가 고어는 이미 의정활동을 통해서도 환경 문제를 위해 의회에서 강력하게 활동했다. 그는 이 책에서 전 세계적인 환경정책을 제시하고 있다. 환경 문제의 심각성과 지구적 차원의 공동대응이 왜 필요한지를 역설하는 이 책에서 고어는 자신의 정치적 삶에서 경험하고 체득한 다양한 사실과 현상에 대해 날카롭게 지적하고 있다. 무엇보다 이 책은 정치뿐 아니라 역사, 경제, 과학, 종교, 심리 등에 이르기까지 폭넓게 다루는 그의 지적 역량이 돋보인다.

**《가이아》** 제임스 러브록, 홍욱희 옮김, 갈라파고스, 2003

살아있는 하나의 거대한 유기체로서의 지구를 의미하는 가이아는 본디 그리스 신화에 나오는 대지의 여신이다. 대기화학자인 러브록은 바다가 염분 농도의 큰 변화 없이 유지되는 이유 등을 추적하면서 지구는 자가조절이 가능한 하나의 생명체라고 규정했다. 가이아 이론은 지구를 살아 있는 유기체로 보기 때문에 지구 전체를 보는 관점에서 환경과 자연을 조망해야 한다고 강조한다. 그래서 이제 그의 가이아 이론은 지구의 생물권뿐 아니라 인류의 미래를 가늠할 수 있는 과학 이론으로 받아들여지고 있다. 거시적 안목을 위해 꼭 읽어둬야 할 책이다.

**《녹색전망》** 최병두 외, 도요새, 2002

환경과 생태에 관한 다양한 인문사회학자들의 연구를 엮어낸 책이다. 600쪽을 훨씬 넘는 방대한 분량답게 환경윤리에서 현대기술에 이르기까지 여러 주제를 다양한 집필자들의 관심과 연구 방식에 따라 펼치고 있다. 이 책 한 권이면 적어도 환경과 생태에 관한 큰 흐름과 기본적 문제에 대해 충분히 인식의 틀을 마련할 수 있을 것이다.

## 《지속가능한 사회를 향한 생태전략》

도날드 워스터, 문순홍 옮김, 나라사랑, 1995

서문에서 밝히고 있는 것처럼 지속가능한 사회를 향한 생태전략 시론이다. 생태문제에 관한 전략 및 경제 이론, 재구조화와 세계 차원의 생태전략들을 여러 전문가들의 글을 모아 엮었다. 생태전략에 따른 새로운 경제이론의 필요성은 자칫 환경론자들이 놓치기 쉬운 대목인데 그런 점에서 이 책은 매우 유익한 정보를 담고 있다.

## 《멸종 위기의 생물들》 이브 시아마, 심영섭 옮김, 현실문화연구, 2011

충실하고 다양한 도면과 함께 체계적인 정리와 균형 잡힌 분석으로 정평이 난 라루스 세계지식사전 시리즈의 한 권으로, 멸종은 자연도 돌이킬 수 없다는 점을 새삼 깨닫게 해준다. 멸종위기의 다양한 생물들을 통해 우리가 무엇을 해야 하는지를 적극적으로 모색하고 실천할 수 있는 내용들이 일목요연하게 담겨있다. 같은 시리즈 중 《세계의 물》《자연 현상과 재난》《세계의 기후 지도》《지속 가능한 발전》《환경 위기 지도》 등도 도움이 될 것이다.

—

# 4장

# 젠더

남자와 여자의 문제가 아니다.
인간의 문제다.

# 섹스와 젠더의 미분화

1

먼저 밝혀두고 시작하자. 나는 이 문제를 '여성학'적 시각으로 다루지 않을 것이다. 이유는 두 가지이다. 하나는 이 문제를 학문적으로 다루기보다는 다양한 실례들을 통해 익히 알고 있는 것을 확인하고 반성하는 것이 낫겠다는 판단 때문이고, 또 다른 하나는 기존의 페미니즘이 자칫 '속 좁은 남성들'의 반감을 초래해왔다는 그릇된 통념을 빗겨가고 싶기 때문이다.

아빠가 출근할 때 뽀뽀뽀, 엄마가 안아줘도 뽀뽀뽀~

아마 이 노래를 모르는 사람들은 거의 없을 것이다. 그런데 나는 이 노래를 들을 때마다 불편하다. 가사를 곰곰 따져보라. 아빠는 '출근하는 사람'이고 엄마는 '안아주는' 사람이다. '출근하는' 엄마나 '안아주는’ 아빠의 가사가 있으면 공정하겠지만, 불행히도 그런 가사는 없다. 그러니 이 노래를 부르는 아이들에게는 아빠와 엄마의 역할이 정해져 있는 셈이다. 그것은 바로 남성과 여성의 역할에 대한 고정관념을 고스란히 드러낼 뿐 아니라 자라나는 아이들에게까지 그런 관념을 심어주지 않겠는가.

우리는 여전히 양성불평등과 성차별에 대해 불편한 감정을 느끼지 않을 만큼 무디다. 일상 언어에도 그런 차별과 불평등을 함축하는 것들이 너무 많아서 일일이 예를 드는 것이 무의미할 정도다.

더욱 심각한 것은 아직도 ‘생물학적 성Sex’과 ‘사회적 성Gender’의 구별조차 되지 않는다는 사실이다. 우리는 태어나는 순간부터 남녀가 다르며, 유별하고, 따라서 다른 길을 가야 한다는 사회문화적 환경 속에서 자랐다. 그래서 사실은 후천적으로도 남녀의 가치를 구분했다.


## 사회적 개념의 성, 젠더

· · ·

사회적 성을 지칭하는 젠더는 원래 ‘성별 구분이 아주 모호한 상태로 태어난 사람’ 즉 출생 시 남녀의 판명이 어려운 상태의 사람을 지칭했다.

1955년 존스홉킨스 의대의 머니John Money, 1921~2006는 이 단어를 응용하면서 생물학적 성별을 남, 녀, 그리고 젠더로 구분했다. 젠더가 오늘날처럼 사회적 성을 의미하기 시작한 것은 인권운동이 본격적으로 전개되면서부터다.

인권운동은 산업화 사회 후기로 변했음에도 불구하고 여전히 남성 중심의 환경에서 여성의 가치가 제대로 인정받지 못하는 현실 상황을 재조명하기 시작했다. 여성인권운동의 전개에 따라 젠더는 다양한 사회제도라는 후천적 환경의 영향을 받으면서 형성된 남녀의 구별된 상태를 의미하였다. 젠더의 개념은 여성의 사회적 역할 증대에 따라 이제는 마땅한 것으로 받아들이고 있는 추세이나 여전히 심정적으로는 그것을 인정하지 않으려는 저항으로 혹은 무지 때문에 그 구분이 이루어지지 않고 있는 것도 사실이다. 그런 의미에서 동요 〈뽀뽀뽀〉는 젠더로서의 여성이 존재하지 않기 때문에, 그리고 그 젠더조차 왜곡된 형태이기 때문에 결코 교육적이지 않다는 것이다.

젠더로서의 여성은 없고 섹스로서의 여성만 존재하는 것은 여성으로 하여금 '배제된 삶'을 강요받게 한다. 섹스로서의 남녀의 차이는 염색체 배열에 의해 구별되는데 그것은 인위적으로 조작하거나 전환하는 것조차 불가능하다. 그러나 젠더로서의 남녀의 차이는 사실상 어떤 구별도 무의미한 것이다. 따라서 남자로서의 '일' 혹은 '역할'과 여성으로서의 그것이라는 구별은 이미 그 자체 차별의 시작이다. 그래서 〈뽀뽀뽀〉는 남녀차별의 노래다.

젠더로서의 여성의 정체성에 대해서는 적어도 선언적으로나 이념적으로는 모두가 동의한다. 그렇지 않으면 사회적 지탄을 받는다. 그러나 심정적으로는 여전히 저항하고 반대한다. 남자들만 그런 게 아니라 일부 여자들도 그렇게 반응한다. 어떻게 여자들이 그런 반응을 하느냐고? 간단한 증거를 찾아보자.

1997년 IPU 조사에 따르면 우리나라 여성 정치 참여율은 세계 94위였다. 국회의원 선출에서 비례대표를 강제로 남녀동수 비율로 정하기 전까지 여성 국회의원은 거의 보기 어려웠다. 선출직은 말할 것도 없었다. 지금도 여성 의원 수는 늘었지만 여전히 소수에 불과하다. 심지어 어떤 지역구는 아예 여성 후보자가 없는 경우도 있다. 물론 최근 여자 대통령이 탄생했지만, 여성 정치 참여라는 의미에서 합당한 예는 아닌 것 같다. 정치공학상 소속정당의 대선 후보가 된 그의 성이 단지 여성이었다는 것 외에 정치사회적 의미는 찾기 힘들기 때문이다.

1970년대에 뉴욕과 메릴랜드에서 하원의원에 출마한 패트리셔와 비키는 모두 낙선했다. 사람들이 한 여성은 너무 진보적이며 나댄다고 꺼렸고, 다른 한 여성은 너무 온순하고 순종적인 듯해서 도대체 정치에 적합하지 않다고 꺼렸기 때문이다. 그러나 속내는 '여성'이기 때문에 그녀들에게 표를 던지지 않은 것이다. 남자들만 그런 게 아니라 같은 여자들도 그랬다. 그런 점에서 여성 자신도 정확하게 젠더로서의 정체성 정립이 미분화 되었다는 비판을 받을 수 있다.

그렇다고 비관적이지만은 않다. 점진적으로 때로는 급진적으로 양성평등을 온전하게 실현하는 방향으로 접근하고 있는 게 현실이다. 처음에는 억압기제에 익숙해서 머뭇거릴 뿐 둑이 무너지면 물은 저절로 넘친다. 이미 여성의 사회적 역할은 증대하고 있다. 앞으로 더 증대할 것이다. 역전되면 어쩌느냐고 남성들이 걱정할 것도 없다. 그저 염색체만 다를 뿐 똑 같이 평등한 인간이다. 언제까지 그 억압의 틀에 갇혀 있을 것인가.

말이 나온 김에 우리나라 여성의 정치 참여의 길을 넓힌 여성할당제를 잠시 살펴보자. 여성의 사회, 공직 진출을 위해 여성에게 일정

비율 이상의 자리를 할당하는 여성할당제가 한국의 정치에 도입된 것은 21세기의 일이다. 남성 중심 사회구조와 정치구조에서는 여성의 사회진출이 어렵기 때문에 이를 교정하기 위한 장치다.

2002년 개정된 선거법(현 공직선거법)에 따라 여야 정당은 광역의회 비례대표의 50퍼센트 이상을 여성으로 공천하도록 의무화했고 지역구 공천의 30퍼센트 이상을 여성을 권장했다. 그러나 대부분의 여성후보는 경선에서 조직과 자금력이 우세한 남성후보들에 밀려 낙선했다.

이후 2005년 8월 개정된 공직선거법 제47조에 따라 정당은 국회의원과 지방의회 의원 비례대표의 50퍼센트 이상을 여성으로 공천하되 후보자명부 순위의 매 홀수에 여성을 올리도록 했고, 지역구 공천은 총 전국지역구 수의 30퍼센트이상을 여성으로 하도록 권장했다. 나아가 2010년부터는 각 정당이 지방의회의원 지역구 공천에서 군 단위 지역을 제외한 지역구마다 1명 이상의 여성을 공천해야 한다고 규정하고 있다. 상당수의 남성들은 이런 법 개정에 대해 못마땅해 한다. 그들이 내세우는 게 바로 역차별이다. 그러나 그들은 기존의 차별과 억압에 대해서는 외면한다. 물론 이런 법 조항이 항구적일 수는 없을 것이다. 그러나 어느 정도 정착될 때까지 제도적 보완은 필요할 것이다.


## 주디스 버틀러의 젠더

...

시몬느 보봐르Simone de Beauvoir, 1908~1986의 "여성은 태어나는 것이 아니라 만들어지는 것이다"라는 말은 젠더가 태생적으로 규정된 것이 아니라 획득된 문화적 구성이라는 것을 강조하는 뜻이었다. 그러나 주디스 버틀러<sub>Judith Butler, 1956~</sub>처럼 그런 이분법 자체를 거부하는 여성학자들도 있다.

그녀는 페미니즘이 반드시 여성이라는 집단적 범주를 가정해야 하는지에 대해 의문을 제기했다. 실상 모든 정체성이란 허구적으로 구성된 것일 뿐이고, 사회가 이상화하고 내재화한 규범이 반복적으로 수행되어 몸에 각인되는 행위일 뿐이라는 것이다. 그렇다면 결국 섹스나 섹슈얼리티도 그런 의미에서 결국에는 젠더가 아니냐는 반문이 버틀러의 비판이다.

그러나 한 가지 분명히 해둘 것은, 버틀러가 강조하고 싶은 것은 성차가 존재하지 않는다거나 유효하지 않다는 것이 아니라는 점이다. 그녀는 생물학적 성과 사회적 성을 나누기 이전에 그것을 통합적으로 인식하는 시각을 요구하는 것이다. 우리가 여전히 성의 구분 자체를 규범적 범주로 규정해서 그 한 쪽의 범주, 즉 남성성에 부합하는 이들에 한해서 인간으로 규정하고 있다는 사실을 지적하는 것이다. 그래서 다른 한 쪽의 성은 삶의 영역에서도 배제시키며 그 존재 자체가 부정된다는 사실 그 자체를 드러내고자 하는 것이었다.

성을 생물학적 성과 사회적 성으로 나누는 것이 버틀러의 말처럼 무의미한 것인지도 모른다. 그러나 그런 구분이 무의미해지기 위해서는 우선 그런 이분법을 통해서 어떻게 여성이 억압되고 통제되어 왔는지를 인식해야 하기 때문에 반드시 짚고 넘어가야 할 부분이라는 점은 여전히 유효하다.

차별과 차이는 다르다. 그런데 그 구분조차 모호한 것은 섹스와 젠더의 미분화에서 오는 경우가 많다. 도식적으로 말하자면 차이는 섹스의 문제고, 차별은 젠더의 문제다. 섹스의 차이는 엄연히 존재한다. 그러나 그 차이 때문에 젠더에서의 차별을 정당화할 수는 없다. 그래서 사회적 성의 인식에 따른 적극적 실천적 대안이 필요하다.

# 차별의 역사, 불평등의 문화

2

성경에 의하면 신이 창조의 마지막 날에 인간을 만들었다. 그런데 남자와 여자를 동시(코란에는 남녀가 함께 만들어졌다고 쓰였다)에 만들지 않고 남자만 만들었다. 그런데 가만 보니 외로워 보였다. 그래서 남자의 갈비뼈 하나를 뽑아 숨을 불어넣어 여자를 만들었다.

남자들 이 대목에서 신났다. 여자는 남자의 부속물과 다르지 않단다. 실제로 지금도 문자에 너무도 충실한 사람들은 그 대목을 의심하지 않는다. 심지어 혼배미사나 혼인예배 때 그 구절을 인용하면서 신부에게 신랑 잘 섬기고 살라는 이들도 있다. 도대체 이 무슨 해괴한 말인가.

이 구절이 갖는 의미는 딱 한 가지뿐이다. 바로 성서를 남자가 썼다는 것. 그 이상도 이하도 아니다.

# 아르마니, '뽕'을 제거하다

• • •

누구나 지배하고자 하는 욕망을 갖는다. 지배받는 것보다는 지배하는 것이 유리하다. 남성이 여성을 보는 시각도 다르지 않다.

이런 관계의 근원은 창세기에서 그렇게 창조되었기 때문이 아니다. 오로지 근육의 차이 때문이다! 남성과 여성의 근육은 다르다. 전쟁과 생산 활동에 유리한 근육은 남성의 몫이다. 그게 고대인들에게는 가장 시급한 문제였으니까 그 역할을 담당한 남성들이 권력을 차지했다.

산업혁명을 통해 근육 의존도가 낮아지니 여성들도 공장에서 일할 수 있었다. 현대에는 컴퓨터와 다양한 전자 산업의 발달로 인해 근육 의존도는 현저하게 낮아졌다. 남녀의 평등에는 이렇게 근육 의존도가 높으냐 낮으냐에 따라 변화해온 것이라고 해도 과언이 아니다. 요즘은 예전에 남성의 전용 업무라고 여겼던 일에 여성들도 당당하게 종사하고 있다. 그것은 근육 의존도가 현저히 낮아졌거나 거의 무시해도 좋을 정도로 기계화, 전자화 되었기 때문이다. 그런데도 머릿속에는 여전히 근육이 작동되고 있다.

남성과 여성은 지배 피지배의 관계가 아니다. 협력과 조화의 파트너십을 가지고 공존하는 존재다. 과거에는 근육 의존도에 따른 역할을 나눌 수밖에 없었고, 그것이 권력으로 이어진 까닭에 불평등을 불평등이라고 여기지 않고 살았을 뿐이다. 이제는 그런 낡은 사고로 살아갈 수 없다. 남성은 아무 실익도 없는 권위를 주장하느라 조작되고 왜곡된 남성상에 갇혀 살았다. 불쌍한 일이다. 그런 왜곡과 불평등을 벗어버리면 자유로워질 수 있다. 그런 의미에서 페미니즘은 남성에 대한 공격이 아니라 그런 불평등을 깨뜨리는 고마운 외압일 수 있다. 사고를 바꿔야 한다.

사고의 전환은 패션에서도 나타난다. 근육 의존도에 따른 낡은 틀을 벗어던진 가장 대표적인 경우가 바로 아르마니다. 이른바 명품 남성복 아르마니는 확실히 입으면 옷태가 난다. 왜 그럴까? 조르지오 아르마니Giorgio Armani, 1934~ 가 꿰뚫어본 것은 다른 게 아니라 남성수트에서 어깨패드를 제거한 것이다. 어깨에 패드를 두툼하게 덧대는 것은 어깨를 넓어 보이게 하고 근육성을 과장하기 위해서다. 아르마니는 현대사회에서 더 이상 근육이 권력이 아니라는 것을 알았다. 이른바 '메트로 섹슈얼'이 바로 그것이다. 그래서 패드를 제거한 것이다. 그랬더니 어깨선이 우아하게 살아났다. 그래서 아르마니의 옷을 입으면 키도 커 보이고 맵시가 나는 것이다. 그게 바로 패션이다.

아르마니는 남성에게 강요된 남성성이라는 고정관념을 깨뜨려야 할 뿐 아니라 남성도 아름답고('잘생긴'이 아니라!) 싶은 본능이 있음을 이끌어냈다. 그리고 그런 본능을 스스로 억압한 것이 바로 근육의 과시에 대한 맹신이었음을 알고 그것을 타파한 것이다. 패션은 시대를 반영한 철학이다.

아르마니의 사례는 근육 의존성이라는 우리의 오래된 고정관념이 깨져야 인간이 보다 자유로워질 수 있다는 좋은 보기이다. 그런데도 여전히 많은 남자들은 머릿속에 그 가짜 '뽕'을 잔뜩 붙이고 산다. 더 웃기는 것은 그걸 멋이라고 착각하는 남자들도 많다는 점이다.

# 결혼을 허하라

* * *

대한민국의 여성계를 대표한다고 자부하는 어느 여자대학은 기혼여성의 재학을 반대했다가 21세기가 시작되고 나서야 규제를 풀었다.

1996년 처음으로 두 사람의 기혼여성 졸업생이 탄생했는데 그 당시에도 '금혼학칙'은 여전히 서슬 퍼렇게 살아 있었다. 사실은 그 두 사람이 재학 중 제적된 후 93년에 시행된 '제적학생 구제를 위한 특례' 조치로 재입학하여 예외 규정의 덕을 보았기 때문에 가능한 일이었다. 실제로 금혼규칙이 공식적으로 깨진 것은 2003년이었다. 그것도 국가인권위원회에서 그 대학이 학칙에서 입학과 졸업 자격으로 기혼여성을 금지하는 것은 평등권 침해라는 진정에 대해 조사할 계획이라고 발표하자 마지못해 내린 결정이었다.

그 대학에서는 교무회의를 통해 신입생의 입학요건으로 미혼을 규정한 학칙 제14조와 재학 중 혼인을 금한 학칙 제28조의 관련 조항을 개정하기로 의결했다고 밝힘으로써 공식적으로 그 조항은 삭제되었다.

학생들이 그토록 줄기차게 삭제를 요구했을 때는 '쇠 귀에 경 읽기'였는데 법률로 따지겠다고 하니 물러섰다는 점이 더 불편하다. 그러니까 그 학교당국도 그 조항이 헌법정신에 위배된다는 것쯤은 다 알고 있었던 셈이다. 그걸 모른 척 학생들을 외면한 학교당국과 교수들은 정말 시대착오적이었다. "미혼을 입학과 졸업의 요건으로 정한 이유는 19세기말과 20세기 전반기에 열악한 여성 고등교육 환경 하에서의 조혼 등을 이유로 학업을 중단하는 폐단을 막기 위서였다"는 해명은 구차하게만 들렸다.

위의 아르마니의 사례와 여자대학의 사례는 일반적인 사례는 아니다. 일반적인 사례라 함은 남성이 여성에 대해 어떻게 권력을 휘둘러 왔는지, 여성은 어떻게 그 억압을 해체하며 스스로의 권리를 획득해 왔는지 하는 사례일 것이다. 여기서 두 사례를 언급한 것은 이미 남성과 여성을 뚜렷하게 구분해서 전선을 긋는 것이 무의미함을, 그리고 더 이상 권력관계가 남성과 여성의 대립 속에 존재하지 않음을 보여주고 싶었기 때문이다. 아직 모든 잔재가 사라진 건 아니어서 여성을 억압하는 현실에 대해 눈을 감으면 안 된다는 점은 명심하자. 성의 억압이 단지 남성과 여성의 대결 구도가 아니었음을, 그리고 그 기저에는 '권력'이 도사리고 있었음을 미셸 푸코의 이야기를 통해 들어보자.

미셸 푸코는 《성의 역사》에서 성은 억압되지 않았다며 오히려 선동과 증대의 역사로 해석했다. "권력은 도처에 있다"면서 권력의 속성을 정의한 푸코는 성의 문제는 바로 권력의 문제라고 주장했다.

그는 성에 대한 억압의 가설을 분석하여 그것이 어떻게 출현하였는지, 그 배경은 무엇인지, 거기에는 어떤 권력의 책략이 개입했는지 등을 분석했다. 결국 그의 논변은 성을 단순히 억압의 구조로만 이해했을 때 그 억압만 제거하면 될 것이라는 착각을 경고한 것이다. 우리에게 여전히 유효한 관점이다. 그리고 그 유효함이 바로 우리의 비극이고 한계다. 그걸 벗어내야 한다. 그래야 대등한 인간으로서 온전한 자유를 누릴 수 있다.

# 억압에서 자유로

3

분명히 20세기의 가장 큰 변화 가운데 하나는 성 해방이었다. 프로이트의 심층심리학이 그 기폭제가 되었다. 근현대의 핵심 주제였던 '자유로운 개인'의 마지막 억압기제였던 성에 대한 왜곡과 억압이 깨뜨려진 것은 필연이었다. 가장 오랫동안 지속되어온 억압이 바로 성의 문제였다.

이제는 억압의 성에서 능동적이고 자유로운 성의식으로 바뀌었다. 그러면서 여성의 인권이 신장되었고 사회도 변했다. 독점적이고 폐쇄적인 성에서 자유로운 담론의 성으로 적극적으로 변모했다. 그러나 그 과정이 순탄했던 것은 아니었다.

1960년대 들어 들불처럼 번졌던 여성해방운동은 역풍을 맞았다. 페미니스트는 '드센 여자'라거나 '정치적 급진주의자'로 폄하되었다. 실제로 이름 앞에 미즈Ms라는 명칭만 붙여도 남자들이 질색했다. 남자는 결혼 이전과 이후 모두 미스터Mr이지만 여성은 미스Miss에서 미시즈Mrs로 바뀌는 것의 부당성을 지적하며 혼인에 상관없이 미즈로 통일해야 한다는 주장이었는데, 이성적으로는 받아들여졌지만 심정적으로는 여전히 거부되었던 것이다.

하지만 여성의 교육 증가와 사회참여의 증대 등은 이미 되돌릴 수 없는 당위였고, 이에 따라 여성의 활동무대는 점차 확대되어 갔다. 오히려 어떤 면에서는 남성을 능가하는 경우가 생겼고, 이런 현상은 점차 사회 전반에 걸쳐 발견되고 있다. 이제는 이런 현상은 보편적인 것으로 이해되고 있고, 여성이 남성보다 능력이 떨어진다고 자신 있게 말하는 사람은 거의 사라졌다.

대표적 사례가 바로 이른바 '알파걸'이다. 하버드대학의 아동심리학 교수 댄 킨들러Dan Kindler는《새로운 여자의 탄생, 알파걸》에서 흥미로운 연구 결과를 발표했다.

재능 있고 성적이 우수하며, 리더이거나 앞으로 리더가 될 가능성이 있는 10대 소녀 113명을 인터뷰하고 900여 명의 소녀들을 설문조사한 결과 미국 여학생들의 20퍼센트 가량이 모든 면에서 남학생을 능가하는 엘리트 소녀로 성장하고 있다는 결과를 얻었다. 킨들러는 '완전히 새로운 사회계층의 출현'으로 평가하며 그녀들을 알파걸이라고 명명했다.

이들은 성실하고, 낙천적이며, 실용적이고, 이상주의적이며, 개인주의자이면서 동시에 평등주의자인, 그러면서 관심의 영역이 매우 넓어서 인생의 모든 가능성에 열린 마음을 갖고 있는 유능한 소녀집단이라고 평가했다.

이들이 이전의 페미니스트들과 다른 점 가운데 하나는 페미니스트들이 남성에 대한 피해의식을 가지고 있는 반면에 이들은 그런 감정이 별로 없다는 사실이었다. 왜 그런 차이가 생겼을까?

그것은 그녀들의 부모 세대에서 이미 상당히 남녀 차별에 대한 편견과 왜곡을 벗어나 있는 상태로 아이들을 키웠기 때문이다. 물론 예전과 달리 자녀가 많지 않은 까닭에 성별로 차별할 까닭이 없어진 것도 한몫을 했다.

우리나라에서도 여성의 사회 진출이 늘고 있을 뿐 아니라 사법시험 등에서 좋은 성적으로 합격하는 여성의 비율이 급격히 늘고 있다. 심지어 사법연수원 수료 시 10위권이 거의 여성들 차지였다는 것은 그 상징적 사례다.


## 생물학적 성, 섹스의 해방

· · ·

사회적 성으로서만 그런 것은 아니다. 생물학적 성에서도 자유로운 개인으로서의 성적 주체라는 인식은 이제 보편적이다.

1962년 헬렌 G. 브라운Helen G. Brown, 1922~2012은 《섹스와 독신여성》이라는 책을 통해 독신여성도 섹스가 필요할 뿐 아니라 자유롭게 즐겨야 한다고 주장하여 충격을 주었다. 아직은 보수적인 사고가 강했던 미국 사회에서 '정숙한' 여자들에게 섹스를 즐기라고 설파했으니 그럴 법도 했다. 그러나 오늘날 그런 주장에 대해 펄펄 뛰는 사람 있는가?

나는 헬렌 G. 브라운 하면 자연스럽게 에리카 종Erica Jong, 1942~ 이 떠오른다. 그런 연상에는 개인적인 까닭이 있다. 대학 시절 우리를 가르쳤던 미국인 교수는 매우 진보적인 사람이었다. 셰익스피어를 강의하면서 그의 희곡 안에 얼마나 많은 성적 상징이 있는지 설명할 때마다 너무나 구체적이고 노골적이어서 얼굴이 화끈거릴 정도였다.

그는 당시 미국에서 한창 주가를 올리던 존 업다이크John Updike, 1932~2009를 가르쳐주기도 할 만큼 현대적 감각도 뛰어났다. 그런데 그가 에리카 종의 《나는 것이 두렵다Fear of Flying》를 아주 형편없고 걸레 같은 소설이라고 폄하해서 깜짝 놀랐다. 나는 그 소설을 읽으면서 작가의 견해에 동의하는 편이었기에 그 충격이 더 컸다. 그의 진보적인 담론이라는 것도 사실은 마초주의의 범위 내에서만 그랬다는 것을 알고 실망이 컸다.

그래서 내가 따지듯이 바로 존 업다이크가 에리카 종의 그 작품을 두고 "지금까지 여류작가(이 말 또한 얼마나 웃기는 말인가! 그럼 '남류작가'도 있더냐)가 쓴 소설 중 가장 성공한 작품으로 대담하고 기이하며 에로틱한 소설이다"라고 평가했다고 따졌더니, 냉소적으로 웃으면서 "just erotic!"할 뿐이었다. 그에게는 〈뉴욕타임스〉가 평했던 '불길처럼 타오르는 성적 상상력'이 단지 여성에 의해, 여성에 대해 쓰였다는 사실만으로도 불쾌했던 것이다.

생물학적 성으로든 사회적 성으로든 더 이상 억압과 왜곡의 유산을 고수해서는 안 된다. 그것은 이미 남자와 여자의 문제가 아니다. 그것은 '인간'의 문제이기 때문이다.

## 성에 대한 고정관념들

• • •

혹시 남자들 옷 가운데 뒤에 단추 달린 옷을 본 적이 있으신가? 왜 여자들 옷에는 뒤에 단추가 있을까 이상하게 여겨본 적 거의 없을 것이다. 목 뒤 단추만 그런 게 아니다. 남자와 여자의 옷에서 단추 위치도 다르다. 옷 입은 사람 입장에서 볼 때 남자의 단추는 오른쪽에 달려있고 여자의 단추는 왼쪽에 달려있다. 왜 그럴까? 남자들은 제 손으로 옷을 입고 벗으니 오른손에 단추가 닿는 게 유리하고 여자들은 누군가 입고 벗겨주는 사람이 있으니 왼손에 닿는 게 편리해서 그렇다고 한다. 왜 여자들은 다른 사람이 입히고 벗겨주지?

영화 〈바람과 함께 사라지다〉에서 흑인 하녀 마미가 스칼렛의 옷을 입혀주고 코르셋을 조여주던 장면을 기억하시는지? 단추는 초기에 귀족들만 달 수 있었다. 그러니 여자들에겐 그런 하녀가 딸렸다. 그리고 기사도의 전통에 따라 하녀가 없을 때는 남자들이 그것을 도와주었다. 그래서 여자들의 옷에는 목 뒤에 단추가 달리거나 단추의 위치도 남자 옷과는 달랐던 것이 그대로 굳어진 것이다. 요즘 여자들이 하녀 없어도 왼손으로 입고 벗는 데에 별 불편함도 없는 것은 처음부터 그래 와서 익숙하고 굳어진 때문이다. 눈여겨보면 남자와 여자 옷의 단추의 위치가 다른데도 별로 의식하거나 느끼지 못하는 건 그만큼 익숙하기 때문이다. 그렇게 너무 익숙해서 차별되고 불평등한 일상사들이 얼마나 많을까.

이혼율이 증가하는 이유는 성의식이 문란해졌기 때문일까? 문란과 자유는 다르다. 자연스럽고 당당한 일인데도 문란하다고 낙인찍는 건 부당한 일이다. 어쨌거나 성의식의 변화 때문에 이혼율이 증가하는 절대적 원인은 아니다. 가장 큰 이유는 여성의 독립가능성이 증가했기 때문이다. 여전히 이혼의 가장 큰 이유는 배우자의 부정不貞인데, 그 배우자는 거의 남성들이다. 남편의 부정 등 더 이상 결혼 생활을 유지할 수 없는데도 이혼하지 않는 이유는 무엇일까?

예전에는 이혼에 대한 도덕적 비난 때문이었다. 사실 그것은 이중처벌이다. 대개 이혼여성은 피해자다. 그런데 그녀를 비난했다. 또 다른 이혼 기피 이유는 자식 때문이었다. 하지만 부모가 반목하고 갈등하는 모습을 보여주는 게 자녀에게 바람직할까?

마지막으로 경제적인 이유 때문이었다. 남편이 없으면 경제적으로 안정적 삶을 영위할 수 없었다. 여자가 직업을 가질 수 없는 구조에서는 어쩔 수 없다. 그리고 남편의 사회적 위치를 함께 누렸던 것도 포기하기 아깝다. 그래서 이혼을 주저했던 것뿐이었다.

그러나 이제는 이혼해도 여성이 독립적으로 경제 활동할 수 있다. 그러니 굳이 결혼생활이 더 이상 무의미한 상태에서 암울하게 살아야 할 까닭이 없다. 이건 문화적, 도덕적 문제가 아니다.

결혼식에서 남자는 혼자 당당히 걸어 들어가고 여자는 왜 아버지 손을 잡고 들어가는가? 더 이해할 수 없는 것은 중간에 신랑이 내려오고 아버지는 딸을 그에게 건네주는 장면이다. 마치 신부가 무슨 물건처럼 느껴져 눈살을 찌푸리게 된다. 헨리크 입센Henrik Ibsen, 1828~1906이 이미 120년도 훨씬 이전에 《인형의 집》에서 노라를 통해 비판했던 것을 왜 아직도 반복할까? 퇴장할 때도 손을 맞잡고 나가지 않고 여자가 남자 팔에 팔짱을 두른다. 이런 결혼식 왜 할까? 결혼식은 두 사람이 만나 사랑해서 동등한 인격체로 함께 미래를 살아가겠다고 선언하는 것 아닌가? 그런데 그 출발점부터 종속적이라는 인상을 지우기 어렵다. 나란히 입장하고 '손잡고' 퇴장하면 훨씬 보기 좋을 것이다.

# 성적소수자의 인권을 허하라!

동성애자를 비롯한 성적소수자들은 여전히 사회에서 외면 받고 억압 당하고 있다. 놀랍게도 성적소수자에 대한 시선에서도 남녀의 불평등이 존재한다.

남성 동성애자에 대해서는 비교적 너그러워졌다. 〈필라델피아〉를 비롯한 수많은 영화들이 그들의 삶을 그려냄으로써 공감과 동정을 이끌어냈고 그들의 인권에 대해 전향적으로 생각하게 만든 것도 사실이다. 그만큼 남성 동성애자에 대한 시선은 변했다.

빌 클린턴이 대통령선거 기간 중 동성애자들이 군인이 되는 것을 반대하지 않겠다는 우회적 표현으로 표를 얻었다. 그러나 여전히 여성 동성애자(레즈비언)에 대한 시선은 곱지 않다. 테니스 선수 마르티나 나브로틸로바가 자신이 동성애자임을 밝혔을 때 관중과 사람들의 시선은 싸늘했다. 마치 고대 그리스에서 흔했던 남성의 동성애에는 관대했으면서도 시인 사포<sup>Sappho, 기원전 610?~580?</sup>의 동성애에 대해서는 모멸과 냉소를 쏟아 부었던 것과 다르지 않다. 레즈비언이라는 용어는 그녀가 살던 레스보스 섬이라는 지명에서 유래했다.

앞에서 언급한 〈필라델피아〉 등의 동성애 소재 영화는 다양한 방식으로 동성애자들의 삶을 직접적으로 묘사하는 데에 반해 여성의 동성애는 직접적 묘사를 다룬 영화가 드물다. 〈델마와 루이스〉처럼, 마치 일종의 '버디 무비'처럼 에둘러 표현하는 것으로 그치는 경우가 많다. 그것은 마치 포르노영화의 주 생산자와 소비자가 남성이기 때문에 남성의 성적 판타지에 대해 노골적으로 표현함으로써 성적 오해와 편견을 가중시키는 것과 비슷하다.


## 영화 〈결혼피로연〉

· · ·

나는 성적소수자 문제에 대해 〈결혼피로연〉이라는 영화를 권하고 싶다. 1993년 리안 감독이 제작한 이 영화의 내용은 단순하다. 뉴욕에 사는 대만인 사업가가 물리치료사인 미국인 남자친구와 동거하고 있다. 대만에 사는 부모는 그에게 결혼을 재촉한다. 그래서 미국 영주권이 필요한 중국인 화가와 가짜로 결혼하게 된다. 대만에서 건너온 부모는 아들의 결혼에 흐뭇해한다. 그리고 아들의 친구가 살갑고 싹싹해서 흡족해한다. 결국 모든 일은 탄로가 난다. 아버지는 실망과 배신감으로 흐느낀다. 그가 예비역 장성이라는 것은 매우 상징적이다. 군인 그것도 직업 군인은 마치 마초의 상징으로 설정한 듯하다. 이 영화의 백미는 바로 그 이후의 장면들이다.

아버지는 아들에게서 배신감을 느끼지만 이내 아들의 입장을 생각해본다. 자신이 성적소수자임을 감추고 살아온 아들이 얼마나 힘들었을까? 세상 사람들이 모두 손가락질해도 아버지인 자신만은 아들 편이 되어야 하지 않을까 하는 고민을 한다.

그 전까지 그는 동성애자들은 모두 미친놈이고 사회악이라고만 여겼을 것이다. 그들의 인권 따위는 전혀 고려할 가치조차 없다고 여겼을 것이다. 그런데 자기 자식이 바로 그 동성애자라니! 리안 감독은 아버지가 아들과 화해하는 장면을 끼워넣지 않았다. 그러나 그의 깊은 고민과 번뇌는 이미 아들에 대한 화해이고 아들을 위해 편견과 싸워야 한다는 결의를 담고 있다.

## 편견의 그늘

· · ·

자신이 진보적 사고를 가지고 있다고 여기는 사람들은 그래도 성적소수자의 인권에 대해 관대한 편이다. 그러나 정작 자신의 아들이나 딸이 동성애자, 양성애자, 성전환자라고 고백하면 과연 받아들일 수 있을까?

어느 날 아들이 어떤 남자 손을 잡고 찾아와 자기 애인이라고 하면서 결혼하겠다고 한다면 동의할 수 있겠는가? 성적소수자들은 이미 차별과 도덕적 비난이라는 이중처벌을 받고 있다. 그뿐인가? 법적 보호도 제대로 받지 못한다. 재채기와 사랑은 감추지 못한다던가? 그러나 성적소수자들에게는 그마저도 감추고 숨겨야 한다. 그러니 삼중 사중으로 억압받고 있는 셈이다.

여성이 인류에 해악을 끼친 적이 있는가? 마찬가지로 성적소수자들이 해악을 끼친 적이 있는가? 역사적으로 그들은 언제나 마녀사냥의 대상일 뿐이었다. 나와 다르다는 이유 때문에 억압했다면 그것은 비난받아 마땅하다. 나는 적어도 지금까지 억압받고 차별당해 온 여성들이 성적소수자의 사회적 차별에 대해 그 철폐를 누구보다 강력하게 천명해야 한다고 믿는다. 상처를 받았던 사람이 상처받고 있는 사람의 심정을 더 잘 이해하기 때문이다. 또한 자신의 차별이 부당함을 지적한다면 마땅히 성적소수자들의 차별도 부당하다는 점에 동의해야 한다. 전적으로 동의하지는 못한다 해도 최소한 그들에게 진지한 관심과 동정 혹은 공감을 갖도록 노력해야 한다.

성적소수자 사례로는 부적절한 사례의 비유인지는 모르겠지만 요즘 젊은이들의 자유로운 애정 표현의 예를 들어보자.

그들은 지하철 에스컬레이터에서 나란히 서지 않는다. 상대적으로 키가 큰 남자는 아래에 여자는 위에 선다. 마주 보고 껴안고 올라가며 가볍게 키스한다. 길을 걸으면서도 살짝 키스한다. 그런 모습을 보면 마치 열대어 키싱구라미 같다는 느낌이 들기도 한다. 부럽고 아름답다. 처음에는 낯설고 은근히 화도 났지만 몇 번 보니 전혀 그런 생각이 들지 않는다. 우리 젊을 때는 키스 한 번 하려면 깊은 숲속, 어두운 골목길, 캄캄하고 칸막이 높은 지하 카페에 가야 했다. 버스정류장에서 이별을 아쉬워하며 키스하던 연인들이 시민들의 신고로 경범죄로 처벌되기도 했다. 미풍양속 운운했지만 말이 안 되는 일이었다.

당시 우리는 억압되며 살았다. 누군가를 억압하면 그 부피만큼 자신의 삶도 억압한다. 마치 하늘이 무너질 듯 호들갑을 떨지만 대부분 시간이 지나고 익숙해지고 그것을 자연스럽게 받아들이면 별일도 아닌 경우가 훨씬 더 많았다.

나는 이 문제에 대해 복잡한 이야기를 하고 싶지 않다. 성적불평등과 차별과 마찬가지로 무슨 이론이 필요한가. 성차별과 불평등의 문제를 역지사지易地思之의 입장에서 이해하는 것이 가장 핵심적인 것처럼, 성적소수자의 문제는 내 가족, 내 자식의 문제라고 생각해보면 쉽게 이해할 수 있을 것이다.

법적, 종교적 문제는 부차적 사안일 뿐이다. 그런 핑계로 회피하는 순간에 그들은 여전히 고통 받고 있다는 점을 기억해야 한다.

# 페미니즘이 아니라
# 휴머니즘이다

5

글로리아 스타이넘 Gloria Marie Steinem, 1943~ 은《남자가 월경을 한다면》에서
만약 남자가 월경을 한다면 "분명 월경이 부러움의 대상이 되고 자랑
거리가 될 것이다. 남자들은 자기가 얼마나 오래 월경을 하며 생리량
이 얼마나 많은지 자랑하며 떠들어댈 것이다"라고 비꼬았다.

앞서 말했듯이 양성불평등과 차별의 문제의 핵심은 역지사지易地思之
이다. 사실 아직도 양성불평등에 대해 이러쿵저러쿵 입 댄다는 것 자
체가 부끄러운 일이다. 도대체 따지고 자시고 할 일이 아니다.

그럼에도 불구하고 여전히 우리에게는 아직도 억압과 차별이 엄존
한다. 더 큰 문제는 그게 전혀 차별이라고 느끼지 못하는 경우가 많다
는 점이다. 20세기 초중반의 작가 버지니아 울프 Adeline Virginia Woolf, 1882~1941
의 다음과 같은 말들이 여전히 유효하지 않은지 반성해볼 일이다.

남자들은 세상을 제대로 보지 않는다. 그들 스스로 자신이 세상이라고 믿기 때문이다.

분명히 남녀 간의 불평등은 남녀의 개인 관계에서 시작된다. 남녀 간에 생겨나는 어떤 사소한 불평등이라도 묵인하거나 감수하는 것은 곧 남녀의 불평등을 묵인하는 것이고 그것은 결국 인간의 불평등을 정당화하는 것과 다르지 않다.

페미니즘은 부당한 억압과 편견에 따른 불평등과 맞서 싸웠다. 페미니즘 혁명은 그저 남성의 특권을 제거하는 게 아니라 성별 간의 차이 자체를 없애는 데 그 목표가 있다. 프랑스의 철학자 엘리자베스 바댕테르Elizabeth Badinter, 1944~ 가 "남녀평등은 너무나 오랫동안 남성만의 권리라고 이해되어온 인권을 여자에게도 적용하는 인권 선언의 마지막 결정판이다"라고 선언한 것은 너무나 정당하다.

남자도 여자도 모두 인간이다. 남자와 여자는 완벽하게 하나다. 남자가 여자보다 더 우월하다는 주장은 뒤집으면 여자가 남자보다 우월하다는 주장과 상통한다. 인간은 남자와 여자로 태어날 뿐이다. 그들의 뿌리는 하나다.

17세기 작가 마리 르 자르 구르네Marie le Jars Gournay, 1565~1645가 1622년에 했던 말이다. 그리고 지금 우리는 21세기에 살고 있다. 이 말이 여전히 유효하다는 사실 자체가 부끄러운 일이다. 나는 누군가 내게 "당신은 페미니스트인가?"라고 물으면 일단 그렇다고 말한다. 그리고 덧붙인다. "그러나 나는 페미니스트가 아니라 휴머니스트이다." 그렇다. 물론 페미니즘의 교훈을 깨달아야 하고, 고칠 것은 하나도 남김없이 모두 뜯어고쳐야 한다. 그래야 정상적인 인간이 될 수 있다. 그래서 페미니즘이 아니라 휴머니즘이다.

거듭 말하거니와 성차별과 양성불평등은 가장 오래되고 왜곡되었으며 비겁한 일이다. 잘못된 것은 하루 빨리 고치고 화해해야 한다. 남성, 여성, 성적소수자 모두 똑같은 인간이다. 그 이상 무슨 근거와 논리가 필요하단 말인가!

**《제2의 성》** 시몬느 드 보부아르, 이희영, 동서문화사, 2009

여성을 가리키는 '제2의 성'은 이제 하나의 보통명사가 되었다. 보부아르가 자신의 사상과 체험을 종합적으로 정리한 이 책은, 1949년 발간 당시로서는 대담하고 내용이 풍부한 여성론이었다. 원서는 두 권으로 되었지만 번역본은 한 권으로 묶은 까닭에 1천 쪽이 넘는다. '여자는 이렇게 만들어진다'는 제1장의 "사람은 여자로 태어나지 않는다. 여자가 되는 것이다"라는 명제는 이제 고전이 되었다. 여성적인 것이라는 신화의 허구를 고발하고 남성본위의 여성론을 거부하며 실존철학과 사회사적 분석을 통해 여성의 자유로움을 강조하는 이 책이 여전히 공감을 얻는다는 사실은 아프게 느껴야 한다.

**《역사 속의 페미니스트》** 거다 러너, 김인성 옮김, 평민사, 1998

여성의 인권 성장에 관한 전반적인 역사를 짚어보기에 좋은 책이다. 7세기부터 1870년까지 서유럽과 미국에서의 여권 의식의 발달사를 추적한다. 여성의 능력이 위축된 것은 남성지배적인 시대배경과 구조적 모순 탓이지 결코 여성의 생물학적, 사회학적 능력이 부족해서가 아니다. 남성들이 선대의 축적된 틀을 이용해서 성장할 수 있었지만 여성들은 그런 조건이 없었기에 제자리에 머물렀을 뿐이다. 이 책에 등장하는 페미니스트들은 거의 생소하다. 그만큼 우리가 얼마나 여성운동에 대해 무지했는지 반증하는 사례다.

## 《참을 수 없는 몸의 무거움》 수전 보르도, 박오복 옮김, 또하나의문화, 2003

'또하나의문화'는 오랫동안 여성학에 관련된 좋은 책들을 지속적으로 출판해왔다. 몸은 물질적이고 생물학적 차원을 넘어 문화적이고 사회적인 상징성과 현실성을 갖고 있다. 하지만 여성의 몸에 대한 담론은 왜소하며 위축되었고 억압되었으며 왜곡되어왔다. 이 책은 지은이가 페미니즘적 시각에서 여성의 몸에 대해 탐구해온 지속적인 철학적 사유의 결실이다. 예를 들어 거식증의 문제를 단순히 사회적 성으로서만이 아니라 인종이나 계급의 차별성과 관련시켜 분석하는 등의 태도는 표피적이고 현상적인 여성의 몸에 대한 담론이 아님을 반증한다. 여성의 몸에 대한 이원론적 사고를 형성해 온 문화정치적 분석과 포스트모더니즘 속에서 몸에 대한 페미니즘적 재구성이 던지는 메시지가 분명하다.

## 《하나이지 않은 성》 뤼스 이리가라이, 이은민 옮김, 동문선, 2000

보부아르가 실존철학에 바탕을 둔 여성론을 제시했다면 이리가라이는 정신분석학을 토대로 여성론을 전개했다. 라캉과 데리다를 인용하면서도 그들의 논리에 깔린 남성성을 매섭게 비판하기도 한다. 소녀의 성장을 소년의 대칭으로 보거나, 남근숭배에 대한 정신분석 방식을 비판한다. 여성의 성기를 단순히 '질'로만 보는 것은 남성적 시각일 뿐이다. 그에 반해 여성의 시선으로 본 여성의 성기는 자기성애를 지속할 수 있는 능동성과 수동성을 동시에 지닌 두 개의 음순이며 하나씩 나눌 수는 없다. 매섭고 신랄하지만 굳은 머리를 깨뜨리는 힘을 지녔다. 이것은 나아가 동일성에 집착하는 남성적 문명이 폭력과 전쟁을 낳는다면, 차이를 긍정하는 여성적 문명은 공존과 화해를 가능하게 한다는 담론으로 이어질 수 있다. 따라서 양성평등주의는 남성사회로의 편입에 불과하며, 여성은 자신의 언어로 말해야 한다고 강조한다.

### 《남자가 월경을 한다면》 글로리아 스타이넘, 양이현정 옮김, 현실문화연구, 2002

학생들에게 리포트 과제로 내줬더니 서점에서 제목 말하기가 쑥스러웠다는 반응이었다. 그러나 이 책을 읽고 난 뒤의 반응은 단호했다. 대표적 페미니스트인 스타이넘은 돌려 말하는 법이 없다. 그녀가 수십 년 동안 여성운동을 하면서 몸과 마음으로 직접 겪은 일들을 토대로 했기 때문에 생생하고, 그래서 아프다. 여성이 정치에서 어떻게 왜곡되는가, 포르노그래피의 불평등과 트랜스젠더에 이르기까지 그녀의 관심과 탐구의 영역은 전방위적이다. 남자가 월경을 한다면 어떤 일이 벌어질까? 궁금하면 이 책을 펼쳐보라.

### 《여성/몸/성》 장(윤)필화, 또하나의문화, 1999

이화여대 여성학 교수로 여성문제의 제2세대 대모로 평가받는 지은이가 섹슈얼리티의 문제를 다루면서 특히 한국 남성의 성문화에 대해 집중 분석하고 더 나아가 국회 속기록에 나타난 여성정책에 대해 비판하는 등 단순히 이론에 그치지 않고 현실적 문제를 구체적으로 다루고 있다는 점에서 유익하다. 결혼제도와 성, 여성의 몸 등에 대한 단락 등 독립적으로도 내용이 충실하다.

《여성의 몸, 몸의 문화 정치학》(김은실, 또하나의문화, 2001)도 성에 대한 한국사회의 지배적 담론을 비판적으로 다루고 있다.

**《성의 역사》** 미셸 푸코, 이규현·문경자·이혜숙 옮김, 나남, 2004, 전 3권

푸코는 권력과 종교에 의해 성이 어떻게 왜곡되고 억압되었는지를 추적하면서 그것이 자행된 배경으로서의 책략을 구조주의적으로 비판한다. 푸코의 가설을 그대로 옮기자면 성은 억압되지 않았다는 것이다. 억압 대신 선동과 증대에 의한 권력망이 생긴 것일 뿐이고 억압의 가설처럼 보였을 뿐이다. 그리고 그 바탕에 깔린 기독교 권력과 전통이 작동된 것이라고 비판한다. 각 권은 '앎의 의지', '쾌락의 활용', '자기에의 배려'를 중심 주제로 담고 있다. 그의 견해에 동의하느냐 여부를 떠나 독특한 시각이지만 진지하고 타당하며 근원적이라는 점에서 반드시 읽어봐야 할 책이다.

## 《여자로 살기, 여성으로 말하기》

우어줄라 쇼이 엮음, 전옥례 옮김, 현실문화연구, 2003

여자로 태어나 여자의 삶에 대해 고민하며 치열하게 살았던 여성들이 남긴 말을 모아 엮은 책이다. 521명의 여자들이 일찍이 어떤 고민에 대해 어떤 말을 했는지 살펴보는 것도 큰 도움이 된다. 그래서 엮은이가 이 책을 보물창고라고 말하는지도 모른다. 기원전 570년경부터 2002년에 이르기까지 여러 인물들의 인용문들은 여전히 시대를 뛰어넘어 여전히 적확하다. 가부장제에서 시작하여 일상과 비전, 여자와 남자, 일과 성욕, 매춘 그리고 아름다움과 권리, 권력에 이르기까지 다양한 주제를 다룬다. 책장에 꽂아두고 틈틈이 읽어볼 가치가 충분하다.

## 《유인원, 사이보그, 그리고 여자》 다나 J. 해러웨이, 민경숙 옮김, 동문선, 2002

지은이는 영장류 연구의 권위자이며 과학사가다. 그녀가 특별히 관심을 기울이고 비판의 날을 세우는 대목은 가치중립적이라고 공공연히 떠드는 의학과 과학 연구에 왜곡된 문화가설들이 얼마나 깊숙이 그리고 넓게 파고들

었는지의 문제이다. 그래서 젠더 관점에서 과학하기를 실천하는 그녀의 문제의식은 단호하다. 영장류학을 통해 과학과 젠더 연구에 입문한 그녀는 그 연구를 통해 인간의 환상과 편견을 분석 비판한다. 그 첫 번째 비판은 바로 가부장제 사회의 왜곡된 시각이다. 마르크스주의에 젠더적 고민이 없음도 비판한 그녀는 여성주의와의 만남을 통해 마르크스주의 여성주의자로서의 자신의 정체성을 구현한다.

## 《의미를 체현하는 육체》 주디스 버틀러, 김윤상 옮김, 인간사랑, 2003

주디스 버틀러는 남성 대 여성이라는 성별 이분법에 반대하며 그 해체를 주장한다. 생물학적 성과 젠더가 엇갈리는 경우도 가능하다. 섹스도 젠더도 문화적 제도적 힘 속에서 구성되었기 때문이라는 것이다. 그런 점에서 이리가라이와는 정반대의 입장이다. 버틀러는 이 책에서 권력과 주체의 문제를 다룬다. 버틀러의 포스트모던적 여성 담론은 분명히 푸코의 영향을 많이 받은 듯하다. 그러나 정신과 물질, 이성과 광기, 수동과 능동 같은 이원적 구조와 그것에 영향을 받은 사고체계를 해체해야 한다는 그녀의 주장은 푸코와 다르다. 페미니즘뿐 아니라 퀴어 연구를 다루고 있다는 점에서 주목할 책이다.

# 나에게 인문학이란

## 1) 인문학은 레고다

아들 녀석 둘을 키우면서 사준 레고 값을 모두 합하면 족히 경차 한 대 값은 될 거라고 농담을 하곤 했다. 아이들이 장난감을 사달라고 때 총검류의 장난감은 가능한 한 자제시켰지만 레고는 특별하게 제한하지 않았다. 값으로는 레고가 훨씬 비쌌지만 그래도 아이들에게 교육적으로 좋을 것 같아서 지갑을 열었다. 종류나 난이도도 다양해서 제법 많은 비용이 들었다. 녀석들은 레고를 사온 날 거의 잠을 이루지 못했다. 신나서 열심히 레고 블록들을 조립했고 멋진 비행기며 배 또는 성곽 등을 만들어냈다. 그 과정을 지켜보면 몰입의 극상이 아닐까 싶을 때가 많았다. 다음날 일어나자마자 제일 먼저 찾는 것도 제 엄마가 아니라 어제 만든 레고였다. 그렇게 뿌듯한 성취감으로 만든 레고를 보는 게 행복한 모양이었다. 그걸 거실이나 제 방 책장에 도열하듯 늘어놓았다.

그러나 레고는 쉽게 망가졌다. 어렵사리 조립한 레고는 조금만 스쳐도 한 귀퉁이가 떨어져 나가기 일쑤였다. 그렇게 망가지지 않더라도 아이들은 새로 산 레고에 마음이 팔리면 그렇게 소중하게 여기던 헌 레고는 찬밥신세가 되었다. 그렇게 먼지를 뒤집어쓰다가 부서지면 처음에는 이리저리 다시 원상태로 조립하다가 결국에는 그냥 큰 통에 쏟아부었다. 우리 아이들은 그걸 '레고묘지'라고 불렀다. 나는 그 명칭이 싫었지만 아이들은 마음에 들었던 모양이었다.

그런데 정작 '진짜 레고'의 가치는 엉뚱하게 그 레고묘지에서 만들어졌다. 아이들은 심심해지면 레고를 담요에 쏟아놓고 멋대로 뭔가를 만들기 시작했다. 이전에는 첨부된 조립도에 따라 만들어갔지만, 그때는 제 머릿속에 떠오르는 대로 조립했다. 그런데 희한하게도 뭔가 그럴듯한 게 만들어졌다. 처음에는 아주 간단하고 쉬운 자동차나 비행기를 만들더니 나중에는 새로운 성도 만들고 제법 큰 배도 만들었다. 없는 프로펠러도 그럴싸하게 만들어 붙이고 키도 다니 배다운 모양새도 났다. 아이들도 그게 신기했던지 점점 더 복잡한 것들을 만들어냈다. 그것은 조립공정도에 따른 전 세계 공통의 레고 완성품이 아니라 세상에 단 하나밖에 없는 자신만의 작품이었다. 독창적이고 상상력이 풍부한 작품들을 보면서 깜짝 놀랐던 적이 한두 번이 아니다. 아이들은 제 손으로 제멋대로 만들어내는 걸 즐거워했다. 어디서 따로 배운 것도 아닌데 그것들을 만들어내는 게 신기했다.

어떻게 그게 가능했을까? 아이들은 조립공정표에 따라 만들면서 저절로 어떤 법칙성을 발견하는 것 같았다. $2 \times 6$, $1 \times 4$, $4 \times 8 \times 2$ 등의 유닛 각각이 어떤 용도로 어떤 모양새로 사용되었는지 기억했다가 마음먹은 대로 적당히 조립했다. 처음부터 그런 창작이 이루어진 것은 아니다. 그러나 자꾸 만지작거리면서 체득하게 된 듯했다. 제 생각과 다르면 다른 방식으로 조립하면서 근사한 새로운 완성품을 만들어냈다. 그러면서 실력도 늘고 갈수록 그 결과물의 수준도 높아졌다. 아이들은 이제 설명서를 보면서 조립하는 것보다 제 마음대로 상상해서 만들어내는 것을 더 좋아하기 시작했다.

나는 그것을 보면서 인문학이라는 게 결국은 레고 놀이와 같다고 생각했다. 우리가 학교에서 배운 것들은 생각보다 꽤 많다. 다만 그것을 다양하게 엮고 짜는 교육이나 훈련을 받지 않은 까닭에 오로지 하나의 조립 공정도만 따라할 뿐이다. 이는 텍스트 추종이다. 하지만 아무리 많은 지식이나 경험이 쌓여도 제 힘으로 엮어낼 줄 모르면 주인이 될 수 없다. 레고 통에 아무리 많은 유닛이 있다한들 어떻게 서로 연결될 수 있는지 생각하지 않으면 그건 그냥 레고묘지에 불과할 뿐이다.

역사, 철학, 문학, 경제학, 과학 등 아무리 다양한 분야의 많은 지식을 지닌들 그것을 엮고 짜는 능력이 없으면 무슨 소용이 있을까?

전문적이고 특정한 분야의 지식은 기능적 지식이다. 그러나 내 삶의 주체는 나이며, 내 삶은 기능적으로만 이루어질 수 없다. 그러므로 인문학은 인간이 주체가 되어 능동적으로 다양한 분야의 지식들을 인간을 주제로 해석해보고 결합시키며 새로운 의미와 가치를 창출해내는 힘을 길러주는 시너지를 제공해야 한다.

그런 능력을 이끌어낼 수 없으면 인문학은 이내 시들해지고 외면

받는다. 인문학자는 특정 분야의 전문가보다는 다양한 분야에 대한 보편적인 지식을 습득하고 새로운 방식으로 결합하여 더 큰 지식으로 키워내는 능력을 계발시키는 일에 특별히 많은 공을 들여야 한다.

레고처럼 다양한 형태로 진화할 수 있는 힘을 키우는 것이 바로 인문학의 힘이고 매력이다. 레고만도 못한 인문학이어서야 되겠는가!


## 2) 인문학은 흐르는 강물이다

흐르지 않고 고인 물은 썩는다. 흐르지 않는 강은 이미 강으로서의 기능을 상실한 것이다.

발원지의 물은 미미하다. 그러나 흐르면서 여러 개울들의 물이 합치고 내를 이룬다. 그 물의 깊이와 너비에 따라 품는 생물의 종류도 다양해지고, 쓸모도 확장된다. 거대한 강을 이루어 때론 모였다가 쏟아지면서 전기도 만들어내고 식수원이 되기도 한다. 그냥 하나의 작은 실개울로는 꿈도 꾸지 못하는 일이다. 전기를 만들려면 그만큼의 수량이 확보되어야 한다. 하지만 댐에 가둬진 채로는 전기를 생산할 수 없다. 강물은 잠깐 모여 큰 물을 확보해도 끝내는 흘러야 한다. 그게 강물의 본질이다. 그리고 마침내 너른 바다로 흘러들어 지구의 4분의 3을 덮는 대양이 된다. 그리고 다시 대양의 물은 증발하여 구름이 되고 이동해서 비를 뿌리며 끊임없이 순환하며 자연을 살려내고 인간의 삶을 보다 윤택하게 만들어준다.

인문학은 흐르는 강물이어야 한다. 그런데 우리가 익숙하게 따르는 교육의 방식은 대부분 멈춘 물이 되기 십상이다. 그건 아무리 많아봐야 그저 고인 물에 불과하다. 물론 그 물도 나름대로 효용이 있고 존재의 의미도 있겠지만, 물의 제 본성과 기능을 온전하게 수행하지는 못한다. 그저 못에 고인 물은 죽어가는 물 분자들의 집합체에 불과하다.

인문학은 다양한 분야의 지식들이 늘 흐르고 합하며 새로운 물길을 만들어 흐르도록 하는 힘이다. 용도와 처지에 따라 때로는 전기를 만들기도 하고 다양한 용수를 제공하기도 한다.

과거의 시간 속에 갇힌 인문학은 아무 쓸모가 없다. 늘 새롭게 해석하고 다양한 방식으로 재생산해야 한다. 그러기 위해서는 현재의 지식의 흐름과 추세를 관찰하고 연구해야 한다. 인문학은 현재의 지식의 흐름을 파악하고 미래의 방향성을 주목해야 할 뿐 아니라 현재의 세상과 삶에 대해 깨어 있어야 한다.

틀 속에 갇힌 지식은 죽은 지식이다. 그것들이 아무리 많아도 정작 쓸모가 없다. 지금까지는 텍스트만 제대로 추종해도 성공을 보장받을 수 있었다. 그래서 텍스트에 대한 충성도가 높았다. 그런 맛에 길들여진 사람은 텍스트 추종에 따른 적당한 대가를 지불받았을지 모르지만 앞으로는 달라질 게 틀림없다.

아무리 내가 많은 지식을 '소유'하고 있다한들 컴퓨터의 용량을 넘을 수 없다. 세계최대의 백과사전이라는 브리태니커 백과사전조차 CD 두 장을 넘지 못한다. 그러나 그 안의 지식들이 살아 움직이고 현실에 조명되고 해석되면 수십 장의 CD로도 감당할 수 없다. 바로 그런 지식들이 '나의 지식'이며 삶의 자산이 된다. 텍스트를 무조건 깨고 나오라는 게 아니다. 아무리 상상력이 뛰어나도 기본적인 지식과 경험이 없으면 아무 힘도 없다. 죽은 지식에 안주하지 말아야 한다.

적어도 인문학자라면 신문의 모든 페이지들을 다 훑어보기라도 해야 한다. 여러 매거진도 활용해야 한다. 그렇게 기존의 지식들을 현재의 지식으로 끊임없이 재생산해야 한다.

흐르지 않는 강물은 썩는 것처럼 인문학은 여러 개울과 내와 강물을 어우러지게 해야 한다. 예를 들어 몸의 철학에 관심이 있다면 당연히 현대의학의 새로운 지식의 발전에 관심을 기울여야 한다. 그런 것들에 무관심하면서 그냥 기존의 철학사상에만 머물러 있다면 아무런 설득력이 없다.

인문학은 인간에 관한 모든 지식들의 총합이어야 한다. 인문학의 정신은 인간과 삶, 그리고 세상에 대한 부단한 관심과 지식, 그리고 경험들을 탐색해야 하고 주체적 자아로서의 나로 수렴되고 실현되는 방식을 찾아내도록 하는 것이다.


## 3) 인문학은 요리가 아니라 요리법이다

아무리 맛있는 음식이라도 차려진 밥상만 받다 보면 제 힘으로 음식을 만들 수 없다. 만약 음식을 차려줄 사람이 없으면 꼼짝없이 굶어야 한다.

갑자기 자취생활을 해야 하는 학생들이나 한국의 많은 기러기 아빠들의 영양상태가 나빠지는 원인 가운데 하나는 집에서 밥을 먹지 않기 때문이다. 요리할 줄 모르니 아침은 굶거나 회사 근처에서 때우고 점심은 구내식당이나 식당에서 해결한다. 저녁에는 집에 가봐야 맞아줄 가족이 없으니 친구들 불러내 삼겹살에 소주로 대신한다.

음식을 만들기 위해서는 좋은 재료가 필요하다. 마찬가지로 인문학의 식탁이 풍성하기 위해서는 다양하고 충분한 지식이 필요하다. 이런 지식은 이미 어느 정도 마련되었다. 그러나 음식을 해보지 않은 사람에게는 그냥 하나의 재료일 뿐이다. 그저 하나의 채소, 고기에 불과할 뿐 그것이 어떻게 다른 재료들과 섞여 새로운 음식이 만들어지는지는 전혀 모른다. 지식도 마찬가지다. 서로 어울리는 식재료들이 있듯이 지식도 서로 어울려 보다 나은 새로운 지식을 만들어낼 수 있다. 아무리 많은 식재료가 있어도 다른 것들과 섞여 조리되지 않으면 그저 냉장고에 보관된 채소요 고기일 뿐이다. 마찬가지로 아무리 많은 지식과 경험이 있어도 그것이 서로 소통되고 새로운 지식을 만들어내거나 새로운 의미를 발견해내지 못하면 그것은 그저 지식의 냉장고일 뿐이다.

인문학은 접시에 잡은 고기를 담아주는 게 아니라, 그물 만드는 법을 가르치거나 그물을 줘서 스스로 고기를 잡을 수 있도록 해주는 것이다. 우리에게 지금 인문학이 절실하게 요구되는 건 현대사회에서 갈수록 중요해지는 융합 지식의 필요성 때문이며, 또한 주체적인 자아를 실현하는 데 큰 도움을 주기 때문이다.

최근에 퓨전 식당이 많이 생겼고 젊은 사람들이 좋아하는 것 같다. 그러나 개인적으로는 그런 퓨전 식당은 이제 가지 않는다. 처음에는 호기심도 있고, 새로운 음식을 맛보는 즐거움도 있었지만 깊은 맛도 없고 여러 번 먹기에는 마음이 끌리지 않는 탓이다. 그런 음식들의 첫 번째 특징은 대개 달착지근하다는 점이다. 우리의 미각은 달달한 음식에 일단 호의적으로 반응한다. 그것은 진화론적으로 타당하다. 달아서 혀가 좋아하는 것이 아니라 당분이 우리 몸에 에너지를 공급한다는 것을 알고 있는 몸이 그것을 찾아내 섭취하도록 반응하는 쪽으로 진화해왔기 때문이다. 그래서 흔히 맛집이란 곳에 가면 대부분의 음식이 달달한 편이라는 걸 경험하게 된다.

음식도 융합이 필요하다. 그러나 어설픈 퓨전fusion에 당의糖衣만 살짝 뿌린 음식은 어정쩡한 겉절이에 불과하다. 깊은 맛도 없고 저장도 할 수 없으며 당일에 모두 소비해야 한다. 그러니 다른 음식에 섞여 더 나은 음식의 재료로 쓸 수도 없다. 정체성도 없고 어설픈 퓨전의 결과는 콘퓨전confusion으로 끝나기 쉽다. 요리가 아니라 요리법을 배워야 하는 것처럼, 인문학은 단순한 학문의 매파媒婆가 아니라 주례다. 관객이 아니라 선수와 함께 링에 오르는 심판이다.

인문학은 전문지식을 생산하는 분야가 아니다. 여러 학문을 아우르게 하고 서로 소통하게 함으로써 각자에게 더 큰 가치를 생산할 수 있게 한다. 인문학을 제너럴general하다고 평가절하하는 이들도 있다. 어느 정도 맞는 말이기는 하다. 그러나 제너럴이야말로 인문학의 본질이다. 인문학도 그래야 한다. 그게 진짜 제너럴로서의 인문학의 힘이다.


## 4) 인문학으로 사고를 쳐라!

한국 교육의 고질병은 다름 아닌 텍스트 추종이다. 그런 텍스트 추종의 가장 큰 문제점은 상상력을 부족하게 하며, 체제에 순응하게 만든다는 점이다. 순응하는 사람은 결코 창조적인 일을 할 수 없다.

불행히도 우리는 여전히 텍스트 추종을 중심으로 삼는 교육패러다임에서 벗어나지 못하고 있다. 텍스트의 울타리를 깨야 한다. 성 안에 있는 사람은 성 안의 작은 땅을 차지하고 있을지는 모르지만 성 밖의 넓은 땅은 포기해야 한다. 인문학은 바로 그 텍스트 추종의 고질병을 깨뜨리는 가장 확실한 처방이다. 텍스트를 깨는 방법은 무엇인가? 그것은 끊임없이 질문하는 것이다.

답은 찾기 위한 질문은 끝이 없다. 어쩌면 답이 중요한 게 아니라, 답을 찾는 과정인 질문 그 자체가 중요할지도 모르겠다. 그리고 질문 속에 답이 이미 들어있음을 알게 될 때, 우리는 또 하나의 깨우침을 얻는다.

질문하는 힘이 바로 상상력과 창의력의 시작이고 텍스트의 울타리를 깨고 콘텍스트Context로 확장하는 동력이다. 인문학은 바로 그 역할을 해야 한다. 꽉 막힌 사고를 스스로 깨고 새로운 사고를 치는 힘이다. 그것은 늘 깨어 있는 힘이다. 인문학의 힘은 나를 주체적으로 만들어주며 사람에 관한 가치를 깨닫게 하고 존중하게 해준다.

모든 학문은 인간이 주체고, 인간이 목적이며, 인간이 주제다. 따라서 모든 학문은 인간이라는 공약수를 공유할 수 있고, 그 가능성을 찾아내 확장시키며 텍스트의 틀을 깰 수 있다.

자, 이제 프롤로그에서 던졌던 물음에 대한 답을 해야 할 차례다. 인문학이 밥 먹여주냐고? 물론이다! 그냥 밥을 먹여주는 게 아니라 더 맛있고 멋있는 식탁을 차려준다. 더 나아가 그런 식탁을 차릴 수 있는 요리법까지 익히게 해준다. 다른 누가 그것을 해주는 걸 보았는가? 인문학 말고는 그런 신나는 일 해주지 않는다. 그러니 인문학은 밥이다!

### 5) 인문학은 "산은 산이고 물은 물"이라고 가르친다

"산은 산이고 물은 물이다." 아마 이 말을 듣고 성철性澈 스님을 떠올리는 사람들이 많을 것이다. 그럴 법도 하다. 그분은 이 말을 당신의 법어로 삼았으니 말이다. 사람들은 그 뜻을 상식에 어긋나지 않게 살라는 의미로 받아들이는 경우가 대부분인 듯하다. 그것도 가상한 일이다. 상식에 맞게 사는 일도 만만한 일이 아니거니와 어찌 보면 가장 중요한 일이기도 하니까. 하지만 그 말 속에는 훨씬 더 깊은 뜻이 있다.

이 말은 본디 당나라 때의 고승 청원선사靑原禪師의 시에서 유래했다. 일단 원래의 시 전문을 보자.

산은 산이요 물은 물이다山是山 水是水

산이 산이 아니요 물이 물이 아니구나山不是山 水不是水

산이 곧 물이요 물이 곧 산이더라山是水 水是山

산은 산이요 물은 물이로다山是山 水是水

성철 큰스님은 이 시 가운데 '어떤' "산은 산이요 물은 물이다"는 구절을 화두처럼 던져준 것일까? 첫 행과 끝 행은 글자 하나 다르지 않은 똑같은 문장이다. 그러나 그 너비와 깊이는 전혀 다르다. 나는 졸저 《생각의 프레임》 후기에서 이 시를 다뤘다. 그런데 자기표절을 무릅쓰고 이 책에서 또 다시 다루는 까닭은 인문학의 가치와 힘을 상징적으로 풀어내기에 이보다 더 좋은 예를 찾기 어렵다고 생각하기 때문이다.

첫 행의 '산은 산이요 물은 물이다'를 보자. 우리는 무엇을 설명할 때 정의定義에 따라 규정한다. 산은 융기되어 다른 곳보다 솟은 지형이다. 그런 의미에서 물은 산의 반대 즉, 꺼진 지형을 의미한다. 그러니까 '산은 산이요'라고 했을 때 앞의 산은 대상으로서의 산이고 뒤의 산은 정의로서의 산이다. 이것은 현상적이고 상식적인 지식을 뜻한다. 본 대로 느낀 대로 받아들인다. 거기에는 어떤 의도나 목적이 없다. 그냥 있는 그대로 받아들이는 것이다. 다른 사람들도 다르지 않게 받아들인다. 그게 바로 상식이다.

그러나 상식은 말 그대로 정상적인 일반인이 가지고 있거나 또는 가지고 있어야 할 일반적인 지식, 이해력, 판단력, 분별력sense을 의미한다. 상식의 힘은 물론 위대하다. 어울려 사는 존재인 우리가 상식에 따라 사는 것은 그것의 보편성 때문이다. 그러나 그것이 진리는 아니다. 상식은 상식일 뿐이다. 상식은 언제든 진리와 어긋나면 그 역할을 멈춰야 한다.

둘째 행을 보자. 산은 산이 아니다? 상식에 반하는 것을 어떻게 받아들이라는 말인가? 상식이 잘못된 것일까? 헷갈린다. 이런 경우를 상상해보자.

산이라고 모두 뾰족하게 솟은 건 아니다. 봉우리도 있고 능선도 있지만 골짜기도 있다. 그 산의 어느 한 부분, 그러니까 가파르게 솟은 부분이 아닌 평지 능선이나 푹 꺼진 골짜기의 경우를 좁혀놓고 보면 앞서 말한 산의 정의에 어긋난다. 그런 경우 산은 산이 아니다. 우리가 상식 너머에 있는 것을 알고 싶어 탐구를 이어가면서 기존의 지식이 서로 충돌하거나 어긋나는 경우를 가끔 혹은 흔히 만날 수 있다. 그럴 경우 '정의에 따라by Definition' 판단한다. 기존의 자기 지식과 상충

하는 것은 분명 당혹스러운 일이다. 그러나 정의에 따라 판단했을 때 그것은 분명히 달라질 수밖에 없다.

논리적으로 따질 수도 있다. 전체는 부분의 합이다. 그런데 전체의 정의는 맞는데 부분의 어떤 건 그 정의에 어긋날 수 있다. 이런 경우 전체의 진리치眞理値는 보장되지 않는다. 합으로서 뿐 아니라 그 합을 이루는 각 부분들 모두가 완전하게 진리치를 가져야만 진리가 될 수 있기 때문이다.

이것을 학문의 탐구 과정으로 보면 쉽게 이해할 수 있다. 파고들면서 기존의 지식 체계가 더 이상 버팀목이 되지 못할 때 사람들은 대개 두 가지 반응을 보인다.

하나는 "이게 뭐야? 헷갈리잖아" 그러면서 원상태로 돌아간다. 상식이든 지식이든 그것은 그냥 공짜로 생긴 게 아니다. 그걸 얻기까지 많은 시간과 노력이 소요되었다. 그런데 그걸 포기하기란 어렵다. 그렇다고 새로운 지식이 자기 삶에 무슨 도움을 주는 것도 아니다. 그러니 일찌감치 포기한다.

다른 하나는 "어라? 지금까지 내가 알고 있던 게 잘못된 거야? 오호, 이거 참 재미있는데? 그럼 다음에는 뭐가 있을까?"하면서 호기심과 경이로움을 맛본다.

그게 바로 학문의 힘이다. 그러나 그런 사람들도 반쯤은 의구심이 남는다. '이거 계속해도 될까? 혹시 나만 바보 되는 거 아닐까? 그런데 이거 하면 밥 먹고 살 수는 있을까?' 그러나 새로움을 발견하는 힘이 더 크다. 그래서 눈 딱 감고 더 나아간다. 여기에 약간의 지적 허영도 작용할 수 있다.

셋째 행은 아예 황당하다. 산이 곧 물이라니! 궤변도 이런 궤변이 없다. 하지만 이렇게 생각해보면 이해할 수도 있겠다. 산의 한 부분인 골짜기에 못도 있다. 그것은 물이다. 그러나 여기에서 말하는 산이 물이라는 건 그런 부분 현상의 착시가 아니다. 정의라는 것도 따지고 보면 좁은 틀이고 경계다. 그 틀과 경계를 허물면 나와 너, 이것과 저것의 구분이 무의미해진다. 경계를 뛰어넘어 자유롭게 넘나들 수 있는 경지다. 그러나 현상에 머무는 데에 익숙한 시선으로 보면 무의미하고 무모하게 여겨질지 모른다.

일찌감치 첫 행으로 되돌아간 사람들은 자신의 빠른 원상복귀가 얼마나 다행스러운지 스스로 대견해하며 한마디 던진다.

"저것 봐. 내 저럴 줄 알았다니까. 걱정된다. 어떻게 저러고 사냐?"

표피적 실용과 현상적 인식에만 머문 사람으로서는 도저히 이해되지 않는 혼동이다. 실제로 이 셋째 행의 단계까지 나아간 사람들도 속으로 의아스럽기는 마찬가지다. 물론 어떤 사람은 그 경계를 허물고 자유롭게 넘나드는 즐거움을 만끽하겠지만 둘째 행의 단계에서 버틴 게 아까워서 미적미적 셋째 행에 들어온 사람은 헷갈리고 심지어 자기 배신감에 당혹해하기도 한다. 더 이상 미련이 없으면 과감하게 포기하고 첫 행으로 돌아간다. 분명히 셋째 행은 혼돈과 갈등으로 보인다. 그러나 이미 말한 것처럼 더 이상 경계와 울타리에 갇히지 않는 자유로움과 즐거움을 맛본 사람은 그 안에서 아주 행복하다. 물론 둘째 행이나 셋째 행의 단계를 경험한 사람들이 조심해야 할 부분이 없는 것은 아니다. 바로 교만이다. "무식한 너는 그 단계에서 멋도 모르고 행복하지? 하지만 난 달라. 너는 이거 모르지? 난 너와는 수준이 완전히 다르거든."

이 교만에서 벗어나는 건 쉽지 않다. 어설픈 지식이 덜 된 인격과 만났을 때 우리가 흔히 보는 모습이다. 그는 지식은 얻었는지 모르지만 지혜는 찾지 못했다.

자, 이제 마지막 결론인 넷째 행이다. 그런데 어럽쇼? 처음 그 자리가 아닌가? 그 자리로 돌아가기 위해 그렇게 고생하고 헤맸단 말인가? 황당하기도 할 거다.

처음 행으로 일찌감치 돌아간 사람이나 나중에 갈등하다 돌아간 사람들이 혀를 차며 말한다.

"거봐라. 다 헛짓이지? 그러게 나처럼 일찌감치 정신 차릴 일이지. 그래도 다행이구나. 늦게나마 제 정신으로 돌아왔으니."

하지만 넷째 행은 첫째 행과는 전혀 다르다. 생각이 다르면 삶도 다르다. 현상도 본질도 모두 꿰뚫고 상식과 진리도 아우를 수 있으면 세상과 삶을 바라보는 태도나 행동이 다를 수밖에 없다.

이 시는 분명 헤겔의 변증법과는 격이 다르다. 청원선사나 성철 스님이 "산은 산이고, 물은 물이다"라고 한 것은 첫째 행이라기보다는 넷째 행을 말한 것이다. 그런데도 우리는 달을 보라고 가리키는 손가락만 본다. 주체적인 인문학은 경계를 허물고 모든 것들을 인간과 삶으로 융해하는 힘을 발휘한다.

인문학은 "산은 산이고 물은 물이다"라고 가르친다. 그러나 그것은 첫째 행을 지칭하는 것이 아니다. 그렇다고 넷째 행만을 가리키는 것도 아니다. 그것은 첫째 행과 더불어 넷째 행을 동시에 아우르는 선언이다. 그런 인문학의 꽃이 활짝 피기를 꿈꿔본다.

# 나처럼 인문학을 할 수도 있다는 걸
# 보여주고 싶었다

대학에서 스무 해 넘게 '철학적 인간학'과 '인간학'이라는 과목을 가르친 것은 행운이었다. 인간학을 가르친다고 하면 대부분 사람들은 그런 과목도 있느냐고 묻거나 도대체 그 내용이 무어냐고 묻는다. 우리나라 대학에 이런 과목이 흔치 않으니 그럴 만도 하다. 굳이 찾는다면 미국의 여러 대학에서 개설 중인 휴머니티즈humanities 과정이 인간학과 유사할 것이다.

인간학은 결코 만만한 과정이 아니다. 인간학에 딱 맞는 전공이 없는 까닭이다. 대부분 학문이 '인간'을 빼고 이야기할 수 없기에 인간학은 거의 모든 전공과 연결되어 있다. 특정한 전공 하나로 인간학을 설명할 수 없다. 그렇기에 나도 10년쯤 지났을 때에야 이 과목을 자신 있게 가르칠 수 있었다.

인간학 과정을 개설한 데는 크게 두 가지 이유가 있다. 첫째는 현재의 공교육 시스템으로는 대학교육에 필요한 기초교양을 쌓을 수 없다는 인식이다. 중고등학교에서 온갖 과목을 다 배우지만, 졸업 후에는 써먹지도 못할 뿐 아니라, 오로지 입시에만 매달리다 보니 정작 필요한 기초교양을 갖추기는 어려운 게 현실이다. 대학에서라도 기초교양을 익히고 훈련할 기회를 마련해야 한다.

둘째는 지성의 바탕이자 전제조건인 인성을 기르는 토대가 마련되어야 한다는 시대적 요청과 지식사회의 각성이다. 갈수록 분화하고 전문화하는 지식의 틀에 갇혀 정작 인간으로서 갖춰야 할 기본적 인성에는 소홀한 것이 아닌가 하는 반성이 있었고, 이로 인해 여러 가지 심각한 사회문제가 발생한다고 판단했다. 이런 배경에서 인간학과 철학적 인간학 과정의 교육 목적은 '모든 학문의 목적도, 주체도, 대상도 인간'이라는 명제로 수렴되었다.

인간학 과정에서 내가 시도했던 교육 방식은 '학제적 훈련'이었다. 우리의 교육은 다른 과목은 고사하고 인접 학문과도 교류하거나 소통하는 능력이 부족했고, 결과적으로 지식의 다양성과 교육의 실용성이 뒤떨어졌다. 학제적 훈련은 한 주제를 공부할 때 여러 학문 분야를 아우르고 가로지르며 그 주제에 대해 다양한 각도에서 의미를 발견하는 방식으로 진행됐다. 인간학 수업을 들은 학생이라면, 세상과 삶을 조금이라도 폭넓게 받아들일 수 있기를 바랐고 자신의 전공분야에 대해서도 이전과는 다른 시선을 가질 수 있기를 희망했다.

매 학기 수업 때마다 다수를 차지하는 학생들의 전공에 맞춰 강의 내용을 조금씩 바꿨다. 예를 들어 이과 대학생들이 주로 듣는 반에서는 음악을 다룰 때 공명과 같은 물리적 현상을 통해 음악의 특성을 설명하는 등 가능한 한 학생들이 익숙한 과학적 용어들을 차용해서 수업을 진행했으며, 반대로 음악과 학생들의 수업 때는 왜 그들이 음악을 물리학적 시각에서 이해해야 하는가를 설명했다. 음악과 학생들 가운데 인간학 수업을 통해 우연히 예술기획이나 예술경영에 대한 관심을 가진 학생은 경영학 등을 부전공으로 선택할 수 있을 것이다. 예술행정에 관심이 있다면, 고시 공부를 할 수도 있는 일이다.

다른 전공 학생들을 가르칠 때도 그 학과의 특성에 맞게 학제적 훈련 방식을 도입했다. 문학을 전공하는 학생들, 경영학을 전공하는 학생들 역시 마찬가지로 저마다 조금씩 다른 방식으로 가르쳤다. 물론 기본적인 내용이야 크게 다르지 않았겠지만. 덕분에 나로서도 늘 열리고 깨인 시각으로 여러 분야에 대한 지식과 생각을 키워야 했다. 그러니 학생들이 나를 가르쳤다고 고백할 수 있다. 논어의 교학상장敎學相長이라는 말을 실감한 셈이다.

인간에 대한 다양한 주제를 가지고 여러 전공을 함께 아우를 수 있는 과목이어서, 나로서는 인간학에 대한 애정과 관심이 컸다. 다행히 학생들도 교양수업임에도 불구하고 이 과목에 대해 긍정적으로 평가해주는 경우가 많아서 힘을 얻었다.

나는 인간학은 인문학이며 동시에 인문학은 인간학이어야 한다고 믿는다. 단순히 학문적인 지식과 정보를 습득하고 교양을 함양하는 데에 그쳐서는 안 된다. 인문학을 통해 배운 것들을 자신의 삶에 적용할 수 있어야 하고, 일상의 문제를 해결해 나가는 데 인문학으로 유연해진 사고방식의 덕을 볼 수 있어야 한다. 인문학은 궁극적으로 삶에 대한 반성적 성찰이며, 인간에 대한 보편적 가치의 회복이다. 이를 깨우쳐 인격의 도야로 나아가는 것이 바로 인문학이다.

교편을 잡고 있는 동안 인간학과 인문학이 지닌 의미와 무게감을 체감했고, 학교를 떠나면 이 주제로 책 한 권을 꼭 쓰리라 다짐했다. 인문학을 통해 사람들이 더 나은 삶을 주체적으로 이끌어갈 수 있도록 조금이나마 힘을 보태고 싶었다.

최근 인문학에 대한 관심이 부쩍 높아지고 다양한 강좌들이 개설되며 관련 서적들이 다량 출간되는 것은 반갑고 다행스러우며 고마운 일이다. 그런 흐름에서 때로는 나처럼 약간은 변종 같고 별종 같은 접근 방식, 즉 학제적 훈련 방식도 필요할 것이라는 믿음이 이 무모한 대장정을 가능케 했다. 앞으로도 더 많이 공부하고 더 깊게 생각하며 남녀노소 불문하고 그 누구와도 원활하게 소통할 수 있는 사람이 되고 싶다.

이 책에 내 지식의 한계 때문에 원숙하게 조망하지 못한 부분이 있을 수 있음을 고백하며 독자들의 양해를 구한다. 그럼에도 불구하고 이렇게도 인문학을 할 수 있다는, 혹은 이런 방식으로도 인문학을 해야 한다는 메시지를 전하고 싶었다.

이 책을 펴낼 수 있었던 데에는 여러 분들의 격려와 도움이 있었다. 우선 과학저술 전문서평가 이동환 선생님께 큰 빚을 졌다. 후배의 어지러운 글인데도 꼼꼼하게 읽고 평을 해주셨고, 특히 꼭 챙겨야 할 참고도서를 일러주셨다. 그런 도움과 가르침에도 제대로 내 몫을 다 하지 못한 것이 있지 않은가 싶어 송구하다. 음악이론과 작곡을 전공한 둘째형님 김영집 박사의 검토와 비평에도 고마움을 전한다. 경제에 관해서는 동창인 김근수 교수의 꼼꼼하고 친절한 비평을, 문학에 대

해서는 버지니아 울프를 전공한 윤인숙 선배의 세심한 조언을 구할
수 있었다. 모두 이 책에 큰 도움이 되었다. 철학 부분은 선배이자 사
형인 공용현 박사가 너른 시각으로 핵심을 캐내어 조언해주었고, 가
톨릭대학교 인간학교육원의 동료였으며 자상한 선배인 이향만 교수
는 철학과 종교 부분을 읽어주었다. 김희주 선생은 전체 원고를 꼼꼼
하게 읽고 의견을 제시해주었다. 이 또한 내가 이 책을 통해 누린 복
이다. 마지막으로 방대한 분량임에도 기꺼이 출판할 수 있도록 원고
를 받아준 알에이치코리아와 꼼꼼한 분석과 비판으로 책이 더 나은
모습을 갖추도록 도와준 편집부 김정옥 과장에게도 고마움을 전하고
싶다. 책은 저자와 편집자 공동의 작업이라는 것을 새삼 일깨워주었
다. 특히 방대한 분량을 과감하게 도려내고 전체적 편집을 재구성하
면서 애써준 유상원 님이 없었다면 이 책은 제 모습을 갖추고 나오지
못했을 것이다. 거의 1년을 원고와 씨름하면서 잘못된 것은 고쳐주고
불필요한 것은 덜어내면서 그가 들인 노고는 원고를 쓴 나의 그것과
버금갈 것이기에 각별한 고마움을 전하고 싶다.

텍스트에 대한 무조건적 추종이 아니라 끊임없이 질문을 던지고 호
기심을 늦추지 않는 데에 이 어설픈 책이 조금이나마 도움이 된다면
지금으로서는 더 이상 바랄 게 없겠다.


2013년 9월

해미 수연재(樹然齋)에서 지은이가

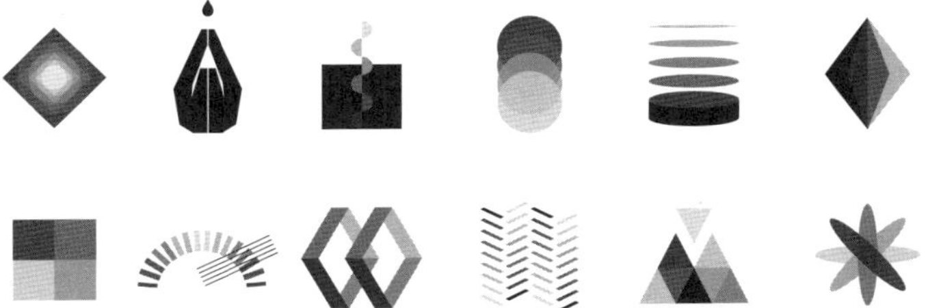

# 인문학은 밥이다

**1판 1쇄 발행**  2013년 10월 11일
**1판 8쇄 발행**  2019년  8월 27일

**지은이** 김경집

**발행인** 양원석
**본부장** 김순미
**편집장** 김건희
**교정교열** 유상원
**디자인** RHK 디자인팀
**해외저작권** 최푸름
**제작** 문태일, 안성현
**영업마케팅** 최창규, 김용환, 윤우성, 양정길, 이은혜, 신우섭, 조아라,
          유가형, 김유정, 임도진, 정문희, 신예은, 유수정

**펴낸 곳** ㈜알에이치코리아
**주소** 서울시 금천구 가산디지털2로 53, 20층 (가산동, 한라시그마밸리)
**편집문의** 02-6443-8902    **구입문의** 02-6443-8838
**홈페이지** http://rhk.co.kr
**등록** 2004년 1월 15일 제2-3726호

ⓒ김경집, 2013
Printed in Seoul, Korea

ISBN 978-89-255-5156-2 (13100)